中经"精品课程"系列
创新型通识课精品系列教材
"互联网+"新形态一体化教材

创业小型课

主　编：吴肖蓉　胡贵愉
参　编：姚建设　冯　壹　高振峰　戈兴成　吕元媛　施　玲　徐桂丹
　　　　谭　巍　郭　丰　冯　波　黄小雁　孙金汉　季相龙　张婷婷
　　　　姜明君　程歆迪　梁帅阳　王安悦　陈培培　杨骄祥　钱左一
　　　　谭　易　郑晓婵　潘柏铨　吴成成　黄光敏　吴成成　陈　强
　　　　代　峰　詹　伟　李伊凡　魏永彬　潘鹏杰　闫　勇　张启阳
　　　　刘俊志　吕中侠　陈志敏　周　影　李中健　王宇航　吴成成
　　　　吴建英　赵辰翔　项楚英　林永杰

·北京·

图书在版编目（CIP）数据

创业小型课 / 吴肖蓉，胡贵愉主编. -- 北京：中国经济出版社：中国石化出版社，2025.4. -- ISBN 978-7-5136-8056-1

Ⅰ. F241.4

中国国家版本馆 CIP 数据核字第 2025QE3275 号

选题策划	雷　生
责任编辑	彭　欣
责任印制	李　伟
封面设计	任燕飞

出版发行	中国经济出版社
印 刷 者	宝蕾元仁浩（天津）印刷有限公司
经 销 者	各地新华书店
开　　本	889mm×1194mm　1/16
印　　张	18.5
字　　数	450 千字
版　　次	2025 年 4 月第 1 版
印　　次	2025 年 4 月第 1 次
定　　价	59.00 元

广告经营许可证　京西工商广字第 8179 号

中国经济出版社　网址 http://epc.sinopec.com/epc/　社址 北京市东城区安定门外大街 58 号　邮编 100011
本版图书如存在印装质量问题，请与本社销售中心联系调换（联系电话：010-57512564）

版权所有　盗版必究（举报电话：010-57512600）
国家版权局反盗版举报中心（举报电话：12390）　　服务热线：010-57512564

PREFACE 前言

《创业小型课》是专为创业者量身打造的课程教材。之所以称其为创业小型课，即以24章构成24个小型课，每章对应一个特定的主题，旨在逐步引导创业者深入了解创业的各个方面，从顾客心理分析到创业融资与投资，涵盖了创业全流程，旨在激发创业者的创新思维，培养其创业精神和实践能力，满足创业者在创业中的个性化学习需求，"按需供给""即学即用""管用够用"，为未来企业家的"第一步"提供实用的工具和策略。

创业教育应结合实际、扎根行业展开，这样的创业教育是有生命力和针对性的。因此，本教材每章都由高校各专业教师和不同行业领域的企业专家共同撰写，它融合了理论知识、案例分析和企业家的创业经验视频分享。企业专家的参与确保了教材内容的创新性和适应性，能够及时反映市场的最新趋势和变化。相应的策略和解决方案可以直接应用于初创者的创业实践中，创业者能够直接从企业专家那里汲取宝贵的第一手经验并吸取教训，从而更深入地理解创业过程中面临的各种挑战以及相应决策，激发他们的创造力和创新创业精神。

教材主体框架由温州商学院管理学院吴肖蓉设计。各章节的理论知识和案例分析主要由学院的专任教师编撰，他们走访企业专家，获得第一手资料，并认真梳理总结。感谢以下老师的付出：姚建设、冯壹、高振峰、戈兴成、吕元媛、施玲、徐桂丹、谭巍、郭丰、冯波、黄小雁、孙金汉、季相龙、胡贵愉、张婷婷、姜明君、程歆迪、梁帅阳、王安悦、陈培培、杨骄祥、钱左一。同时，特别感谢以下企业专家参与本教材撰写：谭易、郑晓婵、潘柏铨、吴成成、黄光敏、邵世微、陈强、代峰、詹伟、李伊凡、魏永彬、潘鹏杰、闫勇、张启阳、刘俊志、吕中侠、陈志敏、周影、李中健、王宇航、吴建英、赵辰翔、项楚英、林永杰。最后由吴肖蓉和胡贵愉完成全书统稿。这是一本理论结合实际的教材，也是校企合作、产教融合的最好例证。

创业充满了挑战和不确定性，但也同样赋予了机遇和可能。希望本教材能够成为创业者旅程中的指南，帮助其在创业的道路上不断前进并实现超越。

CONTENTS 目录

第一章　顾客心理分析　001

一、顾客心理内涵……001
二、顾客心理对其消费行为的影响分析……002
三、基于顾客心理分析的经营策略……008

第二章　创业企业创办流程　015

一、公司注册流程……015
二、公司注册注意事项……016
三、公司注册后续事项……025

第三章　创业企业组织设计　029

一、公司组织结构概述……029
二、公司组织结构形式……029
三、公司部门设置……032
四、公司人员配置及其意义……034

第四章　创业团队人员招聘与测评　046

一、创业团队人员招聘与测评……046
二、策划……049
三、甄选测试……052

第五章　创业企业买卖合同　　059

一、买卖合同定义……………………………………………………… 059
二、买卖合同基本要素………………………………………………… 059
三、买卖合同的法律特征……………………………………………… 059
四、合同纠纷现状……………………………………………………… 060

第六章　工作分析与职位管理　　068

一、工作分析概念……………………………………………………… 068
二、工作分析的方法…………………………………………………… 069
三、职位管理概述……………………………………………………… 071

第七章　创业团队人员的培训与开发　　081

一、创业团队人员培训与开发概述…………………………………… 081
二、创业团队人员培训与开发的意义………………………………… 082
三、创业团队人员培训与开发的类型………………………………… 083
四、创业团队人员培训与开发的程序………………………………… 084

第八章　创业型企业的绩效管理　　092

一、绩效管理理论体系的演进与实践深化…………………………… 092
二、绩效管理相关工具………………………………………………… 093
三、关于绩效前沿研究领域的突破方向……………………………… 093
四、中国情境本土化绩效理论创新运用……………………………… 093

第九章　产品市场分析　　104

一、STP 模型…………………………………………………………… 104
二、STP 模型的关键步骤……………………………………………… 105

第十章 产品需求市场问卷调查 ... 114

一、AIDA 模型及其在产品需求市场问卷调查中的应用 ... 114
二、AIDA 模型对产品需求市场问卷调查的价值与意义 ... 115

第十一章 顾客关系管理 ... 128

一、顾客关系管理流程 ... 128
二、顾客关系管理策略 ... 129
三、顾客关系管理工具 ... 129
四、顾客关系管理的数字化 ... 131

第十二章 商务沟通技巧 ... 139

一、商务沟通的定义与类型 ... 139
二、商务沟通在创新创业中的重要性 ... 140

第十三章 新媒体营销 ... 150

一、新媒体营销的含义 ... 150
二、新媒体营销的特征 ... 150
三、新媒体营销的载体 ... 152
四、新媒体营销对企业发展的影响 ... 155

第十四章 软文营销 ... 161

一、软文营销概述 ... 161
二、软文营销策略 ... 162
三、优化内容分发 ... 163
四、监测和分析效果 ... 164
五、软文写作技巧 ... 165
六、软文营销的最佳实践方法 ... 166

第十五章　短视频制作与运营　　171

一、探寻短视频的发展与特点 …………………………………………… 171
二、短视频的类型和制作流程 …………………………………………… 172
三、短视频的运营 ………………………………………………………… 174
四、短视频的渠道推广 …………………………………………………… 180

第十六章　数字直播营销　　185

一、数字经济 ……………………………………………………………… 185
二、直播营销 ……………………………………………………………… 187

第十七章　社群营销　　195

一、社群营销的定义与发展背景 ………………………………………… 195
二、社群营销的关键特性 ………………………………………………… 196
三、社群营销模型 ………………………………………………………… 197

第十八章　新物流与供应链　　207

一、物流概述 ……………………………………………………………… 207
二、供应链概述 …………………………………………………………… 209
三、物流与供应链的关系 ………………………………………………… 210
四、新物流技术与应用 …………………………………………………… 212
五、绿色供应链和物流与可持续发展 …………………………………… 214

第十九章　和谐劳动关系塑造　　221

一、劳动关系概述 ………………………………………………………… 221
二、企业劳动关系和谐之道 ……………………………………………… 223

第二十章　商业模式创新设计　230

一、商业模式概述　230

二、商业模式创新　231

三、商业模式创新的实施路径　231

第二十一章　创业公司企业文化塑造　245

一、企业文化概述　245

二、企业文化建设　245

三、企业文化内容　246

四、企业文化理论　246

五、企业文化的功能　247

六、企业文化革新　247

第二十二章　创业公司财务基础　253

一、资金与创业资金　253

二、会计概述　256

三、会计核算方法　257

四、小微企业记账对策　260

五、会计岗位设置与工作职责　261

六、财务报表　262

第二十三章　创业企业税收筹划　268

一、税收筹划概述　268

二、创业企业税收筹划概述　269

三、创业企业设立的税收筹划　269

四、创业企业经营的税收筹划　271

五、创业企业税收筹划风险管理　271

第二十四章　创业融资与投资　276

一、创业融资动机 …………………………………………… 276
二、创业的融资来源 ………………………………………… 277
三、创业融资的相关理论 …………………………………… 279
四、创业投资 ………………………………………………… 280

第一章
顾客心理分析

理论知识

一、顾客心理内涵

（一）顾客心理的定义

顾客心理是指顾客在消费过程中的心理活动和心理状态，它涵盖了顾客在购买商品或服务过程中的一系列心理活动、情感反应和决策机制，是其消费行为的内在诱因。

（二）顾客心理的构成

消费心理的构成要素包括顾客的知觉、动机、态度、自我概念以及性格、个性、情感和情绪等多个方面。

1. 知觉

知觉是指顾客在通过感官对商品或服务的个别属性进行感受的基础上，将这些个别属性联系、综合起来，形成对商品或服务整体特性的反应。这是一种心理活动，涉及顾客对感觉到的信息进行分析、综合，并赋予其意义的过程。

2. 动机

动机是指推动顾客进行消费行为的内在心理因素，涉及理解顾客为什么选择购买某些产品或服务的心理和情感因素。它解释了为什么顾客会购买特定的产品或服务，以及他们做出消费决策的原因。

3. 态度

态度是顾客对某一事物所持有的相对稳定的心理倾向。顾客的态度包括认知成分（对事物的信念和看法）、情感成分（对事物的情绪体验）和行为倾向成分（对事物的行为反应）。态度一旦形成，就会对顾客的消费行为产生持久的影响。

4. 自我概念

自我概念是指顾客对自己的身份、能力、信仰、价值观、态度和行为特征的总体认识和评价。它是个体对"我是谁"和"我为何是我"的回应，直接影响顾客的消费决策、品牌偏好和消费行为。

5. 性格、个性、情感和情绪

性格是指个体在行为和态度上表现出的稳定的心理特征，它是顾客对不同情境的一贯反应方式，比如有的人总是乐观开朗，而有的人则比较内向谨慎。个性是性格、气质、动机和价值观等个人特质的综合体现，它定义了一个人的独特性，包括如何看待自己及其与世界互动的方式。情感是指顾客对某个对象、人或情境的强烈心理和生理反应，它可以是积极的，如喜爱和兴奋，也可以是消极的，如愤怒和悲伤。情绪是情感的一种短暂和具体表现，它是对特定事件或情况的直接和即时的心理响应，比如顾客在等待商家提供服务时可能会感到不耐烦。

（三）顾客心理的特征

1. 多样性

年龄、性别、教育等个人因素，文化背景所塑造的价值观和消费习惯，以及社会环境中的互动和规范共同作用于顾客的消费决策，使得不同顾客在消费过程中表现出独特的心理倾向。

2. 动态性

个人成长、生活阶段和社会环境的演变会长期影响顾客需求，同时购买环境、促销活动和社交媒体等短期情境因素也会迅速改变顾客心理。消费经历同样重要，一次愉快的消费体验可能增强品牌忠诚度。

3. 复杂性

需求驱动顾客寻找满意的商品或服务，动机推动行动，感知影响评价，情感左右选择，而认知涉及信息处理、判断和决策。这些因素共同构成一个复杂的消费决策系统。

4. 可预测性

尽管顾客的心理复杂多样，但通过了解顾客的需求、偏好和消费习惯，可以揭示市场机会，细化对消费决策过程的理解，为制定市场营销策略提供有力支持。

二、顾客心理对其消费行为的影响分析

（一）顾客知觉对消费行为的影响

这里以购买新型智能手机为例，对顾客对产品质量认知的形成过程展开说明。

1. 信息接收

顾客通过互联网、媒体广告、朋友推荐等渠道了解一款新型智能手机的发布信息，这些信息包括产品特性、技术规格、价格及品牌背景。顾客对该智能手机的初步了解主要来源于营销传播和周围人的宣传。

2. 属性评估

顾客评估智能手机的质量，考虑其硬件配置，如处理器速度、内存容量、相机分辨率，以及软

件特性，如操作系统的流畅性和安全性。此外，顾客还会关注智能手机的设计、耐用性、电池寿命等其他属性。

3. 经验影响

顾客的以往消费经验，如之前使用该品牌手机的满意度，或听到朋友对该手机的评价，都会对手机质量的认知产生影响。正面的使用体验和好评会增加顾客对新型智能手机的信任感。

4. 情感联结

顾客对品牌的情感联结也会影响其对质量的认知。如果该品牌在顾客心中建立了积极的品牌形象，如创新、可靠或高端，顾客就会更倾向于认为其智能手机的质量也较高。

5. 认知整合

在收集和评估了所有相关信息后，顾客会对这些信息进行整合，包括将产品属性、个人经验、品牌情感及市场比较等各方面因素综合起来，形成对该智能手机质量的全面认知。

6. 认知结果

经过上述步骤，顾客形成了对该智能手机质量的明确看法。如果顾客认为该智能手机在性能、设计、品牌声誉等方面都达到了自己的预期，就会认为这款手机的质量上乘，从而更有可能决定购买。这种认知结果是顾客消费决策过程中的关键因素。

（二）顾客动机对其消费行为的影响

这里仍以购买新型智能手机为例，说明动机对顾客消费决策的影响。

1. 需求识别与激发

顾客注意到现有旧手机性能下降，运行缓慢，这激发了其对更高性能手机的需求，同时对最新科技的内在兴趣也被激发，产生了更新手机的动机。

2. 信息收集与评估

顾客开始收集有关智能手机的信息，比较不同品牌和型号的性能、价格、用户评价等，以便寻找性价比高且功能满足其需求的手机。

3. 决策制定与风险感知

在评估了多种因素后，顾客需要做出消费决策。其消费动机是追求最佳技术，但又担心新产品可能存在未知的问题。这种风险规避的动机会使其在几款候选手机之间犹豫不决。

4. 消费后行为与意图形成

经过深思熟虑，顾客的消费意图逐渐明确，确定的消费动机是获得更好的使用体验和社交地位的象征。最终，其决定在该品牌官网商城购买最新型号的手机。

5. 消费评价与忠诚度

购买后，顾客对新手机的性能和使用体验感到满意，这增强了其对该品牌的忠诚度。其内在动机——对技术的热爱和对品质的追求得到了满足，使其更有可能向朋友推荐这款手机，并在未来继续选择该品牌的产品。

（三）顾客态度对其消费行为的影响

这里以一位顾客购买新车为例，说明态度对其消费行为的影响。

1. 感知

顾客首次看到车辆广告时，视觉元素激发其初步感知，为态度形成奠定基础，这是顾客与产品互动的起点。

2. 注意

顾客基于个人兴趣或需求，对特定车辆信息予以更多关注，筛选出潜在的关注点，为深入了解铺路。

3. 兴趣

车辆的外观设计或技术特性引起顾客的购买兴趣，激发其主动探索更多车辆细节，这是态度形成的驱动力。

4. 认知加工

顾客通过比较不同车辆的性能和价格等信息进行认知加工，对车辆形成初步评价，这是态度形成的认知基础。

5. 情感反应

顾客对车辆的外观或品牌产生情感上的联结，如喜爱或信任，这种情感反应是态度形成的关键因素。

6. 态度形成

顾客对车辆的消费态度不仅基于对其产品功能和性能的认知评价，也深受情感体验的影响。这种态度的形成是一个综合过程，涉及对车辆外观、舒适度、安全性和品牌价值的主观感受。顾客的满意度、信任度及与品牌的互动体验，都会影响其对产品的看法和消费意愿。

7. 态度巩固

试驾和了解正面评价是加强顾客积极态度的有效手段。亲身体验车辆性能和舒适度，结合其他用户的真实反馈，可以增强顾客对车辆的信任感。这种积极态度一旦形成，不仅提升了消费意愿，还可能转化为长期的品牌忠诚度。顾客的正面口碑也会吸引更多潜在顾客，形成良性循环。

8. 行为意向

积极的态度能激发顾客的消费欲望，促使其形成明确的购买意向，这一转变是从心理认知到实际行为的过渡。顾客可能开始比较不同因素，评估价格与价值，甚至与销售代表进行深入沟通。这种意向的明确化是消费决策过程的重要里程碑，预示着潜在的消费行为即将发生。

9. 行为表现

顾客的积极态度通过实际消费行为得到体现，选择心仪的车辆是其决策过程的顶点。这一行为不仅反映了顾客对车辆性能、设计和品牌价值的认可，也显示了其对满足个人需求和偏好的承诺。消费决策的实施，是顾客对产品信任和满意度的最高表达。

10. 反馈和调整

购车后，顾客的用车体验直接关系到其对车辆的后续态度。正面体验，如车辆的卓越性能和优质的售后服务，能够巩固顾客的满意度，增强其对品牌的忠诚度。如果遇到车辆故障或服务问题，顾客可能会感到失望，这不仅会削弱其对品牌的信任，还可能通过负面口碑影响潜在顾客，从而对品牌造成负面影响。

（四）自我概念对其消费行为的影响

在识别自我概念的基础上，更应关注其对顾客消费行为的影响，这里从顾客消费决策过程视角对其影响进行说明。

1. 需求识别

顾客的自我概念是其需求识别过程的起点。个体根据自己的价值观、生活方式和身份来识别和定义需求。例如，注重健康和环保的顾客可能寻找有机食品或由可持续材料制成的产品。自我概念中的元素决定了顾客对特定产品或服务的敏感性和偏好，从而触发了其购买动机。

2. 信息搜索

顾客倾向寻找那些能够确认或提升自身形象的信息。例如，追求时尚的顾客可能在时尚博主或社交媒体中寻找产品推荐，选择性信息搜索进一步强化了顾客的自我概念，为其后续的评估和消费决策过程提供了依据。

3. 评估替代方案

顾客会考虑产品的功能、品质、品牌形象及社会认可度等因素，以确定它们是否与自己的形象和价值观相匹配。这种评估过程是高度个性化的，反映了顾客的内在动机和外在期望。

4. 消费决策

自我概念在消费决策阶段起着决定性作用。顾客之所以选择能够反映或加强其自我概念的产品，是因为这些产品能够满足其身份需求和个人表达。例如，追求高品质生活方式的顾客可能会选择高端品牌，因为这有助于其展示自己的社会地位和品位。

5. 消费后评价

消费后顾客的自我概念继续影响其对产品的评价和满意度。如果产品能够满足或增强其自我概念，顾客可能会感到满意，并在未来继续购买该品牌的产品，从而形成品牌忠诚度。相反，如果产品与顾客自我概念不符，可能会导致其不满和品牌转换。购买后的评价还可能影响顾客的口碑传播，进一步影响其他潜在顾客的消费决策。

（五）顾客性格、个性、情感和情绪对其消费行为的影响

1. 顾客性格对其消费行为的影响

性格是指一个人在情感、行为和思维模式上的稳定特征，它反映了个体在不同情境下的反应倾向。在识别性格类别的基础上，需更加关注其对顾客消费行为的影响，这里从顾客消费决策过程视角做具体的说明和梳理。

（1）需求识别。开放性高的顾客对新体验和创新产品会持开放态度，他们对新需求的敏感度较

高,愿意尝试市场上的新产品。例如,这类顾客可能会对最新推出的智能手表或电动汽车表现出浓厚的兴趣,并成为其早期采用者。

(2)信息搜索。外向性高的顾客在信息搜索阶段更倾向通过社交活动和人际互动来获取信息。他们可能会参加产品发布会或加入兴趣小组来了解产品详情。相比之下,内向性高的顾客更倾向通过阅读在线评论或专业博客进行独立研究。

(3)评估替代方案。责任心强的顾客在评估产品时会表现出更多的系统性和细致性,他们可能会列出不同产品的优缺点,并进行比较分析。例如,这类顾客在购买笔记本电脑时,可能会根据其性能、设计、品牌声誉等多个维度做出选择。

(4)消费决策。高责任心的顾客在做出消费决策时会基于详尽的信息和逻辑分析,而高外向性的顾客可能更容易受朋友推荐或社交圈子的影响。例如,高责任心的顾客在购车时可能会花费数周时间研究不同车型的性能和成本效益。

(5)消费后行为。宜人性高的顾客在消费后可能更宽容产品的不足,他们倾向给予正面反馈并维持良好的顾客关系。例如,购买的鞋子有些小问题,他们可能会选择联系客服寻求解决方案,而不是直接给予负面评价。

(6)品牌忠诚度与口碑。责任心强和宜人性高的顾客更可能与品牌建立长期的忠诚关系,他们看重品牌的价值和一致性。例如,这类顾客可能会成为某个品牌的忠实粉丝,不仅重复购买,还会向朋友和家人推荐该品牌的产品。同时,外向性高的顾客更愿意在社交媒体上分享自己的消费体验,影响他人的消费决策。

2. 顾客个性对其消费行为的影响

个性在顾客心理分析中扮演着重要角色,因为它影响着顾客的偏好、消费决策过程和购买行为。在识别个性类型及其行为特征的基础上,需更加关注其对顾客消费行为的影响,这里从顾客消费决策过程视角,以手机消费为例进行说明。

(1)需求识别。高开放性的顾客对高端智能手机的创新特性,如会对 AR 功能或 AI 集成表现出极大的兴趣。这类顾客可能在手机新产品发布会后立即关注并计划购买,以期在社交圈中展示自己对新潮流的掌握。

(2)信息搜索。责任心强的顾客在购买高端智能手机前会进行深入的产品研究。他们会仔细分析比较不同手机的性能指标、用户评价、售后服务和成本效益。这类顾客可能会制作详细的比较表格,甚至观看多个产品测评视频,以确保他们的选择能够满足其长期的使用需求和预算限制。

(3)方案评估。外向性顾客在选择智能手机时,可能更注重社交圈的影响和社交地位。他们可能会在社交媒体上查看热门手机型号的讨论内容,或者询问朋友和听从同事的推荐。这类顾客更可能受到社交认同的影响,选择那些能够提升其社交形象的手机品牌和型号。

(4)消费决策。宜人性高的顾客在做出消费决策时会考虑品牌的社会责任和道德标准。他们倾向选择那些在环保、社会贡献和公平贸易方面有积极表现的品牌。这类顾客可能会研究手机制造商的 CSR(企业社会责任)报告,选择那些与自己价值观相符的产品,即使这意味着支付更高的价格。

(5)消费行为。神经质高的顾客在购买高端智能手机后可能会对产品的任何小问题都表现出高度关注。他们对产品的性能和可靠性有较高期望,可能会频繁检查软件更新和阅读用户反馈。如果遇到问题，他们可能会立即联系客服寻求帮助，并在社交媒体上分享自己的体验，以寻求共鸣或解决方案。

3. 顾客情感对其消费行为的影响

情感对顾客的消费行为和决策有着深远的影响，是驱动顾客做出消费决策并增强品牌忠诚度的关键因素。在识别情感类别的基础上，需更加关注其对顾客消费行为的影响，这里从顾客消费决策过程视角做具体的说明和梳理。

（1）问题识别。情感是顾客识别需求的起点，通常与个人经历和心理状态紧密相关。例如，顾客会因为对现有家电的效能不满而感到不便或沮丧，这种情感激发了他们寻找更高效家电的需求。这种对由情感驱动的需求识别是消费过程的第一步。

（2）信息搜索与评估。在信息搜索阶段，顾客的情感会影响他们对信息的筛选和评估。例如，对环保有强烈责任感的顾客，在搜索新家电信息时，会更倾向选择那些强调节能和环保特性的产品。这种情感倾向会影响他们对信息的接收和处理。

（3）选择与购买。情感在顾客的选择和消费决策中起着决定性作用。例如，顾客可能因为一款新车型的设计和性能而感到兴奋和被吸引，这种积极的情感体验会促使他们决定购买。情感的这种驱动力可以超越理性分析，成为消费行为的关键因素。

（4）消费评价与忠诚度。消费后的情感体验对顾客的满意度和忠诚度有着直接影响。例如，顾客对购买的家电非常满意，感到它提升了自己的生活质量，这种满足感会增强他们对该品牌的忠诚度；反之，则可能会导致失望和品牌忠诚度的下降。

（5）口碑传播与品牌倡导。对购物体验感到非常满意的顾客，可能会因为感激而主动在社交媒体上分享自己的正面体验，给朋友和家人推荐该品牌。这种由情感驱动的分享行为可以极大地增强品牌的声誉和市场影响力。

4. 顾客情绪对其消费行为的影响

从顾客心理视角来看，情绪是顾客在与产品、服务或品牌互动时所经历的短暂而强烈的情感反应。在识别情绪类别的基础上，需更加关注其对顾客消费行为的影响，这里从顾客消费决策过程视角做具体的说明和梳理。

（1）需求识别与信息搜索。情绪是需求识别的触发器，如对旧手机性能的不满可能激发顾客寻找升级产品。在信息搜索阶段，情绪影响顾客对信息的筛选，倾向关注那些能引起情感共鸣的品牌或产品。例如，对当前手机的存储空间不足感到沮丧的顾客，可能会积极寻找具有更大容量的新手机。

（2）评估与消费决策。积极情绪如兴奋和期待可能加速消费过程，而消极情绪如怀疑和不安可能导致顾客犹豫不决。例如，顾客对一款新车型的创新功能感到兴奋，这种积极情绪会促使其快速做出消费决策。

（3）消费后评价与忠诚度。如果顾客对购买的产品感到满意和愉悦，那么这种积极情绪有助于其建立长期的忠诚度；相反，如果体验不佳，则可能导致顾客流失。例如，顾客在购买新家电后，对其高效能和便利性感到满意，这种满足感增强了其对该品牌的忠诚度。

三、基于顾客心理分析的经营策略

对于创业企业而言，基于顾客消费决策机制的经营策略需要特别关注资源的有效利用和对市场动态的快速响应，下面对其核心内容进行说明。

（一）精准定位与市场细分

1. 市场研究

创业企业必须通过深入的市场调研来理解目标顾客，包括使用在线调查、焦点小组、深度访谈等方法，以识别顾客尚未被满足的需求和偏好。

2. 顾客画像

基于市场调研，企业可以创建具体的顾客画像，可涵盖生活方式、消费习惯和消费动机等。这些画像有助于企业设计和推广更符合目标顾客需求的产品。

3. 定制化服务

为不同顾客群体提供定制化的产品或服务。例如，在线教育平台可能会为不同年龄段和学习目标的学生提供定制课程，从而满足其个性化学习需求。

（二）建立品牌认知

1. 品牌故事

品牌故事是与顾客建立情感联结的关键。一则有力的品牌故事不仅能传达企业的使命和价值观，还应展示产品的独特价值主张。

2. 一致性传播

确保品牌信息在所有渠道上保持一致，包括广告、产品包装、社交媒体和顾客服务。例如，一家初创科技企业可能会在其所有营销材料中使用统一的视觉元素和口号，以建立一个可识别的品牌形象。

3. 利用数字营销

通过数字营销策略，如搜索引擎优化、社交媒体营销和电子邮件营销等，可以提高品牌的在线可见度。例如，一家新兴的健康饮品企业可能会通过与社交媒体合作，利用其影响力来吸引年轻顾客。

（三）优化顾客体验

1. 用户体验设计

需从产品使用到顾客服务的每一个环节，专注提供卓越的用户体验。例如，确保电子商务网站易于导航，结账流程简单快捷。一家电子商务服装零售商会投资高级的搜索和过滤功能，以帮助顾客快速找到他们想要的商品。

2. 个性化体验

利用顾客数据提供个性化的购物体验和产品推荐，这可以通过算法推荐系统或个性化的电子邮件营销来实现。例如，一家个性化礼品企业可能会根据顾客的消费历史和浏览行为，推荐定制化的礼品选项。

3. 反馈循环

建立一个有效的顾客反馈机制，及时收集和响应顾客意见。例如，一家移动应用开发企业可以通过应用内调查来收集用户反馈，并根据反馈信息优化产品功能。

（四）灵活的产品开发

1. 敏捷开发

采用敏捷开发方法，快速迭代产品，以适应市场变化和顾客反馈。这包括快速原型设计、测试和根据反馈信息进行调整。例如，一家初创软件开发企业可能会使用敏捷开发方法，每两周发布一次新功能，以快速响应用户需求。

2. 跨功能团队

建立跨功能团队，促进不同部门之间的协作和沟通，以加快产品开发和市场响应速度。例如，一家智能家居设备制造商可能会组建一个由工程师、设计师和市场专家构成的团队，共同开发新产品。

3. 市场测试

在产品推向市场前，需进行小规模的市场测试，收集早期用户的反馈信息。例如，一家新餐厅可能会邀请美食博主试吃并提供反馈，以优化菜单。

（五）营销策略匹配

1. 目标营销

通过精准营销，将有限的营销预算集中在最有可能转化的目标顾客群体上，以提高营销的投资回报率。

2. 利用现有资源

创造性地利用现有资源，如通过合作伙伴关系或利用社交媒体平台上的自然分享来扩大营销影响力。例如，一家小型咖啡烘焙企业可能会与当地咖啡馆合作，通过其顾客基础推广自己的品牌。

3. 数据驱动

依托系统化的数字信息网络，完成对消费数据的实时收集和分析。在此基础上，企业应不断优化营销策略，持续测试和调整营销活动。

（六）强化顾客关系管理

1. CRM 系统

投资顾客关系管理（Customer Relationship Management，CRM）系统收集和分析顾客数据，以更好地理解顾客行为和偏好，实现精准营销。例如，一家订阅服务的企业可能会使用 CRM 数据来识别高价值顾客，并为他们提供专属优惠。

2. 个性化沟通

基于顾客数据进行个性化的沟通和营销活动，提高顾客的参与度和忠诚度。例如，一家在线书

店可能会根据顾客的阅读偏好推荐书籍，并发送个性化的电子邮件宣传促销活动。

3. 持续关系

通过定期的沟通和提供持续的价值，如定期更新、特别优惠和忠诚度奖励等，与顾客建立长期关系。例如，一家健身房可能会通过提供定期的健康评估和个性化的健身计划来维护与会员的长期关系。

案例精选

一、学习目标

通过本案例的学习和分析，了解顾客心理的内涵，感悟其对消费行为的重要影响；立足顾客消费决策过程视角，从知觉、注意力和兴趣、动机、态度、信念和价值观、自我概念、个性、性格、情感、评价机制等维度探究顾客心理对其消费行为的影响机制；深入了解创业者的思维模式、决策过程和成功经验；从实践案例中汲取经验并受到启发，以便更好地规划个人或团队的创业路线。

二、内容简介

本案例介绍了陕西肌理研颜生物科技有限公司总裁苟晓亮的创业故事。苟晓亮的职业生涯起步于贝泰妮，是创始团队成员，并于2008年至2018年担任该公司核心高管职务。2017年7月28日，他创立了帕美朵（成都）生物科技有限公司，并曾负责运营"科室共建DTC专柜""全国私立皮肤专科医院运营""轻医美中心运营"等核心项目。随后，苟晓亮创办了6家医美公司，并曾担任中国非公立医疗机构皮肤科分会部长和中华临床医学会皮肤分会部长。2021年7月27日，他与丽尚国潮控股合资成立了陕西肌理研颜生物科技有限公司，专注医美产品的开发、生产，并致力于打造医美服务的生态体系。他以实干为本，以医疗美容为创业方向，在创业过程中注重兴趣的重要性，强调任务拆解和团队建设。通过将任务细化、流程清晰化，他构建了高效的组织架构和产业链。苟晓亮的创业实践理念在创业初期尤为突出：他鼓励创业者注重实践经验，并在任务分配和利益分配上注重公平和激励机制。他的创业经历为医疗美容创业者提供了宝贵的经验启示，强调了实践、团队合作和兴趣的重要性。

三、根植顾客心理分析的创业案例

执着于人类皮肤的美丽与健康，争做全球功能性护肤产业引领者

（一）创业者简介

苟晓亮：数学专业毕业后的创业之路

其实，苟晓亮在大学读的是数学专业，然而大学期间，他却热衷于从事各类销售兼职工作。在此过程中，他意外地发现自己对商业板块有着极为浓厚的兴趣。因此，原打算在研究生阶段开启自己商业梦想之旅的苟晓亮，却在机缘巧合之下进入了贝泰妮，成为一名管培生。

在贝泰妮任职期间，他有幸参与并见证了一个品牌从无到有，直至实现 17 亿元销售额的完整发展历程。这一宝贵经历为他积累了丰富的经营经验，使他对品牌打造、产品运营及商业运作的各个环节都有了相对成熟且深入的认知。正是这种浓厚的兴趣源源不断地推动着他在专业领域进行深入学习和探索，并驱使他不断深挖商业领域的各种奥秘，向着更高的商业成就迈进。

在贝泰妮工作的日子里，苟晓亮可谓收获颇丰。完整的成长轨迹为他带来了极其丰富的经营经验，让他对品牌塑造、产品运营及整个商业逻辑都有了较为成熟和深入的认知。在这个过程中，那些拥有更高认知水平的同事和前辈们，对他产生了深远的影响，让他见识到了更为广阔的商业天地和更高层次的商业思维，为他打开了新的视野，让他的认知得到了极大的提升。这也成为他日后在创业初期就能够实现快速发展的重要因素之一。凭借着自身对商业浓厚的兴趣，苟晓亮被这种内在动力不断驱使，持续地深入钻研专业领域，不断地学习和探索，向着更高的商业目标迈进。

（二）创业企业成长经历

锚定护肤领域：立誓行业领袖

2021 年 7 月，陕西肌理研颜生物科技有限公司（以下简称"PMD 肌理研颜生物"）正式成立，法定代表人苟晓亮。公司以"科学、专业、纯粹、奋斗"为价值观，以"执着于人类皮肤美丽与健康"为愿景，立志成为全球功能性护肤产业引领者。陕西肌理研颜生物科技有限公司是一家备受瞩目的企业，它有着独特的股权结构：既为国资上市公司丽尚国潮的参股企业，同时也是曲江政府西安唐人赤子的参股企业，最近又引入了中国美妆小镇（浙江—湖州）产业基金的投资。

塑造产业生态：夯实发展之基

该公司在产业布局上展现出强大的整合能力，集现代化的生产、学术研究、医疗服务、科研开发及销售等诸多环节于一体，构建了完整的产业生态链。其定位清晰明确，专注科学护肤领域，通过为医生提供强大的赋能支持，积极协调各类渠道，精心构建自主品牌，致力于打造科学护肤产业的生态体系。

PMD 肌理研颜生物秉持着"以医药研发标准引领医用级功效护肤，专注透皮护肤技术扩展"的经营理念，将自身定位为一家研发驱动型护肤品公司。其目标远大，旨在构建中国科学护肤产业生态，以高度的社会责任感，勇担新国货护肤崛起的重任，为中国护肤产业的发展贡献自己的力量，引领行业迈向新的辉煌。

构建产品体系：擦亮自有品牌

在产品方面，该公司拥有一系列核心产品，涵盖医用"械"字号损容性皮肤辅助护理产品、中医药药食同源产品、二类电子医疗器械及功效型护肤品等多个品类。这些产品依托先进的生物技术研发创新成果，联合全国各大高校研究院展现出公司强大的技术转化能力，从而成为国内医械级皮肤护理研发生产领域的领军企业之一，以卓越的产品质量和服务水平助力自有品牌的发展。

尤其值得一提的是，该公司拥有自主品牌"焕研肌"，专注透皮护肤技术，凝聚了公司的核心竞争力。公司的发展战略聚焦多个重要渠道和业务创新。一方面，它紧密围绕公立医院皮肤科展开深入合作，同时大力拓展非处方药（Over the Counter，OTC）连锁药房等渠道，通过自主创新研发和数字赋能终端，展现出强大的市场开拓能力。仅 2 年时间，公司就已经开拓全国 5 万家药房及百余位医生资源。

此外，公司还建立了顾客一对一私人皮肤医生数据平台，并提供问诊服务，通过联合全国上千位资深皮肤科医师，形成了独特的优势，共同打造了源于医学的科学护肤标准新范式，推动传统医院皮肤科向现代化皮肤科转型。同时，为OTC市场提供了功效护理新品类，并且在自建终端完整输出了PMD肌理研颜生物科学护肤品范式体系，展现出强大的市场输出能力。

持续研发投入：传承创新健康美

PMD肌理研颜生物将紧紧依托中医药植物这一蕴含着千年智慧与无尽潜力的宝库，以此为核心研发平台，矢志不渝地致力于美丽与健康产品的创新构建。PMD肌理研颜生物深入探寻每味草药的独特功效与活性成分，从古老的典籍中汲取灵感，结合现代先进的科学技术与精细的研发工艺，精心炮制出一系列既融合了传统中医药精髓又契合当代顾客对于高品质美丽及健康产品严苛需求的佳作。无论是针对肌肤护理的美容产品，借助中医药植物的天然滋养与修复能力，使肌肤由内而外焕发光彩，还是聚焦身体调养的健康产品，PMD肌理研颜生物都将全力以赴，力求在每一个产品细节中彰显对中医药文化的尊崇与传承，以及对现代美丽健康理念的精准把握与不懈追求，最终实现与各方携手共进，共同铸就美丽与健康事业的璀璨新篇。

目前，公司已成功获得6项软件著作权专利，为其在数字化运营和知识产权保护方面提供了有力支撑。在品牌建设方面，公司设立了品牌旗舰店和直接面向患者（Direct to Patient，DTP）的药房专柜，为顾客提供优质的产品展示和销售服务；在服务创新方面，公司精心打造皮肤医生视频诊断中心，为顾客提供便捷的线上诊断服务。

（三）创业者经验分享

护肤品市场洞察：创业缘起

因为一次在台湾参观，苟晓亮有了创业的动力，他发现台湾市场上的护肤品渗透率已经达到9%左右，但大陆在当时能达到的渗透率还不足3%，于是他抱着产业情怀开始创业。最开始，苟晓亮想做药妆界的屈臣氏，但是在创业过程中逐渐发现产品线和产品效果不能满足当下的顾客需求，所以逐步转型，注重研发，关注产品功效，使用医用级原料做械字号护肤品，让产品服务更多的人。同时，公司也在整合医生及药店资源，希望能够为患者提供更好的全方位服务。

产业生态链认知：动力核心

创业初期，苟晓亮展现出卓越的商业谈判能力，令人惊叹的是，他仅用短短3小时便成功与首位投资人达成合作，顺利完成了第一轮千万级别的战略投资事宜。这一成就的取得并非偶然，其背后有着多方面的重要因素。首先，投资方领导在医药市场领域有深厚的经验和敏锐的洞察力，对市场的走势、需求及竞争态势有着精准的把握，这种对医药市场的透彻了解，为双方合作奠定了坚实的专业基础。其次，PMD肌理研颜生物在前期的筹备工作中进行了严谨且全面的规划和布局，已经出色地完成了对现代产业产品的深入研究及对消费人群的精准认知。通过细致的市场调研、数据分析和用户画像等工作，PMD肌理研颜生物清晰地洞察到了市场需求和顾客痛点，为产品的精准定位和市场推广提供了有力依据。最后，双方对未来产业的目标规划高度契合，基于共同的产业愿景和目标的趋同，双方在洽谈过程中能够迅速找到契合点，避免了许多不必要的分歧和沟通障碍，极大地提高了合作的效率和成功率。如此一来，双方一拍即合，在短短3小时内便达成了具有深远意义的战略投资合作，为后续的创业征程开启了一段崭新而充满希望的旅程。

就业和创业交融：成长之路

大学毕业后，苟晓亮以管培生的身份进入滇红药业，后进入薇诺娜事业部，其认真工作的态度，坚韧的工作精神，超强的工作能力，让他很快成为薇诺娜终端事业部的负责人。他先后主导建立 BTN（贝泰妮）公立皮肤科《科室共建项目》标准、BTN 健康管理中心、医美现代化及 CRM 与医生互动模式，负责运营 BTN 全国"科室共建 DTC（Direct to Consumer，直接触达顾客的品牌商业模式）专柜""私立皮肤专科医院"和"轻医美中心"等贝泰妮核心项目。

2017—2019 年，苟晓亮开始做自有终端，类似药妆界的屈臣氏，但现有市面产品不能满足其需求，所以公司开始涉足产品研发及品牌打造。2021 年，引入浙江丽尚国潮的投资，开始专注集产、学、医、研、销于一体的产业布局。2022 年，引入曲江政府投资，专注人类皮肤美丽与健康。

电子资源

顾客心理分析

拓展延伸

以下是苟晓亮对创业的口述，这里作为拓展延伸的阅读材料，希望能帮助学生深化对创业本质的理解。

创业的本质，归根结底是打造一款卓越的产品。在我看来，打造一款好产品主要涵盖两个重要方面：一方面，是对原有产品进行升级迭代，旨在通过优化现有产品的性能、功能或用户体验，使其在竞争激烈的市场中更具优势；另一方面，则是勇于开展产品创新，突破传统的产品形态和功能边界，为市场带来全新的价值。就拿我们公司正在研发的睡眠产品来说，目前市场上充斥着胶囊、片剂等传统剂型的睡眠产品，我们则另辟蹊径，在剂型上进行大胆创新，推出了一款睡眠喷雾。这一创新举措旨在为顾客提供更多样化的选择，满足不同用户的个性化需求，让他们能够根据自身喜好和实际情况，挑选更适合自己的睡眠辅助产品，进而提升产品的市场竞争力。

在当今的创业环境下，全产业链的整合已成为企业发展的重要趋势，这一理念恰好与当前流行的 ESG［环境（Environmental）、社会（Social）和治理（Governance）］观念不谋而合。它代表着企业发展与评价的未来潮流和方向。不可否认，现阶段 ESG 在实践过程中面临着诸多挑战与不足之处。然而，随着全球对可持续发展的重视程度日益提升，相关标准体系正逐步完善，数据质量与披露机制也在持续改进，并且企业对自身长期价值的认识也在不断加深，ESG 将展现出巨大的潜力。它将在推动企业实现转型升级、引导投资决策更加科学合理、促进社会与环境的和谐发展等多个方面发挥越来越重要的引领和支撑作用，为企业的长远发展提供强大动力。

组织培养是企业成功的关键要素之一，不同的企业拥有各自独特的组织形态。那么，究竟什么样的企业组织能够脱颖而出，走向成功呢？我认为主要有以下几点：其一，组织成员必须具备成功经验。对于正在开展的业务，组织成员要对其有着较高的熟悉度或丰富的过往的成功经验，以此确保各项任务能够顺利推进，达到万无一失的理想状态。毕竟，过往的成功经验能够帮助组织成员更好地应对各种问题和挑战，避免在执行过程中走弯路。其二，组织必须具备强大的学习能力。在当今产业快速变化的大背景下，学习能力强大的组织将展现出强大的适应性和竞争力，能够在众多企业中崭露头角。我们公司已经意识到这一点，并同步推出了企业内外的学习系统，旨在为员工及顾客等不同群体提供差异化的学习内容，帮助他们不断更新知识和技能，跟上时代的步伐。其三，也是最为本质且常被提及的一点，就是要确保组织成员目标一致，实现高效交付。只有当组织内的成员心往一处想、劲往一处使，并且能够高效地完成各项任务，企业才能实现资源的最优配置和整体效能的最大化。从精心打磨产品到推动企业在全产业链中找准定位，再到构建一个高效、目标明确且具备强大学习能力的组织，是我们现阶段追求的短期目标。

上述几个方面相互关联、相互促进，共同构成了我们迈向成功的坚实路径。我坚信，通过在这些关键领域的持续努力和创新，我们的企业将能够在激烈的市场竞争中占据一席之地，实现可持续的发展与成长。

案例分析与讨论

1. 在医美行业，顾客需求多样化且不断变化。苟晓亮如何通过顾客心理分析，识别和预测目标顾客的核心需求，并据此指导企业开发核心产品？

2. 鉴于苟晓亮致力打造"焕研肌——专注透皮护肤技术"的自主品牌，他如何利用顾客心理分析来构建品牌信任和提高顾客忠诚度？

3. 在追求"执着于人类皮肤美丽与健康"的愿景过程中，苟晓亮如何通过顾客心理分析来优化消费体验，并在服务流程中创新？

参考文献

[1]王超.基于"00后"消费选择特征的敷初美医美产品营销策略优化研究[D].兰州：兰州大学,2023.

[2]刘青,常可欣,赵秋语,等.基于女大学生消费心理的护肤品企业营销策略的研究[J].电脑知识与技术,2017(26):251-253.

[3]毛静瑜.中医在医美领域承担的角色[A]//中国中西医结合学会医学美容专业委员会.2017中国中西医结合学会医学美容专业委员会年会会议摘要[C].上海伊莱美医疗美容医院,2017:1.

[4]浅析如何发挥医疗美容质控中心职能提升医疗行为规范性[A]//中国麻风防治协会.2024年全国皮肤病防治学术年会论文集[C].2024:1.

[5]中国医疗美容行业研究报告[A]//上海艾瑞市场咨询有限公司.2022艾瑞咨询11月研究报告会论文集[C].2022:69.

第二章 创业企业创办流程

理论知识

在当今世界经济全球化的背景下,创业已成为推动社会进步和经济发展的重要力量。创立一家企业,无论规模大小,都是一项复杂而系统的工程。本章旨在为有志创业的读者提供一个清晰、详尽的企业创立流程指南,其中公司注册是开始创业的第一步。一般来说,公司注册的流程包括:企业核名→提交材料→领取执照→刻章。但是,公司想要正式开始经营,还需要办理以下事项:银行开户→税务报到→申请税控和发票→社保开户。

一、公司注册流程

(一) 准备材料

(1) 公司法定代表人签署的"公司登记(备案)申请书"。
(2) 全体股东签署的公司章程。
(3) 法人股东资格证明或者自然人股东身份证原件及其复印件。
(4) 法定代表人、董事、监事和高级管理人员的任职文件及其身份证复印件。
(5) 指定代表或委托代理人证明。
(6) 代理人身份证及其复印件。
(7) 住所(经营场所)合法使用证明。

住所使用证明材料的准备,分为以下三种情况:

①若是自己的房产,需要房屋产权证复印件,房主身份证复印件。

②若是租房,需要房主签字的房屋产权证复印件,房主的身份证复印件,双方签字的租赁合同复印件和租金发票。

③若是租的某公司名下的写字楼,需要该公司加盖公章的房屋产权证复印件,该公司营业执照复印件,双方签字盖章的租赁合同复印件,还有租金发票。

（二）具体注册流程

第一步：核准企业名称。

时间：1~3 个工作日。

操作：确定公司类型、名称、注册资本、股东及出资比例后，可以去工商局现场或在线上提交核名申请。

结果：核名失败则需重新申请核名。

第二步：提交材料。

时间：5~10 个工作日。

操作：核名通过后，确认地址信息、高管信息、经营范围，在线提交预申请。在线预审通过之后，按照预约时间去工商局递交申请材料。

结果：收到"准予设立登记通知书"。

第三步：领取执照。

时间：预约当天。

操作：携带"准予设立登记通知书"、办理人身份证原件，到工商局领取营业执照正、副本。

结果：领取营业执照。

第四步：刻章等事项。

时间：1~2 个工作日。

操作：凭营业执照到公安局指定刻章点办理，包括公司公章、财务章、合同章、法人代表章、发票章等。至此，公司注册完成。

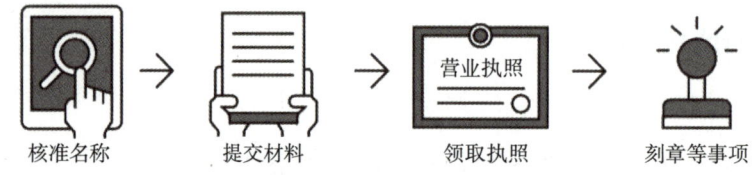

二、公司注册注意事项

（一）公司名称

公司名称是企业身份的象征，需要确保名称的唯一性和合法性。在注册登记之前，应进行公司名称查重，避免与已存在的公司名称重复或相似，同时要符合相关法律法规的要求。常见的公司名称一般有以下三种形式，不同形式之间没有本质区别，注册时任选其一即可。

（1）地区+字号+行业+组织形式。例如，北京快又好信息技术有限责任公司。

（2）字号+（地区）+行业+组织形式。例如，快又好（北京）信息技术有限责任公司。

（3）字号+行业+（地区）+组织形式。例如，快又好信息技术（北京）有限责任公司。

建议在起名时，先在"国家企业信用信息公示系统"上查询字号是否已经被注册，尽量保证没有重名，这样通过率会高一些。

(二) 公司类型

1. 有限责任公司

由 50 个以下的股东出资设立,每个股东以其认缴的出资额对公司承担有限责任,公司法人以其全部资产对公司债务承担全部责任的经济组织。

适用情况:较适合创业的企业类型,大部分的投融资方案、协议控制(Variable Interest Entities,VIE)架构等都是基于有限责任公司进行设计的。

对于初创企业来说,该类型是目前最适合的企业类型,原因如下:

(1)有限责任公司的股东只需要以出资额为限承担"有限责任",在法律层面上就把公司和个人的财产分开了,可以避免创业者承担不必要的财务风险。

(2)有限责任公司运营成本低、机构设置少、结构简单,适合企业的初步发展阶段。

(3)目前成熟的天使投资、风险投资(Venture Capital,VC),几乎都基于"有限责任公司"设计投资方案。直接注册有限责任公司,在未来引进投资过程中也会比较顺利。

2. 股份有限公司

由 2 人以上 200 人以下的发起人组成,公司全部资本为等额股份,股东以其持有股份为限对公司承担责任。

适用情况:较适用于成熟、大规模类型公司,设立程序较为严格和复杂,不太适用于初创型和中小微企业。例如,中国石油天然气股份有限公司(简称中石油)。

3. 有限合伙企业

由普通合伙人和有限合伙人组成,普通合伙人对合伙企业债务承担无限连带责任,有限合伙人以其认缴的出资额为限对合伙企业债务承担有限责任。

适用情况:较适用于风险投资基金、公司股权激励平台(员工持股平台)等。例如,红杉资本。

4. 外商独资公司

外国的公司、其他经济组织或者个人,依照中国法律在中国境内设立的全部资本由外国投资者投资的企业。

适用情况:股东为外国人或外国公司,流程相对内资公司更加复杂,监管更加严格。在名称要求上与有限责任公司一致。

5. 个人独资企业

个人出资经营、归个人所有和控制、由个人承担经营风险和享有全部经营收益的企业。投资人以其个人财产对企业债务承担无限责任。

适用情况:适用于个人小规模的小作坊、小饭店等,常见于对名称有特殊要求的企业。例如,××中心、××社、××部等。

6. 国有独资公司

这里指国家单独出资,由国务院或者地方人民政府授权本级国有资产监督管理机构履行出资人职责的有限责任公司。

7. 其他

非公司制企业：具有投资资格的法人、其他经济组织等。

外商投资企业：外方为公司、法人、其他经济组织和自然人，中方为公司、法人及其他经济组织。

（三）注册资本

注册资本是全体股东出于公司经营需要，提供或承诺提供给公司的资金总数。需要注意的是，有限责任公司的股东对公司的债务只承担有限的责任，而且承担的最高额度就是公司的注册资本。

1. 注册资本并不需要一次缴清

我国目前实行注册资本认缴制，其意思就是注册资本不用在一开始就全部缴纳完成，而是只要在承诺的时限内（一般为10~20年）缴完即可，这极大地降低了公司注册时的资金压力。

2. 公司注册资本多少，要参考所在行业资质要求

例如，互联网公司申请ICP（互联网信息服务业务）经营许可证时，要求公司注册资本在100万元以上；天猫对大多数类目的入驻商家标准也是100万元以上。其他需要资质/资格的，则参照本行业一般的做法。

3. 注册资本越大，承担的风险/责任就越大

例如，一家注册资本为100万元的公司，因公司经营不善，欠了1000万元的外债，股东最多用他100万元的出资额来承担责任，超出的部分就和他没关系了。但是，如果这家公司的注册资本是1000万元，就要承担全部1000万元的责任。

所以，注册资本并不是越多越好，大部分互联网创业者选择的是股权融资的方式，最重要的是股权比例，而不是注册资本。根据自己的实际情况，设定一个合理的注册资本金额，才是理智的选择。

4. 何谓验资报告，需要做吗

之前实行实缴制的时候，注册资本是需要验资报告的，现在实行认缴制已经基本不需要了，只有少数情况会用到。例如，参加招投标项目时，招标方要求出具验资报告；跟规模比较大的企业合作时，对方为了确认公司实力，也会要求出具验资报告。如果需要验资报告，可以在注册资本实缴完成后，找会计师事务所出具。

（四）公司注册资本的增减

根据《中华人民共和国公司法》的有关规定，我国按照资本确定、资本维持、资本不变三原则，要求公司必须保持注册资本的相对稳定，同时对公司增加或减少注册资本规定了以下具体的条件和程序。

1. 公司增加注册资本

公司增加注册资本是指公司成立后，经权力机构决议，依法定程序在原有注册资本的基础上予以扩大，增加公司实有资本总额的法律行为。

有限责任公司增加注册资本的主要途径是股东增加出资，这种情况比较简单；股份有限公司可以通过发行新股来增加注册资本，也可以将公积金转为注册资本，这种情况比较复杂。下面主要介

绍股份有限公司增加注册资本的程序和要求。

（1）由股东大会做出决议。股份有限公司增加注册资本，应由董事会拟订增资方案并提交股东大会，由股东大会决议通过。决议内容应包括新股种类及数额、新股发行价格、新股发行的起止日期、向原有股东发行新股的种类及数额。

（2）增量发行新股应符合法定条件。公司公开发行新股应当符合下列条件：①具备健全且运行良好的组织机构；②具有持续盈利能力，财务状况良好；③3年财务会计文件无虚假记载，无其他重大违法行为；④经国务院批准的国务院证券监督管理机构规定的其他条件。上市公司非公开发行新股，应当符合经国务院批准的国务院证券监督管理机构规定的条件，并报国务院证券监督管理机构核准。

（3）发行新股须进行审批。股东大会做出发行新股的决议后，董事会必须报国务院证券监督管理机构核准。

（4）进行公告。公司经批准向社会公开发行新股时，必须公告新股招股说明书和财务会计报表及附表。

（5）公积金转增资本。股份有限公司经股东大会决议将公积金转为资本时，按股东原有股份比例派送新股或增加每股面值。法定公积金转为资本时，所留存的金额不得少于注册资本的15%。

（6）变更登记。公司增加注册资本后，应依法向公司登记机关办理变更登记。

2. 公司减少注册资本

公司减少注册资本是指公司成立后，经权力机构决议，依法定程序使其注册资本在原有基础上进行削减的法律行为。其法定程序如下：

（1）公司权力机构做出决议或决定。公司减少注册资本，在有限责任公司，须经代表2/3以上表决权的股东决议通过；在国有独资公司，必须由国有资产监督管理机构决定，其中重要的国有独资公司的减资，由国有资产监督管理机构审核后，报本级人民政府批准；在股份有限公司，须经代表2/3以上表决权的股东决议通过。

（2）编制表册。公司决议减少注册资本时，董事会必须编制资产负债表和财产清单。

（3）通知和公告。应当注意的是，就增加注册资本这一事项，公司不必通知和公告债权人，但当公司减少注册资本时，应当自做出减少注册资本决议之日起10日内通知已知债权人，并于30日内在报纸上公告。债权人自接到通知书之日起30日内，未接到通知书的自第一次公告之日起45日内，有权要求公司清偿债务或者提供相应的担保。

（4）进行变更登记。公司减少注册资本时，公司章程原定的注册资本发生变化，须向原公司登记机关办理变更登记。办理登记时虚报注册资本的，责令改正，处以虚报注册资本金额5%以上15%以下的罚款。股份有限公司通过收购本公司股票的方式减少注册资本的，必须在10日内注销该部分股份，并依照法律、行政法规办理变更登记并公告。

（5）公司减少资本后的注册资本不得低于法定的最低限额。

（五）股东出资

股东是公司的主人，由股东组成的股东大会是公司的最高权力机构。出资金额，即股东在工商注册登记时需要认缴的资金。通常会把一个股东出资金额占总注册资本的比例，当成这个股东所占的股权比例。

在创业初期，一般建议股东的人数不要太多，避免因股东过多导致权力分散。对于早期核心员工和小股东，建议使用"股权代持协议"进行代持，而不进入工商局公示的股东名单中，这样操作可以在保障权益的同时简化股权架构。一个简单、健康的股权结构有利于公司顺利融资，以及快速完成工商登记和变更等事项。

股东的出资金额涉及公司的股权结构，这是在准备公司注册阶段最需要认真思考和决定的事项。

（六）注册地址

注册地址就是在公司营业执照上登记的住址，不同的城市对注册地址的要求也不一样，具体应以当地工商局要求为准。

各地对注册地址的要求不同，具体如下：

1. 北京等地

只允许使用写字楼、商铺等商业地产注册公司。

2. 深圳、广州等一些沿海经济比较发达的地区

民居房屋也可以进行注册。

3. 上海等地

两种之间。上海虽然只允许商业地产注册公司，但实际上政府作为第三方特批了很多经济园区、开发区，这些开发区能够为公司提供合法注册地址。

需要说明的是：

（1）创业初期如果资金紧张，可以选择入驻创业孵化器（集中办公区），使用它们的注册地址。

（2）公司注册地址是可以变更的，但跨城区的税务变更会比较麻烦，所以在选择注册地址时，最好先确定好城区。

（七）经营范围

经营范围是指企业可以从事的生产经营与服务项目。它反映的是企业业务活动的内容和生产经营方向，是企业业务活动范围的法律界限。初次注册公司，不知道如何确定经营范围时，可以参考行业内同类公司。

以互联网科技公司为例，其经营范围如下：网络通信科技产品领域内的技术开发、技术咨询、技术转让、技术服务，计算机网络工程，计算机软件开发及维护，计算机辅助设备的安装及维修，电子产品的安装和销售，计算机及相关产品（除计算机信息系统安全专用产品）、办公用品的销售，企业管理咨询（除经纪）。

（八）高管信息

这里的公司高管和人们通常理解的不太一样，主要是指登记在工商局的公司管理人员。一般建议由核心创始人或大股东任职，为的是加强对公司的管理控制。

1. 董事/董事长/执行董事

由董事、董事长组成的董事会负责公司事务和业务经营活动的指挥与管理，对公司股东会或企业股东大会负责并报告工作。

董事长是公司董事会的领导，是公司的最高领导者，其职责具有组织、协调、代表的性质。董事长的权力在董事会职责范围之内，不管理公司的具体业务，一般也不进行个人决策，只是在董事会或董事会专门委员会开会的时候才享有投票权。

公司前期组织架构比较简单，可不设立董事会，只设立一名执行董事即可，由执行董事代行董事会职责。

2. 法定代表人

在法律层面上，法定代表人的行为等同于公司行为，是公司意志的具体体现人，由董事长/执行董事或经理担任，在法律层面对公司的所有行为、结果负责。

自然人可以担任多家公司的法定代表人。

3. 监事

由于公司股东分散，其专业知识和能力差别很大，为了防止董事会、经理滥用职权损害公司和股东利益，需要在股东大会上选出监事，代表股东大会行使监督职能。监事必须是单独的人选，不能由董事、经理兼任。

（九）公司资质

资质即有做某事的资格，在公司注册过程中是指某些经营项目需要取得相应部门的许可后方能办理营业执照或开始经营。也就是说，一些特殊行业的公司注册是需要取得相应部门的许可之后才能设立的（如ICP经营许可证即"电信与信息服务业务经营许可证"就需要当地通信管理部门核发），这种许可分为前置许可和后置许可。现在，前置许可越来越少，后置许可越来越多，对需要设立这些行业的公司来说，就更加方便了。

（十）申请材料

1. 有限责任公司

（1）公司法定代表人签署的"公司登记（备案）申请书"。

（2）全体股东签署的"指定代表或者共同委托代理人证明"及指定代表或委托代理人的身份证复印件；应标明指定代表或者共同委托代理人的办理事项、权限、授权期限。

（3）全体股东签署的公司章程可以在工商局网站下载"公司章程"的样本，根据实际情况修改即可，章程的最后要有所有股东签名及日期。

（4）股东的主体资格证明或者自然人身份证件复印件。

（5）董事、监事、经理的任职文件（股东会决议由股东签署，董事会决议由公司董事签字）及身份证件复印件。

（6）法定代表人的任职文件（股东会决议由股东签署，董事会决议由公司董事签字）及身份证件复印件。

（7）"企业名称预先核准通知书"。

（8）法律、行政法规和国务院决定规定的设立有限责任公司必须报经批准的，提交有关的批准文件或者许可证书复印件。

（9）公司申请登记的经营范围中有法律、行政法规和国务院决定的规定必须在登记前报经批准的项目，提交有关的批准文件或者许可证书复印件或许可证明。

（10）"承诺书"。

（11）住所使用证明。住所使用证明材料的准备前文已有介绍，在此不再赘述。

2. 股份有限公司

（1）"公司登记（备案）申请书"。

（2）"指定代表或者共同委托代理人授权委托书"及指定代表或委托代理人的身份证复印件。

（3）由会议主持人和出席会议的董事签署的股东大会会议记录（募集设立的提交创立大会的会议记录）。

（4）全体发起人签署或者出席股东大会或创立大会的董事签字的公司章程。

（5）发起人的主体资格证明或者自然人身份证件复印件。

①发起人为企业的，提交营业执照复印件；

②发起人为事业法人的，提交事业法人登记证书复印件；

③发起人为社团法人的，提交社团法人登记证复印件；

④发起人为民办非企业单位的，提交民办非企业单位证书复印件；

⑤其他发起人提交有关法律法规规定的资格证明。

（6）募集设立的股份有限公司提交依法设立的验资机构出具的验资证明，涉及发起人首次出资是非货币财产的，提交已办理财产权转移手续的证明文件。

（7）董事、监事和经理的任职文件及身份证件复印件。

依据《中华人民共和国公司法》和公司章程的规定，提交由会议主持人和出席会议的董事签署的股东大会会议记录（募集设立的提交创立大会的会议记录）、董事会决议或其他相关材料。其中，股东大会会议记录（创立大会会议记录）可以与第（3）项合并提交；董事会决议由公司董事签字。

（8）法定代表人任职文件（公司董事签字的董事会决议）及身份证件复印件。

（9）"企业名称预先核准通知书"。

（10）募集设立的股份有限公司公开发行股票的应提交国务院证券监督管理机构的核准文件。

（11）法律、行政法规和国务院决定规定设立的股份有限公司必须报经批准的，提交有关的批准文件或者许可证书复印件。

（12）公司申请登记的经营范围中有法律、行政法规和国务院决定规定的必须在登记前报经批准的项目，提交有关批准文件或者许可证书的复印件。

（13）"承诺书"。

（14）住所使用证明。住所使用证明材料的准备，前文已有介绍，在此不再赘述。

3. 个体工商户

（1）经营者签署的"个体工商户开业登记申请书"。

(2) 经营者的身份证复印件；申请登记为家庭经营的，以主持经营者作为经营者登记，由全体参加经营的家庭成员在"个体工商户开业登记申请书"经营者签名栏中签字确认。提交居民户口簿或者结婚证复印件作为家庭成员亲属关系证明；同时，提交其他参加经营家庭成员的身份证复印件，对其姓名及身份证号码予以备案。

(3) 申请登记的经营范围中有法律、行政法规和国务院决定规定的必须在登记前报经批准的项目，应当提交有关许可证书或者批准文件复印件。

(4) 经营场所使用证明。个体工商户以自有场所作为经营场所的，应当提交自有场所的产权证明复印件；租用他人场所的，应当提交租赁协议和场所的产权证明复印件；无法提交经营场所产权证明的，可以提交市场主办方、政府批准设立的各类开发区管委会、村居委会出具的同意在该场所从事经营活动的相关证明。

(5) 委托代理人办理的，还应当提交经营者签署的"委托代理人证明"及委托代理人身份证复印件。

（十一）公司变更

1. 公司名称变更

公司成立满一年后，可以变更公司名称。变更公司名称后，需要在银行、税务、社保等部门进行相应的变更，如果有商标证书，也需要进行变更。

2. 注册资本变更

当公司因为融资、股东增减等情况需要增加或减少注册资本时，应该及时在工商局进行变更。减资比增资办理难，还需要登报公示等手续，所以办理周期较长。

3. 股东及出资比例变更

当公司因为融资、股权激励、股东退出等情况增加或减少股东时，就会使公司的股东结构发生变化，需要去工商和税务部门进行变更。

股权转让的难点主要在税务环节，关键看股权是否被评估为溢价转让，如果是溢价转让，则需要缴纳20%个税。

4. 注册地址变更

随着公司的发展，加入公司的伙伴越来越多，新租了更大的办公室，在人员搬过去之后，也应该将公司营业执照上的注册地址进行变更，否则可能面临工商部门的罚款。

地址同区变更比跨区变更容易。除了工商变更外，银行、社保也要进行变更，如果有商标证书、ICP证等资质证书，证书上有列明注册地址的，也需要进行地址变更。

5. 经营范围变更

当公司拓展新业务或者调整业务领域后，要及时去工商部门变更经营范围。新增经营范围如果涉及资质审批，则需要及时申请相关资质。

6. 高管信息变更

如果董事、法人、监事、经理等发生变动，要及时去工商部门进行变更。这一项在实际经营中很容易被忽视，尤其是监事岗位的变更。

7. 变更申请材料

（1）"公司登记（备案）申请书"。

（2）"指定代表或者共同委托代理人授权委托书"及指定代表或委托代理人的身份证件复印件。

（3）法律、行政法规和国务院决定所规定公司变更事项必须报经批准的，提交有关的批准文件或者许可证书复印件。

（4）关于修改公司章程的决议、决定（变更登记事项涉及公司章程修改的，提交该文件；其中股东变更登记无须提交该文件，公司章程另有规定的，从其规定）。

①有限责任公司提交由代表 2/3 以上表决权的股东签署的股东会决议。

②股份有限公司提交由会议主持人及出席会议的董事签署的股东大会会议记录。

③一人有限责任公司提交股东签署的书面决定。

④国有独资公司提交国务院、地方人民政府或者其授权的本级人民政府国有资产监督管理机构的批准文件。

（5）修改后的公司章程或者公司章程修正案（公司法定代表人签署）。

（6）变更事项相关证明文件。

①变更名称的，应当向其登记机关提出申请。申请名称超出登记机关管辖权限的，由登记机关向有该名称核准权的上级登记机关申报。

②变更住所的，提交变更后住所的使用证明。

③变更法定代表人的，根据公司章程的规定，提交原任法定代表人的免职证明和新任法定代表人的任职证明及身份证件复印件；公司法定代表人更改姓名的，只需提交公安部门出具的证明。

④减少注册资本的，提交在报纸上刊登公司减少注册资本公告的有关证明和公司债务清偿，或者债务担保情况的说明；应当自公告之日起 45 日后申请变更登记。

⑤变更经营范围的，公司申请登记的经营范围中有法律、行政法规和国务院决定规定的必须在登记前报经批准的项目，提交有关批准文件或者许可证书的复印件。审批机关单独批准分公司经营许可经营项目的，公司可以凭分公司的许可经营项目的批准文件、证件申请增加相应经营范围，但应当在申请增加的经营范围后标注"限分支机构经营"字样。

⑥变更股东的，股东向其他股东转让全部股权的，提交股东双方签署的股权转让协议或者股权交割证明。

股东向股东以外的人转让股权的，提交其他股东过半数同意的文件；其他股东接到通知 30 日未答复的，提交拟转让股东就转让事宜发给其他股东的书面通知；股东双方签署的股权转让协议或者股权交割证明；新股东的主体资格证明或自然人身份证件复印件（公司章程对股权转让另有规定的，从其规定）。

人民法院依法裁定划转股权的，应当提交人民法院的裁定书，无须提交股东双方签署的股权转让协议或者股权交割证明和其他股东过半数同意的文件；国务院、地方人民政府或者其授权的本级人民政府国有资产监督管理机构划转国有资产相关股权的，提交国务院、地方人民政府或者其授权的本级人民政府国有资产监督管理机构关于划转股权的文件，无须提交股东双方签署的股权转让协议或者股权交割证明。

a. 变更股东或发起人名称或姓名的，提交股东或发起人名称或姓名变更证明；股东或发起人更名后新的主体资格证明或者自然人身份证件复印件。

b. 以上各项涉及其他登记事项变更的，应当同时申请变更登记，按相应的提交材料规范提交相应的材料。

（7）公司营业执照副本。

（8）"承诺书"，承担社会责任的重要作用。

（十二）股权分配

股权是股东基于其股东资格而享有的，从公司获得经济利益并参与公司经营管理的权力。

股权分配的核心是让各个创始人在分配和讨论的过程中，从心里感觉到合理、公平，从而能够集中精力经营公司。股权分配的要点如下：

1. 团队要有明确的领导人，切忌平均分配股权

平均分配股权的问题在于，当几个创始人之间意见不一致时，容易出现拍板人缺失，决策陷入僵局，不利于团队的稳定。因此，股权分配时要避免平均分配，一定要有领导人的角色。

2. 股东人数不要太多

股东人数太多就会导致决策难以推动，如在做工商变更时需要所有股东签字，此时如果有股东去外地出差或出国旅游，不能凑齐所有人签字，就会耽误变更的时间。另外，不太稳定的小股东容易产生股权纠纷，阻碍企业发展。

3. 关于控制权的关键数字

特别强调一点：34%的股权虽然不多，但是拥有重大事件（如公司合并重组、增资扩股、破产等）的一票否决权，可以在重大决策上对抗其余所有股东。因此，掌握有一票否决权的股东都是举足轻重的角色。

4. 创始合伙人的得权期、退出机制、回购权

一个完整的企业股权结构除了合理的股份分配外，还要有科学的管理体系，即提前约定好股权的得权期、退出机制、回购权，避免日后产生纠纷。

5. 提前留出一定的期权池

互联网公司股权激励的作用越来越重要，初创阶段进行股权分配时有必要提前预留一定的期权池，为今后的股权激励留出空间。一般期权池的比例大多设置为10%~20%，这些股份通常由创始人代持。

三、公司注册后续事项

（一）办理银行基本户

公司注册完成后需要办理银行基本户。基本户是公司资金往来的主要账户，经营活动的日常资金收付，以及工资、奖金和现金的支取都可以通过该账户来办理；每个公司只能开一个基本户。

（二）记账报税

公司注册完成后需要办理税务报到，报到时需提供一名会计的信息（包括姓名、身份证号、联

系电话)。公司成立后一个月起,需要会计每月记账并向税务机关申报纳税。企业准备好资料到专管所报到后,税务局将核定企业缴纳税金的种类、税率、申报税金的时间,以及企业的税务专管员;企业日后将根据税务部门核定的税金进行申报与缴纳。

(三) 缴纳社保

公司注册完成后,需要在 30 天内到所在区域的社保局开设公司社保账户,办理"社保登记证"及 CA 证书,并和社保局、银行签订三方协议。之后,社保的相关费用会定期自动从银行基本户里扣除。

(四) 申请税控及发票

如果企业需要开发票,就必须申办税控器,参加税控使用培训,核定申请发票。

(五) 企业年报

根据《企业信息公示暂行条例》规定,每年 1 月 1 日至 6 月 30 日,企业应当报送上一年度年度报告,内容包括公司基本情况简介、主要财务数据和指标、股本变动及股东情况等。

需要注意的是,每年需要报送年报的企业,是营业执照上注册时间为前一年 12 月 31 日前的大陆企业。

工商行政规定,未按规定期限公示年度报告的企业,工商机关会将其载入经营异常名录,并处以罚款。超过三年未报送年报的企业,将会纳入严重违法企业"黑名单"。被纳入异常企业名录后,企业将无法变更、注销、转股;在对外合作时,社会公众可随时查看该公司的异常情况;同时对法人、高管进行行政限制。

案例精选

在中国经济蓬勃发展的浪潮中,张伟作为一名对电力系统深度了解的工程师,看到了新能源和智慧制造领域的巨大潜力。他决定将自己的技术专长和对行业的理解转化为实际行动,创办一家能够提供系统集成总包服务的建设公司,旨在创造美好生活,成为行业领先的科技型建设公司。他给公司起了一个名字——禾木建设有限公司。

在公司办公室里,桌面铺满了一张张蓝图,每张都承载着他对公司未来的规划,他和他的团队在这些蓝图上勾勒出了禾木建设的雏形。他们的目标明确:在建筑、市政公用、电力等领域提供最优质的服务,同时涉足新能源技术的开发,如储能项目、光伏项目和充电桩项目。张伟相信通过这些项目,禾木建设能够为社会的可持续发展做出贡献。

要实现这些宏伟蓝图,他需要一支强大的团队,他四处寻找那些和他一样对建筑和新能源充满热情的人才:他们中有的来自顶尖的建筑学院,有的曾在大型电力公司担任要职,还有的是新能源领域的青年才俊。他们被张伟的愿景所吸引,纷纷加入禾木建设,共同开启这段企业旅程。

随着团队的组建,张伟着手公司的基础建设。他们首先确保了所有必要的法律手续和资质证书都已完备,如建筑装修装饰工程专业承包一级资质和多个二级资质。这些资质不仅是公司实力的证明,也是他们能够承接大型项目的关键。张伟还特别注重公司的组织架构设计,确保公司能够高效运作,快速响应市场变化。

张伟深知创新是企业发展的灵魂,他鼓励团队不断探索新技术、新方法,以提高工程效率和质量。在新能源领域,他们专注光伏和风电项目的开发,以及充电桩和储能系统的建设。这些项目不仅响应了国家的"双碳"目标,也为公司赢得了良好的社会声誉。

为了让更多的人了解禾木建设,张伟和他的团队积极进行市场推广。他们通过参加行业展会、发布新闻稿、在社交媒体上分享项目案例等方式,逐步建立起公司的品牌形象。他们的努力很快得到了回报,禾木建设接到的项目咨询和合作邀请越来越多。

随着公司业务的不断扩展,张伟又在全国范围内设立运营中心,从北京、河南到杭州、温州,禾木建设的服务网点越来越多。他们承接的项目也日益多样化,从房建总包到市政总包,再到新能源项目,禾木建设的名字在行业内越来越响亮。

张伟相信一个公司的文化是其成功的灵魂。他经常组织各种团建活动以增强团队的凝聚力,甚至带领整个团队去沙漠进行了一次生存挑战。这个活动不仅锻炼了团队的意志力,也让大家更加珍惜在一起工作的时光。

如今,张伟站在办公室的落地窗前,回望过去的点点滴滴,心中充满了感慨。禾木建设有限公司已经从一颗梦想的种子,成长为一棵参天大树。他们的故事还在继续,张伟和他的团队正以饱满的热情和无限的创造力书写着属于他们的传奇。在这个充满挑战和机遇的时代,禾木建设有限公司正一步一个脚印,坚实地走在成为行业领导者的道路上。

电子资源

公司开办全流程

拓展延伸

公司为国家纳税,国家为公司提供市场基础设施架构,互惠互利之余,公司还应关注和利用一些优惠政策来减轻税负、加速成长。例如:

①很多地方政府推出产业园、科技园和孵化器,公司将注册地址设立在这些地方既方便又实惠,如上海经济园区为了吸引公司前往注册,制定了很多较为宽松的优惠政策。另外,注册地址是和优惠政策相关的,特别是在上海注册公司。上海市区与郊区的开发区、各郊区的开发区之间的税收优惠政策差异很大,在上海郊区的开发区注册公司的各项政策也有差异。

②可以申请成为高新技术企业,可以享有企业所得税减免10%的税收优惠政策,而且企业的研发费用,享受所得税加计扣除优惠。类似的情况还有小型微利企业、双软认证企业。

③公司作为独立的法人是市场活动的主体,如有些招投标项目会限定参加成员只能是公司等机构;在跟合作伙伴签合同时,需要加盖公司的公章。在经营过程中,如果公司需要扩展渠道或平台,就要遵守这些平台的入驻规则,如天猫、京东等都需要提供营业执照。

④公司作为市场和社会的一股力量,通过与外界合作、反复磨合,可以优化资源配置、推动市场发展。

案例分析与讨论

1. 禾木建设有限公司在注册过程中,如何确保公司名称的核准与整个注册流程的合规性?
2. 在注册禾木建设有限公司时,需要准备哪些关键材料,并如何有效提交以加快注册进程?
3. 在禾木建设有限公司成功注册后,如何处理刻制公章、开立银行账户等后续事项?

参考文献

[1] 中华人民共和国 中央人民政府. 中华人民共和国公司法[EB/OL]. (2023-12-30)[2025-01-30]. https://www.gov.cn/yaowen/liebao/202312/content_6923395.htm.

[2] 北京市市场监督管理局. 北京市市场监督管理局等六部门关于提高企业开办效率的通告[EB/OL]. (2019-04-03)[2025-01-30]. https://scigi.beijing.gov.cn/ztzi/qykb/zcwjkb/201904/t0190401_705954htm.

第三章
创业企业组织设计

理论知识

一、公司组织结构概述

为了保证实现公司的计划目标和任务,绝大多数公司都需要对管理工作进行横向与纵向分工。横向分工的结果是设置出各个职能部门,纵向分工的结果是划分出若干管理层次。各个职能部门及管理层次还需要进一步明确它们的职责与权力、相互之间的分工协作关系,以及信息沟通方式,这样就形成上下左右的框架结构,也就是公司结构。

公司结构通常是用图表形式来反映的,包括公司的职能部门、管理层次,以及上下级和平行关系等内容。由于公司结构图不能反映公司结构的全部内容,如各个管理部门和管理层次的职责、职权,以及相互之间的协作关系等,所以还需要通过制定规章制度和编写工作说明书等给予相关补充说明。

二、公司组织结构形式

公司设置的职能部门及划分的管理层次以什么方式联系起来,并形成具有纵向和横向关系的公司组织结构形式,取决于公司的特点、规模、专业化程度、管理水平、领导与下属的成熟度等诸多因素。下面主要以生产经营性公司为例,介绍几种比较典型的公司组织结构形式。

(一)直线式结构

直线式结构是传统的组织结构,其结构如图3-1所示。

基本特征:公司按主要的生产经营业务设置部门和划分管理层次;各个管理职位均按直线排列;各级行政管理者对其下属行使全部的管理职权,需要亲自处理与生产经营业务有关的所有工作;没有专设的职能机构和参谋人员协助管理。它是高度一元化领导的公司结构。

优点:结构简单、权责明确、指挥统一、联系简捷、决策迅速、管理费用低。

缺点:容易产生专制,妨碍下属发挥主动性和创造性;管理者容易陷入日常行政事务之中,无暇研究与思考公司生存与发展中的重大问题；没有专业化分工，不利于管理水平的提高；当公司活动涉及专业领域较多时，全能型管理者会力不从心，影响公司的进一步发展。

适用范围：适用于技术较为简单、业务单纯、人员数量少、规模较小的公司，也可适用于中型公司的现场作业管理。

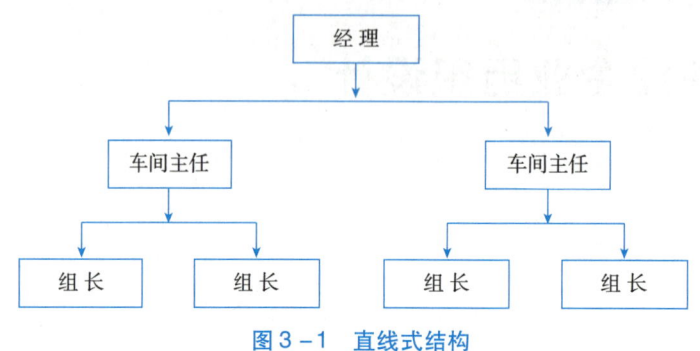

图 3-1　直线式结构

（二）职能式结构

职能式结构也叫多线制公司结构，其结构如图 3-2 所示。

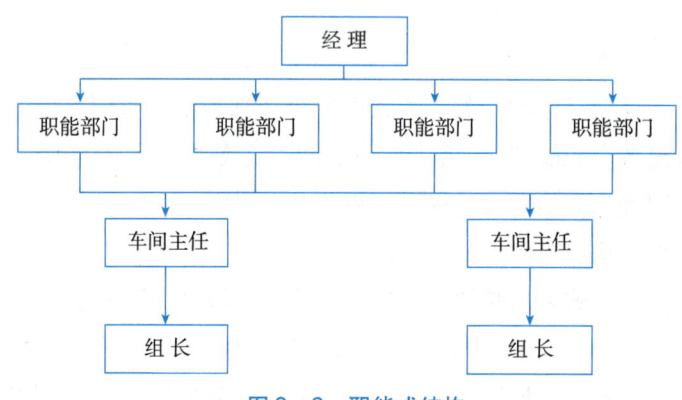

图 3-2　职能式结构

基本特征：在直线制基础上，按专业分工设置职能管理部门，且各部门有权在其业务分工范围内向下级发布命令，下属既要服从上级直线管理者的指挥，又要服从上级各职能部门的指挥。

优点：按专业设置职能部门，可以吸收各方面的专家参与管理，可以提高管理水平和效率，同时使直线管理者有精力致力于对公司重大问题的研究。

缺点：属于多头领导、政出多门，破坏了统一指挥原理，容易造成管理混乱，使下属无所适从；直线管理者与职能部门的职责和权限难以划分清楚，双方容易产生分歧，互相争权夺利、争功诿过；职能部门之间协调困难；增加管理人员和费用。

适用范围：适用于规模不大但任务较复杂，需要专业化职能管理的公司。

（三）直线—职能式结构

直线—职能式结构也叫直线—参谋式结构，它汲取了直线式结构和职能式结构的优点，克服了两者的缺点，其结构如图 3-3 所示。

基本特征：在公司中设置两套管理系统，一是按统一指挥原理建立的直线指挥系统，这个系统

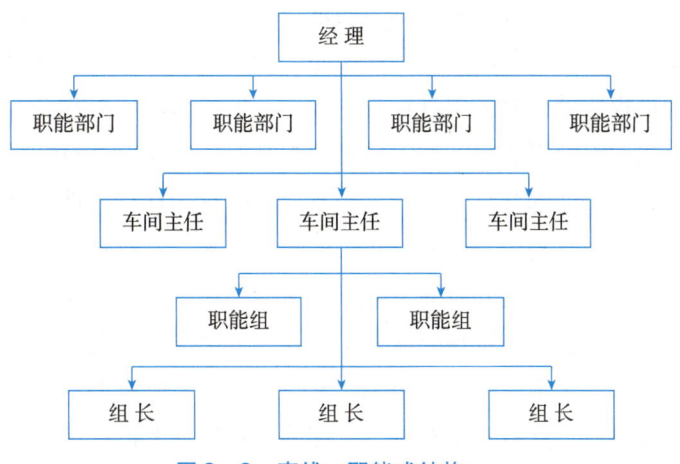

图 3-3 直线—职能式结构

针对公司的主要业务活动；二是按分工协作原理建立的职能管理系统。公司的主要业务活动由直线管理者统一领导和指挥，担负全面的责任。职能部门则设置在各级直线管理者之下，分别从事专业管理，为直线管理者出谋划策。职能部门编制的计划、方案及有关建议，均由直线管理者批准后下达执行，它们对下级管理者和下级职能部门无权下达命令和进行指挥，只起建议、咨询及业务指导的作用。

优点：既保持了直线式统一指挥的优点，又避免了其管理粗放的弊端，使管理水平大幅提高。

缺点：权力高度集中，体制较僵化，下级的积极性和创造性受到抑制；各职能部门之间的联系较弱，很难从全局考虑问题；职能部门和人员没有明确的要求和责权，其作用发挥因人而异，其意见常常得不到应有的重视；随着公司规模的扩大，直线主管（特别是高层）仍有可能陷入日常事务管理中，而疏于考虑公司的长远发展战略；另外，管理人员较多，管理费用比较高。

适用范围：适用于业务种类比较单一、环境比较稳定、规模中等的生产经营性公司。

（四）事业部制结构

事业部制结构是基于"集中政策、分散经营"的分权式公司结构形式，其结构如图 3-4 所示。

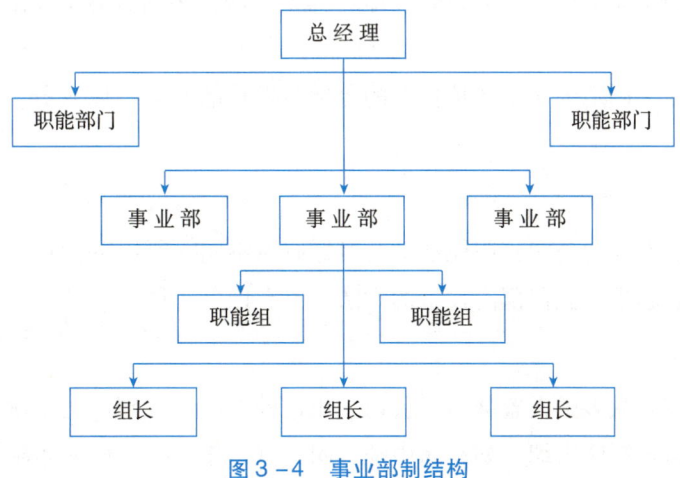

图 3-4 事业部制结构

基本特征：在公司总部下面按产品、项目、地区等划分出许多事业部，各事业部实行相对的自主经营、独立核算；公司总部与各个事业部之间进行分权，不同的管理层承担不同的管理职责，为实现公司目标协调工作；每个事业部作为利润中心，拥有广泛的生产经营自主权，统一进行产品的设计、采购、生产和销售，就像分公司进行自主经营；公司总部负责与企业长远发展有关的战略问题、事业部的经理人选，以及事业部经营的监督和控制；各事业部具有共性的功能或资源，由公司总部设职能部门负责，各事业部共享，如产品开发，各事业部具有共性的技术等由总部技术中心负责，各事业部共同需要的原材料由总部原材料采购部门负责，从而降低采购成本等。

优点：把统一管理、多种经营和专业分工很好地结合在一起，公司总部与事业部的责、权、利关系明确；权力高度下放，使最高管理层从日常行政事务中彻底解脱出来，专注公司的整体发展和长远发展，从而既扩大了高层主管的职权范围，又增强了重大决策的科学性和预见性；事业部实行相对的自主经营、独立核算，这有利于对各事业部的绩效进行考评，也能更好地激发中下层的积极性和创造性；每个事业部的运作相当于独立的分公司，这有利于培养、锻炼高级管理人才。

缺点：总部、事业部、工厂各层级均设职能机构，容易造成机构重叠、管理人员膨胀、管理费用较高等问题；各事业部独立性较强，考虑问题往往只顾本部的利益而忽视整体利益；事业部之间的竞争导致对它们的协调变得困难。

适用范围：适用于实行多元化经营的特大型公司，以及所处环境比较复杂多样、地理分布分散的跨国公司。

三、公司部门设置

管理工作的分工包括横向与纵向两个方面：横向分工的结果是设置职能部门，纵向分工的结果是划分管理层次。

（一）部门设置的实质

按照分工与协作原理，将组织为实现目标而开展的各项职能活动进行分类与组合，让不同类别与属性的职能活动分别归属一定的管辖区域，这就是部门的设置。部门在不同的组织里有不同的表现形式，如公司设置分公司、部、处等；省级政府组织划分厅、局、处、科等；学校有系、部、处、室等。部门设置的实质就是分类与组合，即"为了用同样多的努力生产出更多更好的产品的一种分工"。

部门设置的目的在于确定公司中各项任务的分配与责任的归属，以求分工合理、职责分明、任务到人。

（二）部门设置的方法

公司有多种形态，不同的公司其职能活动及目标有所不同，所以部门设置考虑的因素及采用的方法也不尽相同。归纳起来，公司部门设置的方法主要有以下几种。

1. 按人数设置

按人数设置就是按人数多少设置部门。公司采用这种方法设置部门的情况比较少见，而最典型的采用这种方法的组织是军队组织，如军队中师、团、营、连、排、班的建制就是以人数确定的。

2. 按职能设置

按职能设置就是按专业化原则，把相同或相似的职能活动整合在一起所形成的部门。例如，生产经营性公司可以设置供应、生产、销售、财务、技术、人事等部门,其中生产部门可以进一步设置基本生产车间、辅助生产车间,如图3-5所示。

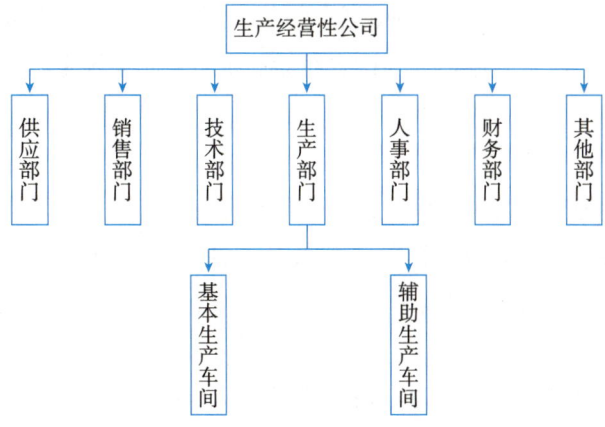

图3-5 职能部门化组织机构

3. 按产品设置

按产品设置就是按产品或产品系列组建部门。例如,家电生产性公司可以按照电冰箱、空调器、电视机、洗衣机等产品类别设置相应的部门,如图3-6所示。

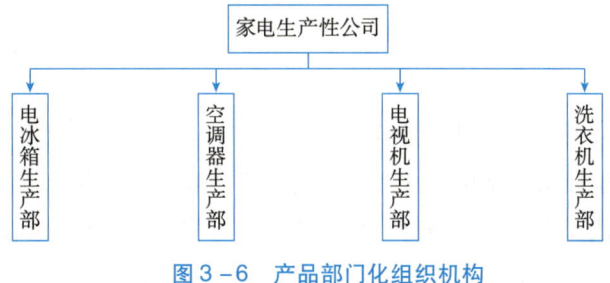

图3-6 产品部门化组织机构

4. 按区域设置

按区域设置就是将某个地区或区域内的职能活动集中起来,通过构建相关部门实施经营与管理。例如,某跨国汽车公司在全世界都有汽车生产及销售等活动,为了便于经营与管理,分区域设置若干事业部,各自管辖其所在区域的各项职能活动,如图3-7所示。

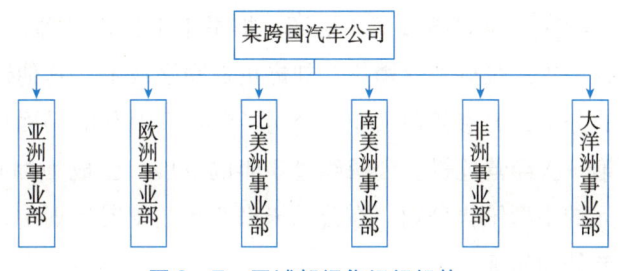

图3-7 区域部门化组织机构

5. 按服务对象设置

按服务对象设置就是根据公司的服务对象(顾客)设置有关部门。例如,服装销售公司建立中

老年服装部、职业装部、童装部等部门，服务和管理不同的顾客。

6. 按工艺流程（设备）设置

按工艺流程（设备）设置就是按照职能活动过程中的工艺阶段设置部门。例如，纺织生产经营性公司可以根据棉布的生产工艺流程分别设置纺纱、织布、印染等生产车间。

四、公司人员配置及其意义

公司人员配置是指为实现公司目标，根据公司和岗位的特征及要求分配和使用人员的过程。在进行人员配置前，需要进一步划分部门的工作岗位，并分析岗位的工作职责、工作任务及任职资格，再根据员工的实际情况与各方面素质，将其安排到合适的部门及工作岗位，实现员工与岗位的匹配。

对任何一家公司来说，计划目标为公司明确了方向，部门设置为公司提供了实现目标的条件。但是，如果部门人员安排不合理，这个部门的作用就很难得到正常发挥；如果人员配置不当，不仅不能实现公司目标，还会阻碍和破坏公司目标的实现。因此，人员配置在组织工作中具有十分重要的意义，它直接关系到公司的各项活动能否有效进行、公司目标能否顺利实现。

案例精选

一、学习目标

通过本案例的学习和分析，了解组织是管理的一项工作（职能），以及如何设置职能部门、划分管理层次、配备人员、设计组织结构形式等方面的工作内容；了解组织及其构成要素，理解管理幅度与管理层次的关系，认识人员配置原理，理解集权与分权的适宜度，高层结构与扁平结构的特点；能够设置公司职能部门，划分公司管理层次，设计公司结构形式。

二、内容简介

群创（温州）管理顾问有限公司在经营初期由于没有明确分工，大事小事都要大家一起商量决定，经常出现意见不一致的情况，使决策时间延长，贻误了不少商机，成员之间也产生了许多矛盾。由于没有设置专人负责公司日常经营管理，很多问题得不到有效和及时处理，使公司经营管理出现危机。为了改变这一状况，他们通过民主协商，推举李工担任经理，负责制订公司发展计划，江农负责财务，王兵分管进货，张科主管销售，刘烨负责网络技术，其他岗位则主要通过招聘学生做兼职。由于有了明确的分工，大家各司其职，公司经营管理混乱的局面得到了根本的改变，公司经营扭亏为盈，摆脱了第一次经营危机。公司经过3年的发展，已成为拥有5家实体店、3家网络店，注册资本达200万元的中型销售公司。在公司未来5年的发展计划中，他们希望拓展一些新的经营领域，创立自己的产品和品牌。

思考问题： 公司要实现这些发展计划，需要增加职能部门和人员吗？需要划分管理层次吗？公司是否需要重新规则组织结构？

三、组织结构案例

（一）组织工作的内容

组织工作主要通过对组织的资源与职能活动进行整合，保证组织目标的实现，其具体工作内容包括以下几个方面：

（1）设置职能部门，即依据组织计划目标和任务要求，将组织职能活动分类，按照分工与协作原则，设计职能部门及工作岗位。

（2）划分管理层次，即根据组织规模、特点及领导者的管理能力等因素划分管理层次。

（3）明确权责关系，即按照职能分工及管理层次规定各职能岗位的职责范围，并赋予其相应的权力。

（4）配备人员，即依照组织中各个岗位的任职要求和员工的任职条件，将组织成员合理分配到相应的工作岗位。

（5）建章立制，即将组织内部各个部门之间的权责划分、相互关系、沟通渠道等规范化，形成各种规章制度，并贯彻执行。

（6）设计组织结构形式，即以一定的方式将组织的各个职能部门与管理层次联系起来，形成一个包括上下关系和平行关系的框架结构。

（7）开展组织变革，即根据组织外部和内部环境的变化，适时改革组织结构，改变运作机制，促进组织的可持续发展。

（二）划分公司管理层次——管理幅度

部门设置实现了管理工作的横向分工，这种分工虽然解决了公司职能活动的统一指挥与控制问题，但是没有解决公司职能活动的分级指挥与控制问题。对于绝大多数公司来说，实施分级指挥与控制是必须的，所以公司还应该解决管理层次划分问题，实现管理工作的纵向分工。

1. 管理幅度的定义

只要公司规模不是特别小，就需要划分管理层次，实行分级管理。公司管理层次的划分需要考虑管理幅度的大小。管理幅度是指管理者直接指挥、监督下属的数量。

由于管理者的能力与精力都是有限的，当下属数量超过管理者管辖能力的限度时，管理的效率就会下降，这时就需要增加一个管理层次，减轻这一级管理者的负担，于是便形成了公司管理的层次结构。

2. 管理幅度的影响因素

许多管理学家进行的大量实证研究表明，影响管理幅度的因素主要有：①管理者与其下属双方的素质和能力；②面对问题的种类；③工作任务的协调程度；④授权情况；⑤计划的完善程度；⑥沟通渠道的状况；⑦工作的相似性程度。

3. 管理幅度的确定方法

确定管理幅度的大小是组织工作需要解决的比较困难的一个问题，其原因在于影响管理幅度的因素复杂且多变，对这些因素的分析与量化处理也非常困难。下面主要介绍美国洛克希德导弹与航天公司在 20 世纪 70 年代设计的变量依据法,为在组织工作中确定管理幅度的大小提供一定的参考。

变量依据法将影响管理幅度的主要变量因素归纳为以下 6 个方面:

(1) 职能的相似性,即下属所执行业务活动的相似程度。下属职能相似程度高的,管理幅度可以增大。

(2) 地区的邻近性,即下属工作地点的集中或分散程度。下属工作地点较为集中的,管理幅度可以增大。

(3) 职能的复杂性,即下属所执行业务活动的复杂程度和变化速度。

(4) 指导与控制的工作量,即需要领导亲自指导和控制的工作量。它涉及领导与下属的工作能力、业务熟练程度、授权的多少,以及领导需要亲自关心的程度和训练工作量等,这是较为重要的一个变量。

(5) 协调的工作量,即协调本单位内外各种关系所花费的精力和时间。

(6) 计划的工作量,即本单位计划工作的重要性、复杂性和时间要求。

要想确定管理幅度,首先,将上述 6 个变量因素划分为 5 个等级,并给予相应的分值,然后根据每个变量因素对管理幅度影响的大小赋予大小不等的权数,见表 3 – 1。

表 3 – 1　影响管理幅度的变量因素评分表

变量因素	权数	一级 (1分)	二级 (2分)	三级 (3分)	四级 (4分)	五级 (5分)
职能的相似性	1	完全相同	基本相同	相似	基本不同	根本差别
地区的邻近性	1	完全在一起	同一办公楼	同一工厂办公楼不同	地区相同地点不同	不在同一地区
职能的复杂性	2	简单工作	例行公事	稍微复杂	复杂多变	非常复杂而且多变
指导与控制的工作量	3	管理与训练工作量最少	管理工作量有限	适当的定期管理	经常持续不断的管理	始终严密的管理
协调的工作量	2	与他人关系极小	明确规定的有限关系	适当的便于控制的关系	相当密切的关系	相互间接触面广,又不重复的关系
计划的工作量	2	规模与复杂性都很小	规模与复杂性有限	规模与复杂性中等	要求相当努力,有相当政策指导	要求极大努力,范围与政策均不明确

其次,把加权计算出的变量因素分值按一定的系数加以修正,然后与管理幅度建议数值相对照(见表 3 – 2),以确定适当的管理幅度。应当指出的是,这样确定出的管理幅度往往需要根据实际情况做出调整。

表 3 – 2　管理幅度建议数值表

影响管理幅度的各变量权数之和	建议的标准宽度人数
22 ~ 24 分	8 ~ 11 人
25 ~ 27 分	7 ~ 10 人
28 ~ 30 分	6 ~ 9 人
31 ~ 33 分	5 ~ 8 人
34 ~ 36 分	4 ~ 7 人

续表

影响管理幅度的各变量权数之和	建议的标准宽度人数
37~39 分	4~6 人
40~42 分	4~5 人

4. 群创（温州）管理顾问有限公司应用变量依据法确定公司管理幅度

群创（温州）管理顾问有限公司经过3年的发展，已成为拥有5家实体店、3家网络店，注册资本达200万元的中型销售公司，现为其销售主管张科确定下属的人数。

计算过程如下：

（1）职能的相似性可以确定为完全相同，得1分。
（2）地区的邻近性可以确定为地点不同，得4分。
（3）职能的复杂性可以确定为复杂多变，得4分。
（4）指导与控制的工作量可以确定为经常持续不断的管理，得4分。
（5）协调的工作量可以确定为相当密切的关系，得4分。
（6）计划的工作量可以确定为规模与复杂性中等，得3分。

将各个变量因素加权汇总 $=1\times1+4\times1+4\times2+4\times3+4\times2+3\times2=39$（分），对照管理幅度建议数值，销售主管张科的管理幅度为4~6人。

确定管理幅度工作普遍存在于各类和各级组织之中，它是组织工作需要解决的一个最基本问题。由于管理幅度的大小受诸多因素影响，而各因素的影响程度决定了管理幅度的弹性，并没有一个固定的数值，因此，要求管理者根据本组织的具体情况和实际情况，相应地考虑各种影响因素，运用各种方法确定适合自己的管理幅度。

（三）管理层次

公司往往拥有为数众多的员工，管理者不可能对每个员工进行直接指挥和管理，这就需要划分管理层次，逐级进行指挥和控制。

1. 管理层次与管理幅度的关系

管理层次是指从公司最高管理机构到最低管理机构的数量。

管理层次与管理幅度密切相关，在公司人员规模一定的情况下，管理层次与管理幅度之间存在反比例数量关系，即在公司操作人员一定的情况下，管理者直接管理的下属越多，管理层次就越少；反之，管理者直接管理的下属越少，管理层次就越多。

2. 群创（温州）管理顾问有限公司如何确定管理层级

群创（温州）管理顾问公司经过多年发展，已拥有一线操作人员4096名，公司管理幅度为4人，有6个管理层次，管理人员平均年薪为3.5万元，公司希望精减管理人员，降低管理人员薪资支出2700万元，应该怎么处理？

计算过程如下：

在一线操作人员4096名不变的情况下，将管理幅度增加到8人，管理层次减少2个，这样管理层次由原来的6个减少为4个。

在6个管理层次的情况下，拥有管理人员1365名，管理人员薪资支出4777.5万元，当管理层次减少为4个时，拥有管理人员585名，管理人员薪资支出只有2047.5万元，从而比原来减少2730万元。具体数量关系如图3-8所示。

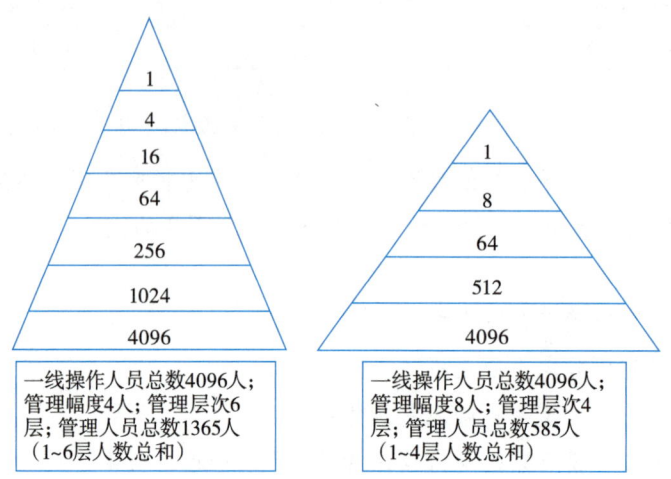

图3-8　群创（温州）管理顾问有限公司精减管理人员前后的管理层次

上述计算结果表明，从降低人员成本的角度看，扩大管理幅度，减少管理层次的效果是非常明显的，但是从另外的角度来看，较少的管理层次可能导致公司管理的低效率。因此，公司的管理层次应该有一个合理的限度。

总之，公司划分多少管理层次，应根据公司规模的大小、活动的特点、管理幅度等具体情况和条件而改变。公司无论怎么划分管理层次，各层次之间的相互关系总是一定的，即各管理层次的主管人员是自上而下逐级实施指挥与监督权力的。较低层次的主管人员处理问题的权限由较高一级的主管人员规定，他必须对上级的决策做出反应，并且向他的上一级主管汇报工作；公司的上层管理者在一般情况下应对更高一级的委派者负责，这就是公司纵向分工的实质。

3. 高层结构与扁平结构

如上所述，管理层次与管理幅度在公司规模一定时存在着反比例数量关系，较大的管理幅度意味着管理层次较少，较小的管理幅度意味着管理层次较多。因此，公司的纵向分工就形成了两种基本的结构，即高层结构和扁平结构。

（1）高层结构。高层结构是指管理幅度较小、管理层次较多的纵向组织结构。

高层结构的外形特征是高而窄，管理权力往往集中于上级。其优点表现为：有利于统一指挥；员工分工明确，职责分明；有利于管理者控制和监督下属；有利于员工晋升。其缺点是：层级之间沟通困难，信息易失真；不利于员工主观能动性和创造性的发挥；管理难度加大；管理成本较高。

（2）扁平结构。扁平结构是指管理幅度较大、管理层次较少的纵向组织结构。

扁平结构的外形特征是矮而宽，管理权力往往下放给下级。其优点表现为：信息沟通与交流速度快，有利于快速准确地决策；有利于组织体制精简高效；有利于管理人才的培养；有利于管理成本的降低。其缺点是：管理难度增大；对管理者的要求较高；员工晋升的机会减少。

高层结构和扁平结构是公司纵向分工的两种基本形式，不能简单说哪一种好、哪一种不好。两种结构各有优缺点，对它们的选用需要根据公司规模的大小、领导者的管理能力等诸多因素，并结合公司的具体情况和条件确定。由于当代社会中公司实际管理工作呈现出管理权力下放、员工自我管理能力增强等趋势，所以分权性的扁平结构逐渐被公司广泛采用，已成为一种流行趋势。

（四）集权与分权

当管理层次划分出来以后，公司就需要解决各个管理层次之间的职权划分问题，即集权与分权问题。法国管理学家法约尔所论述的集中原则，就是解决这一问题的基本准则。由于公司各级管理者拥有权力的类型众多，这里主要介绍决策权力的集中与分散问题。

1. 公司各级管理层集权与分权的主要影响因素

集权是指将决策权集中在上级，下级只能依据上级的决定和指示行事。分权是指上级将决策权交给下级部门，使其能够自主做出决策。

前文介绍的高层结构与扁平结构实际上就是集权与分权的表现形式，从这两种结构的优缺点中，已经可以知道集权与分权的一些优缺点。公司决策权力的集中与分散是一个程度问题，需要找到适合公司的程度，即通过集权与分权产生最高的决策效率。决定公司各级管理层集权与分权适宜度的主要因素包括以下四个方面。

（1）公司的自身状况。

①公司的历史状况，即是从内部逐步扩充形成，还是由合并或联合的方式组成，如果是后者，则分权的程度会大些。

②公司的规模，即大型公司的分权程度一般大于小型公司。

③公司的部门、行业特点，主要指地域分散的程度。例如，采掘工业公司、交通运输公司因地域分散，其分权程度要比集中一地的公司更大些。技术复杂的公司其分权程度也会大些。

④公司的动态特征，即是稳定发展，还是迅速发展，如果是后者，则分权程度宜大些。

（2）公司的管理特点。

①职权的重要程度，也可以说是职责的重要程度。例如，重大的决策权必须由高层管理者掌握。

②方针政策连贯性的要求，即涉及贯彻重大方针的事项，其分权程度应保持连贯。

③控制技术和手段的运用，如果控制效率高，则分权程度可大些。

（3）人事因素。

①领导人的领导风格与方式，如是赞成专制，还是赞成民主。如果属于后者，则分权程度可大些。

②下级人员的素质和能力，如有无独立工作的愿望和要求、能否独立工作等。如果答案是肯定的，则分权程度可大些。

（4）公司的外部环境。

外部环境包括政治、经济、科技、社会等方面的因素，如这些因素的变化速度、政局是否稳定、经济是在顺利发展阶段还是出现衰退或危机等。一般说来，如果环境比较稳定，则分权程度可大些。

2. 公司的实际应用

综上所述，影响集权或分权程度的因素较多，要做决策就必须从实际出发，对这些因素进行综合分析。下面以生产经营性公司为例，针对具体的、不同的管理业务活动说明集权与分权的程度。

（1）生产活动，如生产规模较大，则应分权。

（2）营销活动，这项活动同样需要分权。

（3）财务活动，是指对资金的筹措和运用，这是需要高度集权的活动。

（4）人事活动，如高级管理人员的任免、工资制度、工资总额的控制等，需要高度集中，其他职权则可分散。

（5）物资采购活动，其职权一般应当集中，但采用事业部制形式的特大型公司也可以分权。

（6）运输服务，职权的明显趋势是集中。

确定集权与分权的适宜度是一件复杂的事情，需要考虑诸多影响因素和公司各项管理业务的特点。除此以外，公司领导者在决定集权与分权时，还需注意以下两点：

（1）上级管理者在开始分权时给予下级的权力应少一些，以后可根据实际需要逐步扩大其职权范围，并随着情况变化适时调整。这是因为下级管理者一般对职权的扩大更感兴趣，并不太乐意放弃已有的权力。如果一开始分权时下放的权力过多，日后想收回一些权力时往往会遭到下级的反对而难以实现。

（2）按照权力和责任对等的组织工作原理，在确定各级管理者应有的职权时，必须相应地规定其职责，使其职权成为其履行职责的必要保证。要避免出现有权无责、有责无权，权大责小、权小责大等不良现象。

集权与分权是相对的概念，不存在绝对的集权和分权。因为绝对的集权意味着没有下层管理者，而绝对的分权意味着没有上层领导者，当然也就不存在完整的公司。一般来说，一定程度的分权乃是一切公司的共同特征。公司层次的划分就已经体现了管理职权的集中与分散。集权和分权的实质是对适宜度的把控，为了使公司的各个管理层能够有效运转，必须处理好决策权力集中与分散的程度。

电子资源

创业公司组织结构设计

为了帮助读者更深入地了解组织结构设计的理论与实践，以下是一些精选的电子资源，包括视频案例、学术文章和在线课程，读者可通过以下链接或扫描二维码进行访问。

1. 组织结构设计案例研究视频

《组织结构设计与变革》（https：//www.youtube.com/reswlts？ search_ query：）：本视频通过实际案例分析，探讨了组织结构设计的重要性和实施过程。

2. 组织结构设计学术文章

《现代组织结构的演变》（https：//readpaper.com/paper/1503951384）：这篇文章详细讨论了组织结构随时间的演变及其对现代企业的影响。

3. 在线课程

"国际领导力与组织行为学"（https://www.coursera.org/learn/organizational-behavior）：由顶尖大学提供的这门课程，涵盖了组织行为的基础知识和组织结构设计的核心概念。

拓展延伸

一、组织结构设计的实际应用

组织结构设计的实际应用涉及不同行业和不同规模的组织，以下是一些案例和最佳实践的介绍。

1. 不同行业组织结构设计案例

（1）科技公司。科技公司通常采用扁平化结构，以促进创新和快速响应市场变化。例如，谷歌（Google）以其创新的组织结构而闻名，它鼓励员工在主业务之外探索个人项目，这种结构激发了员工的创造力和积极性。

（2）制造业。制造业企业往往需要严格的生产管理和质量控制，因此可能采用更为垂直的组织结构，以确保生产效率和产品质量。例如，丰田（Toyota）的精益生产体系就是围绕其独特的组织结构设计的。

（3）服务业。服务业特别是酒店和餐饮业，可能采用更为灵活的组织结构，以适应顾客需求的多变性。例如，丽思·卡尔顿酒店（Ritz-Carlton）以其以顾客为中心的组织结构而著称，确保每位员工都能迅速响应顾客需求。

2. 组织结构设计的最佳实践

（1）明确目标与战略。在设计组织结构之前，明确组织的长期目标和战略是至关重要的，这有助于确定组织结构需要支持的关键业务流程。

（2）灵活性与适应性。组织结构设计应考虑到市场和技术的变化，确保组织能够灵活适应这些变化。

（3）员工参与。在组织结构设计过程中，员工的参与可以提高他们对变革的接受程度，并为设计过程提供宝贵的一线视角。

（4）持续评估与优化。组织结构不应是一成不变的，需要定期评估其有效性，并根据组织发展的需要进行调整。

通过研究不同行业和组织的最佳实践，可以为特定组织的组织结构设计提供有价值的参考和启示。

二、组织结构设计的未来趋势

随着全球化、技术进步和市场需求的不断变化，组织结构设计也在不断演变。以下是组织结构设计的未来趋势。

（一）技术发展对组织结构设计的影响

技术发展对组织结构设计产生了深远的影响，主要体现在以下四个方面。

1. 数字化与远程工作

随着云计算、协作软件和移动互联网技术的发展,组织能够更加灵活地安排工作,远程工作和虚拟团队成为可能。这种趋势要求组织结构设计更加注重虚拟协作和沟通机制。

2. 大数据分析

大数据和人工智能技术的应用使得组织能够更加精准地分析业务流程和员工绩效,从而优化决策过程和资源分配。组织结构设计需要考虑如何整合这些技术以提高效率。

3. 自动化与智能化

自动化和智能化技术的发展正在改变工作的性质,许多重复性工作被机器取代。组织结构设计需要适应这种变化,更多地关注员工的技能升级和职能转变。

4. 网络安全

随着组织对技术的依赖增强,网络安全成为组织结构设计中不可忽视的一部分。组织需要建立专门的网络安全团队,以保护关键信息和资产。

(二)组织结构设计的创新方向

组织结构设计的创新方向包括以下六个方面。

1. 灵活性与敏捷性

为了快速响应市场变化,组织结构设计越来越倾向灵活性和敏捷性。这意味着组织能够迅速调整资源和人员配置,以适应不断变化的市场需求。

2. 去中心化

去中心化的趋势鼓励权力下放,使得决策更接近一线员工和顾客。这种结构能够提高组织的响应速度和创新能力。

3. 跨功能团队

组织结构设计越来越倾向跨功能团队的构建,以促进不同部门间的协作和知识共享,提高项目执行效率。

4. 自组织团队

自组织团队赋予员工更大的自主权,使他们能够自我管理、自我组织,以适应不断变化的工作需求。

5. 网络化组织

网络化组织结构通过建立合作伙伴关系和联盟来扩展组织的边界,实现资源共享和能力互补。

6. 环境适应性

组织结构设计需要考虑环境的可持续性,推动绿色经济和社会责任。这要求在组织结构设计中应注意对环境保护和社会影响的考量。

综上所述,组织结构设计的未来趋势指向了更加灵活、智能和环境友好的方向,组织需要不断探索和创新,以适应这些趋势,确保在竞争激烈的市场中保持竞争力。

案例分析与讨论

一、组织结构设计的关键因素

在组织结构设计中，有几个关键因素需要特别关注，它们对组织工作的效率和效果有着直接影响。

（一）管理幅度与管理层次的关系

管理幅度与管理层次的关系是组织结构设计中的核心问题。管理幅度指的是一个管理者能够直接有效管理的下属数量。管理幅度的大小直接影响到组织的管理层次。

1. 管理幅度较窄

如果管理幅度较窄，则意味着每个管理者直接管理的下属较少，这可能导致组织有更多的管理层次，从而增加沟通的复杂性和成本。

2. 管理幅度较宽

相反，如果管理幅度较宽，则管理者可以管理更多的下属，这可能导致组织的管理层次较少，从而减少沟通的层级，提高决策的速度。

3. 影响因素

管理幅度的大小受到多种因素的影响，包括工作的性质、下属的工作能力、组织文化和技术等。设计组织结构时，需要综合考虑这些因素，以确定最适合的管理幅度。

（二）集权与分权的平衡

集权与分权的平衡是另一个关键因素，它涉及决策权在组织中的分配。

1. 集权

集权意味着决策权集中在组织的高层管理者手中。这种结构虽然有助于保持组织的统一性和控制力，但可能限制了下级单位的灵活性和创新能力。

2. 分权

分权则将决策权下放到更低的组织层次，使得决策更接近一线员工和顾客，从而提高响应速度和适应性。然而，过度分权可能导致组织目标不一致和资源的重复配置。

3. 平衡的重要性

组织结构设计需要在集权和分权之间找到平衡点。这就要求组织应根据其特定的业务需求、市场环境和组织文化来设计权力结构，以确保既能保持组织的统一性，又能激发基层的活力和创造力。

二、案例讨论：如何为创业型企业设计有效的组织结构

本部分以群创（温州）管理顾问有限公司的组织结构设计为例进行分析，并提出相应的改进建议和实施方案。

（一）分析群创（温州）管理顾问有限公司的组织结构设计

群创（温州）管理顾问有限公司在创业初期采取了扁平的组织结构，以适应快速变化的市场需求和其灵活的运营需求。以下是对其组织结构的具体分析：

1. 扁平化管理

群创（温州）管理顾问有限公司的管理层级较少，这有助于快速做出决策和提高响应市场变化的能力。然而，随着公司规模的扩大，这种结构可能导致管理上的混乱和决策的不充分。

2. 职能分工

公司根据业务需求划分了不同的职能，如财务、销售、进货和网络技术等。这种分工虽然提高了专业效率，但也可能导致部门间出现协调问题。

3. 权力分配

群创（温州）管理顾问有限公司的权力主要集中在创始人和几个关键管理者手中，这虽然有助于保持决策的一致性，但在一定程度上限制了员工的创新性和自主性。

（二）提出改进建议和实施方案

针对群创（温州）管理顾问有限公司的组织结构设计，提出一些改进建议和实施方案：

（1）明确职责与权力。为每个职能部门和岗位制定清晰的职责描述和权力范围，以减少角色重叠和冲突。

（2）增强跨部门沟通。建立项目小组和召开定期的跨部门会议，以促进信息共享和协调合作。

（3）引入中层管理。随着公司规模的扩大，适时引入中层管理岗位，以帮助高层管理者分担日常管理任务，同时保持与一线员工的直接联系。

（4）培养领导力。通过培训和发展计划，培养员工的领导力和决策能力，为分权管理打下基础。

（5）实施绩效管理。建立绩效管理体系，通过目标设定和绩效评估，激励员工达成组织目标。

（6）灵活的组织结构。设计一个能够适应市场变化的灵活的组织结构，包括临时项目团队和动态角色分配。

（7）技术平台支持。利用信息技术平台，如项目管理软件和内部沟通工具，支持远程工作和虚拟团队的运作。

（8）文化建设。培养鼓励创新、尊重多样性和支持员工发展的组织文化。

通过这些改进建议和实施方案，群创（温州）管理顾问有限公司可以优化其组织结构，更好地适应市场变化，提高运营效率，并支持其长期的业务发展。

参考文献

［1］Galbraith J R. Designing organizations：an integrative framework［M］. New York：John Wiley & Sons，2022.

［2］Ismail S，Malone M S，Van Geest Y. Exponential organizations：why new organizations are ten times better，faster，and cheaper than yours（and what to do about it）［M］. New York：Diversion

Books,2014.

[3] 杨锡怀,张德. 组织行为学:第7版[M]. 北京:高等教育出版社,2024.

[4] 武立东. 组织理论与设计:第2版[M]. 北京:机械工业出版社,2021.

[5] 马彩云,陈移山. 管理学基础[M]. 天津:天津大学出版社,2021.

[6] 达夫特. 组织理论与设计:第13版[M]. 北京:清华大学出版社,2022.

第四章
创业团队人员招聘与测评

理论知识

一、创业团队人员招聘与测评

（一）创业团队人员招聘的概念和程序

1. 创业团队人员招聘的概念

创业团队的人员招聘是创业团队获取合格人才的渠道，是团队为了生存和发展的需要，根据团队人力资源规划和工作分析的数量与质量要求，通过发布信息和科学甄选，获得团队所需的合格人才，并安排他们到团队所需岗位工作的过程。

创业团队的人员招聘有两个前提：一是制订人力资源规划；二是进行工作分析。创业团队的人力资源规划是对创业团队的需求和市场供给进行分析与预测的过程，决定了创业团队预计招聘的部门、岗位、职位、数量、专业、人员类型等；工作分析则是对团队中各职位的责任、所需人才的素质及专业、年龄、性别等方面进行分析，既为招聘提供了主要的参考依据，也为应聘者提供了关于该职位的详细信息。人力资源规划和工作分析两项基础性工作，使当今的企业招聘能够建立在比较科学的基础上。

成功的招聘活动应该是"职得其才，才适其用"，也就是能力与岗位匹配，既不出现"低才高就"，也不出现"高才低就"。此外，外部招聘的渠道、招聘的方式、招聘的时机均可能影响招聘成本。因此，检验招聘工作的标准有：管理人员对新员工的满意程度；录用的员工对工作和企业的满意程度；招聘后一定时期内自愿离职人员的比例；招聘的成本与收益；非自愿性被解聘人员的比例；新员工岗位工作完成的情况；部门间横纵方向的协调程度；企业或部门工作效率的增长状况；等等。

2. 创业团队人员招聘的程序

创业团队的人员招聘既是一个复杂、系统、完整、连续的程序化操作过程，又是一项具有科学性、艺术性的工作，其程序大致分为招募、甄选、录用、评估四个阶段，如图 4-1 所示。招募是企业为了吸引更多、更好的应聘者而进行的若干活动,包括招聘计划的制订和审批、招聘信息的发布、应聘者提出申请等,如图4-2所示;甄选是企业从岗位需要出发,挑选出最适合此岗位的人才活动,包括申请资格审查、考试、面试、体检、决策等,如图4-3所示;录用是企业对甄选出的人员进行初步安置、适应性培训、试用、正式录用等,如图4-4所示;评估是企业对整个招聘活动的效益与被录用人员的质量进行评估,如图4-5所示。

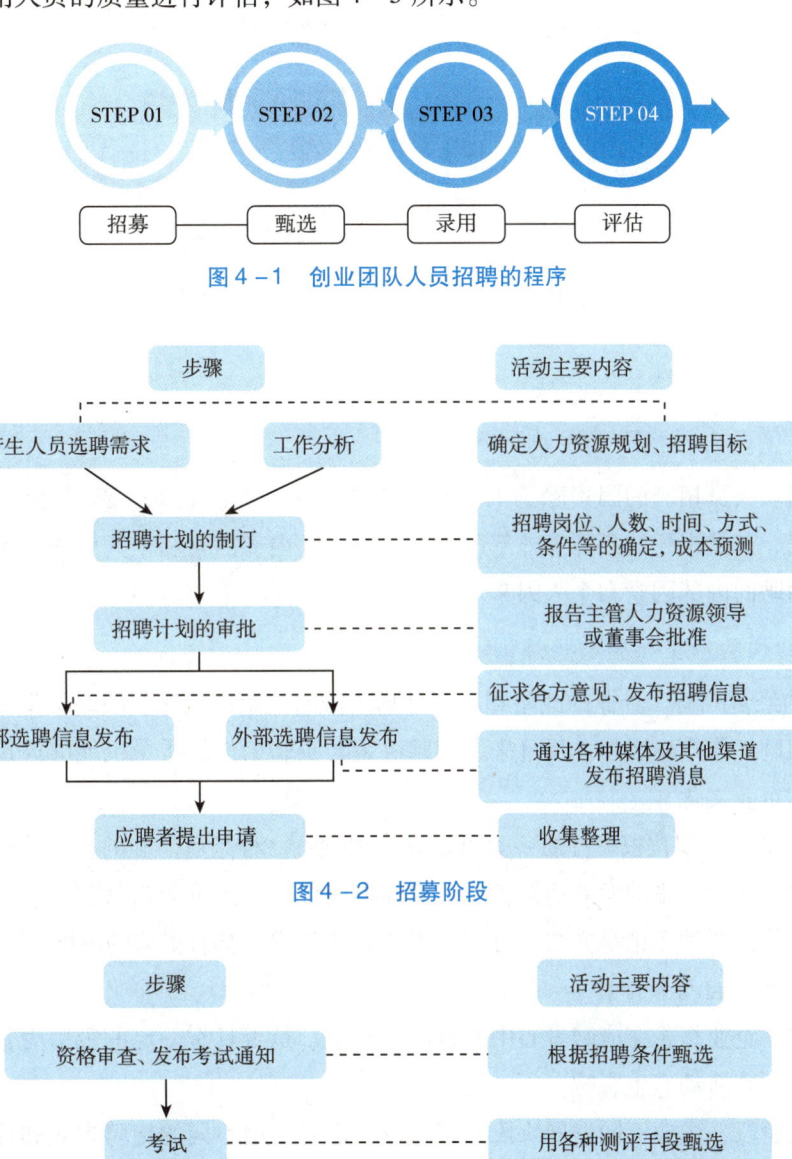

图4-1 创业团队人员招聘的程序

图4-2 招募阶段

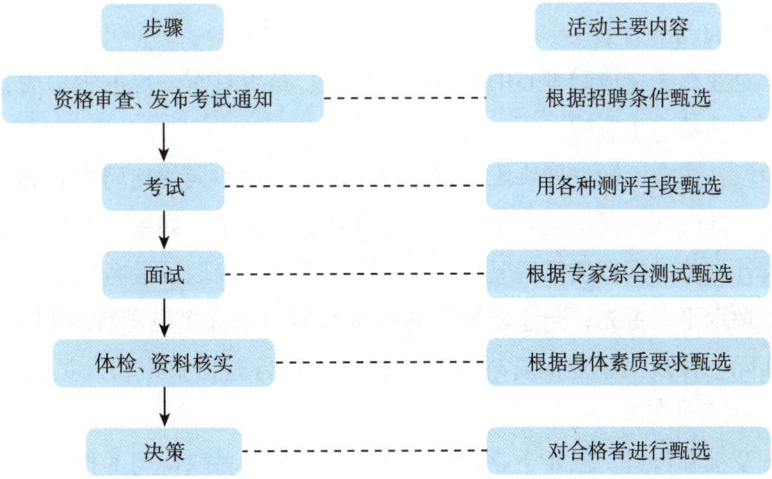

图4-3 甄选阶段

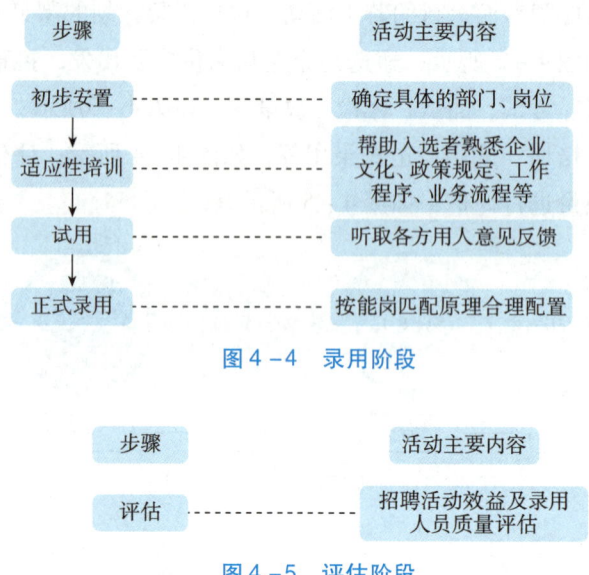

图 4-4 录用阶段

图 4-5 评估阶段

(二) 创业团队人员招聘的影响因素分析

影响创业团队人员招聘的因素除了国家政策法规、社会经济制度、宏观经济形势、技术进步、劳动力市场状况、产品市场的条件等外部因素外，还包括内部因素和个人因素。本节重点介绍影响创业团队人员招聘的内部因素和个人因素。

1. 影响创业团队人员招聘的内部因素

（1）企业的经营战略。企业的战略和经营计划、战略决策的层次、战略类型和企业文化，都会对其人力资源招聘工作产生影响。反过来，招聘决策与招聘工作的质量也能够通过录用员工的素质影响企业发展和企业文化。

（2）职位的类型。职位根据性质一般可划分为两种：一种是适需性的，即填补岗位的空缺；另一种是储备性的，即为未来的发展而储备。适需性的岗位，大致可分为管理型、特殊型和普通型三种。不同类型职位的招聘无论是方法、方式、手段，还是成本都有很大的不同。

（3）企业形象与自身条件。

①企业声望。企业是否在应聘者心中有良好的形象、是否具有一定的吸引力，将从精神和行动两方面对企业的招聘活动产生影响。

②企业发展阶段。企业不同发展阶段的特点也决定着采用不同的招聘方式和规模。如果企业处于经营不景气阶段，此时甄选录用则以年轻、优秀和量少为原则；如果企业处于多变复杂的经济环境中，则人员招聘计划势必根据实际情况的变化而不断调整，以取得最高效益。

③创业企业管理水平。首先，企业领导者的水平和能力是许多应聘者求职时优先考虑的因素。其次，招聘过程实际上体现出企业的管理水平。最后，招聘过程中招聘人员的形象也会影响招聘工作。

④企业的报酬及福利待遇。创业企业在招聘时，不应忽视薪酬待遇的作用。在人才竞争中形成的工资福利待遇，会使劳动力市场中的人才流动最终达到均衡。在实际招聘中，公司常常"打待遇牌"，用高薪吸引人才。

（4）企业用人政策。企业高层决策人员的用人政策不同，对员工的素质要求也不同。企业高层决策人员对企业内部招聘或外部招聘的倾向性看法，会决定企业主要采取哪种方法招聘员工。例如，有的决策者认为自己人好用、可靠，因此采取内部招聘方式；有的决策者认为采用公开招聘、专家参与评选的方式能获取更多优秀人才，因此倾向公开选聘方式。

（5）企业招聘成本。由于招聘目标包括成本和效益两方面，而且各种招聘方法奏效的时间不同，因此招聘成本对招聘效果也有很大的影响。

影响创业团队人员招聘的内部因素还有很多，包括企业的承受能力、企业生产对人才需求的紧迫性等。

2. 影响创业团队人员招聘的个人因素

创业团队的人力资源招聘是企业与应聘者双方互动的过程（见图4-6），应聘者的状况对招聘工作的实施也起到至关重要的作用。从应聘者的角度来看，影响企业人力资源招聘的个人因素主要有：应聘者的求职意愿、应聘者的个人职业生涯规划、应聘者的动机与偏好、应聘者的个性特征等。

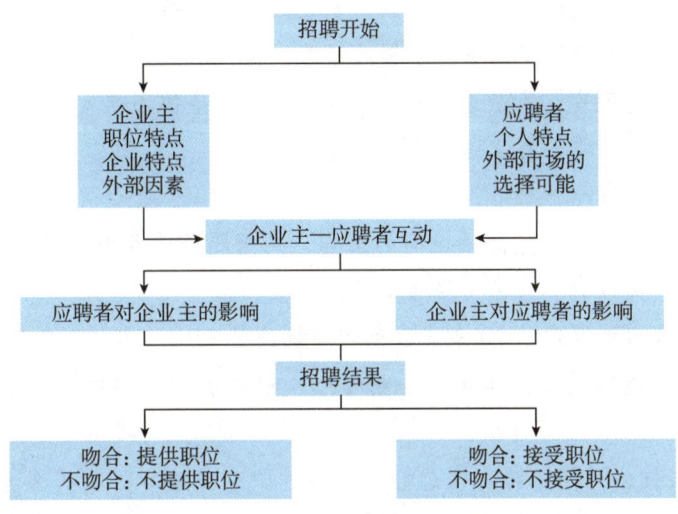

图4-6　企业主—应聘者需求的吻合过程

二、策划

（一）创业团队人员招聘的黄金法则——能岗匹配原理

1. 能岗匹配原理描述

（1）一个案例的启迪。创业企业A老板想开除三个人，这三个人的缺点分别是：甲太好动，乙太好静，丙强壮好动且喜欢打架。创业企业B老板是A老板的好朋友，他对A老板说："既然你不想要，就让他们到我这里来吧。"B老板要来这三个人，指派他们分别担任以下职务：甲做销售，乙做财务，丙做保卫。

过了一年，A老板问B老板："你要去的那三个人工作得怎么样？"B老板说："干得都很出色。"A老板觉得奇怪，B老板说："只要用人之所长，把合适的人放到合适的岗位，他们自然就会干得出色。"

（2）能岗匹配原理。能岗匹配有两方面的含义：一是指某个人的知识、才华、能力在该岗位能获得充分发挥和展示，把工作做得有声有色，个人有成就感，即所谓"人得其职"；二是指该岗位所要求的知识、才华、能力都已具备，这个岗位在工作链条中的职能和任务完成得最好，与各方面配合得最好，即所谓"职得其人"。能岗匹配原理是指人的能力与岗位要求的能力完全匹配，这种匹配包含着"恰好"的概念，二者的对应使人的能力发挥得最好，岗位的工作任务也完成得最好。能岗匹配原理的核心要素是：最优的不一定是最匹配的，最匹配的才是最佳选择，即职得其才、才得其职，才职匹配，效果最优。

2. 能岗匹配案例分析

【案例1】 某民营集团公司要招聘4名营销子公司总经理，为了挑选到能岗匹配的合适人选，集团人力资源部门对营销子公司作了2天的访问，听取了各方面的情况，填写了4张调查表，分析了该岗位的各种情况，得出对人选要求的基本结论：

①学历不必太高，只需大专或本科学历。

②不可太年轻，宜30岁以上，有5年以上的工作经验和社会阅历。

③应具备接触基层员工的能力，因此必须平易近人，懂得群众语言和与普通员工沟通交流的方法，最好善于饮酒聊天，长相不必太秀气、谈吐不能太清高。

④为人谦和，能随遇而安，不激进，对工作和生活的期望值不要太高。

⑤能服从领导，个人意志不宜太强，有协作精神。

⑥有稳定的婚姻和家庭生活。

在调查中得知，该子公司不能提供很高的工资，又需要善于经营，能为公司创造效益的人才，希望他既能独当一面，又没有参与公司高层竞争的野心。

根据以上分析，人力资源部从20多名面试者中挑选了4人，其中2名为大专学历，2名为本科学历。如今这4人已在该岗位工作4年，企业和个人都较满意，其中一人有可能晋升总公司高管职位。

【案例2】 某高科技公司要招聘一位总经理，经过调查并填写了相关表格，人力资源部门对招聘人选的能岗匹配做了分析，得出以下初步结论：

①必须具有计算机专业硕士以上学历，最好是留学归国人员。

②有一定的社会阅历，至少有两年以上工作经验。

③对个人工作成就和生活品质的期望值较高，对个人的成功期望值较高。

④有较强的沟通能力，能与高层管理人员沟通并彬彬有礼。

⑤外表和行为举止应优雅，有计算机界和IT界的人脉更好。

⑥出身于高知或高干家庭更好，会因为生长环境而具有一定的高层公关经验。

⑦行动果断，能把握市场的风云变幻。

⑧英语口语流利。

⑨未婚和已婚均可，如已婚，则伴侣最好有较高的学历。

在调查中发现，该公司虽然可以支付较高的工资并提供很好的发展空间，但必须依靠自己的实力创造和获取。作为一家高科技公司，还要求应聘者具有一定的专业背景。根据以上分析，人力资源部门最终为其物色了一位留美归国的约30岁的计算机硕士。他到岗后工作很顺利，为公司创造了很好的效益，个人的社会地位也迅速提高。

以上都是能岗匹配的案例，如果把【案例2】中挑选的硕士用于【案例1】中的民营公司，则是不匹配的，最终将导致双方均不满意。当前，很多企业在招聘管理人员时，只挑选学历、经历、能力各方面都最好的人才，却完全不做能岗匹配的分析，结果花费了很多招聘费用，投入了很大精力，即使许诺了很优厚的待遇，把最好的人才请了进来，结果也是留不住，这是招聘中的极大浪费，应引起足够的重视。

（二）创业团队人员招聘的方式

外部获取始终是创业团队招聘所需人才（特别是高科技人才、稀缺人才、中高层管理人才）的主要渠道，也是中国改革开放以来，对原有企业人事进行改革最具创意和最具挑战性的部分。外部获取的方式主要有五种：一是企业面向社会公开招聘；二是借助就业代理机构和猎头公司；三是企业员工举荐或自我推荐；四是网络招聘；五是校园招聘。由于校园招聘具有特殊性，我们将专门阐述。

1. 企业面向社会公开招聘

企业通过在各种媒体发布招聘广告，吸引符合条件的人员前来应聘。为了获取合适的人才，同时确保招聘的公正公平，企业必须以自己的力量为主体，同时聘请一些专家组成招聘小组和考官小组，对应聘者进行一系列科学、公正、系统的测试，从中获取企业所需的人才。

企业在组织力量进行公开招聘时，要注意相对集中地投入人力、物力，逐步建立人才信息库，将公开招聘视为企业形象的展示机会，是吸引人才、获取人才、保留人才的有效手段。除了注意招聘广告的有效性外，还要注意招聘流程、测试方法、考官的选择、主考官的邀请，以及招聘流程的科学化与规范化。

2. 借助就业代理机构和猎头公司

企业可以通过与适当的代理机构接触，并告知招聘岗位所需的资格条件来实施招聘。代理机构承担了寻找和筛选应聘者的任务，负责向雇主推荐优秀的应聘者以备其进一步甄选。就业代理机构主要有公共就业代理机构、私人就业代理机构以及猎头公司三种。

（1）公共就业代理机构。在我国，公共就业代理机构主要是指各级政府主办的人才市场、劳务市场、就业安置办等，其中人才市场主要提供中层管理人员及专业技术人员，劳务市场主要提供文员和蓝领员工。

（2）私人就业代理机构。私人就业代理机构主要是指各类职业介绍所，其与公共就业代理机构的主要不同点在于：一是私人就业代理机构往往有更丰富的信息资源，在此登记的求职者往往更乐于接受工作；二是私人就业代理机构的服务效率高、互动性强、服务态度好。

（3）猎头公司。猎头公司在我国出现的时间还不长，水平良莠不齐。猎头公司专门负责招聘中、高级管理人员，且主要是通过挖掘在其他单位供职的优秀人才来获取人才。

3. 企业员工举荐或自我推荐

（1）员工举荐，即人力资源部门或部门经理要求员工推荐合格的人才，并且通常对推荐了合格候选人的员工提供一些奖励。

（2）自我推荐，也即毛遂自荐，即组织收到对公司工作感兴趣的人才主动提交的申请或简历。

这种方式通常在报酬政策、工作条件、上下级关系、发展机会及参加社会活动等方面享有较好声誉的组织中盛行。

4. 网络招聘

网络招聘是当前大多企业对外招聘时采用的方法。企业将需要招聘的岗位及各种与招聘相关的信息放在各类招聘网站上，通过网络对应聘者进行筛选、交流。网络招聘虽然可以节省很多时间和人力成本，但由于较难获得真实的信息，因此与借助猎头公司招聘一样，经人力资源部门筛选简历后，必须通知初步入选者到公司参加进一步的面试。

另外，企业还可以通过微招聘等方式找到合适的人员。

5. 校园招聘

校园招聘通常是指企业直接从应届毕业生中招聘所需的人才。校园招聘是一种两点式招聘，即在学校与企业两点间进行。校园招聘的方式通常有三种：一是企业到校园招聘；二是学生提前到企业实习；三是企业和学校联合培养，以补充企业所需的专门人才。

（1）企业直接派出招聘人员到校园公开招聘，这种招聘方式已逐步从一年一次改为一年两次。顺应目前人才环境的变化，企业的招聘工作通常在当年11月至次年1月，以及4月至7月两个时间段进行。派出的招聘人员一般要对校园生活、校园环境、大学生的心理状态有相当的了解，这样便于沟通。

（2）由企业有针对性地邀请部分专业的大学生在毕业前（大约提前半年）到企业实习。企业一般根据需要，结合企业的性质、产品、岗位特点确定专业，每年为一些学校相关专业的学生提供实习机会。企业的部门主管直接进行近距离的考察，了解学生的能力、素质、实际操作能力等。由于这种考察是在实地进行的，收集的信息较全面，因此判断和选择都比较准确。

（3）由企业和学校联合培养人才。这些联合培养的人才从学校毕业后便全部到参与培养的企业工作，这种方式通常针对某些特殊专业的专门人才。例如，厦门大学和美国太古集团公司联合培养飞机维修专业的学生。学生在校期间所学课程主要由厦门大学确定，由厦门大学教师授课，每年有两个月时间到太古集团公司实习，毕业后全部进入太古集团公司工作。由于联合培养方式具有可参照性，因此在一些经济较落后的地区常予以采用。例如，福建晋江地区经济不够发达，特别是居住环境、交通、通信等。

三、甄选测试

（一）创业团队人员的管理能力测试

1. 创业团队人员的管理能力概述

（1）管理能力概述。创业团队人员的管理能力表现为：管理和协调资源的能力；组织一个团队，并创造出最适宜这个团队达到组织目标的环境和氛围的能力；有效地消除影响目标实现的障碍，并使效率最大化的能力。如果将管理能力进行分解，它应该包括战略能力、计划能力、组织能力、分析能力、表达能力、指挥能力与执行能力等。

（2）管理者的活动层面。所有管理者的活动都可以分为两个层面，即业务层面和人员层面（见图4-7）。从运营的角度讲，任何公司都有一条从公司使命到公司内部分担职责，再到管理者职责的逻辑链，这条逻辑链构成了管理者工作的业务层面。管理者工作的人员层面，要求每一位管理者设计并保持良好的环境，想方设法赢得下属对自己的信任，激发他们的工作积极性，并对他们的思想观念进行改造，最终创造出一个生机勃勃的工作环境。

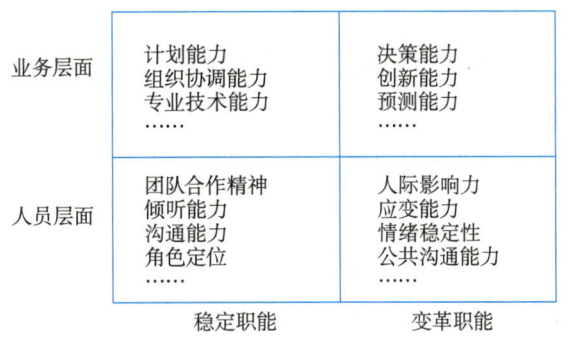

图4-7　管理者的活动层面及其所需能力

（3）管理者的职能。管理者的职能可分为稳定职能和变革职能：稳定是基，变革是本。稳定职能指的是：在业务层面，按照业绩目标井然有序地开展工作；在人员层面，尽量保持一种良好的能够让下属安心、专注工作的环境，并努力创造出更好的环境，让大家有成就感，避免优秀人才的流失。变革职能指的是：在业务层面，提出新的设想和方案，通过对所负责的业务进行改革，使部门产生新的效益；在人员层面，努力改变部门成员的思想观念和工作方法，或通过对核心成员进行有效的指导和培养等措施来改变现有的人才结构。

按照管理者活动的业务层面和人员层面，以及管理者的稳定职能和变革职能，可以相应地归纳出管理者所需的能力。当然，这种对应只是在各个层面和职能上有所偏重而已，但这些能力对于成功的管理者来说却是不可或缺的。

2. 管理能力的评价中心法简介

评价中心法又称情景模拟法，是指创设一个模拟的管理系统或工作场景，将被试者纳入该系统，采用多种评价技术和手段，观察和分析被试者在模拟的工作情境压力下的心理活动和行为，以测量其管理能力的评价方法。下面简要介绍几种常用的测评工具。

（1）无领导小组讨论。无领导小组讨论是一种无角色群体自由讨论的测评形式。它是将被试者按一定的人数（一般为5～10人）编为一组，不确定会议主持人，不指定重点发言，不安排会议议程，不提出具体要求，根据考官提供的真实或假设的材料（如有关文件资料、会议记录、统计报表等材料），就某一个指定的题目（如业务问题、财务问题、社会热点问题等）进行自由讨论。这种讨论可以形成较一致的意见，也可以不形成一致意见。在不指定主持人的情况下，讨论一般难以形成一致意见。

在无领导小组自由讨论时，考官通常在现场旁观；如有条件，考官也可在电视屏幕前进行观察和讨论，还可以进行录像并反复回放。参与评价这些被试者的"考官小组"也可临时变更，以便更深入地分析考生的情况。

（2）公文筐处理。公文筐处理是一种具有较高信度和效度的测评手段，可以为企业高级管理人才的选拔、聘用、考核提供科学可靠的信息。在这项测试中，设计了管理者在真实工作环境中需要处理的各类公文，这些公文可能涉及财务、人事备忘录、市场信息、政府法令、顾客关系等，并通常被放在公文筐中,"公文筐处理"由此得名。该测试模拟某个公司发生的实际业务、管理环境,要求被试者以管理者的身份在规定的条件(通常是较紧迫困难的条件,如时间与信息有限、孤立无援、初履新职等)下,对各类公文材料进行处理,形成公文处理报告,从而对被试者的计划、组织、分析、判断、决策、文字等能力进行评价。

(3)案例分析和公开演讲。案例分析和公开演讲是给被试者提供一些实际工作中出现问题的背景资料,并要求他们解答案例中的问题,在小组讨论会上做口头发言、讨论并进行公开演讲。这种测评方式的优点是操作简便易行,不但可以用于测评被试者的一般能力(如组织一个生产活动),而且可以用于测评被试者某一方面的特殊才能(如处理一些财务问题等),还能够测评被试者多方面甚至全面的管理才能。

(二)创业团队人员的诊断性面试

1. 诊断性面试在创业团队人员招聘中的重要性

(1)诊断性面试能够全方位考察应聘者。诊断性面试能够帮助考官全方位考察应聘者的表达能力、判断能力、分析能力和其他综合能力,直观了解应聘者的各种素质和潜能。

诊断性面试是考官与应聘者面对面的双向交流,这是一种博弈,有时就是考官与应聘者之间智慧的较量、知识的碰撞和心理素质的较量。这种考察不仅具有直观性,而且是全方位的,涉及应聘者的气质、风度、修养、口头表达能力、形体表达能力、临场应变能力、从容应对能力等多个方面。这种直观、立体、全面的考察必须借助诊断性面试,才能取得比其他考察和测量方法更加准确的效果。

(2)诊断性面试能充分运用群体的智慧。诊断性面试小组通常由具备专业理论知识和实践经验的人员组成。在诊断性面试中,面试小组的每个成员均从各自不同的视角来观察、分析、评价应聘者的知识、能力、素质及其与应聘岗位相匹配的程度。他们共同分析与判断取得的结果是群体智慧的结晶,准确度、公正性、可信度均较高,容易获得应聘者和企业员工的认可。

(3)诊断性面试能为企业一把手或高管的决策提供重要依据。诊断性面试有多种方式,对于重要的工作岗位,其中一种方式是企业的董事长或总裁与应聘者一对一交谈。这种一对一面试的时间不限,可以进行一次,也可以进行若干次。这通常是企业一把手做最后决策前采用的面试方式。

2. 创业团队人员诊断性面试的种类

(1)非结构化面试。在非结构化面试中,考官可以随意与应聘者讨论各种话题,所问的问题没有事先安排的需要遵循的框架。因此,考官可能根据不同的应聘者提出完全不同的问题,面试的话题也会围绕不同的方向展开。当然,问题必须是与招聘和录用有关的。

(2)结构化面试。结构化面试会提前准备好问题和各种可能的答案,要求应聘者在问卷上进行选择。结构化程度最高的面试方法是设计一个计算机程序来提问,记录应聘者的回答,然后进行数据分析,给出录用决策的程序化结果。结构化面试是在工作分析的基础上提出与工作有关的问题,设计出应聘者可能给出的各种答案,考官可根据应聘者的回答迅速对其做出不理想、一般、良好或优异等结论,所以结构化面试是一种比较规范的面试形式。

(3)半结构化面试。顾名思义,半结构化面试是介于非结构化面试与结构化面试之间的面试方式。它包括两种含义:一种是考官提前准备重要的问题,但是不要求按照固定的次序提问,且可以讨论哪些是需要进一步调查的问题；另一种是考官依据事先设计的一系列问题对应聘者进行提问。一般会根据管理人员、业务人员和技术人员等不同的工作类型设计不同的问题表格，在表格上要留出空白以记录应聘者的反应及考官的主要问题。这种半结构化面试可以帮助企业了解应聘者的技术能力、人格类型和对激励的态度等。最后，考官要在表格上做出评估并提出建议。

案例精选

一、学习目标

通过本案例的学习和分析，理解什么是招聘与测评，企业招聘与测评的实践分析；增进对招聘与测评体系的认知，能合理设计公司的测评方案并组织一场面试；能够对测评方案进行合理评估，达到学习效果。

二、内容简介

厚成人力资源集团有限公司成立于2012年，总部位于中国·温州民营经济人力资源产业园（龙湾）。集团下设瑞安、龙湾、丽水等多家子公司。

厚成一直秉持"厚德载物，成人达己"的核心理念，肩负"为中国民营企业持续成功而努力奋斗"的使命，朝着实现"有民企就有厚成"的豪情愿景而不断前进。

厚成发展

厚成十几年砥砺前行，创造性地提出"厚成顾问式猎头"新型服务模式，高效利用厚成独创的3P·6M系统解决人才问题，不仅为企业找到人，更帮助企业用好人，系统性地解决中小民营企业人才问题，真正地为民营企业做到了"筑巢引凤"。目前服务的优质顾客已逾千家，成为浙江省行业内领军企业。

厚成遵循"剑道三十年"发展战略：十年立足温州、十年辐射浙江、十年走向全国。

厚成成就

√浙江省人力资源服务业扶优企业
√浙江省人力资源服务机构猎头十强（2018—2019年）
√浙江省人力资源服务协会副会长单位
√浙江省重点培育的人力资源服务企业（2019—2021年）
√温州人力资源服务业协会第二届理事会会长单位

三、人员招聘与测评案例

厚成——中国民营企业人才问题系统解决专家

中小民营企业受地域、行业特性、企业规模、管理水平和运营成本，以及企业用人观念落后、用人能力欠缺等诸多因素影响，致使人才问题成为中小民营企业发展的最大瓶颈。尤其是在国内外市场竞争加剧，行业内卷，顾客要求提高，从而倒逼中小民营企业经营创新、管理提升、转型升级的情况下，迫切要求企业原有人才换代，并更快更好地找到合适的优秀的人才来支持企业不断发展、持续成功。

"厚成顾问式猎头"服务模式有别于常见的中介猎头公司，不仅为企业找到合适的人才，还为企业提供定制的一体化人才问题解决方案。下面为大家介绍其中的猎聘案例。

（一）做难而正确的事才有意义

1. 案例背景

年关冲刺之际，咨询项目的大顾客要求我们启动销售总监岗位，虽然内部评估该岗位难以交付，但为了顾客价值及公司品牌的口碑，厚成猎聘陈顾问接过项目并成功定岗。

2. 案例内容

一提到销售岗位、业务岗位，大家的第一反应是什么？可能是难以出成绩因而果断不做，这从一定的角度上看，可能没有错。但是，如果在咨询项目的操作过程当中遇到顾客需要业务岗位，并且是特别重要的业务岗位，如负责人，那么就必须得接。

2023年底冲刺期，我们接下了这个在一开始就认为很难啃的"骨头"，而且在操作过程中，确实也没有得到任何幸运女神的光顾。我们在这个过程中经历了一些困难，比如在寻访过程中，人才方因为各种原因多次拒绝（地域、临近年关、行业等），同时企业方老板的领导风格属于柔和型，对推荐的候选人总是犹豫不决。如录用邀请函的修改就有7次。最后定岗的人才，企业方老板在录用前总觉得薪资超出了他的预期。顾客的犹豫不决，使得这个岗位的定岗实在不太容易，但我还是秉持着厚成猎头一贯的坚韧精神坚持下来，也相信自己的专业评估。

作为猎头公司就是要在磨难当中变得更加坚韧，促进自身成长。如今，我们在尝到胜利果实的时候，也拥有了一群销售朋友，融入了从前怎么都融入不了的人才圈、销售圈（年薪百万的销售人才圈）。

同时，也增强了猎聘公司的专业度，总结出销售人才共有特点。

对于咨询项目来讲，这次加深了我们跟顾客的关系，巩固了顾客对我们的信任。总而言之，厚成再一次打破了销售岗位做不了的"魔咒"，坚固了我们在市场上的口碑。

（二）热爱战胜一切

1. 案例背景

厚成有一位猎头顾问，在同一天拿到了三个项目的岗位提成。在和团队队友分享这三个项目的成功经验时，他的感悟是热爱战胜一切。

2. 案例内容

（1）幸运的人：吴×平。吴×平是一位财务专业的女性，在而立之年她找到了一份既能满足个人职业发展，又能够维持家庭生计的理想工作。这份工作不仅让她能够发挥自己的专业技能，还让她在经济上获得了稳定收入。年薪20万元的待遇，对于她来说是一个既体面又能够给予家庭足够经济支持的数字。更重要的是，这份工作提供的单双休制度，让她在忙碌的工作之余还有足够的时间照顾家庭，实现了工作与生活的平衡。

在这个竞争激烈的社会中，吴×平的经历告诉我们，即使在高压的职场环境中，也能找到一份既能体现个人价值又能兼顾家庭的工作。她的成功不仅源于自己的专业能力和努力，也得益于她对工作的热情和对生活的热爱。她的故事激励着那些在职场中奋斗的人们，尤其是那些寻求工作与生活平衡的女性。

吴×平对厚成公司的感激之情溢于言表，她认为公司提供了一个平台，让她能够展示自己的才能，同时也给予了她足够的支持和信任。她的成功是个人努力与公司推荐相结合的结果。她的故事也反映了良好的企业文化对于员工成长的重要性，一家能够关注员工个人发展和家庭幸福的企业，往往更能够吸引并留住像吴×平这样的优秀人才。

（2）成熟的人：戴×朋。戴×朋是一个拥有机械本科学历的专业人士，他的职业生涯充满了坚持和智慧。毕业后，戴×朋没有被短期的高薪诱惑所动摇，而是坚定地在机械行业内深耕细作，一步一个脚印地规划自己的职业道路。15年的职业生涯中，他始终坚守一个原则：只做对职业发展有益的事，只做必要的事。这种长远的视角和坚定的执行力，让他在行业内积累了丰富的经验和深厚的专业素养。

戴×朋面对我们的邀约，并没有因为薪资的诱惑而轻易改变方向；相反，他看重的是职业发展的机会和挑战。我们为他做了深度的职业发展规划，指出他在包装机械领域已经遭遇了发展瓶颈，如果转向印刷机械领域则有着更广阔的前景。这一转变对他来说，不仅是职业上的一次重大决策，也是个人能力上的一次重大挑战。

在认识到这一点后，戴×朋果断地选择了更具有挑战性的印刷机械赛道。他不畏惧困难，而是将这看作提升自己的机会。他的决定也展现了他对自我价值和市场趋势的深刻理解，在机械行业这样一个技术不断进步、市场不断变化的领域，他能够准确把握行业动向，及时调整自己的职业路径，是极为重要的。戴×朋的故事，对于那些在职业道路上迷茫的人来说，是一个启示：在追求职业发展的过程中，要有远见、有勇气，更要有智慧。

（3）智慧的人：金×茂。金×茂作为财务岗位的定岗人才，他的职业故事是智慧与热爱的结合。仅比戴×朋大一岁的他，薪资却是其两倍，这不仅是数字上的超越，更是他对财务工作热爱的体现。金×茂将自己的工作变成了热爱的事业，将有意思的事变成了有意义的事。

与金×茂沟通时，可以深刻感受到他对财务工作的无比热忱。在大学期间，他就积极参加了各式各样的财务培训，考取了各种证书，毕业后他更是持之以恒地投入学习。提起财务工作，他总是两眼放光、滔滔不绝、兴致满满。他将工作变成了一生追求和热爱的事业，这种由内而外的热情和专业精神让他在财务领域取得了显著的成就。

电子资源

创业团队人员招聘与测评

案例分析与讨论

1. 创业团队人员招聘过程中需要遵循哪些原则？主要考核哪些能力？
2. 创业团队人员招聘的面试方法主要有哪些？各有什么优缺点？
3. 你在人才招聘过程中，考虑的点会有哪些？如何保证企业在创业初期能够站稳市场？

参考文献

[1]廖泉文.招聘与录用[M].北京:中国人民大学出版社,2021.

[2]蒋建武,贾建锋,潘燕萍.创业企业人力资源管理[M].南京:南京大学出版社,2021.

[3]富心彤.小微体育企业创业风险识别与应对策略研究[D].成都:成都体育学院,2023.

[4]刘晓玲,付铨盛,李锦,等.高校创业实践基地管理现状调查分析[J].中国管理信息化,2013,16(2):107.

[5]高靖宇,魏蕊.会计师事务所数字化转型与审计质量:来自数字化人才招聘的经验证据[J].审计研究,2024(3):88-101.

第五章
创业企业买卖合同

理论知识

一、买卖合同定义

根据《中华人民共和国民法典》(以下简称《民法典》)第五百九十五条规定:"买卖合同是出卖人转移标的物的所有权于买受人,买受人支付价款的合同。"买卖合同是最重要的传统合同,在社会实践及法律规定中均有特殊地位,具体表现如下:一是立法者将其列为《民法典》典型合同篇中的第一种类型合同,可见其重要作用;二是《民法典》第六百四十六条规定,"法律对其他有偿合同有规定的,依照其规定;没有规定的,参照适用买卖合同的有关规定",也就是说,买卖合同的法律规定对其他有偿合同的约束是一种规范性的约束,可以填补其他有偿合同的法律空白。

二、买卖合同基本要素

根据《民法典》第五百九十六条规定:"买卖合同的内容一般包括标的物的名称、数量、质量、价款、履行期限、履行地点和方式、包装方式、检验标准和方法、结算方式、合同使用的文字及其效力等条款。"

三、买卖合同的法律特征

(一)买卖合同是出卖人转移财产所有权的合同

买方订立合同的根本目的在于取得标的物的所有权。卖方须转移标的物所有权,这是买卖合同与当事人一方应交付财物给另一方的其他合同(如租赁合同、借用合同、保管合同)的主要区别。

(二)买卖合同是有偿合同

买卖合同的实质是以等价有偿方式转让标的物的所有权,即出卖人移转标的物的所有权于买方,买方向出卖人支付价款。这是买卖合同的基本特征,使其与赠与合同相区别。

（三）买卖合同是双务合同

在买卖合同中，买方和卖方都享有一定的权利，承担一定的义务。而且，其权利和义务存在对应关系，即买方的权利就是卖方的义务，买方的义务就是卖方的权利。

（四）买卖合同是诺成性合同

买卖合同自双方当事人意思表示一致就可以成立，不需以交付标的物为合同成立条件；而交付标的物属于合同履行环节，不属于合同成立条件。

（五）买卖合同一般是不要式合同

通常情况下，买卖合同的成立、有效并不需要具备一定的形式，但法律另有规定者除外，即买卖合同一般不要求一定以书面形式签订方为有效，实务中的买卖合同更多的是以口头方式约定。

四、合同纠纷现状

根据最高人民法院发布的2023年人民法院审判执行工作的主要数据，2023年全国法院收案4557.37万件，其中全国民商事案件2004.8万件，占比43.99%。民商事案件中收案数量居前三的案由分别是借款合同纠纷399.91万件、离婚纠纷171.32万件、买卖合同纠纷170.94万件，其中买卖合同纠纷占比8.5%。可见，买卖合同在实务中多发生纠纷，对于创业者来说学好买卖合同知识，有利于防范创业风险。

案例精选

一、学习目标

通过案例的学习和分析，了解买卖合同的定义、要素、法律特征、法律风险点；通过案例学习，深入了解实务中买卖合同因约定不明，或履行合同中的不当行为所导致的法律风险；通过采取相应法律措施，进而防范法律风险；通过案例指导建立创业企业初期合同管理体系，使创业者能从实践案例中汲取经验，更好地规划个人或团队的创业路线。

二、内容简介

案例介绍了黄光敏律师在经办买卖合同纠纷案件中发生的故事。黄光敏律师主办的民商事案件中，买卖合同纠纷案件占比较高，主要集中在买卖合同主体不明、交付标的物质量纠纷、货物支付金额不明确、付款条件是否成就、合同违约金约定过高如何认定、合同纠纷的管辖权等方面。这些问题既是企业经营者日常咨询的问题，也是容易出现纠纷，甚至涉及诉讼的问题，因此有必要通过实务案例给创业者提前储备买卖合同相关法律常识，以避免重大法律风险，避免出现初创企业因法律风险导致企业遭受严重损失的情况。下面选取三个典型案例，即合同主体存在争议问题、货款结算金额问题、背靠背条款问题，介绍创业者应关注的买卖合同相关的法律知识。通过案例介绍，引申出创业企业在合同订立前应当关注商业背景调查及合同文本审查，合同签订过程中应当注意识别签约主体的真实性及相关证件收集工作，合同签订后应当注意的履行要点，通过各种控制手段达到尽可能减少合同法律风险的目的。当企业发展到一定阶段后，如从中小企业发展到大型企业时，可以适时建立格式文本库并建立相应的合同管理制度体系。

三、创业买卖合同案例

（一）案例简介

本案例中的合同主体争议问题，主要涉及合同主体是自然人还是自然人控制的实体企业，尤其是温州地区多数企业为自然人控制的企业，没有严格的企业公对公走账，在企业经营者与公司主体相混淆的情况下，往往出现合同主体不清的问题。货款结算金额问题，主要介绍企业未及时进行对账，导致后期维权成本增加的问题。背靠背条款问题，主要介绍买卖合同付款条件成就问题。

通过案例分析，针对在实务中遇到的法律问题提出相应的风险防范措施，希望读者在阅读本部分后能储备一定的买卖合同基本法律常识及树立法律风险意识，在创业的道路上多加思考，稳扎稳打地摸索出一条适合自己的创业之路。

（二）买卖合同典型风险点

1. 合同主体存在争议问题

2020年，李小菊以"卡丝度鞋业"（未经工商注册登记）名义向温州市众欣鞋材有限公司（以下简称众欣公司）购买鞋材。2021年3月17日，李小菊向众欣公司出具一份"欠款单"，确认截至2021年3月17日，共欠众欣公司货款170000元，并在落款处欠款单位一栏签字"卡丝度 李小菊"，吴如平在该欠款单落款处保证人（连带）一栏签字。后李小菊、吴如平仅支付了27000元，对剩余货款143000元一直未予支付。众欣公司因此将其诉至法院，要求李小菊承担付款义务，吴如平承担连带保证责任。

庭审中，被告李小菊辩称，原告所持欠款单是温州聚飞鞋业有限公司（以下简称聚飞公司）所欠的货款，当时公司的门牌是卡丝度，因此其作为聚飞公司的财务人员在欠款单上签字为"卡丝度"，不应承担案涉货款支付义务。被告吴如平辩称，案涉货款是聚飞公司的欠款，李小菊作为财务人员签字，对此聚飞公司也是予以认可的，故李小菊不应承担案涉货款支付义务；对原告要求其承担连带清偿责任则无异议。

后经法院审理认为，当事人对自己主张的事实负有举证责任，被告李小菊辩称其作为案外人聚飞公司的财务人员签具了欠款单，不应承担案涉货款支付义务，但未能提供有效证据证明在合同成立时已向原告披露其为聚飞公司职务代理，所以应承担举证不能的后果。而且，即使李小菊确为聚飞公司员工，案涉债务也确为聚飞公司的债务，聚飞公司亦予以事后追认，但原告仍有权选择合同相对方，要求被告李小菊承担货款支付义务。因此，法院对被告李小菊提出的上述抗辩意见及被告吴如平提出的相关意见，均不予采纳。法院最终认定，被告李小菊以"卡丝度鞋业"（未经工商注册登记）的名义与原告温州市众欣鞋材有限公司买卖业务关系成立；被告李小菊尚欠原告货款143000元，应依法承担清偿责任。被告吴如平自愿为本案债务承担连带清偿保证，应依约承担保证责任。

本案启示：本案最大的争议点在于，被告李小菊在"欠款单"欠款单位一栏的签字为"卡丝度 李小菊"，由于落款处增加的未经工商注册的企业名称为"卡丝度"，导致被告在庭审中抗辩该笔债

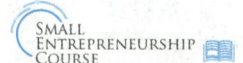

务为企业债务而非个人债务,因此建议在做具体结算时,应当根据实际业务开展情况明确结算主体。

在目前的经济环境下,建议针对中小企业债务,若法定代表人或者实控人愿意在结算单上作为共同债务人或者连带保证责任人签字的,可要求其予以签订。同时,在签署时应要求签署身份证号码,便于在追偿时,可将欠款企业及自然人作为共同被告予以起诉,以提升该笔债务的履约还款能力。

2. 货款结算金额问题

2020年4月起,被告山东御捷马新能源汽车制造有限公司(以下简称御捷马公司)陆续通过采购经理宋荷春、杜海洋、骆海军等,向原告瑞安市昊创汽摩配件有限公司(以下简称昊创公司)购买汽摩零配件,并承诺"用后挂账,两个月滚动付款"。其间,昊创公司按御捷马公司的采购需求安排生产,并将货物托运至其指定的备件仓库。截至2022年3月3日,昊创公司向御捷马公司供应各类汽摩零配件共计22997件,合计价款4865788元。截至2022年3月,御捷马公司向昊创公司确认挂账金额4707825元,扣除已支付货款3164523元、贴息11732元,御捷马公司仍欠昊创公司货款1531570元。

御捷马公司辩称,昊创公司应当提供证据证明其应承担货款的具体金额,昊创公司以单方制作的销售单及物流单作为支付货款的结算依据,明显违背双方的约定,且不是本案双方买卖合同约定的挂账付款依据。后经法院审理认为,原告昊创公司提交的采购和供货群微信聊天记录、昊创销售单及物流运单,能够与供应商挂账信息相互印证,证明了被告御捷马公司向原告昊创公司采购汽摩零配件及结欠挂账4707825元的情况,但无法证明采购货物的数量及金额,故予以部分采信。被告御捷马公司曾向原告昊创公司提出产品质量索赔款共计18139.80元,原告对此未提出异议。被告御捷马公司结欠原告昊创公司的货款应以结欠挂账金额扣减已支付的货款、贴息款及质量索赔款,故最终认定御捷马公司结欠原告昊创公司的货款为1513429.88(4707825 - 3164523 - 11732.32 - 18139.80)元。

本案启示:任何买卖合同均涉及对账问题,温州有很多中小企业进行买卖合同交易时,既不签订书面合同也不对账,如采用循环采购、持续付款的方式,就容易因未及时对账而导致付款方对最终结算金额有异议,甚至出现付款方拒不承认剩余货款的情况。本案中,原被告之间仅有一个挂账对账,且都是通过微信群或双方业务经理的私人微信进行沟通,因此给案件诉讼及原告主张的权利增加了难度,故本案中原告代理律师花费两周时间整理每笔货物销售单、物流运单及对应的微信聊天记录,最终向法院提交了达600多页的证据材料,法院最终认定原告提交的证据能够进行相互印证,基本支持了原告的诉讼请求。因此,建议企业在创业时就应当注重对账工作,以及留存合同履行过程中的过程性资料。首先,应当重视对账工作,建议按月进行对账并结算回款;其次,注重合同履行过程中留存相关过程性资料,比如销售单、物流运单、收货人签收单、签收照片、微信聊天记录等;最后,若货款拖欠过久,则应当适时通过微信、短信等方式催收,以免错过3年诉讼时效。

3. 背靠背条款问题

2022年1月,温州明智经贸有限公司(以下简称明智公司)与杭州鑫友源物联科技有限公司

（以下简称鑫友源公司）签订买卖合同。合同约定，鑫友源公司委托明智公司采购营销礼品，该营销礼品必须从苏宁商城App购买；鑫友源公司提取销售额15%的项目服务费，双方货款结算采取背靠背模式，即鑫友源公司收到苏宁易购集团股份有限公司（以下简称苏宁公司）对应货款后20天内支付给明智公司，双方口头约定账期最长为3个月。明智公司依约供货后，双方于2023年1月对账。经双方结算，明智公司向鑫友源公司供货共计526510元，扣除鑫友源公司收取的15%服务费用，结算金额为447533元。后鑫友源公司陆续支付货款250804元，仍剩余货款共计196729元，另明智公司已向鑫友源公司开具全额税务发票。目前，苏宁公司因经营不善已被多家债权人诉至南京中级人民法院（南京中院提级审理）。后因鑫友源公司一直拖欠货款，明智公司将其诉至温州市瓯海区人民法院。经法院查明，苏宁公司已支付对应货款的79%。后经过双方调解，鑫友源公司一次性支付165000元后，明智公司同意免除其剩余货款支付义务。

本案启示：本案的最大争议焦点为，明智公司与鑫友源公司签订的买卖合同中约定的背靠背条款是否有效的问题。2024年8月27日，最高人民法院发布《关于大型企业与中小企业约定以第三方支付款项为付款前提条款效力问题的批复》（以下简称《批复》），对山东省高级人民法院《关于合同纠纷案件中"背靠背"条款效力的请示》做出了答复。最高人民法院在《批复》第一条中明确表示，"大型企业在建设工程施工、采购货物或者服务过程中，与中小企业约定以收到第三方向其支付的款项为付款前提的，因其内容违反《保障中小企业款项支付条例》第六条、第八条的规定，人民法院应当根据《民法典》第一百五十三条第一款的规定，认定该约定条款无效"。但是《批复》明确适用企业为大型企业与中小企业之间签订的合同，对于中小企业与中小企业签订的合同不在《批复》规定的范围内。因此，经办律师经过综合分析考虑后，说服明智公司与鑫友源公司达成调解协议，在苏宁公司已付款79%的基础上，即总货款应当支付155416元的基础上，上调至165000元后予以支付，同时放弃剩余货款的支付义务。调解协议达成后，鑫友源公司如约履行调解协议。

在本案中，如果明智公司具有一定的买卖合同法律知识，即对付款条款充分重视，就可以对买卖合同中的背靠背条款进行支付期限约定，如补充约定：若上游付款企业未能在3个月内支付货款，则采购方应当履行货款支付义务。进而避免出现因上游付款企业未付款，采购方有权利一直拒绝付款的情况。

（三）案例经验分享

1. 合同订立前关注商业背景调查及合同审查

一般而言，按照构成合同条款的性质不同，可将合同条款分为商务条款、法律条款。商务条款是对双方当事人之间相关合同交易的具体商务安排做出约定的条款，包括但不限于标的内容、交付时间与方式、价格、支付或结算方式、期限、运输、保险等。法律条款则是为了保障合同顺利履行、严格约束当事人的权利义务，并提供明确有效的纠纷解决及救济方式的合同条款，包括但不限于知识产权、适用法律、争议解决、违约责任、不可抗力等。两者的关系应当是商务条款在先，法律条款在后的逻辑关系。因此，在缔约合同前应当对不同的合同条款分别进行审核，而不是全部交给法律人员审查。比如，法律条款应当由律师或公司法务审查，商务条款应当由企业审查，有时候商务条款往往起到更加关键的作用，法律条款反而不占特别重要的地位。对于初创企业来说，具体

合同条款的审查主要按照《中华人民共和国民法典》第四百七十条规定，对合同标的、数量、质量、履行、争议、违约等内容进行审查即可，但是还需要重点关注以下风险：

（1）交易对方是否具备相应的履约能力。合同签约各方主体具备相应的履约能力，是全面履行合同义务、实现合同目标的基本保障。初创企业应当在合同签约前通过现场调查、线上沟通来观察签约对方的业务内容是否正常开展，其业务量能否支撑合同履行，其现金流能否履行合同支付义务等。同时，企业可以通过公开渠道查询签约方履约资质来判断其履约能力。比如，可通过国家企业信用信息公示系统、裁判文书网、中国执行信息公开网等，查询对方是否存在包括但不限于失信被执行人、经营状况异常、涉及重大诉讼、行政处罚等违法情况，综合判断是否会对其履约能力造成不利影响。

（2）预判是否存在违约风险。经过前期调查，若认为交易对方存在较高违约风险，且该风险若是初创企业不能承受的，则创业者应当从商业角度考虑是否继续合同谈判。但风险往往伴随着收益，风险越大收益越大，因此这是商业决策问题。若创业企业决定继续合作，那么应当考虑是否可以通过机制设置及商业安排尽可能减少风险。但是，同时需要考虑相应的机制交易对方能否约定履行。比如，目前投资企业均与目标企业签订投资对赌协议，也均会设置回购条款，但是签约方能否履行回购义务则需要根据履约能力而定。

（3）重点关注合同违约条款。在合同审核时，应当重点关注合同违约条款，尤其是初创企业存在较大违约风险情况下，应当更加关注合同违约条款的设置。在实务中，很多企业往往为了不让对方违约，会在合同中设置高额违约金，比如合同标的金额为50万元，却设置违约金赔偿标准为100万元。若合同交易对方较为强势，必须设置高额违约金，但是经企业评估得出发生违约行为的可能性极低，甚至不可能发生，则该违约条款极有可能只是书面条款，而非落地条款。在沟通无果的情形下，是否签订合同、承担未来的合同风险，仍是创业企业需要考虑的问题。

2. 合同订立中关注签约订本及文本完整性

签约过程中最重要的问题是核验签约主体的真实性。签约中应当注意根据签约主体的不同属性采取不同的真实性识别措施：若签约主体为自然人，则应当核对其身份真实性、身份证持有人与签约主体是否一致，即主要核验自然人身份真实性。在中小企业交易中对方若为熟人，则不存在该问题，但是企业发展到一定规模后，尤其是一些金融机构，签约顾客多为社会顾客，识别签约自然人身份的真实性就尤为重要。比如，银行已经建立与公安系统进行身份证联网核查机制，所有自然人签约顾客所持身份证均需要通过公安系统的认证查验，以避免出现签约人持假身份证签约情况。但是，即便联网核查通过，也有可能面临身份证虽是真实的，签约人并非身份证上记载之人，这时就应当加强面签人的识别能力。目前随着技术的发展，通过人脸核验就能解决此类问题。若签约主体为企业，则可通过国家企业信用信息公示系统进行查询，根据官方信息查验签约主体的营业执照、法定代表人身份信息等资料。

签约过程中应当注意相应证件资料的收集问题，至少收集签约主体身份证的正反面复印件、营业执照、法定代表人身份证的正反面复印件。若交易中涉及一些特殊证件也应当一并收集，比如房屋买卖合同中涉及的不动产权证书、契税证等。

签约过程中应当注意合同文本签署的完整性，包括合同正文、附件；涉及多页合同的，应当加盖骑缝章并注明落款时间；涉及自然人的，可以要求在落款后加按指印，在骑缝处加按指印。

3. 合同订立后关注合同的履行义务

合同生效后应当关注合同履行问题，主要针对合同约定的履行义务。例如，买卖合同中应当重点关注合同标的物的质量、交付数量、交付地点的约定，避免出现不符合合同约定的履约行为。在发现具体履约行为并无合同约定时，合同签约方应当本着友好协商的态度进行补充约定，可采取书面形式签订补充合同或变更合同。若无法签订合同或从效率角度考虑，则建议通过微信、短信、邮件等方式进行沟通，并留存过程性资料。此外，若当事人无法达成一致意见，则可依据《中华人民共和国民法典》第五百一十一条规定："当事人就有关合同内容约定不明确，依据前条规定仍不能确定的，适用下列规定：（一）质量要求不明确的，按照强制性国家标准履行；没有强制性国家标准的，按照推荐性国家标准履行；没有推荐性国家标准的，按照行业标准履行；没有国家标准、行业标准的，按照通常标准或者符合合同目的的特定标准履行。（二）价款或者报酬不明确的，按照订立合同时履行地的市场价格履行；依法应当执行政府定价或者政府指导价的，依照规定履行。（三）履行地点不明确，给付货币的，在接受货币一方所在地履行；交付不动产的，在不动产所在地履行；其他标的，在履行义务一方所在地履行。（四）履行期限不明确的，债务人可以随时履行，债权人也可以随时请求履行，但是应当给对方必要的准备时间。（五）履行方式不明确的，按照有利于实现合同目的的方式履行。（六）履行费用的负担不明确的，由履行义务一方负担；因债权人原因增加的履行费用，由债权人负担。"

从合同签订后履行的风险来看，又可以回到合同签约前的风险。一份好的合同或者说适应企业自身的合同，必然是根据公司实际情况、业务发展及履约后发现的问题而不断调整的产物，所以企业的整体合同管理应当是一个闭环管理，从合同履行的后端可以检视合同前两个环节是否存在问题，并提出相应的解决办法。因此，建议初创企业应当加强沟通，尤其多听取合同履行基层人员的心声，在实践中对格式文本或者具体签约过程进行适时调整。

电子资源

创业法律汇编——买卖合同

拓展延伸

合同本质上是将商业行为转化为法律行为。从案例中可以看出，合同风险的来源主要分为三个方面：一是在签订合同时，没有对合同文本进行有效审阅，或者因为经验不足而未对其法律风险进行预判；二是签约过程中未尽到合理注意义务，如签约主体是否有充分授权，加盖公章是否合法、真实，需要经有权机关决议的事项是否取得审批等；三是在合同履行过程中，是否及早发现问题，并采取补救措施以防止损失进一步扩大，能否通过签订补充合同、变更合同等方式对原合同进行补

丁式管理。其实，若第一、第二方面出现问题，仍能在第三方面得到相应补救，则不会或者减少合同风险损失，但如果问题累积到合同履行环节，则补救难度会大幅增加。因此，在创业企业中提早建立现代合同管理意识尤为重要，其中主要从建立企业格式合同文本库及现代企业合同管理制度入手。

1. 建立企业格式合同文本库

建立企业格式合同文本库需要法律专业人员的助力，比如律师或公司法务。通过法律专业人员系统的调研，为企业量身定制格式合同，既提高合同文本质量，又提高合同审核工作效率。

法律专业人员在为企业建立格式合同文本库时，应当从创业企业实际开展业务的角度进行梳理，根据创业企业实际情况匹配格式合同。比如，贸易型企业主要为买卖合同，制造型企业主要涉及采购合同、销售合同、定做合同、加工承揽合同。此外，一般创业企业会租赁房产，因此会涉及租赁合同。创业企业若招聘员工，则需与员工签订劳动合同。以上这些合同均为创业企业初期需要高频使用的合同，因此从成本角度考虑，可以先建立上述格式合同文本库，待到企业发展到一定规模后再增加其他格式合同文本，同时应当根据创业公司业务发展情况对格式合同文本进行修订。

2. 建立现代企业合同管理制度

由德国"组织理论之父"马克斯·韦伯始创的制度化管理，主要观点是，以科学确定的、"法定的"制度规范为组织协调行为的基本约束机制，强调依靠外在于个人的、科学合理的理性权威实行管理。当企业发展到一定规模后，需要将日常积累的一些管理规范、技术规范、业务规范通过制度形式予以固定，故初创企业势必需要制定合同管理制度。

现代企业合同管理制度应当包括合同审核、合同签约及合同履行等环节，即不仅要管理合同文本，还需要管理与合同文本相关的一切合同行为。合同管理制度应当形成相应体系，该体系中至少包含合同管理制度、合同审查制度、合同审查要点指南、合同档案管理制度等。一般而言，中小型企业只需制定合同管理制度即可。该制度可被视为总体概括性制度，包括对企业合同管理职能、合同分类、合同评审流程、合同审查范围、合同档案管理等进行统一规定。当企业发展到一定阶段后，企业若设置法务部，则法务部需要统一合同审核标准，同时对下一级企业的法务部进行管理指导，故针对合同审查环节会制定合同审查制度。该制度主要明确合同审查主体、合同送审范围、合同评审流程、合同审查意见分类等，以保证企业使用的合同均是经法律专业人员审阅后签订的版本，目的就是避免出现合同的法律风险。当企业进一步发展，企业的法务部门发展到更高层级后，就需要对具体的合同审核要点进行规范。比如，一些大型集团企业、国有企业、金融机构都会针对自身业务制定合同审查要点指南。最后，应当建立合同档案管理制度。在实务中，很多企业会建立档案管理制度，将合同档案管理纳入档案管理，这种做法只要能明确相关合同档案管理的职能部门、日常档案管理、归档规范等要求也是可行的。

案例分析与讨论

1. 处于初创阶段的创业公司一般处于行业弱势地位，若遇到合同强势方则必须采用强势方的文本签订合同，但是该合同文本对创业企业会存在不利因素。你是选择先承担法律风险，还是选择先取得商业利益？

2. 在创业初期，创业者无更多财力、物力、人力投入合同管理中及聘请外部律师审阅合同，那么如何规避企业法律风险？

参考文献

中华人民共和国民法典[M]．北京：中国法治出版社，2020．

第六章 工作分析与职位管理

理论知识

一、工作分析概念

工作分析是指采用科学的手段与技术,直接收集、比较、综合有关工作的信息,就工作岗位的状况、基本职责、资格要求等做出规范的描述与说明,为组织特定的发展战略、组织规划及人力资源管理和其他管理行为提供基本依据。

一般而言,工作分析主要在以下情况发生:新组织建立,新工作出现,新技术、新方法、新工艺或新系统出现而使工作发生变化,组织变革或转型期等。整个工作分析过程一般包括计划、设计、信息分析、结果表述和运用指导五个环节(见图6-1)。其中,计划和设计是基础,信息分析和结果表述是关键,运用指导是目的。

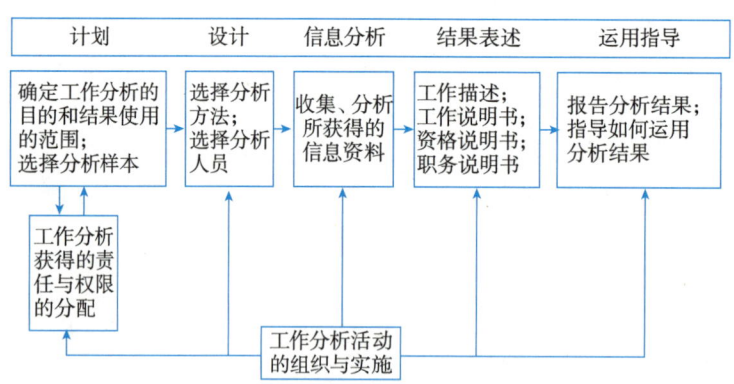

图6-1 工作分析的过程模型

在计划和设计阶段,首先,要确定工作分析信息的用途,确定工作的目的与结果使用的范围,明确所分析的资料要用来干什么、解决什么管理问题。也就是说,工作分析是服务于人员选拔,还是服务于薪酬设计;是服务于员工培训,还是据此进行内部职位的调整。工作分析所获得信息的用途直接决定了需要收集何种类型的信息,以及使用何种技术来收集这些信息。其次,在领导的支持下，选择工作分析小组人员，组建工作分析小组，分配任务与确定权限，并对工作分析人员进行培训。再次，制定工作分析计划书，明确分析客体，选择典型的分析样本。最后，编制调查问卷和调查提纲等。

信息分析包括对工作信息的调查收集、记录描述、分解、比较、衡量、综合归纳与分类。结果表述是选择合适的方式来编写职务说明书。工作分析结果的运用指导主要包括对运用范围、原则与方法的规定。

二、工作分析的方法

1. 观察分析法

观察分析法是传统的工作分析方法，是指工作分析人员在工作现场通过感官或其他视听工具的协助，对特定对象的特定工作活动进行观察，收集和记录有关工作的内容、形式、方法、程序、工作环境等信息，并在此基础上分析和归纳出有关的工作要素，以达到工作分析目的的一种方法。观察分析法适用于常规性、重复性的工作，不适用于以智力活动为主的工作。

优点：能较多、较深刻地了解工作要求。适用于以体力劳动为主的工作，如装配工人、保安人员等。

缺点：不适用于高层领导，也不适用于研究工作、耗时长或技术复杂的工作，以及不确定性工作；不能得到有关任职者资格要求的信息。

2. 访谈分析法

访谈分析法是指工作分析人员通过面对面的访谈方式，就某个职位具体的内容，了解任职者和与任职者相关的任何人员的意见和看法。对于所分析的工作，很多分析者没有条件实际操作，或者难以观察到工作者的实际工作情况，因此必须对其进行访问，了解他们的实际工作内容，获得工作分析的第一手资料。

优点：有利于双方沟通；有利于激发被访者的主动性；有利于收集信息的准确和深入；有利于及时修正信息，避免重要信息的缺失；可以对职位的特征、细节，任职者的态度、价值等与工作有关的深层次的内容进行了解。

缺点：对访谈者的要求比较高，包括沟通能力和提问能力；易受到任职者个人因素的影响，导致收集的信息扭曲；访谈双方需要充足的时间进行沟通；访谈对象可能持怀疑和保留态度。

3. 问卷调查分析法

问卷调查分析法是指通过设计和发放调查问卷，并让被调查职位的工作人员、主管及相关人员填写问卷，获取与工作有关信息的方法。运用这种方法收集到的工作信息，其质量取决于问卷本身的设计是否科学合理、被调查者文化水平的高低，以及填写时的诚意、兴趣、态度等。

优点：调查范围较广，成本较低，获取信息的速度较快；可获取的信息量大，可以对调查结果进行多方式、多用途分析；易于量化。

缺点：设计理想的调查问卷需要花费大量的时间、人力和财力；不容易了解调查对象的态度和动机等较深层次的信息；被调查者可能不积极配合、不认真填写问卷，从而影响问卷质量。

问卷调查分析法的操作包括六个步骤：调查准备、问卷设计、问卷测试、填写调查问卷、问卷回收和处理与运用问卷。

4. 工作日志法

工作日志法又称工作者自我记录法或现场日志法,是观察分析法的一种。当观察者与被观察者的角色重合时,就是任职者观察自身工作。它是任职者本人按工作日志的形式,依照时间顺序详细记录自己在一定工作周期内的工作内容与工作过程,然后经过归纳、分析来达到工作分析目的的一种方法。工作日志法的特点是,职位承担者对自己所从事的工作情况与要求最为了解,运用这种方法能提供较具体、详细的工作情况,比较适用于工作循环周期短、工作状态稳定而无大幅度变化的工作。

优点:收集的信息可靠性高,能提供较具体、详细的工作情况;容易操作、控制和分析;成本较低。

缺点:无法对日志的填写过程进行有效的监控,可能因任职者的不认真而影响工作内容的详细化程度,以及信息的完整性,从而影响分析结果;任职者可能不会按照规定的填写时间及时填写工作日志,事后填写导致信息的不完整或"创造"工作活动;工作日志法要求有足够的填写时间,若填写时间短,则收集的信息难以覆盖工作的全部,而且分析、整理、归纳的任务较烦琐;一些工作任务虽然发生频率低,但是影响重大,是该职位核心职能的任务,有可能因在记录的工作周期内没有发生,而导致重要信息的缺失。

5. 主管人员分析法

主管人员分析法是指由主管人员通过日常的管理权力来记录与分析所管辖人员的工作任务、责任与要求等因素的方法。

优点:收集的信息准确,主管人员对所要分析的工作最为熟悉和了解;收集信息的速度较快。

缺点:收集信息的标准化程度和职责的完整性较差;对主管人员要求较高,要对所分析的工作非常熟悉;如果不是承担该类工作的所有员工都承担分析任务,则可能引起那些被要求分析的员工的抵触;需要事先对他们进行工作分析的方法、技巧等方面的培训,而且这一工作分析方法需要占用他们大量的时间,可能会影响他们的积极性,使分析的客观性难以得到保证。

表6-1中,列举了不同工作分析方法适用的人力资源管理领域的比较结果。

表6-1 不同工作分析方法适用的人力资源管理领域比较

人力资源管理领域	观察分析法	主管人员分析方法	访谈分析法	问卷调查分析法	工作日志法	关键事件法	工作实践法	文献资料分析法	主题专家会议法	职位分析问卷法	职能工作分析法	工作要素法	临界特质分析系统	管理职位描述问卷法
工作描述	√		√	√	√			√	√		√		√	
工作分类		√								√	√			
工作评价				√					√		√		√	√
工作设计								√						
人员招聘		√												
绩效考评						√	√				√			
员工培训			√	√		√	√				√		√	√
人员流动									√	√		√		

续表

人力资源管理领域	观察分析法	主管人员分析方法	访谈分析法	问卷调查分析法	工作日志法	关键事件法	工作实践法	文献资料分析法	主题专家会议法	职位分析问卷法	职能工作分析法	工作要素法	临界特质分析系统	管理职位描述问卷法
工作效率改进		√			√				√					
HR 规划				√					√	√	√		√	

三、职位管理概述

职位管理就是以单个职位为管理对象,通过职位分析来明确不同职位在组织中的角色和职责以及相应的任职资格,然后通过职位评估等分析工具来确定职位在组织中的相对价值大小,在组织内部形成职位价值序列。组织的人力资源管理体系也是以职位管理为平台,建立相应的薪资、招聘配置、培训发展等体系。

传统的企业往往是单通道职业发展道路,也就是从技术、业务等不同的方向走向管理者行列,除行政管理职务造成的级别差异以外,再无其他办法给员工进行有管理意义上的分类,其结果是在企业内引发官本位文化。不仅如此,由于受管理职位数量限制,不少员工因看到升迁无望而离职,造成有职业抱负的员工的流失。技术和管理双轨发展就是为企业员工提供"H"型的两条不同又互通的职业发展通路。"H"型的职业发展通路,避免了因单通路带来的弊端,开创了人力资源管理的新维度。

企业的长期业务发展战略凸显了不同部门在公司的地位。传统的企业组织构架虽然承认企业内各部门的作用不同,但在部门级别上是一样的。新的职位管理思路革新了这一理念,认为各个部门对公司的贡献是不同的,因此不同部门的等级应该是有差异的,具体表现在起始等级和最高等级的等级区间上。部门职位等级区间的差异反映了公司的长期业务战略。比如,在以营销为重的公司,与市场和顾客有直接接触的部门重要性大于其他部门,而在以生产和代工为主的企业,生产管理部门可能更为重要,因此这些强力部门的最高等级应该比其他部门的高,起始等级由于考虑到工作重要性也相应地提高。如果企业长期业务发展战略发生变化,部门级别就相应调整,随之职位价值亦应重新评估。在这样的指导思想下,一个强力部门的高级别员工就有可能与次要部门的经理具有相同或比其更高的级别,从而在制度层面落实了"H"型职业发展通路。

职位工作内容与职位价值相对应的思想就是不同的职位工作内容和要求是不同的,每个职位都有它具体的要求,据此形成职位的相对固定价值且不会因为任职人员水平高低和工作业绩而变化。这个思路为绩效考核和薪酬分配确立了评判基准点。

1. 构成要素

职位管理包括职系划分、层级划分、序列划分、岗位名称与任职标准五个部分。

(1) 职系是责任性质相近的岗位组合,其为员工提供更宽的发展通道,也就是多种职业方向的选择。简单的企业可以划分为管理职系、专业职系,内部责任分工复杂的企业可以有更多的划分,比如管理职系、设计职系、技术职系、作业职系、市场职系、业务运营职系、职能支持职系等。

(2) 层级是责任大小、难易程度相近的岗位组合,体现不同级别的岗位。层级多,员工发展的上升空间就大。简单的层级划分可以分为高层、中层、基层,进一步细分,还可划分为文员级、专员级、助理级、主管级、经理级、总监级、部门总经理级、副总裁级、总裁级等。设计层级的时候,其级别数量的多少与企业内部规模及未来发展预期有关,既要尽量避免员工很快遇到职位的天花板,又要让员工实现小步快跑、实现不断的激励。

(3)序列是工作中专业性质相近的岗位组合。简单的序列划分,可以分为营业序列、市场序列、技术序列、生产序列、职能序列等;更加细致的序列划分,可以分为高层领导、中层管理、形象设计、服装设计、设计支持、买手、信息化、制板、技术转化、生产工艺、质量检验等。这些划分也是由企业内部分工的复杂程度决定的,一般来讲生产性质的企业,序列可以分得细一些;集团类、贸易类的企业,序列可以分得简单一点。

(4)岗位名称以岗位的工作性质和能力素质要求为主要依据,将同类职位分类归总而成,这些职位对任职者的素质要求相同或相关,承担的责任和功能相似或相同。岗位细分可分为总经理、总监、经理、主管、职员等。

(5)任职标准提供员工选聘和晋升依据。任职标准的建立有两种方法:一种是对于基础任职标准进行横向、纵向的对比,建立相应标准,比如同序列、同层级人员相应科目标准统一等;另一种是运用能力素质模型,建立比较全面的任职资格标准,这一方法相对复杂。企业根据自身的实际情况选择相应的标准建立方法,一般而言初期以基础任职标准为主,后期可考虑建立能力素质模型。

职位设计既要考虑员工的满意度提升,又要考虑企业人力资源管理的效率。其首要出发点在于以人为本,必须充分考虑员工的发展空间与更多的选择机会,同时实现分类管理,便于企业资源的合理投入。

2. 基本内容

职位管理的基本内容包括四个部分:一是组织设计;二是职位分析;三是职位描述;四是职位评估。

(1)组织设计是对公司总体组织构架的规划。不是所有的职位管理工作都必须进行组织结构重组的,但是职位管理工作的流程必须从组织设计开始。企业组织是经年累月演化而来的,通常是企业长期管理变革的结果,是否需要进行组织设计,可以从四个方面来审视。一是从业务角度看,现有组织设计是否覆盖了公司的全部业务要求;负责部门是否具备了相应的行动权力,确保符合公司业务战略要求。如果战略业务组合没有相应组织予以支持,或者支持力量过于分散,那么组织在业务层面就需要做相应整合。二是从顾客角度看,是否各类顾客信息都能够得到正常传递并获得解决。如果因为组织原因使顾客信息不能得到及时处理,企业就要在流程重组的基础上对组织结构或组织功能做适当调整。三是从内部管理角度看,各个管理部门是否发挥了应有的作用。比如,由于历史原因,有些与业务相关的组织散落在不同部门,随着新的业务产生,需要对原有组织进行整合,以便发挥其更大的作用。四是从员工角度看,公司的人才优势是否得到了恰当的发挥。企业内的人才滥用不仅表现在高能低就,更多的是面临人才缺乏问题。企业在不同程度上都存在"小马拉大车"的现象,改变这种现象的有效办法就是通过拆分公司组织,形成多个组织单元,削减中级经理的职责权限,使一个组织单元专注一项或两项业务,以保证最大限度地发挥企业的人才优势,有效利用员工专长。

组织设计是职位管理的一项关键性工作,公司高级管理层必须亲自参与讨论、修改,通过对原有组织的适当调整,使之更符合公司发展,提高公司管理效率。同时,在调整过程中完成职位分析并形成职位描述。

(2) 职位分析主要是指通过系统地收集、整理与组织目标职位相关的信息,对目标职位进行研究分析,最终确定目标职位的工作任务、职责、工作环境、任职要求,以及与其他职位的关系。职位分析涉及设立该职位的说明,分析具体内涵和工作量,提出开展工作所必需的能力要求和技巧,整理绩效衡量因素,内外部联系和工作条件等内容。职位分析可以从探讨公司核心业务流程入手,通过职位分析,可以清楚地了解企业开展正常工作所需要设立的职位数量、关键职位和在职员工的工作负荷。

(3) 职位描述是对职位分析和职位评估成果的文字表达。职位描述的内容包括职位名称、职位设立的目的、职责、督导关系、工作标准、履行职责的教育背景和能力要求、职位等级,以及它在公司组织结构中的位置,特殊岗位还要注明工作要求和条件。职位名称是指公司正式批准的名称。职位设立的目的就是要以简洁的语言准确说明该职位在公司存在的意义和作用。职责说明则是关于如何达到职位设立目的而要开展的工作领域,不涉及工作过程,这部分是职位描述的重点,描述时要求做到具体、清晰,每一职位的职责描述通常控制在 8~10 项。

(4) 职位评估是对职位价值的评价,是在职位分析的基础上根据职位本身所具有的特性来确定其相对价值的过程。具体操作可以分为三个步骤:一是确定公司总体职位等级长度;二是确定部门职位等级区间;三是对具体职位评级。

①确定公司总体职位等级长度是指规定公司总体的职业发展空间,其长度取决于公司规模、拉开职级差距的决心和薪酬市场化水平。若公司规模大,则职级长度可以相对长一些;若拉开职级差距的决心大一些,则可以适当长一些;薪酬市场化水平高一些,也可以考虑长一些。但是一般不应该超过 30 个职级,中小型公司最好控制在 20 个职级以内,过长或过短的职级长度都会给人力资源管理造成压力。

②确定部门等级要体现企业长期业务发展战略。一个企业的部门等级不宜太多,一般以 3 级为宜,不同级别的部门最高级别之间相差不宜超过 3 个等级。部门等级区间则控制在 5~7 个等级,业务线较长部门可以适当向下扩展区间,但亦宜控制在 10 个级别左右。

③具体职位评级。评估从三个方面进行考量:一是本职位对专业知识和能力的要求;二是本职位工作的重要性;三是本职位工作的复杂性。根据三个方面综合评估结果,确定具体职位等级。

评估工作可以由外部咨询公司协助进行,也可以通过抽取不同部门员工组成评估团队进行,其目的是提高评估工作的客观性。借助智能评估软件,可以提高评估工作的客观性。完成评定职位等级以后,各个部门应分别抽取中间等级进行比较,通过比较来适当调整各部门内的职级分布,并在公司内部进行适当平衡。

3. 流程

以总部各部门设立新职位、职位调整的流程为例:

(1) 部门负责人填写"新设立职位、调整职位申请表",详细阐明新设立职位、调整职位的原因,按公司的规定和格式编写岗位说明书。

(2) 人力资源部门审核申请表。人力资源部门在审核时应对职位设立、调整的原因、职位名称、职位职责、权限、职位任职资格等与申请部门充分沟通。

（3）公司行政副总审核申请表。

（4）公司总经理审批申请表。

（5）总经理审批同意后，人力资源部门与申请部门一起对职位进行评估，确定职位等级、薪酬范围并确定职位说明书。

（6）人力资源部门对各部门职位进行确认。每年年底，人力资源部门都应当组织各单位对部门编制、职位数量、职位名称、职位职责、职位说明书进行审核，并在第二年的年初下文予以确认。

案例精选

一、学习目标

通过本案例的学习和分析，掌握工作分析与职位管理的基本理论和方法；理解工作分析在组织发展和人力资源管理中的重要性；熟悉不同工作分析方法的优点和缺点及其适用场景；掌握如何根据工作分析结果进行职位管理和岗位说明书的编写；提升对工作分析与职位管理实际应用的理解能力。

二、内容简介

厚成人力资源集团有限公司作为教练式人力资源服务机构于2012年成立，秉承"厚德载物、成人达己"的初心，一直致力于实现"有民企就有厚成"的愿景。其总部位于温州民营经济人力资源产业园，拥有龙湾分公司、瑞安分公司、乐清分公司、智本咨询公司等多家分支机构。

目前，厚成人力资源集团有限公司在其服务领域采用3S、3C人才系统服务模式。3S服务理念包括贴身服务、定制服务、超值服务；3C服务产品有培训服务（人才生态系统）、猎头服务（高端人才引进）、咨询服务（组织发展咨询）。

公司职位及岗位类型、职等职级、总经办部门职责、人力资源部门职责、招聘专员岗位说明书示例分别见表6-2至表6-6。

表6-2 职位、岗位类型

职位序列	职位类型	岗位类型
管理序列	高层管理	董事长、总经理、副总经理、总监、副总监、总经理助理（总经办主任）
	中层管理	经理、副经理、总经理秘书、总经办副主任、部门主管
	基层管理	主管、车间主任、班线组长
职能序列	财务类	助理会计、成本会计、总账会计、材料会计、出纳、融资会计、预算会计、销售会计、内审稽核员
	人力资源类	招聘专员、人事专员、培训专员、薪资专员、绩效专员
	综合类	检查员、监测员、商检报关员、国内物流专员、外运物流专员、原材料采购员、物料采购员、文员、网管、企业文化专员、行政助理、体系专员
	运营类	生产计划员、物料计划员、内勤、销售内勤

续表

职位序列	职位类型	岗位类型
技术序列	产品研发	产品设计工程师、产品工程师、包装设计工程师、工艺工程师、工艺员、性能测试工程师、化学分析工程师、计量工程师、研发工程师、应用工程师
	技术工程	制造工程师、现场工程师、模具工程师、电气工程师、设备工程师
	质量管理	质量技术员、检验员、售后服务员、质量统计员、质量工程师

表6-3 职等、职级

序号	层级	职等	职级	职别	职务
1	核心高层	董事长级	M10	董事长	董事长
2		总裁级	M9	总裁	总裁
3		副总裁级	M8	资深副总裁	副总裁
4			M7	高级副总裁	
5	中层管理	总监/副总监级	M6	高级总监	总监
6			M5	中级总监	
7			M4	初级总监	副总监
8		经理/副经理级	M3	高级经理	经理
9			M2	中级经理	
10			M1	初级经理	副经理
11	基层管理	主管级	P6	高级主管	主管
12			P5	中级主管	
13			P4	见习主管	见习主管
14	执行层	专员/业务员级	P3	资深战士	战士
15			P2	高级战士	
16			P1	中级战士	
17		实习生级	P0	初级战士	新兵

表6-4 总经办部门职责

部门名称	总经办	隶属部门	
岗位编制	总经办主任、副主任（2人） 文化大使（0人）、行政专员（1人）		
主要管理制度	文化手册、战略规划手册、员工手册、行政手册		

部门总体目标

参与政务、掌管事务、搞好服务，为公司发展保驾护航

部门职责

（一）经营管理类
1. 参与制定并落实公司中长期战略发展规划；
2. 每年总体经营目标分解，各部门计划的统筹与协调；
3. 检查、督促和协调各部门的工作进展；
4. 组织实施公司年度绩效考核工作；
5. 处理公司内外的重大事件，并向集团总裁汇报
（二）公司政务类
1. 公共关系：代表集团对外开展公关活动；
2. 来访接待：来访公告、迎接准备、公司介绍等；

续表

部门职责

3. 会议管理：内部会议的组织，整理会议记录，对会议决定进行催办、查办和落实；
4. 公文起草：包括任命、决定、公告、通知、通报、报告等；
5. 流程制度：组织制定企业各项管理规章制度；
6. 文档管理：内部和外部文件的收取、传送，各种合同、资料、文件、证书的归档和保管

（三）文化建设类
1. 企业文化手册及相关资料的编辑和维护；
2. 文化培训课件制作及新员工文化培训实施；
3. 组织实施价值观的考核评估；
4. 企业文化的宣传引导：外宣资料、网站更新、电视看板等；
5. 文化活动、仪式的策划与组织实施：文化活动周、生日会、年会、户外拓展等；
6. 荣誉激励的落实实施

（四）财务管理类
1. 银行账户：公司（总部、瑞安、乐清、智本）的开户，原账户转移、注销，日常备用金提取，每月回单及对账单打印等；
2. 发票管理：发票申领、外部发票开取及汇总、内部发票收集和记录；
3. 应收账款：猎聘应收款项梳理、催款单制作与外寄；
4. 费用支付：日常报销支出处理、记录、统计；
5. 薪酬福利：每月提成核算、考勤统计及薪资与孝心金发放；
6. 团队基金：下午茶基金、负激励基金统计汇总；
7. 社会保险：增减员工社保及公积金

（五）后勤服务类
1. 就餐管理：每日中餐预订及账务结算、下午茶安排，以及其他临时性用餐；
2. 用品采购：办公用品及后勤物资的申购，以及杂物房的管理；
3. 环境卫生：办公室5S管理、花草维护、公共卫生维护；
4. 员工公寓：公司临时公寓租赁和管理；
5. 职业服装：员工工作服装的统一定制；
6. 门禁管理：门禁卡、密码及房门钥匙的管理；
7. 车辆管理：租赁协议，油卡、ETC充值，维修年检办理等；
8. 物流快递：公司物流及快递的发送、费用结算等；
9. 后勤维修：办公设备、水电、网络等的日常维护

（六）人力资源类
1. 社会招聘：招聘网站维护、岗位发布、简历筛选、面试评估、录用入职等；
2. 校园招聘：校企合作、宣讲活动、面试组织、筛选录用、三方协议等；
3. 英雄少年：英雄少年的选拔评估，整体活动策划，培训效果评估等；
4. 参习培训：新员工的入职参习培训和考核评估；
5. 员工异动：员工转正、晋升、转岗、离职等的手续办理和管理；
6. 员工档案：所有员工的档案管理

表6-5 人力资源部门职责

序号	部门职责内容	RASIC工具对照：R——负责；A——审核；S——协助；I——通知；C——顾问						
		人力总监	人力部长	OD主管	人力主管	培训主管	招聘专员	薪酬专员
1	根据公司战略目标和业务策略盘点人力资源策略的需求及先进人力资源理念的学习，对目前人力资源体系、流程、机制、办法和工具进行修订和创新，提升人力资源效能	R	S	S	S	S	S	S
2	根据公司战略目标和业务策略分析目前组织效能和部门级组织架构，辅导用人部门进行定岗、定编、定员等相关工作，不断提升部门业绩水平和人均效能	R	S	S	S	S	S	
3	根据人力资源战略规划和相关部门的要求，制定公司级和部门级人力资源年度预算和实施计划，管控人力资源费用成本，优化成本结构	R	S	S	S	S		
4	根据用人部门的人才需求和目前人才储备，制定公司人才储备及发展计划，不断优化公司各序列任职资格标准，制定公司晋升管理办法和干部管理办法，打造公司人才供应链，补齐公司人才短板	A	C	R		S		
5	根据公司战略和业务要求，制定组织绩效指标和标准、指标和目标，制定管理序列领导力素质模型，不断完善和优化干部选拔、干部调配、干部激励，干部退出等政策，提升公司领导力水平	A	R	S	S	S		
6	根据公司人才规划和用人部门的人才需求，制定招聘策略，选择和开发高效的招聘渠道，提升招聘效率和质量，满足用人部门的招聘需求及补齐公司人才短板，不断优化公司人才储备池	C	A	C	R	S	R	
7	根据公司人力资源业务流程和功能板块需求，不断梳理和优化人力资源信息化流程和功能模块的设计，提升公司、人力资源部门和用人部门的人力资源日常工作的效率和指标	C	A	S	R	S	S	S
8	根据招聘和人才补充计划，制定和优化招聘流程，面试策略和人才测评方式，提升招聘的质量和效率	C	A	C		S	R	S
9	根据公司目前业务短板和技能短板，选择有效的培训渠道和培训实施，制定培训方式、和评估流程，不断优化公司内部课程体系、培养内部培训师，跟进公司知识管理和核心岗位经验萃取结果，不断提升公司各部门专业能力和业绩水平	C	A	C		R	S	
10	根据外部市场薪酬标准和内部薪酬诊断结果，优化公司薪酬体系和薪酬结构、差异化和个性化制定薪酬激励政策，不断优化公司工资包和奖金包政策，不断优化公司福利项目、激励项目、荣誉项目和员工关怀类项目，提升员工体验度和敬业度，提升公司人才激励的效果和效率	C	A	C				R

 创业小型课

表 6-6 招聘专员岗位说明书

岗位编号			填写日期		版本编号	
岗位名称		招聘专员	常规晋升方向	招聘经理	直接上级岗位	人事部（副）经理
工作概况		及时、有效地进行公司所需人员的招聘工作，确保人力资源数量与质量能够满足公司发展的需要，搭建公司人才供应链				
工作内容和职责		1. 根据现有编制及业务发展需求，协调、统计各部门的招聘需求，跟进和执行年度人员招聘计划				
		2. 参与建立和完善公司的招聘流程和招聘体系				
		3. 利用各种招聘渠道发布招聘广告，寻求招聘机构；充分利用各种招聘渠道满足公司的人才需求				
		4. 执行招聘、甄选、面试、选择、安置工作				
		5. 进行招聘前测试和简历甄别工作				
		6. 执行后备人才选拔方案和人才储备机制				
		7. 统计各部门当月入离职人数，分析离职原因，提出合理化建议，制作离职率报表				
		8. 向财务提供职工银行卡申办名单，发放新进职工及离职人员银行卡				
		9. 在上级主管的协助下，开展企业技术工种自主评价工作，搭建技术工种培训、选留及晋升体系				
		10. 完成直接上级交办的其他工作				
工作权限		1. 公司招聘制度参与编制权和建议修改权				
		2. 求职人员初步筛选权，复试人选建议权				
		3. 与各人才市场、人才交流机构等各类人力资源信息咨询机构接洽权				
		4. 招聘费用控制使用权				
		5. 求职人员背景调查和证照审核权				
工作重点		1. 根据现有编制及业务发展需求，协调、统计各部门的招聘需求，编制年度人员招聘计划				
		2. 建立和完善公司的招聘流程和招聘体系				
		3. 利用各种招聘渠道发布招聘广告，寻求招聘机构；充分利用各种招聘渠道满足公司的人才需求				
		4. 执行招聘、甄选、面试、选择、安置工作				
		5. 进行招聘前测试和简历甄别工作				
		6. 建立后备人才选拔方案和人才储备机制				
工作关系	所受监督	受人事部（副）经理工作监督				
	所施监督					
	内部关系	公司内各用人部门				
	外部关系	人才市场、媒体招聘机构、各高校招生办、猎头及劳务派遣等机构				
任职资格	身体条件	年龄	25~30（请填写年龄段/不限）		性别	不限
		身高	不限（请填写身高段/不限）		相貌	不限
		体能要求	身体健康状况良好，能承受较强的工作压力			
	学历要求	大专及以上学历				
	专业要求	人力资源、经济学、工商行政管理等相关专业				
	经验要求	2年以上同等规模企业人力资源招聘经验				
	必备工作技能	计算机	熟练使用各类办公软件（PPT、Word、EXCEL 等），EXCEL 和 PPT 使用娴熟			
		英语	英语四级及以上			
		其他	无			
	必备资格证					

续表

任职资格	岗位异动要求				
	岗位基本能力	要求程度	能力项目	要求程度	能力项目
		A	沟通协调能力	B	社会活动能力
		A	组织指挥能力	B	人际关系能力
		A	理解执行能力	B	激励授权能力
		A	语言表达能力	A	观察应变能力
		B	统筹规划能力	A	文字表达能力
		B	学习成长能力	A	分析判断能力
		B	冲突管理能力	B	开拓创新能力
	要求程度：A 高，B 较高，C 一般，D 较低，E 低				

所需技能培训	应知	应会	常规学习
	人力资源管理招聘与配置模块理论知识	熟悉企业的招聘流程及各种招聘渠道	公司制度及企业文化的宣导
	熟悉国家相关劳动法律法规	一定的人才测评、甄选操作技能	公司组织架构、人员配置及要求的学习
	基本的网络知识	熟练使用办公软件、人事管理软件	现代人力资源管理技术、劳动法律法规、财务会计基本知识
	公司管理制度及人事部管理规定	对人才的发现与引进、组织与人员调整、员工职业生涯设计等具有实践经验	人才测评、面试技巧的培训
	本岗位职责、工作内容及公司各岗位选用标准	对人力资源管理事务性工作有一定的处理技巧	

工作条件	工作强度	正常工作时间，偶尔需要加班或出差				
	工作环境	公司办公室，能够适应并进行短期室外工作			环境等级	室内
	工作时间	偶尔需要加班或出差				
	资讯设备使用	手机	要	固话	要	E-mail	要
		电脑	需要	笔电	不需要	ERP 账号	不需要
		外网	要			PDM 账号	不需要
		外部即时通信（weChat、QQ、SKYPE、MSN、阿里旺旺等）					
	行政设备使用	办公桌椅	要	常规文具包	要		
		独立办公室	不需要	若需要，则可相关配套：办公桌椅（）、会客桌椅（）、书柜（）等			

岗位考核指标	权重/%	考核项目	权重/%	考核项目	权重/%	考核项目	权重/%	考核项目
	10	招聘信息发布及时率	15	离职率月报表提交及时率	10			
	25	招聘计划达成率						
	35	试用期员工流失率						
	15	招聘成本控制						

审核		人资审核		编制人	

电子资源

工作分析与职位管理

拓展延伸

中国·温州民营经济人力资源产业园位于浙江省温州市龙湾区文昌创客小镇核心区，是一个以国家级人力资源产业园标准打造的专业型产业园。园区一期项目面积约1.1万平方米，旨在打造"一站式服务""创业创新""高层次人才交流"和"信息化数据"四个平台，以满足不同企业和人才的需求。园区的落成将助力龙湾区形成"政策＋平台"的引才磁场，结合区域特色产业优势，为用人单位与人才提供高标准的人力资源服务。园区的招商对象以传统业态和新业态服务企业为主，提供多项政策支持，包括入园奖励、引才奖励、规模奖励等，以便吸引和培育优质人才中介组织和猎头机构，推动形成产业链互补连接、上下游融合发展的产业共同体。

案例分析与讨论

1. 在何种情况下需要进行工作分析？
2. 工作分析的方法有哪些？简要说明其优缺点。
3. 实施工作分析的基本流程有哪些？
4. 职位管理的基本内容有哪些？

参考文献

龙湾区人民政府.《关于支持中国温州民营经济人力资源产业园建设扶持办法》政策解读［EB/OL］.（2020－08－03）［2025－02－07］. https：//www. longwan. gov. cn/art/2020/8/3/art ＿ 1229713463 ＿ 1743043. html.

第七章
创业团队人员的培训与开发

理论知识

一、创业团队人员培训与开发概述

人员的培训与开发是针对组织（主要是企业）中各类工作岗位人员所需的知识、技能、理念、素养或素质，乃至岗位规范、职业发展等开展的一系列学习、提升、发展活动的总称。

与传统人力资源管理（HRM）的内容"老3P"（即岗位分析、绩效考评、薪酬支付）相比，现代人力资源管理的内容"新3P"（即人力资源规划、人员胜任能力、员工参与）更加强调战略目标下的规划和"以人为本"。随着人力资源管理的发展，培训与开发也被推进到现代领域，成为现代人力资源管理的核心内容。因此，现代培训与开发和传统培训与开发有极其明显的差异。

（1）现代培训与开发更关注企业的战略目标和长远发展，以企业战略规划、人力资源规划（HRP）为依据制定的培训与开发计划，把培训目标与公司的长远目标、战略、愿景紧密地联系在一起，并加以系统思考。过去的培训可能是为了填补某些岗位的空缺，或者为了增加产品的产量，或者为了提高产品的质量。但如今的培训与开发不再仅仅如此，其或者通过技能培训达到组织短期目标，或者通过知识学习达到组织中期目标，但完整的培训体系绝不是技能课、知识课的堆积，而是从组织目标出发，基于岗位分析、人力资源现状分析的实际数据，根据人力资源规划的部署，辅之以绩效管理、绩效考评及薪酬奖励的手段而设计的一个旨在综合提升公司竞争力的体系。

（2）现代培训与开发已经不是对个人独立的培训。虽然每个人都有特定的岗位，但是解决复杂问题更需要合作与团队精神，组织目标的达成更需要每个人的合作与协调。案例分析培训更强调把个人放到实际的团队环境中展开讨论，不是培训一个人说了算，也没有关于案例讨论的所谓"标准答案"，每个参与案例讨论的人都可以根据自己的经验、知识、实际岗位特点补充案例素材中没有出现的各种可能的边界条件或场景要素，而培训的作用就是进一步依据自己丰富的知识经验分析案例讨论中团队人员学习到的知识点和各种思路。

（3）现代培训与开发更注重激发员工的学习动机，强调员工有自我发展的主观能动性与获取新

 创业小型课

知识、新技能的积极性。公司固然会要求员工提高技能（包括专业技术技能、管理技能、文化融合与对规章制度的熟知等），但员工自身面临的新问题往往是公司管理人员无法及时知晓的，所以只有员工自己具有学习的欲望和积极的动机，才能更快地提高公司的整体绩效。

（4）现代培训与开发更关注人的生理与心理特点，强调以人为本，不仅要使培训与开发这一需要学习者花费体力、脑力、时间的任务更为有效，而且要把培训与开发演绎成学习者喜闻乐见，感到身心愉悦的活动，乃至是一种享受、一种公司对员工贡献的回报与激励措施。团队氛围的营造、集体主义的培育、个人优点的发挥、互帮互助和互学互动、企业文化的传播，这些"软性"的培训与开发能使员工的思想境界提升、凝聚力增强、战斗力提高。因此，培训与开发的项目设计不仅要关注教师、教案、教材、教具、教室等，还要充分利用一切设备、条件与环境，使现代培训与开发更加人性化。

（5）现代培训与开发大大突破了岗位技能的范围，更注重提高人的胜任力。现代培训与开发突破了岗位技能培训的框架，实质上开拓了创造智力资本的途径。智力资本是人力资本最主要的组成部分，是通过投资实现的，它包括基本技能、专业技能、创造技能、领导与管理技能等。与一般的岗位规范所规定的技能相比，它的突出特点是学习者必须处在一个能够持续学习的环境中，这项技能才能被逐渐获得。这种培训与开发与其说是学习，不如说是一种影响力训练，特别是与经营战略目标密切相关的培训与开发，更是一种高级影响力训练。

（6）现代培训与开发已通过互联网新技术、新媒体从课堂与教室走向更为广阔的空间，除了人们熟知的"互联网＋技术"的普及应用（如线上线下学习已经摆脱了硬盘或存储器的束缚，而充分应用云技术发展为移动学习、远程学习、分布型学习、利用碎片化时间学习等），新媒体、物联网、人工智能、区块链等新技术不仅被应用在营销、会计、金融、财务、物流与供应链等领域，在人力资源管理领域也开始尝试应用其进行招聘、员工离职倾向辨别、薪酬管理与晋升中的任职资格管理、实时反馈纠正偏差的绩效管理、培训与开发管理等，而培训与开发管理中的线上线下互动与培训效果的实时智能辨析、自动识别情绪手段等已经有人工智能的硬件支撑。

二、创业团队人员培训与开发的意义

21世纪是科技迅速发展、全面进入信息社会与知识经济的时代，信息和知识是绝大多数组织前进的推动力量，而培训与开发则是提供信息、知识及技能的重要途径。因此，要跟上时代的发展步伐，必须建立学习型组织，开展全员培训与开发。具体而言，培训与开发的意义体现在以下三个方面。

1. 培训与开发是提高员工素质和增强组织竞争力的根本途径之一

现代社会快速发展的一个重要趋势，就是新知识、新技术、新工艺、新产品不断涌现，特别是知识、技术的更新速度明显加快，这导致组织所拥有的人力资本相对贬值，员工不能更好地胜任工作。与此同时，市场需求变化多端、商机稍纵即逝，市场竞争日益激烈，对员工的素质和职业能力提出了更高的要求。在这种情况下，组织必须进行员工培训与开发，以提高员工的素质，使其知识、技能、工作态度等跟上时代发展的步伐，适应工作岗位发展变化的新要求，提高自身的人力资本储备，为组织竞争力的增强创造基础条件。

2. 培训与开发是提高劳动生产率和工作效率的重要途径

员工通过有效的培训与开发，在生产过程中能够减少单位工作时间，从而降低人力成本；减少材料浪费或不良产品的产生，从而降低生产成本。可见，产品的数量、品质和生产效率与员工的知识、技术和能力有绝对的相关性，而培训与开发可增加其知识、提高其能力，最终体现为劳动生产率和工作效率的提高。

3. 培训与开发是员工实现个人发展的必要措施

组织在谋求整体利益、追求最佳绩效的同时，也要把员工个人的成长、员工自身人力资本的增值和员工个人的职业发展放在同等重要的地位。从员工的发展来看，随着经济的发展，员工所追求的目标已经或正在超越报酬、安全等低层次需求，逐渐迈向高层次的需求，即强烈要求实现自身价值。组织的培训与开发恰恰能够满足员工自身发展的这一要求。员工通过培训与开发，使综合素质得到提高，能够更好地面对环境变化所提出的挑战，跟上时代的步伐，从而实现自我成长和自我价值。

三、创业团队人员培训与开发的类型

培训与开发的类型有：岗前培训（Pre-job Training）、在职培训（On the Job Training，OJT）、脱产培训（Off the Job Training，OFFJT）。岗前培训也称入职培训或引导培训，是为了使员工适应新职位需要而进行的培训；在职培训是为了使员工具备有效完成工作任务所必需的知识、技能和态度，在不离开工作岗位的情况下，对员工进行的培训；脱产培训也称职业外培训，是离开工作和工作现场，由企业内外的专家和培训师对企业各类人员进行的集中培训。

1. 岗前培训

岗前培训是以企业新录用的员工为对象的集中培训，其主要目的是培养新员工对企业的荣誉感和归属感，促使新员工认同企业提倡的价值标准和行为规范，了解企业的基本情况，掌握必要的工作技能和基本的工作流程，帮助新员工规划、设计在企业的个人发展路径。

岗前培训要为新员工提供以下两方面的信息：

（1）由人力资源管理部门提供的信息，包括企业概况、企业文化、基本政策与制度、工资福利等。主要是向新员工介绍企业的基本情况、企业的规章制度、企业文化、企业的发展前景等，帮助新员工适应企业的需要，实现角色转换。

（2）由新员工所在部门提供的信息，包括本部门的功能、工作职责、特有的规定、工作环境、同事介绍等。主要是向新员工传授岗位操作的基本知识和技能，帮助他们了解岗位的性质、特点和要求，让他们能够较顺利地上岗。

2. 在职培训

在职培训是员工在不脱离工作岗位的情况下，由部门经理、业务主管或其他经验丰富、技术过硬的员工在日常工作过程中，对他们进行的定期或不定期的业务传授和指导。这是员工上岗后的适应性培训，是在岗员工为不断适应工作要求而进行的培训。适应性培训的内容包括以下三个方面：

（1）根据工作分析和岗位职责的规定和要求，对任职者进行有关岗位知识、工作态度、职业道德等方面的培训。通过培训使员工提高素质，适应本职位的要求。

(2) 对员工进行本岗位新知识、新技能、新方法和新观念，以及相关领域的辅助性知识和技能培训。

(3) 常用的在职培训方法主要包括师带徒、导师制、工作轮换、教练、行动学习等。

适应性培训的内容、时间和方法可以根据企业的具体要求灵活安排。

3. 脱产培训

根据培训时间长短，脱产培训可以分为全脱产培训和半脱产培训。培训对象以全天时间脱产参加的培训为全脱产培训。一些研究机构、行业协会、咨询机构和培训机构举办的短期研讨会通常采用这种形式。如果培训需要相当长的时间，为了避免影响工作，也可以采用半脱产形式，即进行非连续性培训。培训对象每天或每周接受若干小时的培训，其余时间仍返回工作岗位继续工作，如较为流行的半业余的 MBA 培训即为这种形式。常用的脱产培训方法主要有演讲法、案例教学或案例研究法、情景模拟法和行为示范法等。

四、创业团队人员培训与开发的程序

要想有效地做好培训与开发工作，企业应该把培训与开发视为一项系统工程，即采用系统设计的方法，使培训与开发活动能符合组织的目标，同时让每一个环节都能实现员工、工作及组织三方面的优化。图 7-1 所示的人力资源培训与开发程序便显示了这样的系统，它是由五个环节（步骤）构成主链的循环过程。

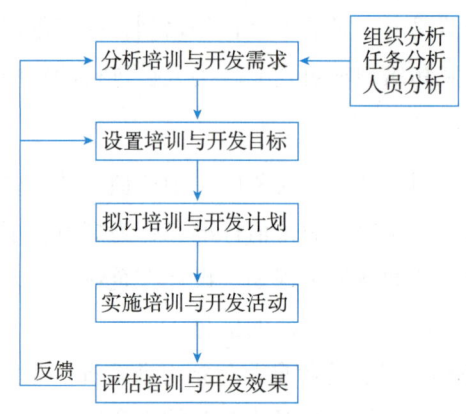

图 7-1　人力资源培训与开发程序

这五个环节（步骤）构成了一个完整的培训与开发系统模型，为公共部门的培训与开发工作提供了指导，可以保证培训与开发工作科学、有序、规范地进行，从而达到预期的效果。下面分别对这五个程序进行分析。

（一）分析培训与开发需求

分析培训与开发需求是提高培训与开发效果的重要基础。只有明确了培训与开发需求，才能保证培训与开发内容和方法的针对性，达到培训与开发目的。对于培训与开发需求分析，具有代表性的观点是麦吉（McGehee）和塞耶（Thayer）于 1961 年提出的组织分析、任务分析和人员分析三要素分析法。

1. 组织分析

组织分析主要根据组织战略、组织绩效、组织环境、组织资源、组织文化、工作设计、招聘新员工、生产新产品等因素，确定本组织对人力资源素质的要求。其中，组织战略会影响培训与开发实践并产生不同的培训与开发要求。而对人力资源数据进行连续的、详细的分析，能够找到培训与开发的薄弱环节，进而提炼出现实的培训与开发需求。例如，可以根据部门的流失率、缺勤率、绩效或其他缺点，确定培训与开发需求。

2. 任务分析

任务分析主要是确定工作的具体内容，即描述工作由哪些任务组成，完成这些任务需要做哪些具体的工作，以及所需的知识、技能或能力等。这里所说的任务分析主要研究怎样具体完成各自承担的职责和任务，即研究具体任职人的工作行为与期望的行为标准，找出其间的差距，从而确定培训与开发内容。任务分析通常按以下四个步骤进行：首先，选择有效的方法，列出职位工作任务清单。其次，对所列出的任务清单进行确认。这需要回答几个问题：任务的执行频率如何？完成每项任务所花费的时间是多少？成功完成这些任务的重要性和意义是什么？学会这些任务的难度有多大？再次，对每项任务需要达到的标准做出准确的界定，尽量用可以量化的标准表述，如"每小时生产20个"。最后，确定完成每项任务的KSA［K（Knowledge）就是知识，S（Skill）就是技能，A（Attitude）就是态度］。

3. 人员分析

人员分析可以确定组织中哪些人员需要接受培训与开发及需要接受什么样的培训与开发，这主要通过分析员工目前的绩效水平与预期的工作绩效水平来判断。首先设定出绩效评价的指标和标准，然后将员工目前的工作绩效同预先设定的目标或者以前的绩效水平进行比较，当目前的绩效水平下降或者低于标准时，就形成了培训与开发需求的"压力点"，但是这个"压力点"并不意味着必须立即对员工进行培训与开发，组织还要对员工绩效不佳的原因进行分析，以提炼出培训与开发需求。人员分析也与职位变动有关，比如管理人员的继任计划或一般的工作轮换都会产生培训与开发需求。

（二）设置培训与开发目标

设置培训与开发目标将为培训与开发计划提供明确的方向。有了目标，才能确定培训与开发对象、内容、时间、教师、方法等具体内容，并在培训与开发之后，对照目标进行效果评估。目标可以针对每一项培训与开发阶段设置，也可以面向整个培训与开发计划设定。确定培训与开发目标的作用表现在：它能结合受训者、管理者、组织各方面的要求，满足受训者方面的需要；帮助受训者理解为什么需要培训与开发；协调培训与开发目标、组织目标的关系，使培训与开发目标服从组织目标；也可使培训与开发结果的评价有一个基准；有助于明确培训与开发成果的类型；能指导培训与开发政策及其实施过程；为培训与开发的组织者确立必须完成的任务。正是由于培训与开发目标具有这些重要的作用，因此其设置应该成为整个培训与开发过程中一个相对独立的步骤。

设置具体的培训与开发目标，应当包括三个构成要素：一是内容要素，即组织期望员工做什么事情；二是标准要素，即组织期望员工以什么样的标准做这件事情；三是条件要素，即在什么条件下达到这样的标准。

(三)拟订培训与开发计划

培训与开发计划一般包括以下几个方面的内容。

1. 安排课程计划

根据培训与开发对象及培训与开发目标要求,确定培训与开发项目的形式、学制及课程设置,拟订培训与开发大纲及具体内容,选择教科书与参考教材、任课教师、培训器材与设施,为学员提供具体的时间安排。以下主要介绍安排课程内容及时间、选择培训教师、挑选培训教材、准备培训设备四个方面。

(1)安排课程内容及时间。包括明确课程名称、目标学员、所需资料设备等内容。

(2)选择培训教师。在员工培训与开发中,培训教师的优劣在一定程度上决定了培训与开发的质量,因此选择优质的培训教师十分重要。培训教师既要有丰富的理论知识,又要有具体的实践活动经验,还要有良好的人际沟通协调能力,可以通过内部培养和外部聘请的途径来选择。

(3)挑选培训教材。培训教材可分为书面教材和影像资料:书面教材来源于公开出版的教材、本组织内部的书面材料、培训公司及培训教师编写的内部教材等;影像资料主要来源于外部,成本较高且针对性有所欠缺。

(4)准备培训设备。根据培训与开发的内容及活动安排,由专人负责准备培训所需的设备器材,如电视机、投影仪、屏幕等。培训设备的配备一般是与培训场所相匹配的,因此多数情况下,在选择培训场地时应同时考虑与之相应的设备器材。除非是特殊的培训需要一些特殊的设备,否则无须培训组织自己配备。

2. 设计培训与开发方法

根据学员特点(知识层次、岗位类型等)、培训与开发内容及条件状况,选择若干培训与开发方法组合使用,以取得良好的效果。培训与开发方法有很多种,如讲授法、案例法、视听技术法、角色扮演法、网络培训法等。这些方法各有优缺点,各有适用条件,因此在使用时应采取以一两种方法为重点、多种方法组合运用的方式。各种培训方法的效果比较见表7-1。

表7-1 培训与开发方法效果比较

培训方法	获得知识	改变态度	解决难题技巧	人际沟通技巧	参与许可	知识保持
案例研究	2	4	1	4	2	2
讨论会	3	3	4	3	1	5
讲课(带讨论)	9	8	9	8	8	8
商业游戏	6	5	2	5	3	6
电影	4	6	7	6	5	7
程序化教学	1	7	6	7	7	1
角色扮演	7	2	3	2	4	4
敏感性训练	8	1	5	1	6	3
电视教学	5	9	8	9	9	9

注:表中数字1~9表示效果递增程度。

3. 预估培训与开发成本

培训与开发成本是指企业在员工培训与开发过程中产生的一切费用,包括培训与开发之前的准备工作、培训与开发的实施过程，以及培训与开发结束之后的效果评估等各项活动的费用。培训与开发成本包括直接成本和间接成本。

直接成本是指在培训与开发组织实施过程中，直接用于培训者与受训者的费用总和，如培训教师的费用，学员往来交通、食宿费用，教室设备租赁费用，教材印发、购置费用，以及培训与开发实施过程中的其他费用等。

间接成本是指在培训组织实施过程之外企业所支付的费用总和，如培训与开发项目的设计费用、培训与开发项目的管理费用、培训与开发对象受训期间的工资福利，以及培训与开发项目的评估费用等。

4. 确定培训与开发地点

培训与开发地点应当舒适、安静、交通便利，并且配有常用的教学工具。在选择培训与开发场地时要综合考虑视觉效果、听觉效果、温度控制、教室大小及形状以及座位安排、生活条件等。

5. 选择培训与开发时间

依据培训与开发内容的难易程度和培训与开发的形式，合理确定时间。一般而言，内容相对简单的短期培训与开发，可以采用集中学习的形式；内容复杂和较难的培训与开发，可以采用分散学习的形式。

（四）实施培训与开发活动

在制订培训与开发计划并经领导批准后，培训与开发计划负责人就要严格按照计划组织实施，对培训与开发活动进行动态管理。其实施阶段需要完成的任务如下：

1. 课前准备工作

课前准备工作包括将培训时间、地点、注意事项通知受训者，保持与培训教师的联系，准备并印制课程所需的材料，检查培训设备等。

2. 课程进行中的任务

课程进行中的任务包括受训者的登记注册，保持与受训者、培训教师的积极联系，进行动态管理，提供全部后勤支持等。

3. 课程结束后的任务

课程结束后的任务包括分发评估材料（调查问卷、效果反馈表等），收集有关信息，将学员培训信息入档等。

（五）评估培训与开发效果

在企业培训与开发的某一项目或某一课程结束后，一般要对培训与开发的效果进行总结性的评估或检查，以便了解受训者有哪些收获与提高。员工培训与开发效果评估是指企业在员工培训与开发过程中和结束后，依据培训与开发的目的和要求，运用一定的评估指标和评估方法，检查和评定培训与开发效果的过程。实际上，员工培训与开发效果评估就是对员工培训与开发活动的价值做出判断的过程。培训与开发效果是指企业和受训者从培训与开发中所获得的收益。通过系统的培训与开发，员工可以端正工作态度，学习新的行为方式，掌握新的技术技巧；企业可以提高产品质量，增加产品产量，提升销售额，提高顾客的满意度，取得更高的经济效益和社会效益。

 创业小型课

员工培训与开发效果评估是企业培训与开发工作的最后一环,也是极为重要的一环,它是通过建立培训与开发效果评估指标和标准体系,对员工培训与开发是否达到预期的目标,培训与开发计划是否得到有效的实施等进行全面的检查、分析和评价,然后将评估结果反馈给主管部门,作为以后制订或修订员工培训与开发计划,以及进行培训与开发需求分析的依据。

美国培训专家柯克帕特里克提出了划分培训效果的四个基本层级框架体系。他认为,第一层级是受训者对培训的反应,第二层级是受训者的学习收获,第三层级是受训者态度、行为的变化,第四层级是受训者获得的实际成果。第一层级和第二层级的培训效果信息是在受训者返回工作岗位之前、在培训过程中收集的,后两个层级的培训效果信息是在受训者培训之后、在工作实践活动过程中取得的。因此,在建立培训效果评估标准时对四个层级培训效果的考评内容和重点也就十分清晰、明确了。

培训效果评估的四个基本层级见表7-2。

表7-2 培训效果评估的四个基本层级

	评估层级	评估内容
1	反应评估	受训者对培训的满意程度
2	学习评估	受训者在知识、技能等方面的学习收获
3	行为评估	受训者在工作过程中态度、行为方式的变化和改进
4	成果评估	受训者在一定时期内取得的生产经营或技术管理方面的业绩

(1)反应评估,即测定受训者对培训项目的反应,主要了解受训者对整个培训项目的意见和建议。这个指标带有一定的主观性和片面性,只能作为参考,不能作为评价的结果。

(2)学习评估,即测定受训者对所学的知识、技能等的理解和掌握程度。这项指标可以用培训后的考试、实际操作测试来考查。

(3)行为评估,即测定受训者经过培训后在实际岗位工作中态度、行为方式的改变,以判断所学知识、技能对实际工作的影响。这是考查培训效果最重要的指标。

(4)成果评估,即测定受训者对企业经营成果具有何种具体而直接的贡献。可以用统计方法、成本效益分析法测定。

案例精选

一、学习目标

通过本案例的学习和分析,理解什么是培训与开发,企业培训与开发的实践方式;增进对培训与开发体系的认知,能够合理设计公司的培训与开发方案并组织一场完整的培训;能够对培训与开发项目设计合理的培训与开发效果评估方案,准确评估其效果。

二、内容简介

G人力资源服务公司凭借坚实的资本后盾,注册资本高达10亿元。自2010年2月24日正式对外提供人力资源服务以来,公司以其稳健的发展步伐和专业的服务品质,迅速在人力资源服务市场

中赢得了一席之地。

在地域扩张方面，G公司展现了强大的市场布局能力。开业以来，G公司已经顺利筹设江苏、浙江、湖北、北京、山东、广东、西安、天津8家分公司。此外，G公司还在25个城市设立了30个服务点，这些服务点的布局，使得公司的服务网络更加密集，能够更好地满足不同地区顾客的需求。

在公益活动方面，G公司自成立以来，一直秉承着回馈社会的理念，将履行社会责任作为公司的核心经营理念之一。公司不遗余力地投入资源和精力，覆盖了运动、艺术和社会救助等多个领域，以实际行动展现了企业的社会责任感。G公司在公益活动上的全方位投入，不仅体现了其对社会责任的深刻理解和积极实践，也为社会的可持续发展和公益事业的进步做出了显著贡献。

三、培训案例

（一）公司介绍

G公司温州服务点自2013年成立以来，已经成为温州地区人力资源服务业的佼佼者。凭借其专业的团队和丰富的业务经验，该服务点在为顾客提供人力资源服务方面展现出了卓越的能力。

首先，温州服务点拥有一支由资深人力资源专家和专业顾问组成的团队。这些团队成员不仅具备深厚的人力资源管理知识和行业经验，而且接受了系统的培训，能够准确把握市场动态和顾客需求。他们以专业的视角和敏锐的市场洞察力，为顾客提供定制化的人力资源解决方案。其次，温州服务点在业务方面积累了丰富的实践经验。多年来，该服务点成功处理了众多复杂的人力资源管理案例，无论是招聘、培训，还是劳动关系等方面，都能提供专业的咨询和服务。这些经验使得该服务点能够迅速响应顾客的各种需求，提供及时、有效的支持。

在服务方面，温州服务点始终坚持以顾客为中心的服务理念。他们通过定期的顾客回访、满意度调查和制订个性化服务计划，确保每一位顾客都能获得满意的服务体验。此外，该服务点还利用先进的信息技术，如在线服务平台和移动应用，为顾客提供便捷的自助服务和即时的在线咨询。

温州服务点还注重与社区的互动和合作，积极参与当地的公益活动和社区服务项目。通过这些活动，该服务点不仅增强了与顾客的联系，也提升了公司在当地的品牌形象和社会影响力。

总之，温州服务点以其专业的团队、丰富的业务经验和以顾客为中心的服务理念，致力于为温州地区的顾客提供优质的人力资源服务。随着业务的不断扩展和深化，该服务点将继续在人力资源服务行业中发挥领导作用，为更多的顾客提供保障，为社会的发展贡献力量。

（二）培训体系

温州服务点高度重视人才培养与专业发展，为此设立了专门的培训部门。该部门承担着极其重要的职责，即负责全面规划并实施业务员的入职前培训及入职后的成长与发展。在温州区域，这一培训团队会聚了来自内勤和外勤领域的资深讲师，他们凭借丰富的行业经验和专业知识，共同组成了大约12人的强大讲师阵容，为业务员的专业成长提供坚实支撑。

温州服务点有一套成熟的培训体系，旨在确保每位新业务员都能从零基础起步，逐步成长为行业内的佼佼者。

（1）新人入职前，首先参加的是"新人岗前班"。这一培训项目每月定期举办两期，每期6

天，全脱产培训，帮助新人快速掌握人力资源服务行业的基础知识、销售技巧及职业道德规范等。

（2）成功完成岗前班的学习并顺利入职后，新业务员随即进入"衔接训练"阶段。这一阶段的课程设计更为深入和全面，为期两个月，共计 25 节课，每周安排 3 次课程，确保新人在繁忙的工作之余也能持续充电，巩固并深化前期所学。衔接训练采用滚动的教学模式，即岗前班结业的新人被无缝对接至相应的衔接训练班，虽然课程内容和进度因班级不同而有所差异，但整体上是连贯且逐步深入的。这样可以帮助新业务员构建起完整而系统的知识体系，为他们在人力资源服务领域的长远发展奠定坚实基础。

（3）除了新人岗前班和衔接训练班之外，每年都会不定期地开展业务主任进阶班和专业技能提高班，匹配不同员工的成长发展需求。比如，从业务员晋升到主任，就需要参加业务主任进阶班；如果有人规划晋升，就需要参加专业技能提高班，而且这是晋升的条件之一。

温州服务点不仅注重对员工实施培训与开发，还十分关注培训与开发效果的评估，主要体现在以下几个方面：

（1）即时反馈。每次培训结束后都会收集学员的反馈意见，及时调整培训内容与方式，以期下次能够制订更好的培训方案。

（2）业绩考核。将培训成果与员工的业绩挂钩，通过 KPI 考核评估员工培训后其工作行为和工作绩效发生了哪些变化，以此对培训的效果进行直接测评。

（3）持续学习。建立课程资源库，构建线上学习平台，整合相应的资源，满足不同员工的学习需求，鼓励业务人员持续自我提升，形成学习型组织文化。

（4）长期跟踪。对参加过培训的业务人员进行长期的职业发展跟踪，评估培训对其职业成长的影响，帮助其制定更为合理的职业生涯规划。

电子资源

创业团队人员培训与开发

案例分析与讨论

1. 拥有成熟的培训与开发体系对公司和公司员工的成长与发展来说是至关重要的，请你对 G 公司温州服务点当前的培训体系进行归纳总结。

2. G 公司温州服务点当前的培训对新入职员工的关注较多，对老员工的关注偏少，请你帮助其设计一个更为合理的培训与开发体系。

3. 请用柯氏评估模型对 G 公司温州服务点当前的培训与开发有效性评估方案进行改进。

参考文献

[1] 张曦. Y酒店员工培训管理案例研究[D]. 大连:大连理工大学,2021.

[2] 郭丽娟. XF物业江苏分公司人员培训案例研究[D]. 大连:大连理工大学,2020.

第八章
创业型企业的绩效管理

理论知识

在新冠疫情期间，倒下了很多创业型公司，无论是零售业、服务业，还是实体制造业，在创业这条道路上，遇到的困难或者遭遇的困境都大致相同。但即便如此，还是有许多怀揣创业梦想的人坚定不移地踏上创业这条路，追逐着自己的梦想，许多新的创业型公司如雨后春笋般涌现。本章中的案例是笔者从业中的一段经历，而且这段经历对笔者来说是非常有意义的，是笔者职业生涯中的一个里程碑，为日后进入高校成为一名专职教师打下了坚实的基础。

一、绩效管理理论体系的演进与实践深化

绩效管理理论从20世纪50年代至今经历了四个重要发展阶段：目标管理→行为量化→战略协同→人本导向，形成多维度理论框架。

1. 经典管理理论的奠基

彼得·德鲁克的目标管理理论（MBO）首次将组织目标与个人绩效系统联结，通过SMART原则实现战略分解。该理论在制造业实践中验证了目标导向的有效性，如北京嘉里大酒店通过分级目标与优秀员工数据库，实现服务标准提升。

2. 行为科学的渗透

基于心理学发展出360度反馈模型，突破单一评价视角。泰国曼谷Skytrain公司通过多维反馈发现基层员工协作瓶颈，针对性开展团队培训，使事故率下降27%，罗伯特·卡普兰的平衡计分卡（BSC）则从财务、顾客、流程、学习四个维度构建战略落地工具，某汽车企业将其与供应链响应速度挂钩，库存周转率提升34%。

3. 数据技术的革新

OKR与KPI的融合应用成为互联网行业主流，字节跳动通过"双轨制"（OKR定方向+KPI控进度）实现战略敏捷性。快递行业则依托配送时效、顾客满意度等12项KPI构建数字化评价体系，京东物流由此将签收准时率提升至99.6%。

二、绩效管理相关工具

1. 目标管理理论（MBO）

通过设定明确、可衡量的目标引导员工行为，强调目标分解与战略对齐（如销售团队分解月度目标）。其核心原则包括 SMART 原则 [Specific（具体）、Measurable（可衡量）、Attainable（可实现）、Relevant（相关）、Time-bound（时限性）]。

2. 360 度反馈理论

通过多维度（上级、同事、顾客等）收集员工表现数据，全面评估员工能力与贡献，常用于发现隐性问题和改进方向。

3. 平衡计分卡（BSC）

从财务、顾客、内部流程、学习成长四个维度构建战略绩效体系，强调长期与短期目标的平衡。

4. 关键绩效指标（KPI）

将战略目标拆解为可操作指标，通过量化数据驱动业务改进。例如，快递行业用顾客满意度、配送时效等指标评估员工。

5. PDCA 循环

包含计划（Plan）、执行（Do）、检查（Check）、处理（Act）的闭环管理流程，用于持续优化绩效体系。

6. OKR（目标与关键成果法）

聚焦组织战略与员工目标对齐，强调挑战性目标的设定与关键成果的可视化。

三、关于绩效前沿研究领域的突破方向

1. 神经绩效管理

结合脑科学研发认知负荷监测设备，某车企在装配线引入注意力传感器，当员工专注度低于阈值时自动触发工间休息，使装配失误率下降 56%。

2. 算法伦理框架

针对 AI 绩效评估的"黑箱"问题，欧盟已出台《算法透明度法案》，要求企业披露指标权重逻辑。IBM 据此重构研发人员评估模型，专利产出质量提升 29%。

3. 生态型绩效系统

Patagonia 公司引入碳足迹核算指标，将员工差旅碳排放与绩效奖金挂钩，2023 年实现运营碳中和。

四、中国情境本土化绩效理论创新运用

1. "德能勤绩廉"的本土化改造

中石化将传统干部考核指标转化为可量化体系：

德：360度民主测评（权重20%）。

能：专业资格认证与攻坚项目参与度。

勤：移动端考勤数据与会议贡献值。

绩：平衡计分卡四维度得分。

廉：审计问题数与合规考试分数。

2. 国企"双循环"机制

国家电网建立"战略—党建"双循环考核。

战略循环：经济增加值（EVA）、资产负债率等财务指标。

党建循环：支部标准化建设得分、党员先锋岗创建数两者按7∶3加权，实现政治责任与经济责任的有机统一。

案例精选

从模具学徒到成功创业者的转型之路

代锋17岁，高中读了一年就出来打工。他进入模具行业，做模具学徒工，并从学徒工干到了模具主管，工资也从最开始的每月800元涨到6000元。代锋后来跳槽到另一家模具公司，并提出了拿20万元加入该公司，自己再出技术，以股东身份加入企业，主管模具车间业务。老板觉得他有技术，就签了一份"股权协议"。在合作的3年里，代锋的主要心思是想借助一个更好的平台，积累一些办厂的经验，所以他从来不说累、脏，什么活都干。老板觉得代锋真的不错，将他的工资涨到10000元。但是，代锋的直接上司杨主管看不惯了，总觉得代锋的长期存在对自己是一种威胁，便处处为难他，还用自己手中的权力加大考核力度，虽然代锋每个月的工资是10000元，但拿到手的是7000~8000元不等，有时候只有6000元。

代锋也明白杨主管是故意刁难他，但为了学技术、积累经验，他不敢有情绪，依然保持较高的工作热情，同时他心中那颗不安分的心开始躁动起来，越发觉得需要创业当老板，就这样又持续了半年。终于，有一天代锋和杨主管吵起来了，最后吵到老板那里。其实在老板面前，杨主管已经多次有意无意地说过代锋很多坏话，导致老板对代锋的印象在无形中产生了微妙的变化，觉得代锋其实也没有多大贡献。杨主管说："如果代锋留下，我就走人。"最后，老板觉得杨主管是老员工，所以留住杨主管让代锋走了。

代锋于2015年注册了新公司，公司名字叫江苏富码模具公司，主要业务就是做模具。刚开始，他买了几台做模具的设备自己做模具，苦苦支撑了2年后机会来了。代锋帮一个顾客试模，反复多次后，顾客说"要不你就从这副模具开始，直接压铸出产品给我吧，我也省心"。代锋觉得创业之后终于迎来了成长的好机会，于是买了2台二手半自动式压铸机。就这样慢慢地做了起来，重心也慢慢转到压铸业务上。到2017年，压铸产品业务销售2000万元，2年后销售额达到3000万元左右。

2019年是代锋创业过程中实现重大转折的一年，他通过朋友圈找到谭先生，谭先生是一位资深打工人、高级职业经理人，彼时他刚从上市运营总经理岗位离职，到一家集团企业做CEO。代锋和谭先生经过多次交谈,力邀谭先生一起创业。最后谭先生被说动了,拿了380万元毅然加入代锋的公司,并成为第三大股东,出任公司总经理,由其进行经营和管理。代锋的主要工作是开发顾客,并协助谭先生的工作。

谭先生加入公司后,进行了一系列的战略设计与调整:

(1) 重新租厂(从成本角度考虑也可能不换厂),设计并实现组织战略绩效目标。

(2) 重新定位了创业公司的发展战略,并设计创业公司成长过程中的业务增长及发展路径,以及相应的组织领导结构。

(3) 设计符合当下发展的组织结构,并组建专业人才团队,确立了公司的使命、核心价值观与愿景等。

经过两年多的努力,公司的主营业务结构是新能源汽车零件制造,为一级供应商提供零件。这些零件由一级供应商组装成部件或总成后,供应给整车厂,如国内的长城、吉利等,国外的通用、特斯拉等。

在实施了一系列改革后,谭先生觉得公司虽然是新团队,但一开始战略定位就很清晰,于是开启了公司的绩效管理。经过反复思考、研究和团队成员的沟通,在2019年初正式启动了创业公司的绩效计划。从2019年年底到2023年,公司的销售额实现了从3000万元到9300万元的增长。公司发展过程中虽然偶尔有困难,但好在经营比较稳健,发展势头不错,成为年营收达到亿元级规模以上的企业。由于谭先生有自己的打算和规划,所以从公司退出转入高校从事教育管理工作。

电子资源

创业型公司的绩效管理

拓展延伸

一、创业、创业型公司和创业型团队概述

1. 创业概述

创业是指个体或团队为了创造新的商业机会或解决特定问题,通过创新和资源整合,创办新企业或开展新业务的过程。创业不仅是开设一家公司,更是一种探索未知、解决问题和创造价值的行为。创业过程通常包括以下关键步骤:

(1) 创意产生。发现并验证商业创意。

(2) 市场调研。了解市场需求和竞争环境。

(3) 商业模式设计。制定清晰的盈利模式和运营策略。

(4) 资源整合。筹集资金、招募团队和获取资源。

(5) 产品开发。开发和测试产品或服务。

(6) 市场推广。推广产品并获取第一批顾客。

(7) 持续迭代。根据市场反馈不断优化产品和服务。

2. 创业型公司概述

创业型公司是指那些处于初创阶段或成长阶段的企业，它们通常具有以下特征：

(1) 创新性强。致力于开发新产品、新技术或新服务。

(2) 灵活性高。组织结构相对扁平，决策速度快，能够快速适应市场变化。

(3) 资源有限。通常资金、人力资源和技术资源相对有限。

(4) 高风险高回报。面临较高的市场和财务风险，但潜在回报也较高。

(5) 快速迭代。通过快速迭代和持续改进来优化产品和服务。

(6) 聚焦核心业务。专注核心业务，减少不必要的开支和复杂性。

3. 创业型团队概述

创业型团队是指为实现创业目标而组成的团队，其成员通常具备以下特点：

(1) 高度协作。团队成员之间高度协作，共享目标与愿景。

(2) 多样化技能。团队成员具备多样化技能，能够应对各种挑战。

(3) 快速决策。决策速度快，能够迅速响应市场变化。

(4) 高度承诺。团队成员对创业项目有高度承诺，愿意为之付出努力。

(5) 适应能力强。能够快速适应市场变化和外部环境的变化。

(6) 共同成长。团队成员共同成长、相互支持和鼓励。

二、创业型公司的绩效管理

1. 创业型公司的绩效管理概念

创业型公司的绩效管理是指通过系统化的过程和方法，对创业型公司的绩效进行计划、监控、评估和反馈，从而提高工作效率和效果的管理方式。绩效管理不仅关注短期的业绩指标，更注重长期的发展和团队的成长。

2. 如何对创业型公司进行绩效管理

(1) 明确目标和期望。

①设立明确的绩效目标。与团队成员共同讨论并设定具体的绩效目标，确保目标具体、可衡量、可达成、相关性强、时限明确（SMART 原则）。

②明确期望。明确团队和个人的期望，确保每个成员都清楚自己的职责和目标。

(2) 制订绩效计划。

①分配资源和时间。为实现绩效目标分配必要的资源和时间，包括人力、物力、财力等方面的资源配置，以及为完成任务而设定合理的时间框架。

②制订行动计划。与团队成员共同制订实现绩效目标的具体行动计划，详细列出每个阶段的任务、责任人、时间节点等，确保目标的可操作性和可行性。

(3）实施绩效监控。

①定期检查。定期检查绩效计划的执行情况，确保计划按照预期推进。

②及时反馈。及时反馈绩效监控的结果，指出优点和不足，并提供必要的指导和支持。

(4）进行绩效评估。

①设定评估标准。根据目标设定具体的评估标准，涵盖工作质量、工作效率、创新能力等多个维度。

②多样化的评估方法。采用多样化的评估方法，包括自我评估、同事互评、上级评估、顾客反馈等，确保评估结果的客观性和准确性。

(5）提供绩效反馈。

①定期面谈。定期与团队成员进行面对面的沟通，传达评估结果和反馈意见，帮助他们了解自己的优点和不足。

②建设性的反馈。提供具体、建设性和正面的反馈，帮助员工改进和成长。

(6）制订绩效改进计划。

①共同制订改进计划。与团队成员共同制订改进计划，针对评估中发现的问题和不足，提出具体的改进措施。

②设定改进目标。设定明确的改进目标和时间表，确保改进措施得到有效执行。

三、从理论到实际应用的绩效管理之路

上述案例中，谭先生受邀成为公司合伙人后，运用自身的优势和过往的职业经历、能力与资源优势，推动创业型公司的绩效管理流程。谭先生明白，如果等企业发展规模逐步扩大，人员逐渐增多，再推动公司规范管理就比较困难了。很多企业之所以成长缓慢，其中最为重要的原因就是管理混乱。管理混乱的原因是企业绩效管理模式出了问题，这直接影响了企业的发展速度与成长路径，更影响管理团队，甚至是一线员工对企业的看法和期待。所以，创业型企业如果在创业初期，就理顺分配制度，设计一个较合理的绩效管理模式，不仅企业经营会有规有矩，更能对外部市场产生无形影响，为日后招揽和吸引更多优秀的人才树立良好的口碑并奠定基础。公司在谭先生的主张和领导下，在合伙创业初期，不仅厘清了股东之间的关系，更是对利益分配和企业的经营模式和绩效管理模式进行了战略性思考，并结合代锋与谭先生所构建的创业格局，进行了绩效管理变革。

(1）启动绩效计划。

①设定绩效目标。与团队成员共同讨论并设定具体的绩效目标。例如，销售团队设定年度销售额目标；技术团队设定产品开发周期缩短目标。

②分配资源和时间。为实现绩效目标分配必要的资源和时间。例如，为销售团队配备销售人员、制定市场推广预算；为技术团队分配开发时间和设备资源。

③制订行动计划。与团队成员共同制订实现绩效目标的具体行动计划。例如，销售团队制订顾客拜访计划和营销活动日程；技术团队制订产品开发里程碑和测试计划。

(2）对绩效实施的过程进行有效监控。

①定期检查。每周召开团队会议，检查绩效计划的执行情况。例如，销售团队汇报本周销售额和顾客反馈；技术团队汇报产品开发进度和测试结果。

②及时反馈。及时反馈绩效监控的结果，指出其优点和不足，并提供必要的指导和支持。例如，销售团队发现顾客反馈不佳，技术团队发现产品测试结果不理想，及时调整策略和方案。

（3）结合创业阶段目标进行绩效评估。

①设定评估标准。根据目标设定具体的评估标准。例如，销售团队设定销售额、顾客满意度、市场份额等指标；技术团队设定产品功能完整性、用户体验、代码质量等指标。

②多样化的评估方法。采用多样化的评估方法，包括自我评估、同事互评、上级评估、顾客反馈等。例如，销售团队进行自我评估和同事互评；技术团队进行代码审查和用户反馈调查。

（4）对阶段性目标的绩效反馈与管理。

①定期面谈。每月与团队成员进行面对面的沟通，传达评估结果和反馈意见。例如，销售团队负责人与每位销售人员进行一对一的绩效面谈；技术团队负责人与每位工程师进行一对一的绩效面谈。

②建设性的反馈。提供具体、建设性和正面的反馈，帮助员工改进和成长。例如，销售团队负责人指出某位销售人员在顾客关系维护方面的不足，并提出改进建议；技术团队负责人指出某位工程师在代码规范方面的不足，并提出改进建议。

（5）创业合伙人共同参与绩效改进计划。

①共同制订改进计划。与团队成员共同制订改进计划，针对评估中发现的问题和不足，提出具体的改进措施。例如，销售团队制订顾客关系维护培训计划；技术团队制订代码规范培训计划。

②设定改进目标。设定明确的改进目标和时间表，确保改进措施得到有效执行。例如，销售团队设定3个月内顾客满意度提升10%的目标；技术团队设定3个月内代码规范合格率达到90%的目标。

创业型公司的绩效管理是一个系统化的过程，通过明确目标、制订计划、监控执行、评估反馈和改进措施等一系列步骤，可以提高工作效率和效果。创业型公司的绩效管理不仅关注短期的业绩指标，更注重长期的发展和团队的成长。通过科学合理的绩效管理，可以提高工作效率、增强团队协作、及时发现和解决问题，从而推动创业型公司持续发展。

在谭先生力主和推动创业型公司绩效管理过程中，从公司2019年的3000万元到2023年的9300万元的递进增长销售额规模来看，谭先生推动的创业型公司绩效管理模式是成功的，是能够为同类型创业者提供指导和建议的，具有重要的现实意义。

谭先生在公司的经营管理过程中，对绩效管理原则的充分运用和耕植，让绩效管理原则在公司的创业过程中起到航向标的作用。

（1）目标导向原则。绩效管理的核心是设定明确的目标，并确保这些目标能够被量化和衡量。目标应该具体、可衡量、可达成、相关性强、时限明确（SMART原则）。通过目标导向，可以确保个人和团队的工作方向一致，提高工作效率和效果。

（2）全员参与原则。绩效管理应该是全员参与的过程。不仅管理者需要参与其中，员工也应该被鼓励参与绩效目标的设定、执行和评估。通过全员参与，可以增强员工的归属感和责任感，提高绩效管理的效果。

（3）公平公正原则。绩效管理必须保证公平和公正。评估标准和流程应该透明，避免主观偏见和不公平现象的发生。公平公正的评估机制可以增强员工的信任感，提高绩效管理的有效性。

(4）持续沟通原则。绩效管理是一个持续的过程，需要通过不断的沟通来确保目标的达成。管理者应该定期与员工进行沟通，了解他们的工作进展、存在的问题和需求，并给予必要的指导和支持。通过持续沟通，可以及时发现和解决问题，提高绩效管理的效果。

（5）反馈与改进原则。绩效管理不仅为了评估过去的绩效，更是为了通过反馈和改进来提高未来的绩效。管理者应该及时向员工提供反馈，指出优点和不足，并共同制订改进计划。通过反馈与改进，可以促进个人和团队的持续成长和发展。

（6）多元化评估原则。绩效管理不应依赖单一的评估方法，而应该采用多元化的评估手段。常见的评估方法包括自我评估、同事互评、上级评估、顾客反馈等。多元化评估可以全面反映员工的工作表现，提高评估结果的客观性和准确性。

谭先生本是职业经理人，后受邀成为公司的合伙创业人，因此谭先生非常清楚，一个好的绩效管理模式，如果前期没有进行充分的思考、讨论与制订，后期没有有效的实施是不可能落地并取得好的绩效的。因此，在谭先生的领导和推动下，查阅和借鉴了学术理论及同行绩效管理模式与方法，形成了公司自身的绩效推进模式。公司2020年进行绩效计划制订和启动步骤如下：

（1）确定绩效目标。与员工共同讨论并确定具体的绩效目标。目标应符合SMART原则，确保目标具体、可衡量、可达成、相关性强、时限明确。

（2）设定评估标准。根据目标设定具体的评估标准。这些标准应涵盖工作质量、工作效率、创新能力等多个维度，并确保评估标准的公平性和客观性。

（3）分配资源和时间。为实现绩效目标分配必要的资源和时间，包括人力、物力、财力等方面的资源配置，以及为完成任务设定合理的时间框架。

（4）制订行动计划。与员工共同制订实现绩效目标的具体行动计划。行动计划应详细列出每个阶段的任务、责任人、时间节点等，确保目标的可操作性和可行性。

（5）定期回顾和调整。定期回顾绩效计划的执行情况，并根据实际情况进行必要的调整，包括评估当前进展情况、识别存在的问题、制定改进措施等，确保绩效目标顺利实现。

四、案例公司创业与绩效成长过程的剖析与研究

上述案例的主人公代锋从一名普通学徒工逐步晋升为模具主管，再到创立自己的公司，并最终与高级职业经理人谭先生共同推动公司逐步发展壮大。下文将详细描述其成长历程和经营策略，分析其成功的原因，以及对其他创业者和企业管理者的启示。

1. 从学徒到模具主管的成长背景

代锋自17岁起便离开学校，进入模具行业成为一名学徒工。那时，代锋对模具行业充满了憧憬和好奇，下决心在该领域一展所长。他深知，学徒期间的经验积累将是他未来职业生涯的重要基石。因此，他对待每项任务都极其认真，力求把每个细节做到极致。

在模具公司的最初几年，代锋从最基本的零件加工做起，逐步学习了模具的设计、制造和维护等各项技能。他不仅在技术上精益求精，还在工作中不断观察和学习同事们的操作方法，积累了丰富的实践经验。代锋的勤奋和专注很快得到了上级的认可，他被提拔为初级技师，薪资也有所提升。

2. 代锋的职业经历为其打下创业的基础

随着职位的提升，代锋的责任也有所增加。作为初级技师，他不仅要完成日常的模具加工任务，还要参与模具的设计和改进工作。在这一过程中，代锋逐渐形成了自己的技术风格和工作方法。他善于发现问题并提出解决方案，常常能够在短时间内解决复杂的模具问题，赢得了同事和上级的高度评价。

在担任模具主管期间，代锋展现了卓越的技术能力和管理才能。他不仅在技术上不断精进，还积极参与车间管理和团队建设。代锋深知，优秀的团队是公司发展的核心，因此他主动与团队成员沟通交流，分享自己的工作经验和技术知识，帮助团队成员提升技术水平。在他的带领下，车间的生产效率和产品质量都有了显著提升。

尽管工作辛苦，代锋却始终保持着积极的态度，不畏困难，愿意承担更多的责任。他坚信，只有不断努力，才能在激烈的竞争中脱颖而出。正是这种坚韧不拔的精神，使代锋在模具行业中站稳了脚跟。

3. 代锋跳槽与股权协议触发其创业

出于对更大发展空间的渴望，代锋决定跳槽到另一家模具公司。他希望通过加入更有潜力的企业，进一步提升自己的技术水平和管理能力。在与新公司的老板谈判时，代锋提出了以个人技术和资金入股的方式加入公司。他认为，这种方式不仅能体现他对公司的贡献，还能让他更好地参与到公司的决策和发展中。

最终，老板同意了他的提议，签订了一份"股权协议"。根据协议，代锋将投入一定的资金，并以其技术和管理经验作为股份。这份协议不仅体现了代锋的价值，也为他提供了更大的发展空间。在接下来的3年里，代锋通过不断学习和积累经验，逐渐掌握了更多的技术知识和管理技巧。他不仅在技术上取得了显著进步，还在管理方面展现出优秀的领导能力。

4. 上司的挑战推波助澜加速其实现创业意愿

代锋的上司杨主管对他的存在感到不满，认为其存在对自己构成了威胁，因此杨主管经常通过增加考核难度等方式为难代锋。尽管如此，代锋依然保持高效率的工作状态，继续为公司做出贡献。他深知，只有通过实际行动证明自己的价值，才能赢得更多人的认可和支持。

最终，由于杨主管的阻挠，代锋不得不离开了这家公司。尽管这一过程充满挑战，但代锋并没有气馁，他坚信每一次挫折都是成长的机会，只要不断努力，总能找到更好的发展道路。

5. 创业初期的挑战与机遇

离开公司后，代锋决定自己创业。他坚信凭借自己的经验和技能，能够开创一片属于自己的天地。代锋注册了一家新公司，主营模具业务。起初，由于缺乏资金和经验，公司运营较为艰难，但代锋没有放弃，而是通过不断努力寻找商机。

在创业初期，代锋面临着诸多挑战。首先是资金问题，由于缺乏足够的启动资金，代锋不得不依靠自己的积蓄和借款来维持公司的运营；其次是技术难题，尽管他在模具行业积累了丰富的经验，但在实际操作中仍会遇到各种技术问题；最后他还需要应对市场竞争、顾客需求等多重压力。

尽管如此，代锋并没有退缩，他坚信只要用心去做，总会有机会取得成功。因此，他每天都在努力工作，不断寻找解决问题的方法。通过不懈努力，代锋逐渐积累了一些顾客资源，并逐步建立起自己的品牌影响力。

6. 创业过程中因势利导，整合资源

一次偶然的机会，代锋在为顾客试模的过程中表现出了出色的技术能力，赢得了顾客的信任，顾客提出希望他能从模具生产转向压铸产品制造。代锋抓住这一机遇，购入了两台二手压铸机，正式进军压铸领域。这一转变为公司的业务带来了重大突破，销售额逐年攀升，从2017年的2000万元增长到2019年的3000万元。

这一转变的关键在于代锋敏锐地捕捉到了市场需求的变化，并果断采取了行动。通过引入压铸设备，代锋不仅扩大了公司的业务范围，还提高了产品的附加值。更重要的是，这一转变使公司进入更具发展潜力的市场领域，为未来的持续增长奠定了坚实的基础。

7. 独行者难以成规模

2019年，代锋遇到了谭先生，他是一位资深的职业经理人。谭先生刚刚从一家上市公司离职，有着丰富的管理经验。代锋意识到，公司要想进一步发展，需要引进专业的管理人才。经过多次沟通，谭先生最终同意加入代锋的公司成为第三大股东，并担任公司总经理。

谭先生的加入给公司带来了全新的管理视角和管理理念，他不仅拥有丰富的管理经验，还拥有广泛的行业人脉和资源。在谭先生的带领下，公司开始了全面的重组和战略规划，为公司的未来发展奠定了坚实的基础。

8. 进行公司重组与战略规划

谭先生加入公司后，进行了全面的重组和战略规划。首先，他重新选址租赁厂房，优化生产布局。考虑到成本和效率的因素，谭先生选择了地理位置优越且租金合理的厂房，为公司的长远发展提供了有力保障。此外，他还对生产线进行了重新布局，提升了生产效率。

其次，重新定义了公司的业务发展战略，并设计了详细的业务增长路径和组织结构。谭先生认为，公司要想实现可持续发展，必须明确自身的市场定位和发展方向。因此，他组织团队进行了深入的市场调研，分析了行业趋势和竞争对手情况。在此基础上，公司制定了明确的发展战略，明确了未来几年的发展目标和具体措施。

最后，谭先生建立了专业的人才团队，并确立了公司的使命、核心价值观与愿景。他认为，只有拥有一支高素质的人才团队，才能确保公司在激烈的市场竞争中立于不败之地。因此，他积极引进了一批具有丰富经验和专业技能的管理人才和技术人才，并通过培训和激励机制，不断提升团队的整体素质和凝聚力。

9. 以绩效为管理变革之本

谭先生深知绩效管理的重要性，因此在公司内部启动了绩效管理。他与团队成员进行了多次沟通，制定了明确的绩效目标和评估体系。通过绩效管理的实施，公司在短短几年内就实现了销售额的显著增长，从2019年的3000万元跃升至2023年的9300万元。

绩效管理的核心在于设定清晰的目标，并通过定期评估和反馈，确保员工的工作表现达到预期标准。谭先生认为，有效的绩效管理体系不仅能提升员工的工作积极性和效率，还能增强团队的凝聚力和执行力。因此，他采用了多种评估工具和方法，包括KPI（关键绩效指标）、360度反馈等，确保绩效管理的公正性和透明性。

 创业小型课

通过绩效管理的实施，不仅提高了员工的工作效率和满意度，还促进了内部沟通和协作，增强了团队的整体战斗力。在谭先生的领导下，公司逐步实现了业务的快速增长和管理水平的全面提升。

10. 绩效管理模式助推公司市场业务转型与市场拓展快速增长

在谭先生的领导下，公司逐步将业务重心转移到新能源汽车零部件制造领域。代锋负责顾客开发，谭先生负责整体管理和运营。公司成功地成为多家知名汽车厂商的一级供应商，并为其提供高质量的零部件。

新能源汽车行业近年来发展迅速，市场规模不断扩大。代锋敏锐地察觉到这一趋势，并决定将公司的业务重心转移到这一新兴领域。他利用自己多年积累的顾客资源和技术优势，积极与各大汽车厂商建立合作关系。通过提供优质的产品和服务，公司逐渐赢得了市场的认可和信赖。

在业务转型的过程中，代锋和谭先生紧密合作，充分发挥各自的优势。代锋负责顾客开发，通过不断拓展市场渠道，增加顾客数量；谭先生则负责整体管理和运营，确保公司各项工作的顺利开展。通过双方的共同努力，公司在新能源汽车零部件制造领域取得了显著的成绩，成为多家知名汽车厂商的一级供应商。

11. 创业型公司绩效增长的根本是市场竞争与顾客关系

随着公司业务规模的扩大，参与市场竞争日益激烈。代锋和谭先生密切合作，通过提供优质的产品和服务，巩固了与现有顾客的关系。同时，他们积极开拓新的市场，扩大顾客群体，确保公司的持续发展。

市场竞争是每家企业都必须面对的挑战。为了在激烈的竞争中脱颖而出，代锋和谭先生采取了一系列有效的策略。首先，他们注重产品质量和技术创新。通过不断研发新产品和改进生产工艺，公司始终保持行业领先地位。其次，他们加强了顾客服务和售后支持，确保每位顾客都能获得满意的服务体验。最后，他们积极拓展国际市场，通过参加各类展会和贸易活动，扩大品牌的国际影响力。

在与顾客的关系维护方面，由于他们深知，良好的顾客关系是企业持续发展的关键，因此他们始终坚持以顾客为中心的原则，深入了解顾客的需求和期望，并及时响应顾客的诉求。通过建立长期稳定的合作伙伴关系，公司不仅赢得了顾客的信任和忠诚，还为未来的业务拓展奠定了坚实的基础。

五、创业型公司绩效本源回归——总结与启示

1. 代锋创业成功的原因

（1）坚持不懈的努力。无论是在学徒期间还是创业初期，代锋始终保持着高度的工作热情和责任感。他坚信，只有通过不断努力，才能实现自己的梦想。

（2）灵活应变的能力。面对职场挑战和创业风险，代锋能够迅速调整策略，抓住每个机遇。他善于在变化中寻找机会，不断突破自我。

（3）团队合作精神。与谭先生的合作展示了团队协作的重要性，双方优势互补，共同推动公司向前发展。代锋和谭先生之间的默契配合，为公司的成功奠定了基础。

（4）持续学习的心态。无论是技术层面还是管理层面，代锋始终保持学习的状态，不断提升自我。他深知，只有不断学习，才能跟上时代发展的步伐。

2. 对其他创业者的启示

代锋的创业经历为其他创业者提供了以下几点启示：

（1）坚定信念。在面临困境时，要相信自己能够克服困难、坚持到底。只有保持坚定的信念，才能在逆境中找到出路。

（2）灵活适应。市场环境变幻莫测，要具备快速适应新环境的能力。只有灵活应对，才能抓住机遇，实现突破。

（3）重视人才。优秀的人才是企业发展的重要推动力，要善于发现和培养人才。打造一支高素质的人才团队，可以大幅提升企业的竞争力。

（4）注重绩效管理。科学合理的绩效管理体系有助于提高员工的工作效率和满意度。通过有效的绩效管理，可以激发员工的积极性和创造力，推动企业持续发展。

参考文献

[1] 董保宝,王湘茗,罗均梅,等. 授权增强型人力资源管理实践与新企业绩效的 U 型关系:创业导向的调节作用[J]. 吉林大学社会科学学报,2021,61(5):67-68,236.

[2] 何东花,周冬梅,陈阳,等. 天使投资投后管理与新创企业产品创新绩效关系的研究:以创业者学习能力为调节变量的理论综述与模型构建[J]. 科技和产业,2016,16(9):99-105.

[3] Koffi Aka Lucien. 创业导向和创新类型对中小企业绩效和竞争力的影响:基于科特迪瓦企业数据的实证研究[D]. 南京:江苏大学,2022.

[4] 刘斌,陈倩迪,王雅兰,等. 技术型创业者创造力特征对企业绩效的影响[J]. 科技进步与对策,2022,39(19):152-160.

[5] 周阳. 网络联结对科技型创业企业创新行为、创新绩效的影响机制研究[D]. 成都:电子科技大学,2022.

第九章 产品市场分析

理论知识

产品市场分析的核心理论是 STP 模型，包括市场细分（Segmentation）、目标市场选择（Targeting）和市场定位（Positioning），用于帮助企业在竞争激烈的市场中精准定位顾客需求，制定有效的市场策略。该模型的核心思想是通过市场细分、目标市场选择和市场定位三个步骤，将产品与市场需求有机结合，从而提升企业的市场竞争力和资源利用效率。

一、STP 模型

1. 市场细分

市场细分是 STP 模型的第一步，即通过对市场进行系统的分析，将顾客按照地理、人口、心理或行为特征等细分为不同的市场。这一过程有助于企业更好地理解顾客的异质性，明确每个群体的需求特征和消费偏好。常见的市场细分维度如下：

（1）地理维度。按地域划分，如国家、省、市、城乡等，适用于产品需求因地域差异而变化的情况。

（2）人口维度。按年龄、性别、收入、职业、教育程度等指标划分，通常是市场细分的基本方式。

（3）心理维度。根据顾客的生活方式、兴趣爱好、价值观等心理因素划分，帮助企业识别深层次需求。

（4）行为维度。按购买行为特征划分，如使用频率、品牌忠诚度、购买原因等，直接反映顾客与产品的互动方式。

通过市场细分，企业能够识别出不同群体的特点及其特定需求，为后续的目标市场选择提供依据。

2. 目标市场选择

在完成市场细分后，企业需要评估各细分市场的吸引力，从中选择最适合的目标市场。目标市场选择的依据通常包括市场规模、增长潜力、竞争态势、进入成本，以及企业自身资源的匹配性等因素。目标市场策略主要分为以下几种：

（1）无差异化营销。对市场提供统一的产品或服务，适用于需求一致性较高的市场。

（2）差异化营销。为不同细分市场设计不同的产品或服务，以满足多样化需求。

（3）集中化营销。集中资源于某一细分市场，形成深度竞争优势。

目标市场选择是企业资源分配的关键环节，关系到企业能否有效满足市场需求并获得竞争优势。

3. 市场定位

市场定位是 STP 模型的第三步，即在目标市场中通过清晰的定位策略，建立产品的独特形象或竞争优势。成功的市场定位需要结合竞争环境和企业的核心能力，突出产品的独特卖点（USP），使其在顾客心目中与众不同。定位策略包括以下几方面：

（1）功能性定位。强调产品的核心功能或性能，如耐用性、高效性等。

（2）情感性定位。通过情感诉求建立品牌与顾客之间的情感共鸣。

（3）差异化定位。通过与竞争对手对比，突出自身优势，如价格、质量、创新等。

市场定位最终体现在产品设计、定价策略、分销渠道和推广活动上，旨在强化顾客对产品的认知与偏好。

二、STP 模型的关键步骤

STP 模型不仅是理论框架，更是一套实践指南，指导企业如何实现从市场分析到策略落地。具体步骤如下：

（1）数据收集与市场细分。通过市场调研收集顾客数据，并运用统计分析工具识别不同群体的需求特征。

（2）市场吸引力评估。结合市场规模、增长率、竞争强度、利润潜力等因素，评估每个细分市场的吸引力。

（3）目标市场与定位策略的匹配。根据企业资源与竞争环境，选择适合的目标市场，并结合差异化优势制定定位策略。

通过 STP 模型的系统运用，企业能够精准识别和满足顾客需求，提高资源利用效率，并在目标市场中占据竞争有利地位。

案例精选

一、学习目标

本案例旨在帮助学生掌握产品市场分析的核心理论——STP 模型及其关键步骤，培养运用市场调研和数据分析制定目标市场选择、产品定位及推广策略的能力。通过理论学习、案例分析和实践任务，学生将学会解决创业企业的市场问题，灵活调整策略以应对变化，并通过创新思维发现市场机会，提高市场竞争力，为未来创业或企业管理打下坚实基础。

 创业小型课

二、内容简介

本案例展示了温州万胜紧固件有限公司在行业竞争激烈和顾客需求不断升级的背景下，通过精准的市场分析实现了成功突围。公司运用 STP 模型对市场进行细分，聚焦高端定制件市场，并加强了对国内市场的拓展。通过技术升级提升定制化生产能力，强化品牌推广以提高市场认知度。经过两年的战略调整，公司的高端产品销售额显著增长，毛利率提升，成功摆脱了价格战困境，展示了精准市场分析和差异化策略在提升企业竞争力中的关键作用。

三、产品市场分析案例

从"价格战"到"价值战"——温州万胜紧固件有限公司的市场突围之路

（一）行业背景

在温州市瓯海区的丽岙北工业区，有一家成立于 2006 年的紧固件生产企业——温州万胜紧固件有限公司（以下简称万胜公司）。该公司专注高质量的工业紧固件制造，产品涵盖压铆螺母、卡式螺母、压铆螺钉、弹簧螺钉等，被广泛应用于建筑、机械、汽车等多个行业。随着制造业的转型和国内市场需求的变化，万胜公司依托多年积累的生产技术和广泛的销售网络，在国内市场逐步站稳了脚跟。然而，行业的变化也带来了新的挑战，近年来，公司深陷价格战的泥潭，利润空间被持续压缩，企业发展举步维艰。

（二）面临的挑战：价格战的泥潭

1. 激烈的市场竞争

在中国紧固件行业，由于行业门槛相对较低，大量中小型制造商纷纷涌入市场，因此竞争激烈程度不断加剧。价格战成为众多企业争夺市场份额的主要手段，致使行业整体利润水平持续下滑。在这种背景下，万胜公司也感受到了来自同行的强大压力。

"做紧固件这一行，不仅是'硬件'的竞争，更是'耐力'的比拼。"万胜公司的詹总回忆道。这句话深刻反映了行业的现状。在与詹总的交谈中，他提到，早在 2015 年左右，国内紧固件市场就逐渐进入了所谓的"红海"阶段，尤其是随着越来越多的中小型企业进入市场，低价竞争愈演愈烈。中小型企业通过降低生产成本、压低产品价格来快速抢占市场份额，这种低价策略造成了行业的恶性竞争。

与此同时，大型企业凭借其技术优势和强大的研发实力，逐渐将目标瞄准了高端市场领域，特别是高精度、高强度的定制化紧固件产品。这一局面使得万胜公司面临双重夹击：既要与低价竞争者争夺普通市场份额，又要面对技术型竞争者的挤压，高端市场的机会变得越来越有限。

万胜公司凭借长期积累的产品质量优势、稳定的顾客关系和良好的交货能力，虽然未出现大幅度的市场萎缩，但是价格战的压力却不断侵蚀着万胜公司的利润空间。詹总痛心地说道："从 2015 年开始，随着市场的恶化，我们的利润率急剧下滑。当时，我们的产品价格和毛利率之间的差距越拉越大，利润水平从 2015 年的 35% 下降到 2019 年的不到 20%。虽然我们的销售额没有大幅下滑，但收入的质量却大幅降低。"

这段经历让万胜公司深刻意识到,单纯的低价竞争并非长久之计,尤其是对于像万胜公司这样在技术研发和生产质量上有一定优势的企业而言,过度依赖低价策略不仅无法保持竞争优势,还会影响其可持续发展。

2. 顾客需求变化

随着工业技术的迅猛发展,顾客的需求不断发生深刻变化,尤其是汽车、机械和电子等行业。顾客对紧固件的要求越来越高,越来越倾向定制化、高精度的产品,而非传统的标准件。这一变化对于万胜公司来说,既是一个挑战,也是一个潜在的机遇。

随着日益激烈的价格竞争,万胜公司陷入了一个困境:虽然公司一直坚持高质量的产品和快速的交货能力,但日益激烈的价格竞争使顾客逐渐将价格作为采购的重要决定因素,而忽视了产品的质量和技术创新。

"顾客越来越多地比较价格,而不是关注质量。我们有好几单都因为价格原因丢掉了。"詹总无奈地说道。这种情况尤其在一些长期合作的顾客中表现尤为明显。随着市场竞争的加剧,许多顾客不再忠于某一品牌,尤其是在价格可比的情况下,他们更倾向选择价格更低的供应商,即使这些供应商的产品质量和技术水平无法与万胜公司相比。这一转变,让万胜公司的业务面临严峻的挑战。

除了价格问题,顾客的需求也开始发生质的变化,尤其是那些长期合作的顾客,他们不仅要求更高的产品质量,还希望得到更多的定制化服务。万胜公司由于过去主要生产一些标准紧固件,因此对具有针对性的定制化需求并未形成足够的响应能力。随着这些顾客对个性化、差异化产品需求的增加,万胜公司逐渐意识到,单纯依靠传统的生产模式和标准化产品已经无法满足顾客日益多样化的需求。

"我们想转型,但不知道怎么做。"詹总在谈及此事时坦言。在公司深刻认识到市场变化和顾客需求的转型后,公司认为,必须进行技术和产品的双重升级,才能迎合市场的变化并抓住新机遇。传统的标准紧固件生产模式逐渐不能满足日益复杂的顾客需求,尤其是汽车、机械等行业,顾客要求的紧固件不仅需要高精度,还需要具备更高的性能和定制化的特性。

与此同时,万胜公司的设备和技术也面临着巨大的瓶颈。为了响应日益复杂的市场需求,万胜公司只有提升生产设备的精度,增强技术研发实力,才能在高精度、高性能的定制化紧固件市场中站稳脚跟。但是,由于设备和技术的短板,万胜公司未能及时响应顾客对高端定制产品的需求,从而失去了部分市场份额。

詹总总结道:"我们深知,只有与时俱进,提升产品的技术含量,才能满足顾客日益增长的个性化需求。顾客不再满足单纯的标准件,他们需要的是可以帮助他们解决实际问题的高性能产品。我们正努力通过技术创新和设备升级,提升我们的定制能力,帮助顾客解决他们的痛点,打造更强的市场竞争力。"

3. 供应链和物流压力

随着业务逐步扩展,万胜公司逐渐面临供应链和物流管理方面的一系列挑战,特别是在满足日益增长的高端定制紧固件需求方面。顾客对交货周期的要求越来越高,尤其是在高端定制件市场,顾客的个性化需求和交货时效已经成为市场竞争的关键。然而,现有的生产模式和物流体系已无法完全满足这些需求,因此,万胜公司开始寻找更高效的方式来管理其供应链和物流。

在与詹总的交谈中，他提道："随着顾客需求的不断变化，市场交货周期变得越来越重要，尤其是高端定制件。过去，我们的生产模式主要依赖传统的流水线作业，虽然可以满足大宗订单的需求，但面对小批量、定制化的订单时，往往无法快速响应。"詹总进一步指出，定制件的生产周期长、环节多，涉及原材料采购、加工、检验和包装等多个环节。这种生产模式对于小批量的定制订单，尤其是高端产品的快速交货，显得力不从心。他表示："顾客希望我们的产品在几天内交付，而我们现有的生产和物流体系经常会因为生产周期长、工序复杂导致交货延迟，这也是我们面临的一个很大的瓶颈。"

除了生产环节，万胜公司还面临着物流体系的挑战。詹总谈道："我们的物流体系更多地依赖传统的大宗货物批量运输方式，这对于大批量的标准件订单来说是足够的，但高端定制紧固件的订单量小，且频次高，这样的物流方式明显不适应。"詹总进一步指出，由于公司销售网络的不断扩大，顾客对交货时效和精准度的要求越来越高，这要求物流体系必须更加灵活，能够快速响应订单的变化。然而，万胜公司现有的物流体系在处理小批量、高频次定制订单时显得滞后，常常会因为配送延误、损坏或库存不准确等问题导致顾客满意度下降，进而影响到公司的品牌形象和市场竞争力。

（三）启动转型：从市场分析开始

面对市场的挑战，万胜公司的高层管理团队逐渐认识到，单纯依赖低价竞争和大规模生产的传统策略，已经无法带领公司走向未来，尤其在经历了几年的价格战后，公司面临着较低的利润水平和日益激烈的市场竞争。2019年底的一次高层管理会议成为万胜公司转型的关键起点。在会议上，詹总提出了一个决定性的问题："我们的顾客真正需要什么？我们能为他们创造哪些独特的价值？"这一问题引发了团队的深思，也为公司未来的发展指明了方向。

为了找到切实可行的答案，万胜公司决定引入STP模型（市场细分、目标市场选择、市场定位）进行系统的市场分析，借此指导未来的战略调整。公司首先对市场进行了细分，基于过去几年积累的大量顾客数据，通过分析不同顾客群体的需求，成功将紧固件市场划分为五类：低端批发市场、标准件需求市场、中端代加工市场、高端定制市场，以及对技术和服务要求极高的特殊行业市场，如航空和医疗设备行业。

在这些细分市场中，万胜公司发现，国内市场仍有大量未被充分满足的高端定制需求，尤其在汽车制造和精密机械设备行业，顾客对紧固件的质量、功能和定制化需求较高，而传统的标准件供应商往往无法提供满足这些需求的解决方案。通过进一步的市场调研，万胜公司明确了高端定制市场的潜力。尽管这一市场的整体占比相对较小，但它的利润率却远高于标准件市场，同时顾客忠诚度高，且具备较高的市场进入壁垒，这些都是万胜公司决定投入重资转型的重要因素。例如，万胜公司发现，高端汽车制造商对紧固件的精度、材料及耐用性有着极高的要求，而这些需求正是当前市场中大部分竞争者无法满足的。与此同时，精密机械行业也逐步向定制化和高性能的紧固件产品靠拢，这为万胜公司提供了巨大的市场机会。

基于以上分析，万胜公司做出了关键的战略决策：将业务重心聚焦高端定制紧固件市场，并专注满足高精度、高性能的行业顾客需求，特别是与高端汽车制造商和精密机械设备制造商建立深度合作关系。这些顾客通常对产品的可靠性、精度及技术支持有极高的要求。万胜公司决定通过提供个性化解决方案，帮助这些顾客解决生产中的特定问题，从而提升公司在市场中的竞争力。

詹总在市场分析报告中看到了转型的曙光,"这就是我们的机会"他兴奋地表示。经过多轮讨论和决策,公司最终确定了市场定位——"高质量定制紧固件解决方案提供商"。这种定位不仅明确了万胜公司在市场中的差异化竞争优势,也为后续的战略调整指明了方向。

(四) 全面升级:从技术到品牌的转型

1. 技术层面:增强定制化能力

为了适应高端定制市场对技术和精度日益增长的需求,万胜公司决定在技术和生产能力上进行全面升级。2019年底,公司着手引入先进的设备和技术,投入了500万元用于购买数控加工设备和精密检测仪器,以提升生产精度和产品质量。"设备升级后,我们能够生产出更高精度、更高性能的紧固件,完美契合顾客对定制化需求的高标准。"詹总自豪地表示。此外,万胜公司还对原有的生产线进行自动化升级,改进了生产流程,缩短了生产周期,提高了生产效率。这些技术改造使得公司能够应对更加复杂和精密的生产需求,同时提升了整体生产能力和稳定性。

不仅如此,万胜公司还成立了专门的技术研发小组,致力于为高端顾客提供定制化解决方案。公司团队与重要顾客紧密合作进行联合开发,确保新产品能够精准满足顾客需求。例如,在与一家大型家电制造企业的合作中,万胜公司成功开发了一款超薄抗震螺母,大大提升了该家电产品的可靠性和耐用性。这个项目的成功不仅加强了与顾客的合作关系,也进一步提升了万胜公司在高端定制市场中的技术优势。

2. 品牌层面:强化市场认知

除了技术升级,万胜公司还意识到品牌形象和市场认知同样是实现市场突破的关键。因此,公司决定从品牌建设入手,全面提升在行业中的影响力。

首先,万胜公司改变了以往依赖经销商网络的销售模式,直接与终端顾客建立联系,增强了顾客对品牌的认知度和信任度。公司聘请了专业的品牌策划团队,重新设计了品牌视觉形象,使其更加现代化和专业化。这一新形象迅速得到了市场的认可,提升了公司整体的品牌价值。

在市场推广方面,万胜公司积极通过线上和线下渠道开展宣传,尤其在数字营销上加大了投入。公司优化了官方网站,增强了与顾客的互动,推出了线上定制咨询服务。此外,万胜公司还在社交媒体上积极发布产品创新、技术成果及顾客合作案例,吸引了大量顾客关注。

最为显著的举措是,万胜公司在2021年的中国紧固件行业展会上亮相,以"高端定制件专家"的身份展示了公司的新形象。展会现场,公司不仅展示了最新的高端定制产品,还发布了多项技术创新成果,吸引了来自全国乃至国际观众和媒体的关注。这一亮相极大地提升了万胜公司在行业内的品牌影响力,为其在高端市场的渗透提供了有力的支持。

为了进一步巩固品牌形象并提升顾客满意度,万胜公司还推出了全新的高端顾客服务计划。该计划包括快速响应机制、定制化方案咨询和专属售后服务团队,旨在为每一位高端顾客提供量身定制的服务体验。通过一系列服务措施,万胜公司不仅大大提高了顾客满意度和忠诚度,同时也显著提升了市场口碑和企业的美誉度。

这些综合性品牌建设举措,不仅成功打破了万胜公司在传统市场中的"低价竞争"困局,也逐步确定了公司在高端定制紧固件市场的独特定位。随着品牌认知度的提升,万胜公司吸引了更多高端顾客的注意,业务范围逐渐扩展至更广泛的行业和应用领域,进一步巩固了市场领导地位。

（五）成果显现：从突围到增长

经过两年的艰苦努力，万胜公司的战略转型终于初见成效。从2019年到2023年，公司成功实现了从价格竞争到高端定制市场的突破，高端定制件的销售额占比从2019年的15%增长至2023年的40%。这不仅反映了市场定位的准确性，也证明了万胜公司的技术和品牌战略的成功。同时，公司的整体毛利率也从2019年的20%回升至2023年的30%以上，表明高端定制产品的利润率远高于传统标准件。詹总在谈到这些变化时表示："最重要的是，我们找到了属于自己的价值，摆脱了对价格的依赖，不再单纯和低价竞争，而是通过提供独特的价值来满足顾客需求。"

顾客对万胜公司产品质量的评价普遍提升，尤其是对定制化产品的精度和性能表现出极高的满意度。越来越多的高端顾客开始主动寻求与万胜公司合作，特别是汽车制造、机械设备生产等行业领先企业，纷纷对万胜公司的定制紧固件产品表示青睐。这些顾客不仅要求更高的技术标准，还更加看重产品的可靠性和稳定性，万胜公司通过技术创新和个性化服务成功迎合了其需求。随着品牌知名度的逐步提升，万胜公司在行业中的地位也不断加强，许多长期顾客转向了定制化产品，增强了顾客的忠诚度。

尽管转型成果显著，但是詹总仍然保持清醒的头脑，并深知市场竞争的残酷性。"高端市场的竞争同样激烈，尤其是随着技术的不断发展，我们也面临着越来越多强劲的对手。"万胜公司的成功不仅源于技术和产品的突破，更要在不断创新的基础上保持优势。为了应对日益变化的市场需求，詹总强调，未来万胜公司将继续加大研发投入，提升产品的技术含量，尤其是在智能制造和高端产品的创新方面。

此外，随着数字化技术的普及，万胜公司也认识到如何更加高效地利用数据进行市场洞察和顾客需求分析，将是未来发展的关键因素。为了进一步提升市场响应速度和顾客满意度，公司正在考虑建立一套智能化的顾客需求管理系统。这一系统将整合顾客数据、销售数据和市场反馈信息，通过数据分析为公司提供实时的市场趋势、顾客需求和竞争动态，从而帮助公司快速调整市场策略，提升市场竞争力。詹总透露："我们计划通过这个系统，精准了解顾客的需求变化，优化产品定制服务，并进一步缩短交货周期。"他认为，未来数字化将为万胜公司提供更强的市场竞争力，帮助公司从技术、产品到服务全方位提升，并保持高端定制紧固件市场的领先地位。通过技术、品牌和数字化的三重驱动，万胜公司不仅在过去两年成功实现了从价格战到创新驱动的转型，还为未来的持续增长奠定了坚实的基础。

电子资源

产品市场分析

拓展延伸

紧固件制造是全球制造业中至关重要的组成部分，被广泛应用于汽车、建筑、电子、机械设备等多个领域。随着工业技术的进步和全球化贸易的推动，紧固件行业也在不断发生变化，特别是在中国，作为全球最大的制造业基地，紧固件行业的发展潜力巨大。然而，随着全球市场竞争加剧、技术创新步伐加快和顾客需求多样化，紧固件行业也面临着前所未有的挑战与机遇。

紧固件市场的分析不仅局限于单一企业的运营策略，更需要从宏观环境角度进行全面剖析。以下关键因素将对市场发展趋势产生深远影响。

1. 技术创新驱动

随着工业4.0的推进，智能制造技术不断成熟，自动化生产和定制化需求逐步成为主流趋势。高性能、低重量的紧固件产品，如用于航空航天和高精密设备的紧固件，成为市场需求的新热点。许多企业正在加大研发投入，提升产品性能和生产效率，以应对高端市场的需求。

2. 行业整合与集中化趋势

在紧固件行业，尤其是中国市场，中小型企业的数量庞大且分散，导致市场竞争非常激烈。随着生产成本上升、环保政策日益严格及技术更新换代的压力增加，一些小型企业难以跟上行业发展的步伐，行业整合正在加速。一些大型企业通过并购、合作或技术共享等方式，进一步提升市场集中度，增强竞争力。

3. 全球供应链变革

全球化的供应链虽然为紧固件生产提供了更多的采购选择和市场机会，但也带来了风险，尤其是在地缘政治风险、疫情等突发事件的影响下，全球供应链的稳定性受到考验。越来越多的企业开始关注本地化生产，以降低外部风险带来的影响。此外，原材料价格波动、环保法规日益严格等因素，也在推动企业重新审视供应链管理。

4. 绿色环保与可持续发展

随着全球环保法规日趋严格，环保成为制造业的重要话题，尤其在汽车和建筑行业，越来越多的企业要求供应商提供符合绿色环保标准的产品。因此，紧固件企业需要投资绿色制造技术，减少生产过程中的能耗和排放，提升产品的可回收性，以满足市场需求和法规要求。

紧固件市场不仅庞大，而且高度分化。企业需要在市场细分的基础上选择最具潜力和竞争力的目标市场。以下是几种主要的市场细分方式：

1. 按行业应用细分

（1）汽车行业。随着电动汽车的兴起，汽车行业对紧固件的需求逐渐呈现出轻量化、智能化趋势。电动汽车对电池、驱动系统的紧固件有着更高的要求，企业需要研发出适应这一需求的特种紧固件。

（2）建筑与基础设施。建筑行业对紧固件的需求仍然稳步增长，尤其在高层建筑、桥梁等重大项目中，高强度和耐腐蚀的紧固件需求增加。

（3）航空航天与国防。这一领域对紧固件的要求极高，除了强度、耐腐蚀性，材料的特殊要求

和高精度也是市场需求的重点。

2. 按产品类型细分

（1）标准紧固件市场。主要包括螺栓、螺母、垫圈等常规紧固件，这类产品竞争激烈、价格透明，企业需要通过降低生产成本和优化供应链来获得优势。

（2）定制紧固件市场。针对特殊需求的定制化产品，包括高强度、耐腐蚀等特种紧固件，市场增长较快，企业可以通过技术创新和精准服务来满足这些需求。

3. 按地区细分

（1）国内市场。中国作为全球制造业中心，对紧固件的需求量巨大，特别是在汽车、建筑和机械设备等领域。万胜公司等本地企业在国内市场的竞争力较强。

（2）国际市场。虽然万胜公司尚未涉及海外市场，但对于许多其他紧固件企业来说，东南亚地区、欧洲和美洲是重要的出口市场。这些市场对高端定制紧固件的需求增长迅速，尤其在汽车和高端制造业领域。

在细分市场的基础上，企业需要通过精准的市场定位来明确其核心竞争力和品牌特色。具体策略如下：

1. 差异化竞争策略

对于标准紧固件市场，企业可通过优化生产工艺、提高生产效率来降低成本，提供性价比高的产品；而在定制紧固件市场，企业则需要依托创新技术和研发能力，通过提供个性化解决方案来满足顾客需求。

2. 技术领先战略

企业应加大研发投入，特别是在材料创新和智能制造方面提升产品的技术含量。以电动汽车、航空航天等高端领域为例，顾客对紧固件的技术要求越来越高，企业必须跟上技术发展趋势，以确保在高端市场中的竞争力。

3. 品牌塑造与市场推广

随着市场竞争的加剧，品牌和市场认知度变得尤为重要。企业应通过参与行业展会、在线营销、顾客关系管理等方式提升品牌知名度。此外，企业还需要加强售后服务，提高顾客满意度，增强品牌忠诚度。

案例分析与讨论

1. 根据 STP 模型分析万胜公司如何选择目标市场并制定市场定位策略。
2. 公司技术升级和品牌重塑在满足高端市场需求中分别起到了哪些作用？
3. 面对未来可能的竞争压力，万胜公司如何通过持续创新保持市场竞争力？

参考文献

[1] 吴煜璠. 市场细分理论在企业市场营销中的应用[J]. 商场现代化,2021(6):62-64.

[2] 科特勒,莱恩. 营销管理(第15版)[M]. 北京:中国人民大学出版社,2019.

[3] 黄逸伦,林泽腾. 新冠肺炎疫情及其应对政策对温州实体经济的影响研究:以温州紧固件行业典型企业为例[J]. 国际商务财会,2021(8):76-78.

第十章
产品需求市场问卷调查

理论知识

在竞争激烈的市场环境中，企业对产品需求市场的深入了解是实现成功营销和可持续发展的关键。产品需求市场问卷调查作为一种重要的市场研究工具，能够帮助企业精准把握顾客的真实需求、偏好和购买行为，从而为产品研发、市场定位和营销策略制定提供有力支持。通过系统化的问卷调查，企业可以收集到大量一手数据，揭示潜在市场的规模、增长趋势以及顾客未被满足的需求，进而优化产品设计，调整营销组合，提升市场竞争力。然而，要使问卷调查发挥最大效用，其设计和实施必须基于科学的理论框架。

一、AIDA 模型及其在产品需求市场问卷调查中的应用

AIDA，即注意（Attention）、兴趣（Interest）、欲望（Desire）、行动（Action）四个连续阶段英文首字母的组合。AIDA 模型作为经典的顾客行为理论，揭示了顾客从认知到购买的心理变化过程，为产品需求市场问卷调查提供了清晰的指导思路。通过这一模型，问卷可以围绕顾客的注意力、兴趣、购买欲望及最终决策行为设计问题，全面捕捉市场需求动态。AIDA 模型的结构性特点，使其在产品市场分析中的应用非常广泛，尤其在帮助企业精准识别顾客需求、优化市场策略和制订产品推广计划方面，具有显著的实用价值。

AIDA 模型中的注意阶段，揭示了顾客接触到产品或品牌信息的初步过程。在这一阶段，问卷可以设计问题探讨顾客通常通过哪些渠道了解产品，如广告、社交媒体、口碑推荐或线下推广等。通过这些问题，企业可以明确哪种传播方式最能吸引顾客的注意力，从而优化广告投放策略，选择合适的推广平台，提高营销的覆盖度和效果。此外，通过分析哪些特定信息（如价格、功能、品牌声誉等）能迅速吸引顾客的关注，企业还可以在产品宣传上进行有针对性的调整，突出关键卖点。

在兴趣阶段，AIDA 模型表明顾客对产品产生兴趣并进一步关注其特性和功能。在这一阶段，问卷设计可以围绕顾客对产品的哪些特性、功能或品牌有偏好展开。可以询问顾客是否对特定的产品功能、设计、创新或品牌形象感兴趣。通过收集这些信息，企业可以明确哪些因素对顾客的兴趣

起到了关键作用，进而引导产品功能的优化和创新方向，确保产品能够更好地迎合顾客的需求。例如，对于技术产品，顾客可能更关注其性能、易用性、技术创新等方面，而对于日用消费品，则可能关注其设计、实用性和价格。

进入欲望阶段，顾客对产品产生明确的购买欲望。在这一阶段，问卷设计需要深入探讨哪些因素能有效地激发顾客的购买欲望。比如，产品的附加功能、性价比、用户评价或品牌的口碑等是否促使他们产生了购买欲望。通过对这些因素的分析，企业可以从产品、定价、营销等方面进一步调整策略，以更好地满足顾客的期望，增强其购买欲望。例如，若调查显示顾客在欲望阶段更多地关注产品的性价比，那么企业可以通过提供更多的折扣或促销活动来激发其购买欲望，提升销售转化率。

在行动阶段，顾客的心理变化转化为实际的购买行为。在此阶段，问卷设计应重点分析顾客的购买决策过程，包括选择购买渠道（如线上、线下、第三方电商平台等）、购买频率及影响购买决策的障碍。通过调查这些信息，企业能够识别出顾客在购买过程中可能遇到的痛点，如支付方式、配送速度、售后服务等问题，从而优化整个购物体验，提高转化率。例如，如果问卷反馈显示顾客因支付不便而放弃购买，那么企业可以考虑增加支付方式，提供更灵活的支付选择，进一步消除顾客的购买障碍。

二、AIDA 模型对产品需求市场问卷调查的价值与意义

应用 AIDA 模型设计调查问卷，企业不仅能够更精准地识别顾客在各阶段的需求变化，还能够根据顾客的行为数据优化市场策略。问卷设计的每一个环节都为企业提供了系统化的市场需求洞察，帮助企业更好地理解目标市场，明确产品定位，制定个性化的营销推广方案。AIDA 模型不仅为市场调查的实施提供了理论依据，推动了该理论向实际操作的转化，而且为企业提供了科学的决策依据和更具竞争力的市场策略。

案例精选

一、学习目标

本案例通过义乌市锦康日用百货商行的实际经营现状和面临的市场困境，引导学生深入理解产品需求市场分析的重要性，并结合 AIDA 模型，帮助学生系统学习如何通过问卷调查数据，洞察顾客需求。学生通过掌握如何运用市场需求分析为产品开发提供科学依据，识别顾客在不同购买阶段的心理变化，提出精准的解决方案以满足细分市场需求。此外，学生将学习如何利用顾客需求数据提升产品创新能力，设计出满足市场需求的特色产品，并将需求洞察与品牌策略相结合，通过精准的品牌定位和差异化策略提升品牌价值。通过本案例的学习，学生将全面提升在市场调研、产品设计、品牌建设等方面的综合能力，为未来的产品开发和市场竞争奠定坚实的基础。

二、内容简介

该案例以义乌市锦康日用百货商行为研究对象，从其经营现状与面临的市场困境切入，深入探

 创业小型课

讨产品需求市场分析的重要性。随着市场竞争的加剧和顾客需求的多样化，义乌市锦康日用百货商行面临如何精准洞察顾客需求、提升产品竞争力的挑战。案例通过引入 AIDA 模型，帮助学生理解如何设计有效的调查问卷，识别顾客的购买心理变化，进而为产品开发、市场定位、品牌策略等方面提供数据支持。通过义乌市锦康日用百货商行的案例分析，学生将学习如何在不同的购买阶段（注意、兴趣、欲望、行动）设计问卷问题，收集并解读顾客需求信息，进而制定有针对性的产品和市场策略。该案例还强调了如何通过需求洞察提升产品创新能力，设计出符合顾客需求的特色产品，并结合品牌战略通过精准的市场定位来提升品牌价值。通过这一实际案例，学生不仅能够学习市场调研的具体方法，还能通过与理论的结合，提升在产品开发、市场细分和品牌建设等领域的能力，有助于他们在未来的工作中应对市场竞争、发现商业机会、制定创新策略。

三、产品需求市场问卷调查案例

义乌市锦康日用百货商行的市场拓展困境

义乌市锦康日用百货商行（以下简称锦康商行）是一家专注日用百货和家居用品的零售企业。自 2015 年成立以来，该公司依托义乌市场的区位优势，在短短几年内迅速发展，建立了稳定的顾客基础，并在市场上获得了相当的份额。然而，随着顾客需求的不断变化和竞争对手的激烈挑战，锦康商行感受到压力。

（一）初露锋芒：从小商铺到区域明星

锦康商行最初是一家规模不大的商铺，主营家居用品和日用百货。在创业初期，李经理凭借敏锐的市场嗅觉和义乌小商品城的区位优势，不断引入新奇特商品来吸引顾客。几年时间，锦康商行发展迅速，成为义乌本地小有名气的商家。凭借低廉的价格和丰富的商品种类，商行积累了大批忠实顾客，销售额持续增长。

"那时候，我们的顾客大多是批发商，他们只看价格和供货能力。只要价格够低，销量就能上去。"李经理回忆起那段辉煌的时光，语气中带着一丝怀念。然而，他也承认这种依赖低价竞争的模式没有真正的护城河，随着市场变化，危机悄然而至。

（二）困境初现：低价竞争的陷阱

从 2018 年开始，锦康商行的销售增速放缓。随着电商平台的兴起，大量新兴商家通过线上渠道以更低的价格抢占市场份额。同时，顾客的购买偏好开始转向品质化、品牌化，锦康商行的低价策略逐渐失去吸引力。

"我们发现很多批发顾客转向从电商平台采购，而普通顾客开始选择更有设计感和品牌认知的商品。我们的价格优势不再明显，销量开始下降。"李经理坦言，曾试图通过降价促销挽回顾客，但效果甚微。最让李经理头疼的是，一些长期顾客开始流失。"我们以前靠的是薄利多销，但现在顾客更在意产品的质量和附加值。我们该如何重新赢得他们？"这种困境使得商行的运营进入瓶颈期，利润率一度降至历史最低点。

（三）转型的呼声：寻找新的突破口

李经理随后拉开了锦康商行转型的序幕。"我们的困境很清楚：靠低价吸引的顾客正在流失，

而我们没有明确的核心竞争力。与其被动等待市场淘汰，不如主动出击，重新定义我们的价值。"他的话在团队中引发了激烈的讨论。有人主张继续通过价格战挽留顾客，也有人提出应向更高端的市场发力，但具体如何实施却众说纷纭。

为此，李经理决定采取系统的市场调研方式，以数据为依据寻找答案。首先，团队明确了两大方向：一是分析现有顾客需求的变化，了解他们流失的真正原因；二是挖掘潜在的市场机会，寻找新的增长点。其次，经过反复探讨，商行首次尝试引入顾客行为分析模型，围绕顾客的购物路径设计调查工具。李经理解释说："我们不仅要知道顾客买了什么，还要了解他们是怎么决策的，为什么选择我们或放弃我们。"这次战略调整不仅是对市场的重新审视，也是对锦康商行团队思维模式的一次重要转变。

团队通过问卷调查和深度访谈，深入探索顾客的痛点和偏好。这种以数据为基础的决策方法，为商行摆脱困境找到了新的方向。

（四）深挖需求：问卷调查揭开真相

锦康商行团队展开问卷调查，基于 AIDA 模型以顾客在购买过程中的心理变化为核心，结合人口统计信息，旨在帮助企业全面了解目标市场需求并优化产品策略。该问卷首先收集受访者的年龄、性别、职业、收入水平等人口统计数据，以明确目标消费群体的特征，为市场细分和数据分析提供人口维度支持。其次，在注意阶段，问卷设计聚焦顾客获取商品信息的渠道及吸引其注意的关键因素（如折扣、创新设计），以帮助企业优化营销渠道，提高产品曝光度。在兴趣阶段，问卷设计通过探讨顾客对功能性、外观设计、环保属性等商品特性的偏好，挖掘其需求热点，为研发方向提供指导依据。在欲望阶段，问卷设计围绕价格接受度、品牌信任度、个性化服务等影响购买决策的核心因素，帮助企业调整产品定位和定价策略。在行动阶段，问卷设计聚焦顾客的购物渠道偏好、购物频率及购买决策中的障碍，旨在优化企业供应链和服务流程，提升购买体验。最后，通过开放性问题收集顾客对产品和服务的期望与建议，进一步捕捉其细微需求。问卷整体设计严密且层层递进，从顾客注意力到购买行为形成完整的路径分析，为企业确定精准的市场定位和制定产品策略奠定坚实基础。

义乌市锦康日用百货商行的产品需求市场调查问卷

调查目的：

本问卷旨在帮助义乌市锦康日用百货商行深入了解顾客的购物心理和行为习惯，优化产品和服务策略。您的回答对我们非常重要，感谢您的参与！（请在□中画"√"表示您的答案）

1. 您的性别
□ 男
□ 女

2. 您的年龄
□ 18 岁以下

☐ 18～25 岁
☐ 26～35 岁
☐ 36～45 岁
☐ 46～55 岁
☐ 55 岁以上

3. 您的职业
☐ 学生
☐ 白领/公司职员
☐ 自由职业者
☐ 个体经营者
☐ 退休人员
其他：_____

4. 您的月收入
☐ 3000 元以下
☐ 3001～5000 元
☐ 5001～8000 元
☐ 8001～12000 元
☐ 12001 元以上

5. 您的居住地
☐ 城市
☐ 郊区/县城
☐ 农村

6. 您的家庭规模
☐ 独居
☐ 2～3 人
☐ 4～5 人
☐ 5 人以上

注意阶段

1. 您经常通过哪些渠道了解日用百货产品？
☐ 线上广告（如社交媒体、搜索引擎）
☐ 朋友/家人推荐
☐ 实体店的促销活动或展示
☐ 传统媒体（电视、报纸）
其他：_____

2. 您会因为哪些宣传方式对某款日用百货产品产生注意？
☐ 有吸引力的包装或设计
☐ 知名人士推荐
☐ 视频广告的动态效果
☐ 吸睛的产品摆放方式
其他：_____

3. 您关注店铺内的以下哪些宣传内容？
☐ 产品海报
☐ 产品对比展示
☐ 优惠活动信息
☐ 顾客评价推荐
其他：_____

4. 您在购物时会优先注意以下哪类产品？
☐ 打折促销的产品
☐ 新品上架的产品
☐ 明星或热点产品
☐ 店员推荐的产品
其他：_____

5. 对于宣传信息，您最关注以下哪些方面？
☐ 是否详细介绍了产品功能
☐ 是否标明产品价格及优惠
☐ 是否突出产品与众不同的特点
☐ 是否提到可靠的品牌背景
其他：_____

兴趣阶段

1. 您通常在以下什么情况下对产品产生兴趣？
☐ 当产品设计或功能吸引我时
☐ 当朋友或家人提到这款产品时
☐ 当产品有创新或独特性时
☐ 当产品的广告故事让我产生共鸣时
其他：_____

2. 您对以下哪类日用百货产品更感兴趣？
☐ 实用性强的产品
☐ 外观精美的产品
☐ 环保型产品

☐ 价格低廉的产品
其他：_____

3. 您在购物时，以下产品的哪些方面会引起您的兴趣？
☐ 包装的精致度
☐ 功能是否超预期
☐ 是否满足个人风格需求
☐ 是否满足特定场景使用需求
其他：_____

4. 您会因为以下哪些因素对产品产生兴趣？
☐ 产品功能独特
☐ 产品的评价口碑好
☐ 产品与自己的需求高度匹配
☐ 产品体现品牌价值
其他：_____

5. 您是否愿意花时间了解自己感兴趣的产品？
☐ 非常愿意
☐ 一般愿意
☐ 看情况
☐ 不太愿意
☐ 完全不愿意

欲望阶段

1. 您更倾向购买以下哪类产品？
☐ 独特且稀缺的产品
☐ 具备额外功能的产品
☐ 价格合理且性价比高的产品
☐ 热销口碑产品
其他：_____

2. 您在购买某产品时最看重以下哪些附加价值？
☐ 优质的售后服务
☐ 高品质的包装
☐ 使用中带来的舒适体验
☐ 产品的社会或品牌价值
其他：_____

3. 以下哪些因素会增加您对产品的购买欲望？
☐ 产品的限时优惠或折扣

☐ 产品的稀缺性或限量发售
☐ 产品的额外附赠礼品
☐ 产品的功能超出预期
其他：_____

4. 您通常会在什么时候产生购买欲望？
☐ 看过广告或宣传后
☐ 朋友/家人推荐后
☐ 发现产品符合自己需求时
☐ 特殊场合或节日期间
其他：_____

5. 对于您经常购买的百货产品，您会在以下哪些情况下产生强烈的购买意愿？
☐ 产品当前有特别优惠活动
☐ 产品提供了定制化服务
☐ 产品具备市场稀缺性
☐ 产品品牌让我信赖
其他：_____

行动阶段

1. 您购买日用百货产品的频率是？
☐ 每天
☐ 每周一次
☐ 每月一次
☐ 根据需要不定期购买
其他：_____

2. 您更倾向通过以下哪种方式购买日用百货产品？
☐ 线上电商平台
☐ 实体店
☐ 社交媒体或直播带货
其他：_____

3. 以下哪些因素会影响您的购买决策？
☐ 产品的价格
☐ 产品的品牌背景
☐ 产品的功能是否超出需求
☐ 产品的售后保障
其他：_____

4. 您会因为什么原因放弃购买自己已经感兴趣的产品?
☐ 价格过高
☐ 对产品质量有疑虑
☐ 等待更好的促销活动
☐ 售后服务承诺不清晰
其他:＿＿＿＿＿＿＿＿＿＿

5. 您是否愿意参与产品体验活动或问卷填写以获取产品更多信息?
☐ 非常愿意
☐ 一般愿意
☐ 看情况
☐ 不太愿意
☐ 完全不愿意

附加问题

1. 您对日用百货产品的整体需求或建议有哪些?
＿＿

2. 您对商家服务或购物体验的改进建议有哪些?
＿＿

感谢您的参与
我们将根据您的宝贵意见不断优化我们的产品与服务,并期待与您建立更好的联系!

调研结果表明,锦康商行的主要消费群体是18~35岁的年轻人,他们对具有高性价比、多功能、环保材料的产品表现出强烈需求,并对品牌声誉、社交媒体广告及快捷配送服务尤为关注。在购买决策过程中,价格依然是关键因素,但超过60%的顾客表示,愿意为具备创新功能或个性化设计的产品支付溢价,这表明高端产品线和定制化服务存在显著的市场机会。此外,调研还发现,顾客获取商品信息的主要渠道为短视频平台和社交媒体,超过70%的受访者倾向购买经过用户推荐或有良好口碑的产品,这凸显了社交媒体营销和品牌口碑管理的重要性。

(五)重整旗鼓:全方位升级

基于调研结果,锦康商行迅速展开行动,从产品开发到品牌建设,公司进行了全面升级。在产品层面,锦康商行推出了多款个性化家居用品,比如具有北欧风格的收纳箱和多功能抗菌菜板。这些产品不仅实用,还兼具设计感,深受年轻顾客喜爱。为了保证质量,公司与多家优质供应商合作,并专门成立设计团队,定期推出新款商品。在品牌层面,锦康商行设计了全新的品牌LOGO和包装,通过社交媒体与顾客互动,并参与义乌市家居展览会,以"创意生活家"的品牌形象亮相,吸引了大批顾客关注。锦康商行还推出会员制服务,为忠实顾客提供专属折扣和定制化推荐,进一步增强顾客黏性。

(六)成功的代价:管理挑战初现

尽管转型初见成效,但商行内部也暴露出新的问题。随着产品线的扩展和品牌知名度的提高,订单量大幅增加,原有的供应链管理体系开始吃紧。"我们在旺季时经常出现库存不足或发货延迟的情况，顾客的满意度受到了一定影响。"李经理承认，如何高效管理供应链和物流成为新的挑战。

为了解决这个问题，锦康商行决定引入数字化供应链管理系统，实时跟踪库存和订单状况。同时，团队还通过优化配送流程，将发货时间缩短了30%。李经理表示："这是一个学习的过程，但我们相信，只要方向对了，问题都是可以解决的。"

（七）曙光呈现：从危机到增长

经过两年的努力，锦康商行成功实现了转型。公司的个性化商品销售额占比从2019年的10%增长至2023年的45%，利润率回升至25%以上。顾客的品牌认知度显著提升，很多老顾客回归，还有不少新顾客通过线上渠道下单。

在接受媒体采访时，李经理总结道："我们终于找到了自己的方向，最重要的是，我们不再依赖价格竞争，而是通过创造价值赢得市场。"尽管如此，他的团队仍保持谨慎的态度，认为锦康商行还需要不断创新以保持竞争优势，并计划引入智能化顾客管理系统，以更好地响应市场需求。

电子资源

产品需求市场问卷调查

拓展延伸

在进行产品需求市场调查时，问卷设计的科学性和有效性直接影响着数据的质量与调查结果的可操作性。因此，设计者在规划问卷时必须确保其能够全面、精准地反映顾客的需求与行为，其中以下几个关键环节需要重点考虑。

1. 确定调查目标

问卷设计的第一步是明确调查目标。调查目标可以包括：了解顾客对某类产品的核心需求、识别市场中的未满足需求、分析影响购买决策的关键因素、评估顾客对现有产品的满意度，等等。明确目标有助于问卷内容的精准设计，从而避免收集无关数据。通过清晰的目标设定，可以确保调查聚焦实际可操作的市场机会，如了解顾客的价格敏感度、购买渠道选择偏好、功能需求等。比如，义乌市锦康日用百货商行在进行市场调研时，明确了以下核心目标：了解顾客对日用百货产品的功能性需求和审美偏好、顾客对价格的敏感度分布、顾客偏好购买渠道和促销方式等。这样一来，所有问题设计都需要围绕这些目标展开，确保调研数据具有实际价值。

2. 设计问卷框架

设计问卷时可以借助一些理论模型（如AIDA模型）构建框架，确保问题的层次性与连贯性。AIDA模型包括以下四个阶段：

（1）注意阶段。关注顾客关注产品的渠道和吸引力来源，如广告、社交媒体推荐等。

（2）兴趣阶段。分析顾客对哪些产品特性产生兴趣，如功能、质量、品牌形象等。

（3）欲望阶段。识别顾客欲望产生的核心因素，如产品附加值、售后服务等。

（4）行动阶段。理解顾客的购买决策过程，包括购买渠道、购买频率等。

通过 AIDA 模型，问卷设计可以逐步引导受访者回忆和分析其购买决策过程，避免直接进入过于具体的问题调查，从而最大化获得真实且有价值的数据。例如，问卷设计可以从顾客对日用百货产品的认知和兴趣（如对产品外观、功能的兴趣）开始，逐渐深入了解他们的购买欲望与购买行为。

3. 编写问题类型

问卷中的问题类型直接影响调查结果的有效性，常用的问题类型如下：

（1）封闭式问题。为受访者提供固定选项，便于定量分析。比如，"您对家居产品的首要需求是什么？A. 耐用 B. 美观 C. 价格实惠"。

（2）开放式问题。鼓励受访者自由表达观点，才能获得更多详细的反馈。例如，"您对日用百货产品有哪些未被满足的需求？"

（3）量表题。用于评估顾客对某一产品特性的兴趣或满意度，通常采用 1~5 分或 1~7 分的评分量表。例如，"请您为下列产品功能的优先级进行评分（1 表示最低，5 表示最高）"。

通过问题类型的合理组合，问卷不仅能够收集定量数据，同时还能挖掘出顾客的潜在需求和具体诉求。在设计问题时，封闭式问题有助于量化分析，而开放式问题可以提供更丰富的顾客观点；量表题则能够量化顾客对特定产品功能或服务的偏好程度，帮助企业更精准地识别市场需求。

4. 优化问卷逻辑与语言

为确保问卷的易用性和科学性，设计者应关注以下几点：

（1）问题顺序。从一般到具体、从简到难，确保被调查者回答的流畅性和思路的连贯性，避免一开始就提出过于复杂或敏感的问题。

（2）语言简洁明了。避免使用晦涩的专业术语，使所有目标群体都能轻松理解，特别要考虑到不同受访者的背景和知识水平。

（3）避免偏差。问题设计应中立，避免出现引导性或偏向性提问。例如，避免问"您喜欢我们的产品吗"这一类容易引导被调查者回答的问题。

这些策略有助于提高被调查者的答题准确性和数据的可靠性。

5. 测试与调整

在调查问卷正式发布之前，进行测试是必不可少的一步。通过小范围的测试，可以发现问卷中不清晰或冗余的问题，收集被调查者的反馈信息，了解他们能否顺畅回答各个问题。测试还有助于优化问卷的长度和设计，使问卷更符合目标群体的实际需求。测试后，根据反馈信息调整问卷内容，确保其适应实际情况，避免出现理解偏差或遗漏关键问题。例如，锦康商行可以针对其核心顾客群体进行测试，确保问卷的设计能够准确捕捉顾客的真实需求。

6. 数据收集与分析的关联设计

在设计问卷时，应考虑如何将数据收集与后续的市场分析和决策紧密结合，每个问题选项的设计均应与企业的市场细分策略相对应，确保收集的数据能够有效支持分析和战略制定。例如，量表题和封闭式问题可以量化顾客的偏好，便于后续的数据分析与决策。此外，通过问卷的数据分析，企业可以发现不同顾客群体的特定需求，并据此进行产品和营销策略的调整；通过清晰的分析框架，数据收集能够为企业的产品定位、品牌建设及市场战略调整提供科学依据。

通过精心设计和科学部署，产品需求市场问卷不仅能有效收集数据，还能帮助企业发现市场的潜在机会，优化产品和营销策略。其核心价值在于通过深入了解顾客需求，为企业决策提供更为精准的方向和依据，确保企业能够在激烈的市场竞争中保持竞争力并实现持续增长。

此外，因为各行业的顾客需求、市场环境及调查的重点等存在较大差异，所以设计市场需求调查问卷时，必须根据不同行业的特点来制定相应的调查方案和问题设置。以下是对几个不同行业的市场需求调查设计内容的补充。

1. 日用消费品行业（如日用百货、家居产品）

在日用消费品行业，市场需求调查主要关注顾客的生活方式、功能需求及价格敏感度等因素。设计调查问卷应着重以下几个方面：

（1）功能性需求。顾客购买日用百货或家居产品时，更加注重其实际功能，如耐用性、实用性、环保性等。例如，顾客是否更加偏爱节省空间的厨房收纳产品，或更倾向购买易于清洁的浴室用品。

（2）审美与设计偏好。与价格相比，顾客对设计和美观的要求逐渐增加，尤其是家居装饰类产品。调查问卷应包括顾客对设计风格、颜色、材质等方面的偏好问题。

（3）购买渠道偏好。由于家居产品和日用百货的购买频次较高，调查问卷应探讨顾客偏好哪些购买渠道（线上商城、实体店、电商平台等），以及促销方式（折扣、赠品等）。

（4）价格敏感度。通过调查顾客对价格波动的敏感度，帮助企业在定价和促销上做出策略调整。

2. 技术产品行业（如电子产品、家电）

在技术产品行业，市场需求调查侧重技术特性、创新需求及品牌影响力。设计问卷时应注意以下几个方面：

（1）技术功能偏好。技术产品的顾客往往对产品的技术性能、创新性及未来可能带来的便利有较高要求。调查问卷应包括顾客对不同技术参数（如屏幕分辨率、电池续航、智能功能等）的关注度。

（2）品牌忠诚度与影响力。电子产品行业竞争激烈，品牌的影响力常常是顾客购买决策的重要因素。调查问卷可以探讨顾客对品牌的认知度、忠诚度及品牌形象对购买意向的影响。

（3）售后服务与体验。技术产品往往需要售后服务和技术支持，调查问卷了解顾客对售后服务（如维修、保修、升级服务等）的期望是非常重要的。

（4）创新性需求。顾客对技术产品的创新性需求可能与他们的兴趣和生活方式密切相关。调查问卷可以探讨顾客是否愿意为最新技术、独特功能或创新设计支付额外费用。

3. 食品与饮料行业

在食品与饮料行业，市场需求调查应更加关注顾客的健康需求、口味偏好及消费频率等方面。

（1）健康意识。随着健康饮食的兴起，顾客对食品成分（如低糖、无添加剂、有机食品等）

的关注度越来越高。调查问卷应探讨顾客对健康食品的需求及对不同食品成分的偏好。

（2）口味与消费习惯。不同地区或群体的口味偏好差异较大，调查问卷应了解顾客对特定食品口味、风味的偏好，如是否偏好甜、咸或辛辣等口味。

（3）包装与便捷性。食品产品的包装设计和便捷性也是影响顾客购买决策的关键因素，调查问卷可以探讨顾客对包装方式（如家庭装、单人份装、可回收材料包装等）的接受度。

（4）价格与促销活动。顾客对食品价格的敏感度较高，尤其是在日常消费的类别中，调查问卷可以探讨促销活动（如买一赠一、折扣等）对顾客购买决策的影响。

4. 服装与时尚行业

服装行业的市场需求调查主要聚焦顾客的时尚偏好、购买动机及品牌认知度等方面。

（1）时尚与潮流。在服装行业，时尚与潮流的变化直接影响顾客的购买意图。调查问卷应包括对季节性、流行趋势及时尚风格的偏好问题。

（2）品牌与质量。顾客在选择服装时，往往对品牌有较强的忠诚度，品牌形象和质量对购买决策起着重要作用。调查问卷可以探讨顾客对品牌忠诚度及品牌质量评价的影响。

（3）价格敏感度。服装行业的顾客对于价格波动十分敏感，因此价格的合理性和促销活动的影响会在调查问卷中占据较大比重。

（4）购买渠道。随着电商平台的发展，线上购物成为主流，调查问卷应着重了解顾客的购买渠道偏好，如是倾向线上购买，还是更喜欢到实体店试穿后购买。

5. 旅游与酒店行业

旅游与酒店行业的市场需求调查应着重顾客的旅行动机、偏好目的地、服务体验等方面。

（1）旅游动机。调查问卷应分析顾客选择旅游的主要动机，是为了放松、探险、文化体验，还是休闲度假。

（2）目的地选择。顾客选择旅游目的地的因素非常复杂，包括景点吸引力、气候、交通便捷性等。调查问卷应探讨这些因素对旅游选择的影响。

（3）住宿服务偏好。在选择酒店过程中，顾客的偏好常常体现在住宿的舒适性、性价比、位置及附加服务（如早餐、游泳池等）的需求上。调查问卷应包括这些偏好的相关问题。

（4）旅行预算与支付方式。旅游行业的价格敏感度较高，顾客对旅行预算的控制和支付方式（如信用卡、分期付款等）也是重要的调查内容。

不同行业的市场需求调查问卷设计需要根据行业特点和顾客行为的差异进行有针对性的调整。通过深入分析各行业的核心需求、购买决策因素及顾客行为模式等，企业能够设计出更具实效性的问卷，获取更具洞察力的数据，为产品研发、市场定位和营销策略提供有力支持。

案例分析与讨论

1. 锦康商行在面临价格竞争压力时，为什么选择通过产品需求市场调研来寻求转型？
2. 在注意阶段，哪些因素可能吸引顾客注意？锦康商行应如何通过广告或促销活动提高品牌的知名度？
3. 针对锦康商行设计的调查问卷应包括哪些关键问题？如何确保这些问题能有效收集顾客的核

心需求?

4. 如何通过顾客调查数据发现其未被满足的需求？请结合具体事例讨论如何设计满足细分市场需求的创新产品。

参考文献

[1] 汪九江,赵文欣,秦肖波,等. 基于问卷调查玉米须茶饮产品认知与需求分析[J]. 安徽农学通报,2023,29(18):101-107.

[2] 余红红,李娅. 顾客对核桃产品的需求意愿及影响因素分析:基于云南省昆明市1115份顾客调查数据[J]. 林业经济,2019,41(10):62-69.

[3] 冯万荣,李竹梅. 基于AIDA模型的云南旅游营销策略[J]. 中国集体经济,2023(29):80-83.

第十一章 顾客关系管理

理论知识

顾客关系管理（Customer Relationship Management，CRM）是一种旨在提高企业与现有顾客及潜在顾客之间关系管理效率的策略和技术。它涉及使用技术收集、分析和应用顾客数据，以提高顾客满意度、忠诚度和企业利润。

在当今竞争激烈的市场中，企业越来越重视与顾客的互动和关系维护。CRM 系统不仅能帮助企业更好地理解顾客需求、预测市场趋势并制定有效的营销策略，还能提高顾客服务的效率和质量，从而增强顾客忠诚度、提升品牌形象。

一、顾客关系管理流程

（一）顾客识别

顾客识别是 CRM 流程的第一步，涉及收集顾客的基本信息，如姓名、联系方式、购买历史等。这些信息可以通过市场调研、销售互动、在线表单等方式获得。

（二）顾客细分

顾客细分是根据顾客的购买行为、偏好、价值等因素将顾客分为不同的群体。这有助于企业针对不同群体制定更精准的营销策略。

（三）顾客互动管理

顾客互动管理是指企业与顾客之间的所有交流和互动，包括销售、服务、支持等。有效的顾客互动管理可以提升顾客体验，增强顾客满意度。

（四）顾客反馈与分析

收集和分析顾客反馈是 CRM 流程中的关键环节。企业可以通过调查问卷、顾客访谈、社交媒体监听等方式收集顾客反馈信息，并利用这些信息改进产品和服务。

（五）顾客忠诚度提升

顾客忠诚度的提升是通过提供卓越的顾客服务、个性化的营销活动和忠诚度计划来实现的，这有助于企业留住现有顾客，并吸引新顾客。

二、顾客关系管理策略

（一）顾客导向策略

顾客导向策略是以顾客需求和偏好为中心，调整产品和服务以满足这些需求。这种策略要求企业深入了解顾客，并能够快速响应市场变化。

（二）顾客保留策略

顾客保留策略旨在通过提供优质的顾客服务和支持，以及定期的顾客关怀活动来保持顾客的忠诚度。这种策略包括定期的沟通、个性化的优惠和及时的问题解决。

（三）顾客增长策略

顾客增长策略是通过吸引新顾客和增加现有顾客的购买频率来实现的，具体内容包括市场拓展、产品创新和多渠道营销等。

（四）顾客价值提升策略

顾客价值提升策略是通过提升顾客的生命周期价值来实现的，具体内容包括交叉销售、增值服务和顾客教育等。

三、顾客关系管理工具

（一）CRM 软件

CRM 软件是实现顾客关系管理的技术工具，它可以帮助企业自动化和优化顾客数据的收集、存储、分析和应用。其功能特点如下：

（1）顾客数据管理。CRM 软件的核心功能之一，包括收集、存储和组织所有与顾客相关的信息，如基本信息、交易历史和顾客偏好。

（2）销售自动化。帮助企业规范化管理销售流程，从线索捕获到机会管理，再到最终成交。

（3）市场营销自动化。策划和执行市场营销活动，如电子邮件营销、在线广告等，并进行顾客细分和营销效果分析。

（4）顾客服务和支持。集成顾客服务和支持功能，帮助企业高效处理顾客咨询、投诉和其他服务请求。

（5）数据分析与报告。收集和分析大量顾客数据，并生成各种报表和仪表盘，帮助企业监控销售业绩、识别市场趋势。

（6）集成性。CRM 系统通常集成了市场营销、销售、顾客服务等多个功能模块，提升管理效率。

（7）可定制性。支持高度定制化，企业可以根据自身业务需求，定制界面、工作流程、报表等。

（8）移动访问能力。允许员工随时随地访问和使用 CRM 系统，提高工作效率。

CRM 软件的应用场景如下：

（1）销售管理。实现顾客信息的全面掌控、销售过程的精细化管理及销售业绩的全面提升。

（2）顾客服务。高效处理顾客咨询、投诉和其他服务请求，提升响应速度和解决效率。

（3）市场营销。策划和执行市场营销活动，进行顾客细分，定向投放营销内容。

（4）数据分析。监控销售业绩、识别市场趋势、优化业务决策。

（5）合作伙伴管理。全面管理和优化合作伙伴关系，提升合作伙伴的满意度和合作效果。

（6）项目管理。实现项目的全面管理和优化，提升项目的执行效果和效率。

（7）电子商务。实现电子商务的全面管理和优化，提升电子商务的销售效果和顾客体验。

（二）数据分析工具

数据分析工具可以帮助企业从顾客数据中提取有价值的信息、预测顾客行为，并制定更有效的营销策略。以下是一些典型的数据分析工具：

（1）Microsoft Excel。广泛使用的电子表格软件，适用于基本的数据处理、图表创建和统计分析。

（2）Tableau。一个强大的数据可视化工具，允许用户创建交互式和可共享的仪表盘，以直观展示数据。

（3）Power BI。微软的商业分析工具，提供数据集成、数据仓库、报告和数据可视化功能。

（4）QlikView。一个自助式的数据可视化和发现应用程序，允许用户探索数据并创建个性化的视图和报告。

（5）SAS。高级分析和商业智能软件，提供数据管理、高级分析、多渠道营销和风险管理。

（6）SPSS。一个统计分析软件，被广泛用于学术界和市场研究方面，支持复杂的统计测试和模型。

（7）R。开源编程语言和软件环境，被用于统计计算和图形表示，适合数据挖掘和统计建模。

（8）Python。开源编程语言，拥有强大的数据分析库（如 Pandas、NumPy、SciPy 和 Matplotlib），适用于数据科学和机器学习。

（9）Apache Hadoop。开源框架，允许分布式处理大数据集，使用简单的编程模型进行可靠的、可扩展的、分布式的数据存储。

（10）Google Analytics。网站和移动应用分析工具，提供用户行为和网站性能数据，帮助优化营销策略。

（三）社交媒体监听工具

社交媒体监听工具可以帮助企业监控和分析顾客在社交媒体上的讨论和反馈，从而更好地理解顾客需求和市场趋势。

（四）顾客服务工具

顾客服务工具，如在线聊天、自助服务门户和顾客支持软件，可以帮助企业提高顾客服务的效率和质量。

四、顾客关系管理的数字化

（一）数字化转型

数字化转型是指企业利用数字技术改进业务流程、创造新的业务模式和提高顾客体验。在 CRM 领域，数字化转型涉及顾客数据的数字化、顾客互动的数字化和顾客服务的数字化。

《中华人民共和国国民经济和社会发展第十四个五年规划和 2035 年远景目标纲要》中提出加快数字化发展，建设数字中国，为数字化转型提供国家级别的指导和支持。国务院在 2022 年 1 月发布《"十四五"数字经济发展规划》强调以数据资源为关键要素，推动数字技术与实体经济深度融合，加强数字基础设施建设，赋能传统产业转型升级。工业和信息化部办公厅于 2022 年 11 月发布的《中小企业数字化转型指南》也提出，要多措并举推动中小企业科学高效地开展数字化转型，深化数字技术在各环节的应用。

在数字化时代，顾客关系管理的转型已成为企业提升竞争力和实现可持续发展的关键。随着技术的快速发展，尤其是大数据、人工智能、云计算等新兴技术的应用，企业必须适应数字化转型的浪潮，以提高生产力和获得更大的市场竞争优势。数字化转型不仅是技术层面的更新，更是企业经营理念和管理模式的深刻变革。它通过 CRM 系统、社交媒体、大数据分析和移动应用等手段，优化顾客互动和管理流程，使企业能够更高效地管理顾客关系，提升顾客的满意度和忠诚度。

数字化转型的核心在于实现个性化的顾客体验。通过数据挖掘和分析，企业可以深入了解顾客的需求和偏好，实现个性化的营销和服务。例如，企业可以利用顾客的购买历史和行为数据，通过机器学习技术预测顾客的未来行为和需求，制定具有针对性的顾客管理策略。这种以数据驱动的个性化服务，不仅能够提升顾客体验，还能增强顾客与企业的互动和忠诚度。

此外，数字化转型强化了企业与顾客之间的多渠道沟通和互动。企业可以通过电子邮件、社交媒体、移动应用等多种渠道与顾客建立联系，更广泛地接触和了解顾客、更及时地回应顾客的需求和反馈。这种多渠道的沟通和互动方式为顾客提供了更多便捷的途径与企业进行交流和合作，促进了顾客关系的深化和扩展。

数字化转型还加强了顾客关系管理的自动化和智能化。通过集成数据分析工具和机器学习算法，现代 CRM 系统能够处理和分析海量的顾客数据，识别顾客行为的模式，并基于这些信息优化营销策略及产品开发。这种自动化和智能化的 CRM 系统不仅提高了企业的运营效率，还提升了企业的决策能力。在提升顾客满意度和忠诚度方面，CRM 系统通过集中管理顾客信息、优化销售流程、提供个性化服务、强化数据分析能力等多方面的作用，显著提升了顾客满意度与忠诚度。这些因素共同作用，优化了企业决策，促进了团队协作，并支持了企业的数字化转型。

企业在数字化转型过程中，还应关注组织文化和内部沟通的建设。转型需要全员参与和支持，因此企业应该建立积极的组织文化，鼓励员工表达意见和建议，促进团队合作和创新。同时，企业还应该加强内部沟通，确保信息的流通和共享，避免信息孤岛和误解的发生。

风险管理和持续改进也是企业在转型过程中必须关注的问题。在转型过程中，企业可能面临各种风险和挑战，如市场风险、技术风险、组织变革风险等。因此，企业应该进行风险评估和管理，制定相应的风险应对策略，减小风险对转型过程的影响。同时，企业还应该持续改进和优化转型策略及实施计划，根据市场反馈和业绩评估及时进行调整和优化，以确保转型的成功和可持

续发展。

总之，企业顾客关系管理的转型是适应数字化时代、提升企业竞争力和实现可持续发展的必然选择。通过引入数字化转型、全渠道融合、个性化体验、数据分析和人工智能等技术手段，企业可以提高与顾客之间的关系管理效率和效果，从而在激烈的市场竞争中获得优势，实现长期的业务增长和成功。

（二）大数据在 CRM 中的应用

大数据技术可以帮助企业处理和分析大量的顾客数据，从而更好地理解顾客的需求和行为。通过大数据分析，企业可以发现新的市场机会，优化营销策略，并提高顾客满意度，极大地增强了企业的核心竞争力。以下是大数据在 CRM 中的一些关键应用：

（1）顾客细分。大数据技术可以帮助企业按照特定的标准将顾客划分为不同的群体。这种细分有助于企业更有效地降低成本，同时获得更强、更有利可图的市场渗透。通过聚类算法等技术，企业可以建立顾客细分模型，实现精准营销，吸引并留住顾客，建立顾客忠诚度。

（2）顾客行为分析。通过分析顾客的购买行为和消费习惯数据，企业可以预测顾客的未来行为，并据此做出决策。这种分析有助于企业优化产品和服务，提高顾客满意度和忠诚度。

（3）数据整合。大数据技术能够整合来自不同渠道的顾客数据，包括网站浏览记录、购买记录和社交媒体互动等，为企业提供全面的顾客视图。这种整合有助于企业更全面地理解顾客需求，从而提供更加个性化的服务。

（4）预测分析和个性化推荐。利用人工智能和机器学习技术，企业可以基于顾客的历史数据进行深入分析，预测顾客行为，并提供个性化的营销服务。这种预测分析和个性化推荐不仅提升了营销效果，还提升了顾客的购买转化率。

（5）精准营销与实时响应。大数据技术使企业能够实时监控市场变化和顾客需求，从而调整营销策略。企业可以根据顾客的历史行为和兴趣，实时推送个性化的营销内容，提升顾客体验。

（6）提升效率与成本控制。通过大数据技术，企业可以减少顾客数据采集的成本，提供更全面清晰的顾客视图，并优化组合产品解决方案。这有助于提升业务团队的工作效率，同时控制成本。

（7）顾客体验和个性化服务。大数据技术的应用使得 CRM 系统能够提供更加个性化的服务，提升顾客体验。例如，通过分析顾客的交易行为和偏好，企业可以提供即时性、预测性和个性化的信息推送服务。

（8）风险管理与决策支持。大数据技术可以帮助企业识别和预测潜在的风险，并提供决策支持。通过深度分析顾客群体特征数据，企业可以更好地理解市场趋势，制定有效的风险管理策略。

（三）人工智能与机器学习在 CRM 中的应用

人工智能（AI）和机器学习（ML）技术可以被应用于自动化顾客服务、预测顾客行为和个性化营销活动。这些技术可以帮助企业提高效率、降低成本，并提升顾客体验。以下是一些关键的应用领域：

（1）顾客行为预测。AI 和 ML 可以通过分析顾客的历史数据，包括购买记录、浏览行为和社交媒体互动等，预测顾客未来的行为，如购买意图和重复购买的可能性。这使企业能够更有针对性地制定营销策略和顾客服务策略，提高顾客的满意度和忠诚度。

（2）自动化顾客支持。智能聊天机器人能够自动回答顾客的常见问题，并提供全天候服务，提高服务响应速度。同时，ML可以帮助识别复杂问题并转交给合适的人工客服，确保问题得到及时解决。

（3）顾客细分。通过聚类算法，AI和ML可以将顾客划分为不同的群体，并基于这些群体的特征制定不同的营销策略，提升营销策略的有效性，并帮助企业更好地了解顾客需求。

（4）个性化营销。AI和ML可以分析顾客的行为、偏好和历史数据，为每个顾客量身定制个性化的营销内容并推荐商品，增加销售成功的机会。

（5）销售预测。AI和ML通过分析历史销售数据、市场趋势和其他相关变量，准确预测未来的销售情况，帮助企业合理规划库存管理和优化销售策略。

（6）顾客流失预测。AI和ML可以提前预测哪些顾客有可能流失，通过分析顾客的购买行为和互动记录，识别出具有高流失风险的顾客群体，并及时采取挽留措施。

（7）情感分析。AI和ML通过分析顾客在社交媒体、聊天记录和反馈中的语言和情感，获得顾客的情感状态和满意度，帮助企业更好地理解顾客的心声。

（8）推荐系统。AI和ML的推荐系统通过分析顾客的浏览记录、购买历史和兴趣偏好，为顾客推荐量身定制的商品，提高销售转化率。

（9）自动化流程。AI和ML能帮助企业实现自动化流程，如自动化顾客支持、营销邮件发送、数据分析和报告生成，提高效率和降低成本。

（10）数据分析和报告。AI和ML通过分析大量顾客数据，发现市场趋势、顾客行为模式和业务机会，自动生成报表和分析结果，为企业决策提供支持。

（四）移动CRM

随着智能手机的普及，移动CRM系统变得越来越重要。企业可以通过移动设备随时随地为顾客提供服务，并通过移动应用收集顾客的反馈信息和数据。移动CRM系统的特点如下：

（1）随时随地访问。移动CRM系统的最大优势在于随时随地访问的能力。这意味着销售人员可以在出差、拜访顾客或参与会议时，随时通过手机、平板等移动设备访问顾客资料、查看销售进度、记录顾客需求等。

（2）实时更新数据。移动CRM系统允许用户在任何时间、地点更新顾客数据，这不仅提高了数据的准确性和完整性，还能通过实时共享信息，帮助团队成员更好地开展协作。

（3）提升销售效率。移动CRM系统通过简化销售流程和自动化日常任务，显著提升了销售人员的工作效率。

（4）增强团队协作。移动CRM系统通过共享顾客信息和销售数据，促进了团队成员之间的协作。

（5）个性化顾客服务。移动CRM系统通过数据分析和个性化服务，帮助企业提升顾客忠诚度。

（6）数据安全性。移动CRM系统采用加密技术，保证了顾客信息的安全，防止了敏感数据泄露。

（7）实时互动。移动CRM系统让销售团队可以通过移动设备随时获取顾客信息，并与顾客进行实时互动。

（8）移动办公。移动CRM系统使得销售团队不再局限于办公室，可以随时随地处理业务。

（9）地理位置服务。移动 CRM 系统结合了地理位置提供服务，可以根据销售人员的位置信息提供附近的潜在顾客和销售机会。

（10）数据分析与预测。移动 CRM 系统通过分析顾客数据，提供精准的顾客洞察，并帮助企业做出更明智的决策。

（五）云计算与 CRM

云计算为 CRM 系统提供了灵活、可扩展的解决方案。通过云计算，企业可以轻松地存储和访问顾客数据，实现数据共享并降低 IT 成本。以下是云计算在 CRM 系统中的应用：

（1）市场需求驱动。随着企业业务的快速发展，传统的 CRM 系统面临数据存储、系统性能、安全性和扩展性等多方面挑战。云计算以其弹性可扩展、高可用性、低成本等特点，有效解决了这些问题。

（2）技术成熟。云计算技术的不断发展和云服务提供商的完善，使得 CRM 系统的部署、维护和服务变得更加便捷可靠。

（3）云部署。企业可将 CRM 系统部署在公有云、私有云或混合云环境中，实现灵活扩展，按需使用。

（4）云服务。通过云计算提供的高性能计算、存储和网络服务，CRM 系统可以处理大量数据，提高运行效率。

（5）云存储。使用云存储可实现数据集中管理和备份，提高数据的安全性和可靠性。

案例精选

一、学习目标

通过本案例的学习和分析，了解什么是数字化转型、企业数字化转型的必要性，以及数字化的发展趋势和未来方向；探索企业在顾客关系管理转型中可能面对的机遇和挑战；增强和加深对顾客关系管理流程及内容等专业知识的认知和见解；从案例中得到启发，为自己的实践提供有价值的指导。

二、内容简介

本案例主要介绍温州康奈集团有限公司（以下简称康奈集团）的数字化转型、全渠道打通和沉浸式消费场景的搭建。康奈集团数字化全域营销，实现了产品全生命周期的运营管理和数字化全场景触达顾客，有效增加了私域流量；康奈集团以数字化研发战略为指引，构建了拥有 200 多万个脚型数据库，使消费端顾客需求与研发端前沿开发快速、精准、高效对接；数字化定制开启制鞋行业规模化定制；康奈智造以数字化技术打通了研发、技术、计划、采购和制造等多环节共享和溯源通道，实现了从订单、供应链、研发到制造链的无缝连接。

三、顾客关系管理案例

数字化平台为门店带来更多高价值顾客

（一）企业简介

康奈集团创办于1980年，是中国鞋业行业10强、中国轻工业200强，中国高端皮鞋制造的标杆企业。公司总部坐落于温州康奈工业园，拥有国际一流水平的智能化制鞋装备和先进的生产工艺。康奈集团拥有完备的品牌营销、研发、设计、制造及销售能力，主要经营国民舒适好鞋品牌"康奈"、高端鞋履定制品牌"康奈定制"、中高端商务鞋履品牌"康奈世家"。

康奈集团在中国建立了庞大的零售分销网络和供应链管理体系，并持续加码电商矩阵、构建电商生态，同时实施国际、国内双循环战略，聚焦国内市场，拓展国际市场，并与诸多国际著名品牌保持着长期良好的合作关系。

康奈集团现为全国制鞋标准化技术委员会皮鞋、旅游鞋分技术委员会主任单位，担任中国轻工业联合会兼职副会长单位，中国皮革协会副理事长单位，温州市鞋革行业协会终身名誉会长单位；荣获国家高新技术企业和浙江制造品牌企业认证；通过了质量、环境和职业健康安全管理体系认证；获得中国驰名商标、中国名牌产品、中国出口名牌、中国真皮领先鞋王和全国质量奖、省政府质量奖、市长质量奖、温州市领军企业和鹿城区功勋企业等500多项荣誉。

"用创新科技为人类提供极致舒适的体验"是企业的使命，"打造全球第一舒适鞋履品牌公司"是企业的战略目标。康奈集团将始终秉持"国民舒适好鞋"的理念不断创新，努力为顾客提供极致舒适的产品和服务。

（二）数字化转型

自2015年国务院发布《中国制造2025》战略开始，制造业数字化、智能化发展已是大势所趋。康奈集团积极响应这场"数字化革命"，以数字化发展战略赋能企业转型升级，不断迭代原有的核心竞争力。通过数字化营销实现多渠道共同发展，通过数字化研发实现舒适科技赋能产品创新，通过数字化制造实现标准化智能作业，通过数字化管理实现经营高效协同。这一系列发展成果，正是康奈集团如今坚实有力的"数字底座"，为康奈智能化发展插上丰满的羽翼，不仅引领温州市鞋产业链柔性制造走出数字化赋能智能制造协同创建全新链路，同时也实现产业价值全周期生态链的合力共赢。

康奈集团以"国民舒适好鞋"为品牌定位，坚持打造全品类、高品质的舒适好鞋。随着新一轮科技革命和产业变革的深入发展，智能制造赋予康奈集团产品更高的技术支撑和品牌价值。康奈集团建立的柔性化智能工厂，满足了康奈内销产品多品种、少批量、快交期的小单元、柔性化制造模式。并以其对市场高度的适应性，推动研发制造全过程中的人、设备、物料、工艺技术等各个要素在同一个空间内的集成。通过建立高效的内部协作关系，各环节之间可以实时共享信息，实现整个过程的无缝衔接，从而提高整体生产效率、产品质量，深化精益生产方式。

面对未来的人才培育和竞争，康奈集团希望能通过更好的工作环境和更高科技水平的设备支持，吸引并留住更多优秀的青年技工，让大家与企业、与时代一起进步，共创未来。

"康奈新绿智能工厂"以其独特的理念承载着对行业数智未来的美好希望，也代表一种新生力量开始蓬勃发展。打造科技、智能、环保的数字化制造新势力，为行业走向数字化未来贡献康奈新力量。

（三）利用有赞新零售系统拓展互联网客群

有赞新零售系统是一款帮助实体零售商家升级为社交电商的经营工具，旨在提升商家的管理效率和业绩。该系统覆盖顾客、商品、门店和进、销、存等全方位场景，提供收银软件、分销裂变、会员储值、卡券核销、导购管理和资金管理等功能。通过这些功能，有赞新零售系统帮助商家实现线上和线下一体化经营，提高顾客体验和管理效率。

康奈集团的数字化转型策略包括利用有赞新零售系统进行全渠道引流和一体化经营，以实现获客和提升运营效率。这种策略不仅提高了康奈集团的市场竞争力，还增强了其在顾客中的品牌影响力。通过有赞新零售系统，康奈集团能够更好地管理顾客关系，实现精准营销和个性化服务。这主要体现在以下几个方面：

（1）数字化转型。康奈集团作为温州的领军企业之一，积极拥抱数字化转型，通过与有赞新零售系统合作，实现了线上和线下的深度融合，推动了业态的融合与发展。

（2）全渠道购物体验。康奈集团专注打造全渠道购物体验，满足顾客对个性化的需求。通过有赞新零售系统，康奈集团能够提供更加个性化的服务和产品，增强顾客的购物体验。

（3）私域流量池建设。康奈集团通过有赞小程序、企业微信等渠道，构建了以私域为核心的新零售体系，形成了强大的私域流量池，这有助于更紧密地连接顾客，提升品牌忠诚度。

（4）商品全生命周期运营管理。康奈集团利用大数据和算法，实现商品全生命周期运营管理，加快品牌转型。通过CDP系统（顾客数据平台），康奈集团能够精准洞察顾客需求，提供个性化营销策略及解决方案。

（5）会员数量增长。康奈集团通过有赞新零售系统，有效盘活会员生命周期，通过精准营销和个性化服务，有效提升会员的活跃度和忠诚度。在不到三年的时间里，康奈集团的会员数量就实现了显著增长。

（6）市场活动催化商机。康奈集团利用有赞新零售系统记录顾客与企业所有触点的互动情况，衡量活动营销效果，通过活动营销实现了千万级金额规模的商机。

温州康奈集团通过有赞新零售系统，不仅提升了用户体验，实现了全渠道数据融合，还强化了总部与一线门店的协同能力，提高了营销与销售能力，实现了持续增长。

电子资源

客户关系管理

拓展延伸

近几年，温州市民营企业在数字化转型方面取得了显著成效。

（1）数字经济创新提质。温州市深入实施数字经济创新提质"一号发展工程"，推动产业能级、创新模式、数字赋能、数据价值、普惠共享五大跃升，实现数字经济稳中有进，新质生产力加快形成。

（2）数字经济核心产业增长。2023年1—10月，全市数字经济核心产业制造业增加值同比增长13.1%，列浙江省第5位；聚焦数字经济集聚区呈现"一核心、多区块"格局，加快建设中国（温州）数安港、国际云软件谷、中国（温州）智能谷等"一港五谷"产业平台。

（3）中小企业数字化改造。乐清、瑞安、永嘉获得中小企业数字化改造省级试点财政激励；新增培育省级产业数字化服务商16家；全省中小企业数字化改造试点现场会在温州市召开。

（4）数字经济项目招引。温州市共招引超亿元数字经济项目40个，新开工35个，成功落地大唐5G、中国长城计算机、北斗产业基地等项目。

（5）企业技改投资增长。2020年，温州市技改投资增速30.7%，居全省第1位；新增正泰低压电器未来工厂，21个"数字化车间"和"智能工厂"；新增上云企业12096家，省市级上云标杆企业14家。

（6）数字经济综合评价指数提升。温州数字经济发展综合评价指数91.3分，位次再次前移，跃居全省第2位，数字经济基础更扎实、生态更完善、动力更强劲。

（7）数字化改革成果。温州共有10个项目入选2022年数字化改革"最系列"成果，总数居全省第1位，包括惠企利民资金直达智控在线、古系列保护·云端守卫应用、金融风险防范与处置应用等项目。

（8）数字化转型示范效应。温州市2020年新增智能化改造项目1294个，工业技改投资增长26.4%，增速列全省第1位，推动产业数字化转型成为温州市两会期间代表、委员们热议的话题。

温州市民营企业在数字化转型方面取得了积极的进展和成效，不仅在数字经济核心产业增长、中小企业数字化改造、数字经济项目招引等方面取得了显著成绩，还在数字化改革和企业技改投资方面展现了强劲的增长势头。这些成果表明，温州市民营企业数字化转型正在稳步推进，为经济高质量发展提供了有力支撑。

案例分析与讨论

1. 康奈集团在实施数字化转型后，其业务流程和顾客体验有哪些显著变化？如何量化这些变化对企业运营效率和销售业绩的影响？

2. 康奈集团如何通过有赞新零售系统构建私域流量池？在这个过程中，康奈集团采取了哪些具体的运营策略来提升品牌忠诚度和顾客黏性？

3. 在实现线上和线下深度融合的过程中，康奈集团面临了哪些挑战？这些挑战是如何被克服的？全渠道融合为康奈集团带来了哪些新的机遇？

参考文献

[1] 史雁军. 数字化顾客管理：数据智能时代如何洞察、连接、转化和赢得价值顾客[M]. 北京：清华大学出版社，2018.

[2] 亿邦智库，伯俊研究院. 响应全域业绩增长：2023零售数字化增长实践报告[EB/OL]. (2023-09-25)[2025-02-10]. http://www.citnews.com.cn/new./202309/167171.htm/.

第十二章
商务沟通技巧

理论知识

一、商务沟通的定义与类型

（一）商务沟通的定义

商务沟通是指在商业环境中，为了达成商业目标、促进业务合作、维护企业声誉和形象等目的而进行的交流、协商和传递信息的过程。它涵盖了从企业内部到外部的全方位沟通活动，是商业成功的重要基石。

（二）商务沟通的类型

商务沟通分为外部沟通、内部沟通、谈判沟通、危机沟通、有效倾听等多种类型。

1. 外部沟通

外部沟通是指企业与外部利益相关者之间的信息交流。这些利益相关者包括顾客、供应商、合作伙伴、媒体、政府机构及公众等。外部沟通的目的是建立和维护良好的外部关系，提升企业形象，促进业务合作，以及应对外部挑战和危机。外部沟通的形式多样，包括市场调研、广告宣传、顾客服务、公关活动、媒体关系管理等。通过有效的外部沟通，企业可以了解市场需求和竞争态势，提升品牌知名度和美誉度，吸引和留住顾客，以及树立良好的社会形象。

2. 内部沟通

内部沟通是指企业内部员工之间的信息交流。它包括上下级之间的沟通、员工之间的沟通以及部门之间的沟通等。内部沟通的目的是确保企业内部信息的顺畅传递和共享，促进团队协作和决策制定，提高员工满意度和忠诚度。内部沟通的形式包括会议、培训、内部邮件、员工手册、公告板等。通过有效的内部沟通，企业可以确保员工了解企业的战略和目标，明确各自的工作职责和期望，促进团队合作和协作，以及提高员工的工作效率和工作质量。

 创业小型课

3. 谈判沟通

谈判沟通是指在商业活动中，为了达成协议或解决争议而进行的协商和谈判过程。谈判沟通需要双方或多方共同参与，通过有效的交流和协商，寻求共同的利益和解决方案。谈判沟通的技巧包括了解对方需求、设定明确目标、建立信任关系、灵活应变、有效倾听和清晰表达等。通过成功的谈判沟通，企业可以达成有利的合作协议，解决商业纠纷，以及维护企业的合法权益。

4. 危机沟通

危机沟通是指在企业面临危机事件时，为了应对危机、减少损失而进行的紧急沟通和信息传递过程。危机沟通需要迅速、准确、透明地传递信息，以稳定员工、顾客和社会公众的情绪，恢复企业的声誉和形象。危机沟通的策略包括及时发布信息、坦诚面对问题、积极寻求解决方案、保持与利益相关者的良好沟通等。通过有效的危机沟通，企业可以迅速应对危机事件，减少负面影响，并恢复企业的正常运营和发展。

5. 有效倾听

有效倾听是商务沟通中的一项重要技巧。它要求沟通者全神贯注地听取对方的意见和想法，理解对方的情感和需求，以及把握对方的信息要点。有效倾听需要注重沟通者的专注力、理解力和反馈能力。通过有效倾听，可以建立更加良好的人际关系，促进双方或多方的相互理解和信任。

二、商务沟通在创新创业中的重要性

在创新创业的浪潮中，商务沟通如同一座桥梁，连接着创业者与市场的每一个环节，是推动项目成功、构建企业核心竞争力的关键因素。

（一）市场洞察与需求理解

在创新创业初期，市场洞察与需求理解是创业者面临的首要挑战。商务沟通成为获取这些关键信息的直接途径。通过与潜在顾客、行业专家、竞争对手及市场研究机构的沟通，创业者能够深入了解市场的现状、趋势及顾客的真实需求。这些信息对于产品开发、市场定位及营销策略的制定至关重要。通过有效的沟通，创业者能够精准捕捉市场机遇，快速响应市场变化，从而在激烈的市场竞争中占据有利地位。

（二）资源获取与合作伙伴关系建立

创新创业过程中，资金、技术、人才等资源是支撑项目发展的基石。商务沟通在资源获取方面发挥着至关重要的作用。创业者通过向投资者展示项目的潜力和价值，以及清晰地发展规划和盈利模式，能够吸引更多的资金支持。同时，与供应商、技术合作伙伴、渠道商等建立稳定的合作关系，也是确保项目顺利推进的关键。通过有效的沟通，创业者能够展现自己的专业能力和诚信品质，赢得合作伙伴的信任和支持，为项目的快速发展提供有力的资源保障。

（三）团队建设与内部协作

一支高效的创业团队是创新创业成功的基石。商务沟通在团队建设和内部协作中扮演着重要角色。通过开放、透明的沟通，团队成员能够明确各自的角色和责任，分享信息和想法，促进团队协作和创新。这种基于沟通的团队文化，有助于激发团队成员的积极性和创造力，形成强大的团队凝

聚力。同时，有效的沟通还能及时发现和解决团队内部的问题和矛盾，确保团队始终保持高效运转。

（四）品牌形象与市场推广

在竞争激烈的市场环境中，品牌形象和市场推广是企业吸引顾客、建立品牌忠诚度的关键。商务沟通成为创业者传递品牌理念、展示产品优势、建立品牌声誉的重要工具。通过精准的市场定位和有效的沟通策略，创业者能够提升品牌知名度，吸引潜在顾客的关注。同时，通过与顾客的互动和反馈信息收集，创业者能够不断优化产品和服务，提升顾客满意度和忠诚度。这种基于沟通的品牌建设策略，有助于企业在市场中树立独特的品牌形象，赢得顾客的青睐。

（五）危机管理与风险应对

创新创业过程中，难免会遇到各种挑战和危机，这些危机可能来自市场变化、政策调整、竞争对手的打压等。商务沟通在危机管理中发挥着至关重要的作用。通过及时、透明的沟通，创业者能够向利益相关者传递真实信息，建立信任关系，共同应对风险。同时，通过有效的沟通策略，创业者还能将危机转化为机遇，推动企业的转型升级。例如，面对市场变化，创业者可以通过与顾客的沟通了解他们的新需求，从而调整产品策略和市场定位；面对政策调整，创业者可以通过与政府部门的沟通了解政策导向和监管要求，从而及时调整企业战略和业务模式。

（六）提升创业者个人魅力与领导力

商务沟通不仅是信息传递的工具，更是展现创业者个人魅力和领导力的重要途径。通过有效的沟通，创业者能够展示自己的专业素养、创新思维和领导才能，赢得他人的尊重和信任。这种基于沟通的个人魅力，有助于创业者建立广泛的人脉资源，为项目的成功发展创造更多机遇。同时，通过有效的沟通，创业者还能激发团队成员的积极性和创造力，提升团队的凝聚力和执行力。

案例精选

一、学习目标

通过本案例的学习和分析，了解商务沟通的重要性，掌握商务沟通在不同商业场景下的关键作用，包括外部合作、内部团队协作、谈判、危机管理及有效倾听等；学习商务沟通技巧，通过分析案例，学习并理解有效的商务沟通策略和方法；培养实际应用能力，将学到的商务沟通技巧应用于实际情境，提升解决沟通障碍、提升团队效率、促进合作成功的能力；增强创新思维与团队协作，通过案例探讨，激发创新思维，理解团队协作与沟通对于推动初创企业持续发展的重要性。

二、内容简介

本案例介绍了温州网凝科技有限公司董事长潘鹏杰的创业历程，以及其在创业过程中所面临的各类商务沟通挑战及应对策略。案例详细描述了公司的发展历程、组织架构、市场扩张策略，以及潘鹏杰作为领导者在外部合作、内部团队管理、谈判、危机处理和跨文化沟通等方面的经验和智慧。通过分析这些实例，可以深入了解商务沟通在不同商业环境下的应用与挑战，并学习如何运用有效的沟通技巧促进企业发展。

三、创业浪潮中的商务沟通案例

温州网凝科技有限公司董事长创业过程中的商务沟通技巧

（一）创业者简介

2007年夏，潘鹏杰带着对技术的热爱和创业的梦想，踏上温州这片充满机遇的土地。作为温州市代理记账协会副会长，他不仅是温州网凝科技有限公司的联合创始人，更是一体化企业服务领域的探索者和创新者。

毕业于编程专业的潘鹏杰，凭借深厚的技术功底和对软件开发的深刻理解，迅速在温州找到了自己的立足点。经过多年的技术积累和行业洞察，2013年，他与合伙人谢总共同创立了温州网凝科技有限公司（网凝企服）（以下简称温州网凝科技或公司）。公司以一站式数字化企业服务平台为定位，致力于为中小企业提供全生命周期的服务。在潘鹏杰的带领下，公司团队多次抓住互联网科技的风口，为公司的发展奠定了坚实的基础，并培养了一支敢于拼搏的营销团队和专业的互联网服务团队。潘鹏杰深知，企业的长远发展离不开团队的共同努力和创新精神，他将"诚信、团结、创新、学习"作为公司的核心价值观，不断推动企业向前发展。

潘鹏杰不仅关注企业的经济效益，更注重企业的社会责任和长远发展。他希望温州网凝科技能够成为一家百年好企业，到2030年服务100万家企业，成为受社会尊重的千位合伙人企业。这一愿景体现了他对企业未来发展的深远规划和对社会责任的承担。在潘鹏杰的带领下，温州网凝科技不断探索数字化转型道路。公司深耕数字智慧园区建设，推进数字化运营、管理、生态，助力中小企业进入数字化新时代。潘鹏杰创业过程中的商务沟通故事，是温州网凝科技从一颗梦想的种子成长为参天大树的缩影。他以创业者的激情、敬业的态度、利他的精神和感恩的心态，带领公司不断前行，向阳而生。在潘鹏杰的引领下，温州网凝科技正以开放的姿态，迎接每一个挑战，创造更多的可能，与所有伙伴一起，共赢美好的未来。

（二）创业企业成长历程

2014年，温州网凝科技成为阿里巴巴淘点点温州地区城市服务商，开启了企业发展的新篇章。2015年，公司业绩不断攀升，成为支付宝口碑城市服务商，并在"双12"活动中创下辉煌业绩。2016年，公司在台州、舟山成立分公司，并成立滴滴企业版事业部，成为浙江地区滴滴企业级服务商。2017年，在金华、徐州成立分公司，5月在温州成立财税事业部；12月在乐清成立分公司，为企业提供一站式财税服务；同月，成立有赞事业部。2018年，公司乔迁至温州红创基地，办公室面积800余平方米，在职员工超过100人，服务顾客超过20000家。2019年，随着财税事业部的发展，7月在苍南成立口碑会计分公司，为更多企业提供财税服务支持。2020年，在永嘉、文成、龙湾成立口碑会计分公司，至此已成立6家分公司，在职员工200余人，服务30000多家企业。2021年，在瑞安、灵溪、钱库、虹桥、瓯江口成立口碑会计分公司，并在温州总部成立阿里商旅事业部和法保网事业部。2022年，在虹桥成立口碑会计分公司，至此已成立12家分公司，为更多企业提供服务。2023年，在台州、江西宜春、杭州等地成立分公司，至此已成立16家分公司。2024年，公司不忘初心、砥砺前行，与伙伴们一起拼搏，在上海、安徽等地建立招商园区，为更多企业提供一站式综合服务，让企业经营更美好。温州网凝科技秉承"共同创业、共同利益、共同发展、共同创新"的企业理念，将每位员工视为事业的创业者、利益的共享者、发展的受益者。

（三）创业者商务沟通经验分享

外部沟通：潘鹏杰的破局之道

1. 联名合作，品牌跃升

在创业初期，品牌知名度是潘鹏杰面临的第一个难题。然而，他并未坐以待毙，而是主动出击，寻找与知名品牌的合作机会。经过不懈努力，潘鹏杰成功与阿里巴巴达成IP联名合作，这一举措如同为温州网凝科技有限公司插上了翅膀，品牌知名度迅速飙升。顾客纷纷投来关注的目光，市场认可度也随之上涨。

2. 坦诚沟通，信任基石

面对顾客对新技术和服务的质疑，潘鹏杰选择了最直接也最有效的方式——坦诚沟通。他带领团队深入研究产品，提炼出通俗易懂的话术，确保在与顾客的每一次交流中都能精准传达产品价值。通过耐心倾听顾客需求，用简洁明了的语言解释产品特点，并强调产品的利他性，潘鹏杰逐渐赢得了顾客的信任，让温州网凝科技的产品和服务成为顾客心中的优选。

3. 人脉织网，资源汇聚

在温州这个人脉关系至关重要的城市，潘鹏杰深知建立广泛人脉的重要性。他积极对接具有渠道优势的合作伙伴，借助他们的力量与大顾客建立信用关系。同时，他保持与政府相关部门的常态化沟通，寻求按照政府公开流程提交合作方案，成功地将自己的产品推荐给了政府机构，并借助他们的力量将产品推向更广阔的市场。这张人脉网不仅为温州网凝科技带来了源源不断的顾客资源，更提升了公司在市场中的知名度和影响力。当得知某大型国有企业正在寻找数字化转型合作伙伴时，潘鹏杰敏锐地捕捉到了这一商机。他迅速通过自己的人脉关系联系到了该企业的相关负责人，并诚邀他们来公司参观考察。在考察过程中，潘鹏杰不仅详细介绍了公司的产品和服务优势，还展示了多个成功案例，充分显示了温州网凝科技的实力和专业性。最终，该企业被潘鹏杰的真诚和专业所打动，决定与温州网凝科技携手共进，共同推进数字化转型项目。这次合作不仅为温州网凝科技带来了可观的收益，更在业界树立了良好的口碑，进一步提升了公司在市场中的形象和地位。

通过这些外部沟通的策略，潘鹏杰成功地克服了创业初期面临的各种挑战，为温州网凝科技的快速发展铺平了道路。

内部沟通：潘鹏杰的破冰之旅

1. 信息孤岛的阴影

随着公司规模的日益扩大，一个不容忽视的问题逐渐浮出水面——内部沟通出现了严重的"信息孤岛"现象。各部门之间仿佛被无形的墙隔离开来，信息流通不畅，沟通效率低下。这种局面不仅影响了工作效率，更阻碍了团队协作的顺畅进行。员工们常常因为缺乏及时有效的沟通而错失合

 创业小型课

作良机,甚至在某些项目中出现了重复劳动或工作遗漏的情况。潘鹏杰深知,如果不能及时解决这一问题,公司的长远发展将受到严重制约。

2. 定期会议

面对内部沟通的问题,潘鹏杰首先想到了定期会议这一传统而有效的沟通方式。他深知,会议是团队沟通的重要载体,能够汇聚各方信息,促进思想碰撞。于是,他决定在公司内部实行早会和晚会制度,每天早晚各召开一次全体部门参与的会议。在早会上,各部门负责人轮流上台,汇报昨日工作的进展情况、今日的工作计划及遇到的问题和挑战。在晚会上,会对全天的工作进行总结回顾,分享成功经验,探讨解决方案。这一制度的实施,确保了各部门之间的信息能够及时流通,有效避免了"信息孤岛"的形成。员工们通过会议增进了相互了解,加强了团队协作,工作效率也得到了显著提升。

3. 数字化沟通平台

除了定期会议外,潘鹏杰还敏锐地捕捉到了数字化沟通平台的巨大潜力。他意识到,在信息化时代,传统的沟通方式已经难以满足企业高效协同的需求。于是,他选择了钉钉作为公司的内部沟通工具,并将其与财务、采购、考勤等系统功能整合。这样,员工不仅可以通过钉钉进行即时通信,还能随时查看公司各项业务的最新动态、提交报销申请、查看考勤记录等。数字化沟通平台的引入,极大地提高了沟通效率,让团队协作变得更加顺畅无阻。员工们不再受限于时间和空间,可以随时随地展开工作交流,实现真正的高效协同。

4. 明确数字化转型目标

为了让员工更好地理解和支持公司的数字化转型,潘鹏杰通过多次内部会议和培训活动,向员工详细阐述了数字化转型的目的和意义。他强调,数字化转型不仅是公司未来发展的必然趋势,更是提升竞争力、实现可持续发展的关键所在。同时,他还通过分享行业案例、展示数字化转型带来的实际成果,让员工深刻认识到数字化转型对公司和个人发展的重要性。为了激发员工的参与热情,潘鹏杰还鼓励员工积极提出自己的意见和建议,参与到数字化转型的各项工作中。通过一系列举措,潘鹏杰成功达成了公司内部的共识,点燃了员工的参与热情,为数字化转型的顺利推进奠定了坚实基础。

在推进一项重要的数字化转型项目时,潘鹏杰将内部沟通的技巧和策略运用得淋漓尽致。他首先通过定期会议向各部门负责人详细介绍了项目的背景、目标、实施计划和预期成果。为了确保项目的顺利推进,他还成立了项目专项小组,并指定了项目负责人和成员。在项目推进过程中,潘鹏杰充分利用了钉钉平台的功能优势,建立了项目沟通群,方便团队成员随时交流项目进展和问题。他还定期组织项目专题会议,邀请行业专家进行培训和指导,帮助团队成员解决技术难题和瓶颈。同时,他还鼓励团队成员之间互相学习、互相支持,形成了良好的团队协作氛围。通过这些努力,项目团队成员之间的沟通变得更加顺畅高效,协作效率也得到了显著提升。最终,在全体成员的共同努力下,项目顺利完成了预期目标,为公司带来了显著的经济效益和社会效益。

通过上述内部沟通的实例,可以看到潘鹏杰运用定期会议、数字化沟通平台及明确数字化转型目标等技巧,成功打破了公司内部的"信息孤岛"现象,重塑了团队协作的活力。他的经验告诉我们,内部沟通是企业管理中不可或缺的一环,只有掌握了有效的沟通技巧和策略,才能确保团队的

高效运作和企业的持续发展。

谈判沟通：潘鹏杰的共赢艺术

1. 商务谈判的荆棘之路

在商海浮沉中，潘鹏杰作为温州网凝科技的谈判高手，经常需要面对各种复杂多变的商务谈判，谈判之路也并非一帆风顺，他时常会遇到利益分配不均、双方立场差异大等沟通障碍。这些障碍如同荆棘一般，阻碍着谈判的顺利进行，也考验着潘鹏杰的谈判智慧和沟通技巧。在一次与某大型供应商的谈判中，潘鹏杰就遭遇了这样的困境：双方对于产品价格、付款方式及合作期限等关键条款存在严重分歧，谈判进程一度陷入僵局。潘鹏杰深知，如果无法打破这一僵局，不仅会影响公司的正常运营，还可能损害与供应商之间的长期合作关系。

2. 明确共赢目标

面对谈判的困境，潘鹏杰首先想到的是如何明确双方的共赢目标。他深知，在商务谈判中，只有让双方都能看到合作带来的共同利益，才能打破僵局，推动谈判向前发展。于是，他提出了"共建、共创、共享、共同富裕"的理念，强调双方应该携手合作，共同创造更大的价值，并分享这一价值带来的成果。在阐述这一理念时，潘鹏杰详细分析了双方合作的潜在收益，以及如何通过合作实现双方利益的最大化。他的话语充满了诚意和远见，让供应商代表逐渐感受到了合作的可能性。

3. 积极沟通

在明确了共赢目标后，潘鹏杰积极与供应商展开沟通。他保持着高度的敏锐性和灵活性，时刻关注着谈判的动态和变化，并根据情况及时调整策略。在沟通过程中，他既坚持公司的立场和利益，又充分尊重供应商的意见和需求，努力寻找双方都能接受的解决方案。通过多次的沟通和协商，潘鹏杰逐渐找到了双方利益的平衡点。他提出了一系列具体的合作方案，包括调整产品价格、优化付款方式及延长合作期限等，这些方案既满足了公司的需求，也充分考虑了供应商的利益。

4. 站在对方角度思考

在谈判的关键时刻，潘鹏杰展现出高超的沟通技巧——站在对方角度思考。他深知，只有真正理解供应商的需求和担忧，才能找到解决问题的关键。于是，他尝试从供应商的角度出发，思考他们为什么坚持某些立场，以及他们真正想要的是什么。通过这种利他思维，潘鹏杰发现了双方之间的共识点——都希望通过合作实现长期稳定的发展。于是，他抓住这一共识点，进一步强调了合作的重要性和必要性，并提出了更加具体的合作建议和方案。这些建议和方案不仅满足了双方的需求，还体现了他们对供应商利益的充分尊重和考虑。

在潘鹏杰的沟通和不懈努力下，双方终于达成了共识，并签订了合作协议。这份协议不仅为公司带来了稳定的供应链和优惠的价格，还为供应商打开了更广阔的市场，提供了更多的商机。更重要的是，通过这次合作，双方建立了深厚的信任关系和友谊，为未来的长期合作奠定了坚实的基础。这次谈判的成功，让潘鹏杰深刻体会到了共赢的重要性：在商务谈判中，只有让双方看到合作带来的共同利益，才能实现真正的共赢。而要实现这一目标，需要运用高超的沟通技巧和智慧的谈判策略，不断寻找双方利益的平衡点，推动谈判向着共赢的方向发展。

通过这次谈判沟通的实例，可以看到潘鹏杰运用明确共赢目标、积极沟通及站在对方角度思考

 |创业小型课|

等技巧，成功打破了商务谈判中的障碍，实现了双方的共赢。他的经验告诉我们，在商务谈判中，沟通是桥梁、共赢是目标，只有掌握了有效的沟通技巧和策略，才能跨越障碍，走向成功。

危机沟通：潘鹏杰的智慧应对

1. 危机初现

在温州网凝科技的稳健发展过程中，一场突如其来的企业服务质量危机如同暴风雨般席卷而来。公司因服务流程中的疏忽和不当处理被媒体曝光，网络上充斥着对公司的负面评价，顾客信心动摇，甚至出现了抵制公司服务的声音。这场危机不仅对公司品牌形象造成了严重冲击，更对公司的市场份额和未来发展构成了严峻挑战。作为公司的危机处理负责人，潘鹏杰深知自己担负的责任重大。在危机爆发的第一时间，他迅速组织团队召开紧急会议，深入分析危机的原因、影响及可能的应对策略。然而，危机沟通并非易事，尤其在公众情绪激昂、舆论压力巨大的情况下，如何迅速响应并有效沟通，以减轻负面影响，成为他必须面对的首要难题。

2. 主动出击

面对危机，潘鹏杰选择了主动出击，他决定打破沉默，积极与顾客建立沟通桥梁。他深知，沉默只会让谣言和误解肆意蔓延，而主动沟通则是澄清事实、消除误解的有效途径。于是，他亲自带领团队，对受影响的顾客进行了细致的梳理，并逐一进行电话和面谈沟通。在沟通中，潘鹏杰以诚恳的态度向顾客解释了服务出现问题的具体原因，包括服务流程中的疏忽、员工培训不足、管理不善等，并详细阐述了公司正在采取的补救措施和未来的改进计划。他耐心倾听顾客的抱怨和意见，及时给予回应和解释，努力寻求顾客的理解和支持。这种主动沟通的态度，让顾客感受到了公司的诚意和责任感，也为后续的危机处理奠定了良好的基础。

3. 真诚面对

除了主动沟通外，潘鹏杰更明白，要真正赢得顾客的信任，还必须用实际行动来解决问题。他深知，空洞的承诺和解释无法消除顾客心中的疑虑，只有实实在在的解决方案才能让顾客看到公司的决心和诚意。于是，他带着公司的服务改进方案、顾客补偿政策、员工培训计划等实际解决方案，亲自前往顾客那里进行真诚的沟通交流。在交流中，潘鹏杰向顾客详细介绍了公司的改进措施和补偿方案，包括优化服务流程、加强员工培训、提升服务质量，以及为受影响顾客提供合理的补偿等。他强调，公司一定会对这次事件负责到底，确保顾客的权益得到最大程度的保障。同时，他也邀请顾客参观公司的服务中心和培训场地，让顾客亲眼见证公司的改变和努力。这种真诚面对问题、积极解决问题的态度，让顾客感受到了公司解决问题的决心和诚意，也逐渐恢复了对公司的信任。

4. 内部稳定

在危机处理的过程中，潘鹏杰非常注重内部员工的情绪稳定。他深知，员工的恐慌和不安不仅会影响工作效率，还可能引发更大的危机。因此，他及时组织员工召开会议，进行深入的沟通交流。在会议上，潘鹏杰向员工通报了危机的进展和公司的应对措施，鼓励员工保持冷静和信心。他强调，公司是一个团队，只有团结一心、共同面对，才能战胜困难。同时，他也要求员工统一口径，对外传递一致的信息，避免因为信息混乱而引发更大的误解和恐慌。为了稳定员工情绪，他还组织了一系列团队建设活动，如心理辅导、团队游戏等，帮助员工释放压力、增强团队凝聚力。通过稳定内部情绪的方式，潘鹏杰成功凝聚了团队的力量，为危机处理提供了有力的支持。

5. 破冰之旅

经过潘鹏杰和团队的共同努力，这场危机最终得到了有效的化解。公司的服务质量得到了明显的提升，顾客满意度也逐渐恢复。更重要的是，通过这次危机处理，公司不仅赢得了顾客的信任和尊重，还锻炼了团队的危机应对能力，提升了公司的品牌形象和市场竞争力。

回顾这场危机处理的过程，潘鹏杰深刻体会到了危机沟通的重要性和智慧应对的必要性。他明白，在危机面前，只有保持冷静、积极应对、真诚沟通，才能化危为机，赢得更广阔的发展空间。同时，他也意识到，危机处理不仅是一次应对行动，更是公司长期发展战略中的重要组成部分。只有不断完善危机管理机制、提升危机应对能力，才能在未来的发展中更加稳健地前行。

这次危机沟通的实例，不仅展现了潘鹏杰在危机处理中的智慧和勇气，更为公司的发展提供了宝贵的经验和启示。他的经验告诉我们，在服务行业中，企业服务质量是生命线，一旦出现问题，必须迅速响应、真诚面对、积极解决。只有这样，才能在危机中找到转机，实现企业的持续发展。

有效倾听：潘鹏杰破障之旅

1. 障碍显现

在温州网凝科技的企业一站式财税服务部，潘鹏杰正面临着前所未有的挑战。作为部门的负责人，他深知财税服务的专业性和复杂性，也明白任何一点疏漏都可能给顾客带来巨大的麻烦。然而，他发现近期部门内部沟通不畅，员工似乎有所顾虑，不敢完全表达自己的真实想法，这导致了一些决策上的失误和服务质量的下滑。为了改变这一状况，潘鹏杰决定召开一次全体会议，通过有效倾听来找出问题的根源，并制定出改进策略。

在会议开始，潘鹏杰首先请各部门小组长汇报近期的工作情况和遇到的问题。然而，他很快发现，这些报告似乎都过于"完美"，只展示了工作的亮点，却对存在的问题和不足避而不谈。更令他担忧的是，当询问到具体细节或敏感问题时，许多员工都选择了沉默，或者只是给出一些含糊其词的回答。潘鹏杰意识到，有效倾听的障碍已经显现，信息壁垒和员工不敢表达真实想法成为亟待解决的问题。

2. 破障之旅

面对这些障碍，潘鹏杰决定运用有效倾听的技巧来打破沉默，获取员工真实的反馈。首先，潘鹏杰向全体员工明确表示，这次会议的目的是发现问题、解决问题，而不是追究责任或批评。他鼓励大家放下顾虑，大胆说出自己的想法和意见，无论是关于工作流程的改进、顾客服务的提升，还是个人职业发展的困惑。这种开放的态度让员工们感受到了公司的包容和尊重，也为后续的沟通奠定了良好的基础。

其次，为了获取更多深入的信息，潘鹏杰开始主动询问员工。他不再满足表面的汇报，而是深入财税服务的各个环节，询问员工在实际操作中遇到的困难、顾客的反馈及他们的建议和想法。特别是针对一些关键岗位和复杂案例，他更是耐心倾听、详细询问，确保不遗漏任何重要信息。这种主动询问的方式让员工们感受到了被重视和关注，也激发了他们分享信息的热情。

 创业小型课

在倾听过程中,潘鹏杰还特别注重给予员工反馈和确认。每当员工提出一个观点或建议时,他都会认真倾听、思考,并用自己的话复述出来,确认理解是否正确无误。这种反馈和确认的方式不仅让员工们感受到了被尊重,也确保了信息的准确传递和理解,避免了误解和偏差。

在潘鹏杰的引导下,会议的气氛逐渐变得轻松活跃。原本沉默的员工慢慢开口,他们分享了自己在财税服务过程中的真实感受和遇到的挑战。有的员工提到了税务政策变化导致的服务调整困难,有的员工则反映了内部沟通不畅导致的资源浪费和效率低下问题。这些真实的信息让潘鹏杰对部门的现状有了更加全面和深入的了解。其中,一位负责顾客服务的员工发言尤为引人注目。她坦言,在与顾客沟通时,由于对公司某些财税政策的理解不够深入,导致在解答顾客疑问时出现了偏差,甚至引发了一些不必要的误会。原本担心自己会被批评的员工,在潘鹏杰的鼓励和引导下,勇敢地说出了自己的困惑和反思。潘鹏杰不仅没有责怪员工,反而对其坦诚表示了赞赏,并鼓励员工继续提出改进建议。同时,他也承诺会加强对员工的财税政策培训,提升大家的专业素养和服务能力。

3. 破障成果

通过有效倾听,潘鹏杰不仅获取了宝贵的反馈信息,还与员工们建立了更加紧密和信任的关系。在随后的讨论中,大家共同分析了问题的根源,提出了切实可行的改进方案。潘鹏杰也根据员工的建议,对部门的工作流程进行了优化,加强了内部沟通协作,提升了服务质量和效率。

这次会议不仅解决了部门当前的问题,更为未来的工作树立了榜样。潘鹏杰深刻体会到有效倾听的重要性,他决定将这一技巧应用到部门的日常管理中,鼓励员工们多沟通、多交流,共同推动部门的发展。同时,他也意识到,只有真正倾听员工的声音,才能了解部门的真实状况,才能制定出更加符合实际、更加有效的决策,从而为顾客提供更加优质、高效的财税服务。

电子资源

商务沟通技巧

拓展延伸

在创新创业的征途中,商务沟通技巧不仅是创业者必备的核心能力,更是推动项目成功、构建商业网络的关键。首先,商务沟通技巧的基础在于倾听与理解、清晰表达及非语言沟通的运用。有效的倾听能够帮助创业者准确捕捉市场需求、理解合作伙伴的期望,从而制定出更加贴合实际的商业策略。清晰表达可以确保信息准确无误的传递,无论是向投资者阐述项目愿景,还是与团队成员沟通工作进展,都需要用简洁明了的语言,确保信息接收者能够迅速理解并做出反应。此外,非语言沟通如身体语言、面部表情等,也是传递信任、建立良好第一印象的重要手段。

为了进一步拓展商务沟通技巧,创业者需要适应不同情境下的沟通需求,灵活调整策略。面对投资者时,需要侧重展示项目的潜力与回报;与合作伙伴沟通时,需强调共同目标和利益共享;而在团队内部,则要注重激励与协作,营造积极向上的工作氛围。同时,建立长期稳定的合作关系是商务沟通的重要目标之一,这要求创业者不仅要关注单次交流的效果,更要通过持续沟通、互信互助,巩固与各方的关系,共同应对市场挑战。

在创新创业的特定背景下,商务沟通技巧还需要进一步延伸。创新沟通方式,如利用社交媒体、在线会议等数字化工具,可以拓宽沟通渠道,提高沟通效率,特别是在全球化背景下,跨文化沟通能力的强化尤为重要。未来商务沟通领域将呈现出数字化与远程化、智能化与个性化、跨文化与全球化、数据驱动与可视化,以及可持续性与社会责任等多重趋势。商务人士需要不断适应这些变化和新趋势,提升自己的沟通能力和技巧,以应对日益复杂的商务沟通环境。

为了不断提升商务沟通技巧,创业者应持续学习与实践,紧跟行业动态,了解市场趋势,以便在沟通中展现深度见解和专业素养。同时,积极寻求反馈与改进,无论是来自合作伙伴、团队成员,还是顾客的反馈,都是宝贵的资源,有助于创业者全面认识自己的沟通表现,及时调整策略,实现自我提升。

案例分析与讨论

1. 潘鹏杰在公司初创阶段是如何通过外部沟通提升公司品牌知名度的?在其创业历程中,他是如何运用外部沟通技巧来建立和维护与大顾客及合作伙伴关系的?面对顾客对新技术或服务的质疑,潘鹏杰采取了哪些沟通技巧来建立彼此的信任?

2. 随着公司规模的扩大,潘鹏杰如何确保内部沟通顺畅,避免"信息孤岛"?在其领导下,温州网凝科技是如何通过有效的内部沟通技巧来确保员工充分理解并积极参与数字化转型和创新的?

3. 在与合作伙伴进行商务谈判时,潘鹏杰如何平衡双方利益并达成共赢目标?面对谈判中的分歧和冲突,他采取了哪些策略来化解并推动谈判进程?

4. 在遇到公众舆论负面影响时,潘鹏杰如何迅速响应并有效沟通以减小影响?在内部员工对危机事件感到恐慌时,他是如何稳定情绪并统一口径的?

5. 潘鹏杰的创业经历中,倾听是否对决策制定产生了积极影响?你认为有效倾听如何帮助他做出更明智的决策?

参考文献

林巍,吴磊,于海燕,等.商务与管理沟通(第2版,微课版)[M].北京:清华大学出版社,2022.

第十三章

新媒体营销

理论知识

一、新媒体营销的含义

新媒体营销是指利用新型的数字和互联网技术平台进行品牌推广和产品销售的营销方式。它通过内容创作、传播和互动,吸引潜在顾客的注意力,并促进其参与和转化。新媒体营销涵盖了多种渠道和形式,包括但不限于社交媒体(如微博、微信)、搜索引擎、博客、视频分享网站、移动应用程序等。与传统营销相比,新媒体营销更加强调用户体验、个性化沟通和数据分析,能够帮助企业更精准地定位目标受众,并通过互动式营销策略建立起更紧密的品牌与顾客关系。

随着信息技术的进步,尤其是 Web 2.0 技术的兴起,新媒体营销已成为企业不可或缺的战略组成部分。新媒体营销利用数字化、网络化和电子化的工具和技术进行营销活动。这种营销方式不仅能充分利用新媒体的广泛普及性,还能更好地满足企业和顾客的需求,从而为企业带来更大的效益。新媒体营销的核心在于通过新媒体工具实现品牌信息的有效传达,同时利用新媒体特性与顾客建立深层次的联系。

二、新媒体营销的特征

新媒体营销凭借独特的优势和特性,在当今市场环境中扮演着至关重要的角色。下面将详细探讨新媒体营销的关键特征。

1. 目标顾客精准定向

新媒体营销的一大优势在于能够精准定位目标顾客。利用社交媒体和其他新媒体平台的大数据分析能力,企业可以深入了解用户的行为模式、兴趣爱好及其他相关信息,从而实现更加精确的市场定位。例如,小米公司在产品开发初期,会通过其官方微博平台征求用户的反馈意见,根据用户的建议进行产品的设计和改进。这种做法不仅加深了用户对品牌的认同感,还确保了产品能够更好地满足市场需求。

2. 与用户的距离拉近

新媒体营销让企业与用户之间的距离更加接近。传统的媒体营销往往是单向的信息传递，而新媒体营销则允许用户通过各种形式与企业互动，如评论、分享和直接沟通等。移动互联网的普及使得信息的实时传播成为可能，这意味着企业可以随时随地与用户保持联系。例如，某零食品牌在其早期营销阶段通过新媒体平台与顾客建立了紧密的联系，从而在短时间内实现了销量的惊人增长。

3. 个性化营销成为可能

新媒体营销的一个重要特征是个性化营销。过去，企业通常采用一种面向大众的营销策略，但在新媒体时代，企业可以根据用户的个性化需求提供定制化的产品和服务。亚马逊就是典型的例子，它通过分析用户的购买记录和浏览行为，向用户推荐个性化的产品。此外，苹果的应用商店也为用户提供了高度定制的应用程序，以满足他们的个性化需求。通过复杂的算法为每一位用户提供个性化的商品推荐，这不仅提升了用户体验，还增加了用户的购买可能性。

4. 公关作用显著增强

新媒体营销使得企业的公关活动更加有效。与传统媒体相比，新媒体营销涵盖了顾客关系管理（CRM）和企业资源规划（ERP）等多个方面。企业可以利用社交媒体等新媒体工具快速响应公众关注的问题，这对于维护品牌形象至关重要。

5. 企业宣传成本降低

新媒体营销显著降低了企业的宣传成本。企业可以利用现有的新媒体平台，如微博、微信等，而无须创建自己的营销平台，减少了固定资金的投入。此外，新媒体营销还可以通过多媒体技术手段以极低的成本传播营销信息，从而吸引更多潜在顾客的注意。许多企业通过微博、微信等社交媒体平台发布内容，不仅减少了宣传成本，还能够通过用户的转发和分享快速扩大影响力。

6. 成本低廉

新媒体营销在经济、技术和时间成本等方面都具有明显优势。新媒体营销以其低成本优势，成为企业推广的首选。企业无须投入巨额资金建立专属平台，而是利用现成的社交媒体如微博、微信等，以极低的成本发布图文、视频等多样化内容。技术门槛的降低，使得即使非技术型企业也能轻松上手，通过简单操作即可实现高效的信息传播。此外，新媒体的即时性和用户的高度参与性，使得营销信息能够迅速在网络中传播，极大地缩短了营销周期，减少了时间成本。某小型创业公司通过微博发布创意短视频，展示其产品特点，该视频迅速走红，获得数十万次转发和观看，而整个营销活动的制作和推广成本不足千元。

7. 应用广泛

新媒体营销涵盖了多种渠道，包括但不限于博客、网络视频、网络社区等，为企业提供了多样化的营销手段。创业企业可以利用新媒体的低成本优势，通过多种渠道进行有效营销，如博客营销，创业企业可以通过撰写行业洞察、产品更新或用户故事等内容，建立品牌权威性和透明度，吸引目标受众。又如网络视频营销，通过制作高质量的产品演示、用户评价或教育性内容视频，创业企业可以在短视频平台上吸引潜在顾客的注意力。再如网络社区营销，加入或创建与企业产品相关的在线社区，与目标用户直接对话，收集反馈信息，建立品牌忠诚度。

8. 前景广阔

新媒体营销以其广泛的传播渠道和深入的数据分析能力，为企业描绘了广阔的市场前景。它不仅提供了丰富的内容形式，还赋予了每个人发声和传播信息的能力。企业通过挖掘社交平台上的用户数据，能够更精准地捕捉顾客需求，从而发现并开拓新的市场机会。随着移动互联网的普及，信息传播变得更加即时和个性化，受众的媒体消费行为呈现出碎片化特征。然而，通过新媒体内容的吸引力和价值观的引导，受众又能够在特定主题或兴趣点上实现重聚。这种趋势要求企业在营销策略上进行创新，以适应新媒体格局的快速变化。

总之，新媒体营销以其独特的互动性、个性化、成本效益和广泛的应用场景，为企业提供了前所未有的营销机会。随着技术的不断进步和社会的持续变化，新媒体营销将继续演变和发展，为企业带来更多创新的可能性。

三、新媒体营销的载体

1. 网络媒体

网络媒体作为新媒体营销的基石，通过其 Web 页面提供了信息和服务的丰富平台。它的发展已经彻底改变了人们获取信息和进行社交互动的方式，成为现代生活的重要组成部分。在我国，网络媒体的广泛应用为创业企业提供了巨大的市场机遇，这些企业通过网络平台进行品牌宣传、产品展示和用户互动，有效提升了品牌的市场影响力。例如，一家在线教育创业公司推出了"课程预览"功能，允许潜在学员在正式报名前免费体验部分课程内容。这一策略不仅提高了用户满意度，还显著增加了课程的转化率。

2. 移动媒体

移动媒体凭借高度的便携性和移动性，已经成为新媒体营销的关键渠道。随着智能手机和平板电脑的普及，用户可以随时随地接收信息和享受服务，这为品牌提供了与顾客建立联系的新途径。在中国，随着移动互联网用户数量的激增，移动媒体营销正成为创业企业推广产品和服务的有效手段。企业通过开发移动应用、推送通知及在移动平台上进行广告投放，能够更精准地触达目标用户群体。如某生鲜电商创业公司推出了移动应用，用户通过智能手机即可轻松浏览商品、下单购买，享受便捷的一站式购物体验。该公司利用地理位置服务向附近用户推送优惠信息，并通过社交媒体分享购物心得，增强了用户黏性，有效提升了销售业绩。

3. 互动性电视媒体

互动性电视媒体是传统电视媒体与互联网技术结合的产物，包括数字电视和交互式网络电视（IPTV）等形式。这类媒体不仅保留了传统电视的传播优势，还加入了互动功能，为用户提供更加丰富的个性化服务。互动性电视媒体融合了传统电视的广泛覆盖与互联网的互动特性，创造出数字电视和 IPTV 等新型传播平台。这些平台通过提供个性化内容和交互式服务，极大地丰富了用户的观看体验，允许用户根据自己的喜好选择节目、参与互动讨论，甚至享受定制化服务。在我国，随着数字电视和 IPTV 的普及，越来越多的家庭享受到了互动性电视媒体带来的便利。这些服务不仅提供了丰富的节目选择，还通过增值服务如在线教育、游戏娱乐等，满足了用户的多元化需求。

4. 户外新媒体

户外新媒体是将数字视频技术等引入户外空间的新媒体形式，它包括城市户外电子显示屏、楼宇电视、车载移动电视等。这类媒体利用"等候经济"效应，在特定场合传递信息。户外新媒体通过将先进的数字视频技术应用于城市空间，开辟了一种创新的信息传播渠道。这种媒体形式在人流密集的公共场所，如商业区、办公楼和交通工具上传递信息，充分利用了人们在等待中的碎片化时间。在我国，户外新媒体正成为品牌传播的热门选择，尤其是寻求快速提升知名度的创业企业。这些新媒体平台能够提供高覆盖率和高频率的曝光，帮助企业在目标受众中建立品牌形象。如一家初创广告公司专注户外新媒体市场，通过与商业地产和交通运营公司合作，成功地在多个城市的黄金地段部署了户外电子显示屏。该公司利用大数据分析受众行为，精准推送广告内容，有效提升了广告效果。此外，通过创新的互动技术如增强现实（AR）技术，该公司进一步吸引了顾客的注意力，为品牌顾客提供了与众不同的营销解决方案。

5. 微博营销

微博营销通过利用微博这一社交平台，发布引人入胜的内容和激发讨论的话题，能够迅速引发用户的广泛关注和参与，形成强大的传播效应。企业可以借此激发用户互动，扩大品牌影响力。微博作为一个重要的社交媒体平台，为创业企业提供了展示创意、吸引用户和建立品牌形象的舞台。通过精心策划的内容和互动策略，企业能够在激烈的市场竞争中脱颖而出。如加多宝在2013年的"对不起"系列营销活动中，通过一组兼具视觉力与传播力的图片，成功获得了大量网民的同情和支持，实现了公关危机的有效化解。

6. SNS 营销

社会性网络（Social Networking Services，SNS）营销通过社交网络平台的力量，让企业能够构建与用户的深层次联系，并通过互动交流加强品牌的社会化传播。在这些平台上，企业不仅能够分享内容、发布信息，还能通过参与讨论、回应用户反馈来提升品牌形象和用户忠诚度。在我国，微博和微信等社交平台因庞大的用户基础和高活跃度，成为SNS营销的重要战场。企业可以通过发布有吸引力的内容，如图文、视频和话题讨论来吸引用户的关注和参与。此外，通过举办在线活动、互动竞赛等形式，企业能够激发用户的参与热情，进一步扩大品牌的社会影响力。

7. LBS 位置营销

LBS（Location – Based Sewice）营销通过利用GPS和移动网络等技术手段，捕捉用户地理位置，为企业提供了创新的营销渠道。这种基于位置的服务不仅能够向用户推送个性化的优惠信息，还能增强用户与品牌之间的互动，提升营销的精准度和效果。LBS营销尤其适用于本地化服务和零售行业，企业可以根据用户的具体位置，提供定制化的促销活动。

8. 网站营销

网站营销作为企业数字化战略的核心组成部分，对于塑造品牌形象、增强用户互动以及提升品牌知名度具有重要作用。①品牌形象塑造。企业网站应精心设计，反映品牌个性和价值观，通过视觉元素、品牌故事和用户界面设计来吸引和留住访问者。②内容营销。定期发布高质量的内容，如博客文章、行业分析、产品使用指南等，以提供价值并建立品牌在行业的权威地位。③搜索引擎优化（SEO）。优化网站结构和内容，提高在百度等中国搜索引擎的排名，吸引更多有机流量。④用户体验优化。确保网站易于导航，加载速度快，并在不同设备上提供一致的用户体验，包括桌面和移动端。⑤社交媒体整合。将网站内容与微博、微信等社交媒体平台整合，通过社交分享增强网站的外部链接和可见度。⑥在线客服和反馈机制。提供在线客服支持和反馈渠道，及时响应用户咨询和需求，增强用户满意度和忠诚度。

9. 视频营销

①可通过本土化故事叙述。初创企业可以通过讲述与中国文化和价值观相契合的品牌故事来吸引观众。例如，展示创始人如何将中国传统文化融入产品设计理念中。②教育性内容制作。制作与中国市场相关的教育视频，如介绍中国特有的健康理念、传统医学知识等，同时展示产品如何与这些理念相结合。③用户参与和内容共创。鼓励用户分享自己使用产品的视频，尤其是通过流行的社交媒体平台，如微博、微信、抖音等，使用户成为品牌传播的一部分。④视频广告投放。在优酷、爱奇艺、腾讯视频等主流视频平台上投放广告，利用这些平台的精准定位技术触达目标受众。⑤社交媒体整合。将视频内容分享到微博、微信朋友圈、小红书等社交媒体平台，利用这些平台的传播力量扩大品牌影响力。⑥视频 SEO 优化。针对我国的视频搜索引擎和平台算法，优化视频的标题、描述、标签，提高在百度视频搜索、优酷等平台上的可见度。

10. 搜索引擎营销

搜索引擎营销（Search Engine Marketing，SEM）是一种通过优化网站内容和结构，以及在搜索引擎上投放广告来吸引潜在顾客，提高网站流量和品牌知名度的网络营销策略。对于初创企业来说，利用搜索引擎营销尤为重要，因为它可以帮助企业在竞争激烈的市场中脱颖而出，以下是一些具体的策略：

①搜索引擎优化（SEO）。通过优化网站的关键词、内容、链接和用户体验，提高网站在搜索引擎结果页（SERP）中的排名。例如，一家初创在线教育平台可能针对特定的教育关键词进行SEO 优化，以吸引寻找相关课程的用户。②搜索引擎广告（PPC）。通过在搜索引擎上购买关键词广告，使企业的广告在用户搜索相关词语时出现在搜索结果的显眼位置。如一家初创科技产品公司可能针对其产品特性和目标市场，设置相关的关键词广告，以快速吸引目标用户。③内容营销。创建高质量的内容，如博客文章、视频、图像等，以吸引和保留用户，同时提高搜索引擎的排名。如一家初创健康食品公司可能发布关于健康饮食和生活方式的高质量博客文章，以吸引关注健康话题的用户。④社交媒体整合。结合社交媒体平台如 Facebook 等，扩大内容的传播范围，增加网站的外部链接和可见度。如一家初创时尚品牌可能在微信上分享其产品图片和故事，同时在帖子中包含指向其网站的链接。⑤本地搜索优化。对于依赖本地市场的初创企业，优化本地搜索结果至关重要，包括在平台上注册和更新企业信息，确保在本地搜索结果中出现。

通过这些措施，初创企业可以有效地利用搜索引擎营销建立品牌、吸引目标顾客，并在市场中建立自己的竞争优势。新媒体营销的载体涵盖了网络媒体、移动媒体、互动性电视媒体、户外新媒体等多种形式。这些载体为企业提供了多样化的营销渠道，有助于企业更好地与目标用户建立联系，提高品牌知名度和市场竞争力。随着技术的不断进步和社会的发展变化，新媒体营销的载体还将继续发展和完善。

四、新媒体营销对企业发展的影响

1. 市场拓展与品牌推广

新媒体营销为企业提供了强有力的市场拓展工具。数据显示，截至 2023 年底，全球社交媒体用户数量已超过 45 亿，这意味着企业可以通过微博、微信等社交平台接触到庞大的潜在顾客群体。例如，小米公司利用微博和微信公众号进行新品发布和促销活动，成功提高了产品的曝光度和销量。2024 年，小米在新产品发布会召开前通过微博发起预热活动，吸引了大量粉丝的关注和参与，有效地提升了新品的认知度和销售转化率。

2. 媒介生态环境变化

新媒体技术的发展重塑了媒介生态格局。随着媒介融合趋势的加强，不同媒介间的界限变得越来越模糊。例如，抖音、快手等短视频平台的崛起，不仅改变了人们的信息消费习惯，也催生了新的营销模式——短视频营销。

3. 营销环境的变化

新媒体营销环境下的传播模式已经由传统的单向传播转变为双向互动模式，这种变化使得顾客能够直接参与到品牌传播中。例如，星巴克推出的"白杯涂鸦"活动，邀请顾客在咖啡杯上创作并分享到社交媒体，这一举措增强了顾客与品牌的互动，提升了品牌的亲和力。星巴克的"白杯涂鸦"活动不仅激发了顾客的创造力，还通过用户的自发分享提升了品牌的曝光度。

4. 顾客行为模式的转变

新媒体时代的顾客呈现出新的特征。"90 后""00 后"已成为互联网主力军，他们更加倾向通过移动设备获取信息和完成购买行为。这种变化促使企业采取更加灵活和个性化的营销策略，以适应年轻顾客的需求。

5. 市场营销管理方式的革新

新媒体营销要求企业采用更为高效的市场营销管理方式，这种方式极大地提升了信息流通的效率，帮助企业在短时间内实现产品销量的爆发式增长。

6. 营销理论的丰富与发展

新媒体营销理论强调趣味性、利益性、互动性和个性化原则，这些原则的应用不仅丰富了营销理论体系，也为企业的营销实践提供了指导。例如，拼多多利用拼团模式，让顾客通过邀请好友一起购物来享受更低的价格，这种创新的营销模式使其迅速成为中国电商领域的领军企业之一。

案例精选

一、学习目标

通过案例学习，深入理解新媒体营销在数字经济中扮演的角色及发展趋势，如短视频、直播带货等新兴形式；探讨创业者面临的挑战与机遇，包括技术变迁、数据隐私和激烈竞争；并通过案例研究提升专业知识，学习成功创业者的思维模式与决策过程；掌握社交媒体、内容营销等技能，分

析并应对新媒体环境下的市场变化，汲取实践经验，规划个人或团队的新媒体营销创业路径，为未来在这一快速发展领域中立足打下坚实基础。

二、内容简介

温州家具市场历经约 28 年的发展，已成为该地区专业市场的典范，并获得四星级评定。其成功在于管理层的代际更新，从老一辈到年青一代，注入了创新思维与活力，明确将自身定位为符合本地特色的生活方式提供者。面对激烈的市场竞争，温州家具市场不仅依靠规模和产品多样性优势，还通过引入建材、定制软装等新板块，向多品类综合商场转型，以满足顾客对一站式购物体验的需求。

在营销策略上，温州家具市场秉持"童叟无欺，一分价钱一分货"的原则，注重产品质量和服务体验，致力于建立长期稳定的顾客关系。在新媒体营销方面，自 2017 年起涉足直播领域，通过抖音、小红书等平台，温州家具市场实现了从单纯线上销售到引流实体店的转变，同时推出福利活动来吸引顾客，强化品牌与顾客之间的互动联系。尽管新媒体带来了新的机遇，如数字人直播和 AI 技术的应用，但在家居行业新媒体专业人才方面温州地区存在明显短板，这对行业的进一步发展构成了挑战。为了适应变化，企业需要重视新媒体人才的培养与引进，确保在竞争中保持领先地位。新媒体不仅是提升品牌知名度的有效工具，还能直接促进销售增长，为中小企业带来实际经济效益。因此，在新媒体时代，温州家具市场正积极应对挑战，寻求在专业人才培养上的突破，以推动整个行业的持续进步和发展。

三、新媒体营销案例

新媒体时代的温州家具市场：营销策略的探索与应用

（一）温州家具市场概览

温州家具市场作为这座城市最早的专业市场之一，已经走过了 28 年的辉煌历程。在这段时间里，它不仅见证了温州家具行业的崛起，更是在浙江省市场监督管理局的认定下，荣获了四星级专业市场的殊荣，成为温州为数不多的行业标杆。

1. 温州家具市场的发展历程与当代格局

温州家具市场之所以能够保持持久的活力，很大程度上得益于其管理者的更新换代。从"60后""70后"的老一辈，到现在以"80后""90后"为主的年轻管理层，他们为市场注入了新鲜的血液和创新的思维。这些年轻的管理者们每年都在积极地更新品牌，引进国际展会上的新品牌和新风格的家具，不断地为市场带来新的活力。温州家具市场的定位非常明确，就是将市场打造成为温州人自己的家具食堂，一个更符合温州人品味和特色的购物天堂。在这里不仅提供家具，更提供一种生活方式、一种温州人独有的生活态度。在激烈的市场竞争中，温州家具市场始终保持着独特的竞争优势，不断地引进新品牌，更新产品线，以满足顾客日益增长的需求。温州家具市场的目标是，让每一位走进市场的顾客，都能找到心仪的家具，感受到家的温暖和舒适。

2. 主要特点和竞争优势

在市场竞争和优势分析方面，温州家具市场拥有显著的地位。首先，温州家具市场在家具领域的优势是显而易见的。它的名字本身就代表了其在温州地区的主导地位,因为其他商场的家具板块规模加起来难以与之匹敌。温州家具市场拥有3个馆,总面积达8万平方米,这在规模上构成了核心竞争力。然而,温州家具市场单一的产品板块虽然带来了优势,也可能成为发展的局限。

因此,随着温州精装房的兴起和顾客对一站式购物体验的需求增加,温州家具市场开始转型,从单一的家具商场向多品类综合商场发展。温州家具市场引入了建材、定制软装、家电等与家具高度相关的新板块,这些新板块与家具板块的融合度很高,共同构成了家装市场的新面貌。在家装市场中,硬装和软装是两个主要的组成部分。家具和定制软装作为软装的一部分,虽然在市场份额上约占45%,但在效果上却占据了60%的影响力。相比之下,硬装虽然占据了更大的市场份额,但在视觉效果上往往不如软装明显。因此,温州家具市场的竞争策略不仅要依靠规模和产品多样性优势,还要通过提供一站式的购物体验和强化软装的视觉冲击力,增强市场的竞争力。这样的转型和策略调整,不仅能够更好地满足顾客的需求,同时也为温州家具市场带来了新的发展机遇。

(二)温州家具市场的机遇与挑战:新媒体营销的新战场

1. 营销策略的独特之处

在讨论温州家具市场的营销策略时,必须考虑产品、价格、促销和分销渠道等多个关键因素。针对温州地区的家居市场,温州家具市场的商业哲学始终围绕着"童叟无欺,一分价钱一分货"的原则,这一原则也是温州家具市场业务成功的基石。

首先,温州家具市场在品牌准入方面非常严格,确保只有高品质的产品能够进入市场。其次,温州家具市场坚持"一分价钱一分货"的定价策略,因为作为一个历史悠久的市场,口碑和服务是温州家具市场的核心竞争力,特别是在温州这样商圈集中、重视人情关系的城市,市场必须提供优质的售后服务和卓越的顾客体验,以维护其声誉。对于家居行业而言,由于产品的销售频率相对较低,因此建立和维护良好的顾客关系尤为重要。在温州这样竞争激烈的市场中,如果温州家具市场不能提供卓越的服务和优质的产品,将很难生存和发展。因此,温州家具市场的营销策略不仅注重产品的质量和合理的价格,还强调通过提供优质的顾客服务和维护良好的口碑来增强其市场地位。这样的策略有助于温州家具市场在温州地区市场中稳固地位,并实现长期可持续发展。

2. 在温州家具市场发展中新媒体扮演的角色与策略

随着新媒体的兴起,温州家具市场也与时俱进,开始涉足直播领域。早在2017年,温州家具市场便开始了直播尝试,那时的直播平台不如今日这般繁多。温州家具市场的直播策略最初依托私域流量,通过直播精准地将有需求的顾客引流至市场,让他们自行选择和搭配产品。这种模式在初期取得了一定的成效。

随着抖音、小红书及视频号等平台的发展,温州家具市场的直播策略也随之升级,以适应新媒体环境。然而,对于家具这类大宗商品而言,单纯的线上销售并不足以满足顾客的需求。温州家具市场的主要目标是通过直播触达潜在顾客,传递信息,吸引他们到实体店挑选心仪的产品。温州家具市场利用直播的目的是与顾客建立联系和提供信息,让顾客能够了解更多的产品信息,而非直接完成交易。近两年,温州家具市场还推出了一系列福利活动,包括提供爆款产品和限量款产品,这些都是与厂家合作的促销活动。在新媒体宣传方面,除了推广产品,温州家具市场更多的是通过提供福利款产品来吸引顾客。这样的策略不仅增强了温州家具市场的市场竞争力,也为顾客带来了实

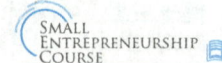

实在在的好处，实现了双赢。通过这些举措，温州家具市场旨在构建一个更加互动和互利的购物环境，以满足温州地区顾客的需求。

3. 成功的新媒体营销案例

在新媒体领域，温州家具市场取得了一些值得骄傲的成就。几年前，温州家具市场与报业和广电等传统媒体合作，开拓了温州地区市场的直播先河。在这次合作中，温州家具市场的成绩亮眼，在为期五六天的直播活动中，成功吸引了超过3000名顾客，这一业绩在同行业中表现突出。

然而，随着直播行业的蓬勃发展，市场竞争日益激烈，人人都能成为主播，顾客的选择变得更加多样化。面对这样的市场环境，温州家具市场依然坚持其核心理念：为顾客提供更多的选择和更优质的服务。温州家具市场不主张在直播中强推某款产品，而是提供多样化的服务和选择，让顾客根据自己的需求做出最佳决策。

此外，温州家具市场也积极利用抖音、小红书等新媒体平台，发挥其优势。在运用这些新媒体过程中，温州家具市场不仅宣传自己的产品，更重要的是通过这些平台与顾客建立更紧密的联系，提供更加个性化和贴心的服务。温州家具市场的目标是利用新媒体的力量，进一步增强品牌的市场竞争力，同时为顾客带来更加丰富和便捷的购物体验。通过这些努力，温州家具市场希望在新媒体时代继续保持其行业领先地位。

4. 新媒体平台在家居市场推广中的优势和挑战

在家居产品领域，温州家具市场面临一些特定的挑战。与快消品不同，温州家具市场的产品单价较高，不能简单地以低价促销吸引顾客。温州家具市场的每一件产品都是精心挑选的，它们在房子中占有独特的位置，既不能过多，也不能过少。因此，温州家具市场通过新媒体平台获得顾客的需求，指导他们如何选择合适的产品，或者提供专业的人员上门测量、免费搭配等服务，以提供更专业的建议。

家居装修不同于购买快消品，一旦购买，如床等大件家具就不可能随意更换。温州家具市场希望顾客在购买时能够减少后顾之忧，避免出现不必要的麻烦。温州家具市场注意到，市场上有些平台以极低的价格宣传产品，如"真皮大床1280元"，但业内人士都知道这样的价格连普通真皮的成本都不够，更不用说是头层真皮了。因此，温州家具市场希望顾客在装修新家时明确自己的预算，并根据自己喜欢的风格确定硬装和软装的比例。

软装是家居中与人接触最多的部分，而硬装尽管现在流行极简风格，但往往是最复杂的，对灯光、工艺和空间感的要求非常高。因此，温州家具市场建议顾客在装修新家时，可以先从家具开始，因为其展厅基本上都是体验式的，空间感较好。顾客可以找到与自己房子相似的空间，然后将家具搬回家，这样可以避免走很多弯路。

最后，温州家具市场建议顾客在购买家具时，应先根据自己房子空间大小和需求选择合适的尺寸，如1.5米或1.8米的床，然后根据人的性别等因素选择，再通过设计师深化设计，使家具与空间完美融合，避免家具有被硬塞进去的感觉，而是像量身定制一样使尺寸更加合适。这样，顾客可以享受到更加舒适和个性化的家居环境。

5. 新媒体在未来温州家具市场发展中的作用

在探讨家居市场的未来发展和新品状况时，不能忽视新媒体领域对人才的需求。以温州地区为例，当温州家具市场将视野扩展到整个行业时可以发现，新媒体领域的专业人才非常紧缺。如杭州、义乌等线上销售较为发达的地区，其主播和相关人才众多，选择范围广泛，然而在温州地区，真正能够专业地从事家居建材新媒体工作的人才是相当稀缺的。

温州家具市场与多个直播基地的负责人进行了沟通，希望吸引更多专业人才加入其团队，但他们明确表示，温州地区在这个领域缺乏专业人才，只能找到一些新手，应投入时间和精力去培养。这种情况对于行业的未来发展构成了挑战，同时也为那些愿意投资人才培养的企业提供了一个机遇。为了适应市场的变化和需求，企业需要重视并投资新媒体人才的培养和发展，以确保在竞争激烈的市场中保持领先地位。通过培养和吸引新媒体人才，温州家具市场可以更好地利用新媒体平台，推动家居市场的创新和发展。

电子资源

新媒体营销

拓展延伸

一、新媒体营销在家居行业中的新趋势

在新媒体的浪潮下，家居行业迎来了许多新的发展机遇。近两年，新媒体在家居行业的应用越来越广泛，包括数字人直播、AI 技术的应用、剪辑和编辑软件的使用，以及为了让顾客能够直观感受家居产品在房子中的渲染效果而使用的设计软件等。这些工具和技术都与新媒体紧密相连，为行业发展带来了新的活力。

然而，尽管这些工具和技术非常先进，但是温州地区在专业人才方面却相对匮乏，如缺乏专业人才引导和运用这些新媒体工具，使得这些技术的优势未能得到充分发挥。在温州这样商业氛围浓厚的城市，商铺和经销商最为关注的是如何通过新媒体提升知名度和产品宣传效果，以及如何带来实际的经济效益。对于大多数中小企业来说，他们更关心的是这些新媒体工具能否帮助其实现名声和利益的双重增长，而不是长远规划。因此，为了更好地利用新媒体的潜力，温州地区的家居行业需要重视专业人才的培养和引进。通过专业的人才引导和应用，新媒体不仅能够帮助商户提升品牌知名度，还能够直接带动销售，为商户带来实实在在的经济效益。这对于中小企业来说尤为重要，因为他们需要在竞争激烈的市场中寻找有效的增长点。

二、新媒体营销面临的挑战与瓶颈

企业运用新媒体营销面临着一系列挑战和瓶颈，这些障碍限制了企业利用新媒体平台的潜力。以下是企业新媒体营销的主要瓶颈问题：

1. 新媒体营销意识淡薄

尽管近年来企业信息化程度显著提高,但仍有部分企业对于新媒体营销的重要性认识不足。智研咨询发布的《2017—2022年中国企业信息化市场专项调研及未来前景预测报告》显示,虽然大多数企业已经接入互联网,但在新媒体营销的应用上仍存在较大差距,这表明许多企业尚未充分意识到新媒体营销的价值和重要性。

2. 安全性和隐私保护问题

随着新媒体营销活动的增多,企业的数据安全和隐私保护问题日益凸显。相较于发达国家,中国的网络安全形势尚待改善。企业收集和处理的顾客个人信息,包括但不限于姓名、身份证号码、住址和支付信息等敏感数据,容易受到不当管理和泄露的风险,对于规模较小、技术水平有限的企业而言,这类风险尤为突出。

3. 危机公关应对不足

新媒体环境下的信息传播速度极快,一旦出现负面事件,企业就很容易陷入舆论危机之中。企业在面对突发情况时往往缺乏有效的危机公关策略,无法及时妥善地处理负面信息。无论是企业发言人的不当言论,还是产品质量问题导致的顾客不满,如果不能迅速做出响应,就可能严重损害品牌形象。

4. 信息传播的随意性与公信力下降

新媒体平台上的信息传播速度快且广泛,但由于缺乏严格的审核机制和相应的法律法规约束,企业在进行新媒体营销时可能出现信息不准确或误导性的情况。一些企业为了追求点击率和关注度,可能使用夸张或不实的内容来吸引用户,这种做法不仅违背了诚信原则,也会导致企业信誉受损。

案例分析与讨论

1. 温州家具市场如何通过引入年轻管理层来实现品牌的持续更新和创新?请结合实际案例,分析年青一代管理者为市场注入的新鲜血液和创新思维对市场发展的具体影响。

2. 探讨温州家具市场在新媒体平台上进行营销时所面临的挑战。分析直播、短视频等新媒体形式在家装行业中的优势与局限,并提出可能的解决方案以克服这些局限。

3. 针对温州家具市场新媒体专业人才短缺的问题,探讨企业应采取哪些措施来培养和吸引所需的专业人才。同时,请设计一套可行的人才发展计划,确保企业在新媒体营销方面保持竞争力。

参考文献

[1]刘蕾,鄢章华. 基于熵理论的拼多多商业模式分析[J]. 商场现代化,2023(7):1-6.

[2]十大品牌网. 温州大型家具城在哪里,温州卖家具的地方有哪些[EB/OL]. https://www..cn/focus/521227.html.

[3]智研咨询. 2017—2022年中国企业信息化市场专项调研及未来前景预测报告[EB/OL]. [2025-02-12]. https://www.chyxx.com/research/201704/511496.html.

第十四章
软文营销

理论知识

在数字营销时代，软文营销已经成为企业传播品牌信息、提升品牌形象、增加产品销量的重要手段。软文即"软性广告"，它以新闻报道、故事叙述、专业分析等形式出现，旨在潜移默化地影响目标受众，与传统广告相比，软文营销更注重内容的隐蔽性和吸引力。本章将深入探讨软文营销的策略、技巧和最佳实践，帮助读者掌握这一高效的营销工具。

一、软文营销概述

软文营销是一种通过创造和分发有价值的、相关的内容来吸引和留住有明确定义的受众，并最终驱动盈利性顾客行动的营销策略。它的核心在于"软性"，即不直接展示广告意图，而是通过提供有价值的信息来间接推广产品或服务。

（一）软文营销的重要性

（1）建立品牌信任。通过提供有用的信息，品牌可以在顾客心中建立起信任感。

（2）提高品牌可见度。高质量的软文可以被广泛传播，增加品牌的曝光率。

（3）增强用户参与度。故事化的软文能够吸引用户参与，提高互动。

（4）提升搜索引擎排名。搜索引擎偏爱有价值的内容，软文有助于搜索引擎优化（SEO）。

（二）软文营销的类型

（1）新闻事件型软文。这种类型的软文通常被用于企业品牌推广和产品推广，借助媒体的力量，以新闻报道的形式表现，具有传播广、可读性强、效果明显的特点。

（2）故事型软文。通过讲述一个完整的故事来带出产品，使产品的"光环效应"和"神秘性"给顾客心理造成强暗示，使销售成为必然。这种类型软文的知识性、趣味性、合理性是其成功的关键。

（3）健康型软文。许多商品都具有健康含义，这类软文通过打健康牌、做健康文章，挖掘品牌和商品间的联系。

（4）促销型软文。这类软文常常跟进在其他几种软文见效时，直接配合促销使用，或者通过"买托"造成产品的供不应求，促使顾客产生购买欲。

（5）恐吓型软文。属于反情感式诉求，直击顾客软肋，如"高血脂，瘫痪的前兆"。这类软文比赞美和爱更具备记忆力，但也容易遭人诟病，所以一定要把握尺度。

（6）情感式软文。利用情感因素打动读者，引发共鸣和情感反应，适用于与情感相关的产品或服务。

（7）悬念式软文。通过设置悬念来吸引读者的好奇心和探究欲，让读者产生强烈的阅读欲望，在文章结尾处揭晓答案，同时巧妙地引入品牌或产品信息。

（8）新闻式软文。以新闻报道的形式撰写软文，让读者在获取新闻信息的同时接受广告信息，需要注意新闻的真实性和客观性。

（9）访谈式软文。通过访谈行业专家、意见领袖或知名人士来获取独家观点和建议，并以文章形式呈现，增加文章的可信度和权威性。

（10）科普式软文。以科普知识的形式介绍产品或服务的相关知识和技术，让读者在了解知识的同时接受广告信息，但需要注意知识的准确性和科学性。

（11）用户案例型软文。通过真实用户的使用体验和成功案例证明产品的价值和优势，提高用户的购买意愿，增加文章的说服力和可信度。

（12）评论类软文。针对某一事件、新闻等进行评论，在评论过程中植入产品、服务的相关信息，使事件、新闻等与产品、服务交融在一起，构成一个有机的整体，进而对顾客产生引导作用。

以上论文类型并不是孤立使用的，企业会根据战略推进过程中的重要阶段布局和选择适合的软文类型。在选择软文类型时，需要根据企业的营销目标、目标受众和内容特点进行综合考虑。

二、软文营销策略

软文营销策略是一系列精心设计的步骤和方法，旨在通过创造和分发有价值的内容来吸引潜在顾客、提升品牌形象和促进产品销售。

（1）明确推广方向和内容的市场价值。在开始软文营销之前，首先要确定推广的方向和内容的市场价值，包括了解目标受众的需求和兴趣点及如何通过内容满足这些需求。

（2）形成内容IP。内容IP是指品牌在内容传播上的势能、厚度和影响力。品牌需要专注某一个内容领域，不断精耕，将传播内容打造成一个IP，与用户进行持续沟通，帮助企业积累品牌资产。

（3）创意性、事件化、可持续性。在打造内容IP的过程中，需要重点关注创意性、事件化和可持续性。这意味着内容需要具有新颖性，能够引发事件效应，并且能够持续吸引受众的关注。

（4）精定位和热标题。软文营销的成功在于精准的目标定位和吸引人的标题。标题是吸引读者点击阅读的关键，需要注重"标题党"的效应，同时内容需要针对顾客的定位，找准切入点。

（5）突出卖点和明确核心信息。在软文中要明确传达产品或服务的核心卖点，包括在文章的开头部分就明确提到产品的独特之处，整篇文章围绕核心卖点展开。

（6）深入了解并面向受众。了解目标受众的兴趣、需求和痛点，并使用通俗语言产生共鸣。这有助于建立情感联结，增强文章的吸引力。

（7）优化结构和提升阅读体验。通过吸引人的标题、清晰的段落和使用列表、图表等可视化元素来优化文章结构，提升阅读体验。

（8）注重细节和提升语言质量。检查拼写和语法错误，使用生动的词语并保持文章简洁明了，这有助于提升文章的专业度和吸引力。

（9）结合时事和突出新闻价值。关注行业动态，结合热点事件并提供独特视角，以提升文章的新闻价值和时效性。

（10）长期效益和内容分发。软文营销的长期效益显著，一旦被读者接受并传播，其对品牌形象的塑造和产品推广的作用就会长期存在。此外，内容分发涉及通过各种渠道向目标受众推广和分发在线内容。

（11）设定目标和测量分析。企业需要设定内容营销的目标，如吸引目标受众、建立品牌知名度和信任关系、推动有利可图的顾客行动及增强顾客体验。同时，需要测量和分析关键绩效指标（KPI），以衡量内容的成功程度并做出数据驱动的决策。

（12）降低营销成本。相比传统的广告投放，软文营销的成本更低，且效果更为持久。通过精细化的用户细分和定位，以及跟踪并分析营销效果，软文营销可以持续为品牌服务，并且取得更好的宣传效果。

三、优化内容分发

选择合适的分发渠道对于软文营销至关重要，包括社交媒体、自有媒体、合作伙伴网站、在线社区等。

（1）智能内容分发优化。利用 AI 技术，可以通过分析网络拓扑、用户分布、节点性能等多维度数据，智能选择分发路径和节点，实现内容的高效分发。

①网络拓扑优化。利用图论和算法优化技术，构建全局网络拓扑图，并基于实时网络数据动态规划最优分发路径。

②用户分布感知。结合用户画像和地理分布信息，分析用户群体的特征和需求，选择更合适的分发节点和路径。

③节点性能评估与选择。实时监测节点性能指标，如带宽、延迟、负载等，评估节点性能和稳定性，智能选择最优节点进行内容分发。

（2）CDN 成本控制策略。在进行 CDN（内容分发网络）成本控制时，可以采取以下措施：

①成本效益分析。对 CDN 服务的投入和产出进行量化评估，选择最合适的 CDN 服务方案。

②灵活计费模式。选择按流量计费、按带宽计费、按节点数量计费等方式，以最大程度降低 CDN 成本。

③优化内容分发策略。根据用户访问习惯和地理位置，合理设置 CDN 节点的数量和位置，减少跨地域传输带来的带宽消耗。

（3）内容营销的实践应用。内容营销可以通过多种形式实现，具体如下：

①博客营销。撰写高质量的博客文章吸引目标受众，提升品牌形象和权威性。

②社交媒体营销。利用社交媒体平台发布有价值的内容，与用户互动交流，提高品牌知名度和用户黏性。

③视频营销。制作高质量的短视频内容，通过视频平台进行发布和推广，增强与用户的连接。

（4）内容分发的策略制定和方法步骤。制定内容分发策略时，可以遵循以下步骤：

①研究目标受众。确定目标受众和范围，挖掘用户需求，找到最有效的位置，与竞品产生差别。

②检查已发布内容的表现。记录内容，评估内容影响，识别内容缺口。

③选择内容发布渠道。根据目标客群的喜好和行为决定发布渠道，并优化自有分发渠道。

④决定内容类型。根据渠道特性决定内容类型，如电子书、录音和访谈、视频、信息图等。

⑤决定内容分发的 KPI 和目标。设定可参考的指标，如流量、转化率等，以衡量分发效果。

通过上述策略，企业可以更有效地优化内容分发，降低营销成本，同时提高内容营销的长期效益。

四、监测和分析效果

通过监测工具跟踪软文的表现、分析数据来优化未来的营销活动。

（1）流量分析。通过网站分析工具追踪软文带来的访问量、页面停留时间、跳出率等指标，评估软文对网站流量的直接影响。

（2）互动数据。关注软文在社交媒体、博客、论坛等平台上的点赞、评论、分享等互动数据，这些能反映受众对内容的兴趣和参与度。

（3）转化率监测。监测软文是否能够有效引导用户完成注册、下载、购买等目标行为。转化率是衡量软文营销效果的重要指标。

（4）品牌提及率。通过搜索引擎、社交媒体监听等方式，追踪软文发布后品牌名称的提及次数，评估品牌知名度的提升。

（5）成本评价法。主要针对以营销为导向的企业，通过销售业绩与同时期的对比以及营销投入费用与业绩增长额的对比，评估软文营销的效果。

（6）搜索引擎收录评价法。针对网络门户软文，记录软文投放前后在搜索引擎中的收录情况，评估软文的收录效果。

（7）转载率评价法。评估软文被其他网站或平台转载的频率，转载率越高，说明软文的传播力和影响力越强。

（8）流量评价法。适用于推广网站或 H5 页面活动的软文，主要计算从软文中跳转到相应页面的点击量。

（9）数据分析的经典方法。这些方法包括单一维度分析、营销流程表分析、关键词四象限分析等，通过细分化分析确定优化方向。

（10）用户反馈分析。仔细阅读用户在软文下方的评论，了解他们对软文内容的看法、感受和建议，用户评论能够直接反映软文的优缺点。

（11）问卷调查。在软文发布后，通过自媒体平台或其他渠道向用户发放调查问卷，了解他们对软文的认知度、满意度以及对品牌或产品的态度。

（12）对比分析与持续优化。对同一时期发布的不同软文进行对比分析，比较它们在曝光量、点击率、互动率、转化率等方面的差异，并根据监测和评估结果及时调整自媒体软文营销策略。

五、软文写作技巧

（一）标题的吸引力

标题是软文营销中至关重要的一环，它决定了读者是否愿意点击阅读。一个吸引人的标题应该具备以下特点：

（1）简洁性。标题应简短有力，直击要点，避免冗长和复杂。

（2）趣味性。使用幽默、新奇或引人好奇的元素，激发读者的好奇心。

（3）关键词的包含。确保标题中包含目标关键词，以优化搜索引擎排名并吸引目标受众。

（4）利益点突出。明确告诉读者他们能从文章中获得什么好处或信息。

（5）新闻价值。如果适用，可以在标题中加入新闻元素，如"最新发现""独家报道"等，增加紧迫感。

（6）使用数字和列表。如"5 种方法""10 个技巧"等，这种格式往往更能吸引读者点击阅读。

（7）避免误导。确保标题与内容相符，避免"标题党"行为，这样会损害品牌信誉。

（二）故事化的叙述

故事化的叙述能够更好地吸引读者，因为故事能够激发情感共鸣。

（1）人物。设定一个或多个人物，让读者能够与之产生共鸣。

（2）情节。构建一个有起伏的情节，包括挑战、冲突和解决方案等。

（3）背景。为故事设定一个背景，帮助读者更好地理解故事情境。

（4）情感元素。在故事中加入情感元素，如喜悦、挑战或启示，以增强文章的吸引力。

（5）相关性。确保故事与品牌或产品有关联，自然地融入营销信息。

（6）教训或启示。故事应该有一个中心思想或教训或启示，给读者留下深刻印象。

（三）专业和权威的语气

专业和权威的语气能够增加文章的可信度。

（1）数据和研究。引用可靠的数据和研究结果来支持观点。

（2）专业知识。展示作者或品牌的专业知识和经验。

（3）清晰结构。使用逻辑清晰的结构，使文章条理分明。

（4）专业术语。适当使用专业术语，同时确保大多数读者能够理解。

（5）客观性。保持客观中立，避免过于主观的陈述。

（6）引用权威。引用行业专家或权威人士的话，增强文章的权威性。

（四）适当的品牌融入

在软文中提及品牌和产品时，应做到自然而不突兀。

（1）解决方案。展示品牌或产品如何解决读者的问题或满足需求。

（2）案例研究。使用案例研究方式展示品牌的成功故事。

（3）用户体验。分享用户的正面体验和评价。

（4）品牌价值。传达品牌的核心价值和理念。

(5) 产品特性。突出产品的独特性和优势。

(6) 避免硬销。避免使用直接的销售语言，而是通过提供价值来间接推广。

（五）呼吁行动的结尾

文章结尾应包含明确的呼吁行动（CTA），引导读者进行下一步操作，如注册、购买或了解更多信息。呼吁行动（CTA）是软文的重要组成部分，它鼓励读者采取下一步行动。

（1）明确 CTA。告诉读者需要具体做什么，如"现在注册""立即购买"等。

（2）紧迫性。营造紧迫感，如限时优惠或特别促销。

（3）价值强调。再次强调读者采取行动后能够获得的好处。

（4）易于操作。确保行动步骤简单明了，易于执行。

（5）跟踪效果。使用跟踪代码或链接监测 CTA 的效果。

（6）与内容相关。确保 CTA 与文章内容和主题紧密相关，避免突兀。

六、软文营销的最佳实践方法

（一）与 SEO 策略结合

优化软文内容，使其符合搜索引擎的排名规则，提高在线可见度。与 SEO 策略结合是提高软文在线可见度的有效方法。

（1）关键词研究。使用工具如 Google 关键词规划师找出目标受众可能搜索的关键词，并合理地融入文章中。

（2）标题和元标签优化。确保标题和元描述包含关键词，吸引用户点击的同时提升 SEO 效果。

（3）内容质量。创作原创、有深度的内容，搜索引擎倾向排名高的内容。

（4）URL（统一资源定位系统）结构。使用简洁、包含关键词的 URL 结构，有助于提升页面的 SEO 表现。

（5）内部链接。在文章中合理设置内部链接，引导用户深入浏览网站内容，同时提升 SEO 效果。

（6）移动优化。确保内容在移动设备上的表现良好，因为越来越多的搜索来自手机和平板。

（7）加载速度。优化页面加载速度，快速加载的页面既能提供更好的用户体验，也会影响搜索排名。

（二）利用多媒体元素

结合图片、视频和图表等多媒体元素，提高内容的吸引力和分享性。

（1）视觉吸引力。使用高质量的图片和视频吸引用户的注意力，使内容更加生动。

（2）信息图表。创建信息图表来简化复杂数据，使其更易于理解和分享。

（3）视频内容。制作视频来展示产品特点或讲述品牌故事，使视频内容更容易被分享。

（4）音频元素。在适当的情况下加入音频元素，如播客或音乐，增加内容的多样性。

（5）互动元素。如轮播图、图表和动态图，提高用户的参与度和互动体验。

（6）版权合规。确保所有使用的多媒体元素都符合版权规定，避免法律风险。

（三）跨平台内容一致性

确保在不同平台和渠道上的内容保持一致，以建立统一的品牌形象。

（1）品牌语言。在所有平台上使用一致的品牌语言和语气，使品牌识别度更高。

（2）视觉元素。保持 LOGO、色彩方案和视觉风格在各个平台上的一致性。

（3）信息同步。确保产品信息、促销活动和新闻更新在所有平台上同步。

（4）用户旅程。优化用户在不同平台间转换的体验，确保无缝衔接。

（5）内容适配。根据不同平台的特点调整内容格式，如微博的短内容和知乎的深度回答。

（四）与受众互动

鼓励读者评论和分享，通过互动了解受众的反馈，加深品牌与受众的联系。

（1）社交媒体互动。在社交媒体上积极回应评论和私信，增强用户参与感。

（2）评论鼓励。在文章末尾加入明确的 CTA，鼓励读者留下他们的想法和反馈。

（3）用户生成内容。鼓励用户分享自己的故事或经验，增强内容的互动性和参与度。

（4）反馈收集。定期收集和分析用户反馈，以优化产品和服务。

（5）社区建设。建立品牌社区，促进用户之间的交流和分享。

（五）持续的内容更新

定期更新内容，保持品牌的活跃度和行业领导地位。

（1）内容日历。制定内容发布日历，规划主题和发布时间，保持内容发布的规律性。

（2）行业趋势。紧跟行业趋势和热点事件，及时发布相关内容。

（3）用户反馈。根据用户反馈调整内容策略，确保内容满足用户需求。

（4）SEO 优化。定期更新旧内容，保持信息的新鲜度和准确性，提升 SEO 排名。

（5）创新内容。不断尝试新的内容形式和主题，保持内容的创新性和吸引力。

（6）数据分析。利用数据分析工具监控内容表现，根据数据进行内容优化。

案例精选

一、学习目标

通过本案例的学习和分析，了解什么是软文营销，掌握软文营销的基础知识和技能，提升软文写作能力；理解软文营销的策略和模式，增强新媒体软文营销的实战能力；培养持续更新和改进的能力，从而全面提升软文营销的理论知识和实践技能，更有效地推广品牌、产品和活动。

二、内容简介

本案例主要介绍康奈集团如何通过软文营销策略在激烈的市场竞争中提升品牌形象和增加产品销量。康奈集团通过官网、公众号等平台创作了一系列高质量的软文，包括品牌故事、产品介绍和用户评测等，并通过 SEO 优化来提高软文的在线可见度。为了增强软文内容的吸引力，康奈集团还巧妙地融入了图片、视频和图表等多媒体元素。

三、软文营销案例

利用软文营销成功提升品牌形象

康奈集团作为中国鞋业的领先企业，其营销战略核心在于数字化转型、全渠道打通和沉浸式消费场景的构建。通过数字化全域营销，康奈集团实现了产品全生命周期的运营管理和数字化全场景触达顾客，有效增加了私域流量。康奈集团以数字化研发战略为指引，构建了拥有200多万个脚型大数据库，使消费端顾客需求与研发端前沿开发快速、精准、高效对接。

在软文营销方面，康奈集团注重品牌形象和市场定位，通过在欧美华人报纸、杂志、公共汽车、路牌灯箱上刊登形象广告和招商广告，扩大品牌在海外市场的知名度。康奈集团的设计师紧跟当地时尚潮流，提出设计方向，由总部的设计师团队统一设计生产，成功进入了欧美主流市场。

康奈集团还利用"个性定制"和"粉丝经济"向服务型智造升级。通过三维脚型测量仪，顾客可以快速扫描出脚型数据，并通过康奈云店推送最合适的鞋款。这一创新服务不仅提升了顾客体验，也加强了品牌与顾客之间的联系。

在推广高端品牌"康奈世家"时，康奈集团通过软文营销和业务宣导，成功抢滩高端市场，媲美国际大牌。公司推出了高级定制品牌——康奈世家，并计划在国内市场全面推出该品牌。

康奈集团的软文营销策略还包括利用热门话题、技术展示和品牌故事来引导用户消费，提升服务水平，以及通过软文搭建顾客与品牌之间信任的桥梁。这些策略不仅提升了康奈品牌的影响力，也为集团在全球扩张和自有品牌输出方面积累了宝贵的经验。

综上所述，康奈集团的软文营销案例展示了其如何通过创新的营销手段和策略，结合数字化转型，成功提升品牌形象和市场竞争力（见表14-1）。

表14-1 活动策划展示——隆妮×走路不累的高跟鞋首发首秀宣发内容

时间	内容	输出形式	设计对接	引言
4月20日	隆妮微信推文第一波	推文	××	#高启兰来了，与康奈舒适体验官@隆妮 一起穿走路不累的高跟鞋2.0，优雅出场，释放精彩
4月21日	隆妮预告视频	视频	××	瑰丽狂花，飘然绽放！康奈舒适体验官@隆妮脚踏走路不累的高跟鞋2.0，充满自信与底蕴，优雅从容的外表下，时尚与书卷气的碰撞形成一种独特的氛围
4月22日	走路不累的高跟鞋2.0六图	图片	××	绽放优雅，舒适畅快！走路不累的高跟鞋2.0，舒压泡棉360°亲肤包裹，让双脚陷入松弛，感受柔软，一步一步释放自我
4月23日	隆妮×走路不累的高跟鞋2.0预告六图	图片	××	KANGNAI×隆妮｜"高智风"造型和气质惊艳四座，搭配走路不累的高跟鞋，信步出行，驻足回眸间，舒适奇遇由此诞生
4月24日	隆妮×走路不累的高跟鞋2.0预告九图	图片	××	KANGNAI×隆妮｜一袭白色绸缎衬衫搭配驼色西裤，浑身散发着成熟、智性的清冷感，率性诠释走路不累的高跟鞋2.0，摩登意趣交融，营造舒适氛围

第十四章 软文营销

续表

时间	内容	输出形式	设计对接	引言
4月25日	隆妮预告视频	视频	××	金丝眼镜很斩男，京海御姐高启兰，她是狂飙中的颜值担当。康奈舒适体验官@隆妮，时髦飒意登场，展现高级时尚感
4月26日	隆妮 × 走路不累的高跟鞋2.0倒计时3天（倒计时+活动内容）	图片	××	康奈#走路不累的高跟鞋2.0发布会 ——启幕倒计时3天 畅行职场 ｜ 新品上市 4月29日晚16：30 新疆地王鞋城、17：30 经开万达广场一楼中庭邀您共同感受舒适奥义，GET专属奢宠礼遇
4月26日	隆妮微信推文第二波	推文	××	高智御姐高启兰@隆妮将空降康奈"走路不累的高跟鞋2.0"发布会现场，一同前往新疆，邂逅一场舒适赋予的独特浪漫
4月27日	隆妮 × 走路不累的高跟鞋2.0倒计时2天	图片	××	康奈#走路不累的高跟鞋2.0发布会 ——启幕倒计时2天 高智御姐@隆妮将引爆新疆 4月29日晚16：30 新疆地王鞋城、17：30 经开万达广场一楼中庭最热烈的奔赴，寻获心意甄礼
4月28日	隆妮 × 走路不累的高跟鞋2.0倒计时1天（倒计时+活动内容）	图片	××	康奈#走路不累的高跟鞋2.0发布会 ——启幕倒计时1天 和@隆妮 一起邂逅舒适履程 明晚16：30 新疆地王鞋城、17：30 经开万达广场一楼中庭敬请莅临现场，捕捉更多精彩
4月28日	隆妮预告短视频	视频	××	高启兰来了 ｜ 提前剧透 4月29日晚16：30 新疆地王鞋城、17：30 经开万达广场一楼中庭高智御姐@隆妮空降康奈发布会 打开微信扫二维码锁定直播 期待在光影世界再次与"妮"相遇
4月29日	隆妮预告短视频	视频	××	高启兰来了！康奈舒适体验官@隆妮空降新疆，打卡潮店。今晚16：30/17：30，新疆地王鞋城/经开万达广场一楼中庭，偶遇女神，共赴时尚之履，等你哦
4月29日	直播预告海报	图片	××	你好，康奈#走路不累的高跟鞋2.0发布会即将开启，高智御姐@隆妮空降直播间。今晚16：30/17：30 微信/抖音同步直播，点大图扫码预约，一键get独家呵宠
4月29日	活动现场快剪	视频	××	闪耀启幕！康奈舒适体验官@隆妮亮相#走路不累的高跟鞋2.0发布会，优雅中蕴蓄率真活力，自在相伴摩登旅程
4月29日	火爆场景九图（主推隆妮）	图片	××	奢享璨然时光，见证康奈舒适体验官@隆妮高光时刻！实力推荐走路不累的高跟鞋2.0，摩登意趣，畅谈舒适的时尚穿搭经，高清大片惊喜放送

续表

时间	内容	输出形式	设计对接	引言
4月30日	隆妮活动总结推文	推文	××	康奈#走路不累的高跟鞋 2.0 发布会圆满收官啦，速来解锁康奈舒适体验官@隆妮精彩表现
5月3日	返场宣传三图	图片	××	康奈#走路不累的高跟鞋 2.0 明星惹眼同款，等你来 pick，下一位女主，就是你
5月4日	隆妮活动亮点推文	推文	××	
5月5日	返场宣传三图	图片	××	走路不累的高跟鞋 2.0；鞋头内里嵌入柔软蓬松的泡泡棉，后跟鞋口防磨脚乳胶垫，双重舒压，长时间行走不累脚，快来一键 get 明星同款
5月6日	返场宣传视频	视频	××	
5月7日	返场宣传三图	图片	××	康奈#走路不累的高跟鞋 2.0 云感舒适，一穿就懂，温柔呵护双脚，经典百搭，走出时髦步调

电子资源

软文营销

案例分析与讨论

1. 康奈集团进行了品牌视觉的焕新升级，这一变化如何影响其在市场上的"开疆拓土"策略？请讨论品牌视觉更新对于品牌形象和顾客认知的具体影响。

2. 分析康奈集团如何通过数字化转型实现全渠道营销和私域流量运营，以及这些策略如何通过软文营销来加强与顾客的联系。

3. 康奈集团利用三维脚型测量仪提供个性化定制服务，这种服务在软文营销中是如何被推广的？讨论这种个性化服务如何通过故事叙述和情感共鸣来吸引顾客。

参考文献

康奈集团官网．集团动态[EB/OL]．[2025-02-12]．http://www.kangnai.com/news.aspx.

第十五章
短视频制作与运营

理论知识

当前，互联网用户的注意力跨度正经历着前所未有的缩减，由 Statista 报告网发布的调研数据显示，2015 年至 2020 年，全球网民的平均注意力集中时间从 12 秒下降到 8 秒，这一趋势与短视频"短、精、小"的呈现方式不谋而合，形成了高度契合。短视频作为一种新兴的内容传播形式，凭借其独特的魅力迅速崛起，它不仅极大地丰富了数字媒体的生态，更深刻地改变了信息消费的习惯与模式。

短视频之所以能够迅猛发展，首要原因在于其多维度的内容展示方式。其内容形式巧妙融合了文字媒介的直接性、声音媒介的情感共鸣，以及图片媒介的视觉冲击力，为用户提供了沉浸式的感官体验。

短视频的兴起，不仅是内容形式的革新，更是文化传播与价值传递的深刻变革。它不仅提供娱乐和信息，更重要的是通过独特的视觉语言和情感表达，传递了一种简单、快乐的文化符号与价值观，满足了当代人在快节奏生活中对于轻松愉悦心理的需求。这种文化追求在年轻群体中尤为显著，他们更倾向通过短视频获取资讯、分享生活、表达自我，从而促进信息传播的多元化和民主化。短视频的兴起是技术进步、市场需求与文化变迁共同作用的结果，它不仅拓宽了信息传播的渠道，更深刻地影响了人们的思维方式和社交行为，预示着数字媒体时代的全新发展方向。

一、探寻短视频的发展与特点

我国短视频行业的发展历程，如同一部生动的互联网进化史，其演变过程深刻反映了技术进步、市场需求与商业模式创新的紧密交织。这一历程大致可分为四个阶段：萌芽期、成长期、爆发期和成熟期。每个阶段都伴随着技术革新、用户行为变化及行业竞争格局的重塑。

（一）短视频的发展阶段

2011 年以前为萌芽期，微光初现并蓄势待发；2011—2016 年为成长期，如春风化雨般万物生长；2017—2020 年为爆发期，星火燎原势不可当；至今为成熟期，精耕细作，稳健前行。

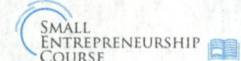 创业小型课

（二）短视频的发展现状

①中国短视频用户规模持续扩张，渗透加深。②用户使用时长占比显著，重塑数字消费习惯。③收入来源多元化，商业化模式成熟。④行业竞争激烈，头部平台领跑。⑤行业壁垒高筑，潜在进入者挑战重重。⑥多元化内容满足细分市场需求，促进内容创新。⑦AI技术的运用提升内容质量与用户体验。⑧社交化的扩展构建更加紧密的社交网络。⑨产业链升级推动行业向更高层次发展。⑩地域化和本土化贴近用户需求，拓展国际市场。

（三）短视频的发展特点

①生产流程简化，制作门槛降低，促进内容创作大众化。②适应快节奏生活，满足碎片化浏览需求。③内容个性化、创意化，满足多元化需求。④社交属性强，促进社交互动与信息传播。

二、短视频的类型和制作流程

（一）短视频的类型

短视频作为当前互联网内容领域的重要组成部分，其类型丰富多样，满足了不同用户群体的多元化需求。以下是对几种主要短视频类型的介绍，结合数据支撑，以期更全面地展现短视频行业的生态与趋势。

1. 搞笑类

搞笑类视频无疑是短视频领域中最受欢迎，也最易产生爆款的类型之一，其受众广泛，跨越年龄、性别、地域等界限。搞笑视频的难点在于创意与新颖性，如何巧妙结合时事热点、社会现象或日常生活场景，创造出令人捧腹的吐槽点和搞笑点，是其吸引观众的关键。

2. 美食类

美食类视频同样深受欢迎，这与中国人"民以食为天"的文化传统密切相关。美食视频不仅展示了色香味俱佳的佳肴，还往往融入烹饪技巧、食材介绍、文化背景等元素，满足了观众对美食的向往和探索欲。根据艾瑞咨询数据，美食类短视频用户规模持续增长，其中年轻女性用户占比较高，她们对美食制作、健康饮食等内容表现出浓厚的兴趣。

3. 美貌类

以帅气男生和靓丽女生为主题的短视频，凭借其高颜值和时尚感吸引了大量粉丝。这类视频往往涉及时尚穿搭、美妆护肤、健身塑形等内容，满足了观众对美的追求和模仿欲望。根据快手平台数据，美貌类视频的观看时长和互动率均表现优异，尤其是年轻用户群体，他们更愿意为这类内容点赞、评论和转发。

4. 励志类

正能量和感人事迹总是能够触动人心，传递正能量的视频因此受到广泛欢迎。这类视频可能讲述个人奋斗故事、社会善举、逆境中的坚持等，通过真实的情感和动人的故事，激发观众的共鸣和传播正能量。根据微博数据，励志类视频在社交媒体上的传播效果显著，往往能够引发大规模转发和讨论，形成社会热点。

5. 美容美妆类

随着美妆行业的蓬勃发展，美容美妆类视频成为短视频领域的重要一环。这类视频涵盖化妆教程、护肤知识、产品评测等内容，满足了女性用户对美的追求和护肤化妆技巧的学习需求。根据艾瑞咨询预测，中国美妆视频市场的规模将持续扩大，其中年轻女性用户是主要的消费群体。

6. 旅游类

旅游类视频以其独特的视角和丰富的内容，吸引了一大批忠实粉丝。这类视频通过展示世界各地的自然风光、人文景观、美食文化等，满足了观众对未知世界的探索欲和旅行梦想。根据携程网数据，旅游类视频在促进旅游目的地知名度和旅游消费方面发挥了重要作用，成为旅游业新的增长点。

7. 萌宠类

萌宠类视频以其可爱的动物形象和有趣的互动场景，赢得了广大观众的喜爱。小动物们的活泼可爱和天真无邪，总能激发人们的欢笑和温情。根据抖音平台数据，萌宠类视频的播放量和互动率均保持高位，尤其是年轻用户和女性用户对其表现出极高的兴趣。

8. 才艺类

展示自己的特长或才华的短视频，如歌唱、舞蹈、绘画、手工、演奏乐器等，也受到了不少用户的喜爱。这类视频不仅展示了个人才艺和创造力，还提供了学习和交流的平台。根据 B 站数据，才艺类视频的播放量和关注度持续上升，尤其是年轻用户群体对其表现出浓厚的兴趣和参与度。

9. 知识类

传授各种知识的视频，如做菜教程、生活技能、科普知识等，满足了特定用户群体的学习需求。这类视频以其实用性和教育性，吸引了大量追求自我提升和终身学习的用户。根据艾瑞咨询预测，知识类视频市场的规模将持续增长，成为在线教育领域的重要组成部分。

（二）短视频的制作流程

短视频作为当前内容传播的重要形式，其制作流程不仅关乎视频的质量与观赏性，更直接影响传播效果与用户反馈。以下是对短视频制作流程的介绍，结合数据与实例，以期提供更全面、深入的指导。

1. 确定主题

确定主题是短视频制作的第一步，也是至关重要的一步。一个明确、有吸引力的主题能够确保视频内容聚焦、目标清晰，从而更有效地吸引观众的注意力。

2. 编辑脚本

（1）景别。远景、全景、中景、近景、特写等景别的选择，需满足内容表达需求。例如，远景适合展示环境氛围，特写则用于突出细节。根据 B 站数据分析，合理运用不同景别的视频，用户观看完成率可提高 20%。

（2）内容。内容需紧扣主题，通过场景设计、情节安排等方式呈现。如美食类视频，可通过食材准备、烹饪过程、成品展示等场景，全面展示美食的魅力。

（3）台词。台词需简洁明了，与镜头表达相结合，起到画龙点睛的作用。根据抖音平台数据，在 60 秒的短视频中，台词字数在 150~180 字，用户接受度最高。

（4）时长。单个镜头时长需根据内容节奏安排，应避免冗长或过于紧凑。例如，快节奏视频可适当缩短镜头时长，提高节奏感；慢节奏视频则可适当延长，营造氛围。

（5）运镜。运镜方式的选择需根据内容表达需求进行，如前推后拉突出主体，环绕运镜渲染情绪等。据快手平台数据，运用创新运镜方式的视频，用户点赞率可提高30%以上。

（6）道具。道具的选择需与主题、内容相契合，应避免喧宾夺主。如美妆类视频，可选择与妆容风格相符的道具，提升整体美感。

3. 视频拍摄

（1）设备选择。

①手机。对于初学者或预算有限者，手机是性价比较高的选择，需选择高清模式（如1080P），确保画质清晰。

②三脚架。稳定镜头，避免手抖导致画面晃动。根据抖音平台数据，使用三脚架拍摄的视频，用户观看体验提升20%。

③单反相机。对于追求更高画质、专业效果的制作者，单反相机是更好的选择。

（2）拍摄技巧。

①光线运用。合理利用自然光或补光灯，确保画面明亮、色彩饱满。

②构图法则。运用三分法、对称构图等构图法则，提升画面美感。

③多角度拍摄。从不同角度拍摄同一场景，为后期剪辑提供更多素材选择。

4. 视频剪辑

（1）剪辑工具。选择简单易上手的剪辑软件，如剪映、快剪辑等，适合初学者使用。对于专业制作者，可选用Premiere、Final Cut Pro等更专业的剪辑软件。

（2）剪辑技巧。将无用部分裁剪掉，将不同片段拼接成完整视频。注意保持内容的连贯性、节奏感。合理运用转场效果（如淡入淡出、溶解等），提升视频流畅度。添加合适的音效、配乐，增强视频感染力。根据抖音平台数据，添加配乐的视频，用户观看时长可提高15%；添加字幕、贴纸等元素来丰富视频内容，可提高可读性。

（3）数据支撑与优化。在剪辑过程中，可不断通过数据分析（如观看时长、点赞率、评论量等）评估视频效果，并根据反馈信息进行优化调整。根据快手平台数据，经过多次优化调整的视频，用户留存率可提高30%以上。

短视频制作流程是一个涉及主题确定、脚本编辑、视频拍摄、视频剪辑等多个环节的复杂过程。通过合理运用数据支撑与实例分析，可以更有效地提升视频质量与观赏性，从而实现更好的传播效果与用户反馈。

三、短视频的运营

（一）选择短视频平台

在选择短视频平台时，深入了解各平台的特性、用户画像、内容生态及变现方式至关重要。以下是对抖音、快手、哔哩哔哩（B站）、视频号、好看视频、小红书等六大短视频平台的介绍，旨在帮助读者做出更合适的选择。

1. 抖音

抖音以强大的算法和智能推荐系统著称，能够精准捕捉用户兴趣，为用户推送个性化内容。平台操作简便，内容发布门槛低，使得大量优质内容创作者快速涌现。用户年龄层主要集中在年轻人，尤其是"95后"和"00后"。抖音的变现方式主要有以下几种：①小黄车是通过直播带货销售商品。②抖音小店是开设个人或企业店铺，直接售卖商品。③平台活动是参与平台举办的各类活动，赢取奖金和流量。④接受品牌广告合作，获取广告费。⑤根据直播观看人数和互动情况获得平台分成。抖音每日活跃用户数约6亿，在短视频领域处于领先地位。电商转化率较高，适合电商带货和品牌推广。

2. 快手

快手注重社区氛围和用户黏性，视频更新速度快，内容接地气，深受三、四线城市用户喜爱。用户以年轻人为主，但相较抖音，其年龄分布更广泛。快手的变现方式有以下几点：①直播带货，与抖音类似，通过直播销售商品。②参与平台活动获取奖励。③接受品牌合作，进行广告投放。④平台对优质创作者提供奖励和扶持。快手每日活跃用户数约3亿，在短视频领域排名第二位。电商生态成熟，适合下沉市场电商带货。

3. 哔哩哔哩（B站）

B站以二次元文化起家，逐渐发展成为涵盖多个兴趣圈层的多元文化社区。平台用户黏性高、互动性强，用户以"90后"和"00后"为主，年轻且活跃。

性别比例相对均衡，但女性用户占比略高，她们对动画、漫画、游戏、影视等内容有高度兴趣。B站内容以原创视频、番剧、纪录片、综艺等为主，注重内容质量和深度。B站的变现方式包括：①接受品牌广告投放，尤其是与平台内容相关的广告。②根据视频播放量、互动情况等给予创作者奖励。③用户付费成为大会员，享受更多特权和服务。B站每日活跃用户数超过8000万，覆盖7000多个兴趣圈层。用户黏性高，适合品牌深度营销和内容创作。

4. 视频号

视频号依托微信生态，用户群体广泛，覆盖各个年龄段。平台注重内容质量和用户体验，支持图片和视频发布。用户是全年龄段覆盖，但以一、二线城市用户为主。强社交属性，用户间互动频繁。视频号内容以生活记录、知识分享、新闻资讯等为主，注重内容的实用性和价值性。视频号的变现方式包括：①接受品牌广告投放，利用微信生态进行精准推广。②通过视频号引流至微信个人号或企业号，进行私域运营。③结合小程序进行商品销售或提供服务。微信生态下的短视频平台，用户基数庞大。适合品牌宣传、私域引流和电商变现。

5. 好看视频

好看视频是百度旗下的短视频平台，注重内容质量和知识分享。平台覆盖多个领域，满足用户多样化的需求。用户主要集中在25～40岁，覆盖年轻职场人和中年人，其中三、四线城市的年轻人和一、二、三线城市的中年人占比较大。好看视频内容以知识分享、美食制作、游戏解说、生活技巧等为主，注重内容的实用性和教育性。好看视频的变现方式包括：①接受品牌广告投放，利用百度流量进行推广。②通过视频内容引流至个人或企业公众号、小程序等。③在平台内开设商铺，直接售卖商品或服务。好看视频每日活跃用户数约 1 亿，覆盖多个领域和兴趣圈层。适合知识分享、品牌宣传和电商变现。

6. 小红书

小红书是一个生活方式分享社区，同时设有社区电商板块。平台注重用户体验和内容质量，鼓励用户分享真实的生活经验和购物心得。用户以"95 后"和"00 后"的女性为主，主要居住在一、二线城市，她们对时尚、美妆、旅游、美食等内容有高度兴趣。小红书内容以购物分享、商品评测、生活技巧等为主，注重内容的真实性和实用性。小红书的变现方式包括：①接受品牌广告投放，尤其是与平台内容相关的广告。②通过内容引流至个人或企业公众号、小程序等。③在平台内直接售卖商品或服务。小红书用户活跃度高，购物意愿强，适合品牌宣传、电商带货和私域引流。平台内容质量高，用户黏性强，为品牌提供了良好的营销环境。

在选择短视频平台时，需结合自身产品特性、运营目标和目标用户群体进行综合考虑。例如，电商带货，应优选流量大、电商环境完善的抖音和快手。精准获客，应根据目标用户群体选择对应平台，如 B 站针对年轻人群体，好看视频针对知识分享和中年人群体。私域引流，应选择具有强社交属性的平台，如视频号和小红书。

（二）完善短视频账号属性

1. 精准定位，奠定成功基石

（1）确定变现方式：策略先行，利润导向。在账号定位的初期，明确变现路径是至关重要的第一步，这不仅关乎账号的长期可持续发展，也是确保内容创作有的放矢的关键。变现方式应紧密围绕产品信息、企业商业模式及个人专长展开。

（2）分析粉丝画像：精准描绘，直击靶心。明确变现方式后，需细致勾勒目标粉丝画像，这包括但不限于性别、年龄层、地域分布、兴趣爱好、消费能力、上网习惯等维度。利用大数据分析工具（如社交媒体洞察报告、问卷调查等），可以获取更精确的数据支持。

（3）明确内容与形式：内容为王，形式多样。内容与形式的选择应基于粉丝画像和市场需求，同时借鉴竞品分析。主观上，评估同行账号的内容创新性、互动性、专业性及其对用户黏性的影响；客观上，利用数据分析工具监测同行的发布时间、频率、用户互动数据（点赞、评论、分享等），以确定最佳发布时机和频率。

（4）市场调研与饱和度分析：数据支撑，规避风险。深入分析同行账号近一个月的流量变化、用户反馈，结合市场趋势报告，评估该领域的饱和度。若流量下滑，可能意味着市场饱和或内容创新不足。根据行业报告，随着短视频竞争加剧，内容同质化问题日益严重，创新成为脱颖而出的关键。因此，需密切关注市场动态，适时调整内容策略，避免盲目跟风。

2. 精雕细琢，构建独特魅力

（1）出镜演员与人设打造：个性鲜明，情感共鸣。根据账号定位，选择合适的出镜演员或主播，塑造具有鲜明个性和吸引力的人设。人设应贴近目标粉丝群体，能够引发情感共鸣。例如，定位为"年轻创业者的成长伙伴"，主播可以是经历创业挫折后成功转型的励志人物，通过分享个人经历、创业心得，树立真实可信的形象。研究表明，具有正面激励作用的人设能有效提升用户忠诚度和参与度。

(2)内容细分与系列化：深度挖掘，持续吸引。在账号大方向下，进一步细分内容领域，形成系列化内容规划。比如，剪辑技巧账号可细分为"基础篇""进阶篇""实战案例分享"等系列，既满足不同层次用户的需求，又便于用户追踪和期待新内容。通过持续提供高质量、有价值的内容，增强用户黏性，促进口碑传播。

3. 内容创作原则

(1) 吸引力法则：构建期待，引爆观看欲望。在短视频领域，吸引力是内容成功的关键，要激发强烈的"看下去"的欲望，必须巧妙运用期待管理。

(2) "三段论"策略：精准洞察，高效转化。"三段论"是一种有效的内容创意生成方法，它基于对不同人群（社会人群、消费人群、参与人群）的深刻洞察，通过逻辑严密的推理过程，产出高质量、高转化率的商业内容。

(3) 内容创作基本方法：多元融合，创新驱动。可借鉴热门视频的创作手法，但需注重创新，避免简单复制。通过翻拍加入个人特色、使用原声进行创意改编等方式，增加内容的独特性和吸引力。

(4) 爆款内容结构：科学布局，精准触达。视频前 3~5 秒是吸引用户注意力的黄金时间，应直接展示亮点或设置悬念，避免冗长铺垫。数据显示，开场 5 秒内无法吸引用户注意的视频，其完播率将大幅下降。

（三）组建创作团队

短视频作为当前数字营销领域的重要载体，其内容的创新与质量直接关系到传播效果与商业价值。为了持续产出高质量的短视频内容，组建一支专业、高效且配合默契的创作团队是短视频运营成功的关键。以下是对短视频制作团队构建的介绍，旨在通过科学合理的团队配置与工作流程，最大化内容产出效率与质量。

1. 团队配置模式分析

(1) 单人成团模式。其特点是一人承担策划、拍摄、演绎、剪辑等全部工作，灵活性高，但工作负担极重。其优势是成本极低，创意与执行高度统一；劣势是受个人精力与技能限制，内容质量难以持续保证，制作周期长，难以规模化生产。根据行业调研，单人团队的内容产出效率仅为多人团队的 30%~40%，且用户留存率与互动率普遍较低。

(2) 两人合作模式。其特点是两人分担工作，通常一人侧重策划与导演，另一人负责拍摄与剪辑。其优势是相较于单人模式，工作量有所分担，创意碰撞可能产生新灵感；劣势是仍需承担多重角色，对个人能力要求高，团队协作效率受限。两人团队的内容产出效率可以提升至单人团队的 1.5 倍左右，但内容质量与创意多样性仍受限于团队规模。

(3) 多人专业分工模式。其特点是团队成员各司其职，包括编导、摄影师、剪辑师等，形成专业化分工。其优势是专业的人做专业的事，大幅提高内容产出效率与质量；多人协作促进创意碰撞，内容多样性与创新性更强。虽然初期组建成本较高，但长期看因效率高、质量优，整体成本效益更优。根据行业报告，多人专业分工团队的内容产出效率是单人团队的 2~3 倍，用户互动率与转化率均显著提升。

2. 核心岗位职责与技能要求

(1) 编导。编导的职责：①确定短视频主题、内容方向与风格，编写策划案与脚本。②组织拍摄,指导摄影师与剪辑师,确保内容符合策划要求。③监控制作流程,确保项目按时按质完成。编导岗位需要强大的创意策划能力,熟悉短视频市场趋势;良好的沟通协调能力,能有效指导团队成员;项目管理经验,确保项目高效推进。

(2)摄影师。摄影师的职责:①根据脚本拍摄高质量视频素材。②负责构图、灯光、镜头处理等,确保画面效果。摄影师需要精通摄影技术,熟悉不同拍摄设备与技巧;良好的艺术审美与构图能力;快速适应不同拍摄环境,具备应急处理能力。

(3)剪辑师。剪辑师的职责:①将拍摄素材剪辑成符合策划要求的短视频。②负责视频合成、配音、配乐、字幕、调色及特效制作。剪辑师需要熟练掌握剪辑软件,如 Premiere、Final Cut Pro 等;强大的视频叙事能力,能通过剪辑提升内容吸引力;对色彩、音乐有良好的感知,能提升视频整体质感。

3. 团队构建与协作机制

(1)基于岗位需求,通过作品集评估、面试、实操测试等方式选拔合适人才。定期组织技能培训,提升团队专业能力;鼓励团队成员参加行业交流活动,拓宽视野。

(2)协作过程中,在策划阶段,由编导主导,全体参与讨论,确定主题与脚本;在拍摄阶段,由摄影师主导,编导辅助,确保拍摄顺利;在剪辑阶段,由剪辑师主导,编导与摄影师提供反馈,共同优化视频。团队还需有完善的激励机制,设立项目奖金、绩效奖金等,激发团队创造力与积极性。

4. 数据驱动的优化与迭代

定期分析视频数据(如播放量、点赞量、评论量、转化率等),评估内容效果。基于数据反馈信息,及时调整内容策略与团队分工,持续优化创作流程。鼓励团队成员提出新想法,尝试新技术与新形式,保持内容新鲜感与竞争力。

(四)选择变现方式

在短视频领域,内容创作者通过多种方式将流量转化为收益,实现内容的商业价值。以下是五种主流变现方式,每种方式都有其独特的优势与适用场景,结合数据与案例分析可帮助创作者更好地理解并选择适合自己的变现策略。

1. 广告变现

广告变现是短视频领域最直接的盈利方式之一,主要包括软广、冠名、贴片和代言四种形式。①软广是通过内容自然融入产品推荐,如美食博主在烹饪过程中展示使用的调料或厨房电器,转化率高达20%~30%,因其不破坏用户体验而广受欢迎。②冠名是在视频中以字幕、话题、挑战等形式突出广告主品牌,增强品牌曝光度,适合品牌合作深入的场景。③贴片是在视频开头、结尾或中间插入广告,通常不影响主体内容,用户接受度高。据统计,片尾贴片广告的观看完成率可达到60%以上。④代言是粉丝量庞大的博主可以像明星一样代言产品,利用个人影响力促进销售,代言费用往往与粉丝数量和互动率成正比。

2. 电商变现

电商分为一类电商和二类电商,前者如淘宝、京东,后者如抖音、快手等短视频平台。一类电商是直接购物平台,用户目的明确,购买转化率高。二类电商是内容驱动,用户在浏览视频时产生购买欲望,通过链接跳转至一类电商完成购买,实现内容与购买力的结合。抖音通过短视频内容引导用户至淘宝、京东购买商品。2021 年,抖音电商的商品交易总额(GMV)超过 7300 亿元,显示出二类电商巨大的商业潜力。

3. 直播变现

直播变现是商品展示、互动答疑和即时购买的集合,极大地缩短了购买决策路径。主播实时展示商品、解答疑问,提升了观众的购买信心。观众可通过弹幕提问增强参与感,促进购买决策。观众付费购买虚拟礼物送给主播,主播提现获得收益,部分平台的礼物打赏收入占比可达直播收入的 30%~50%。2022 年,中国直播电商市场规模超过 2 万亿元,同比增长超过 100%,显示出直播变现的强大吸金能力。

4. 课程变现

课程变现利用创作者的专业知识或技能,通过线上课程销售实现盈利。课程变现是低成本高效益,一次制作、多次销售,边际成本低。不受地域限制,全球范围内寻找学员。提供系统化学习路径,满足用户深度学习需求。例如,某英语教育博主在短视频平台推出英语口语课程,月销售额超过百万元,证明了知识付费市场的巨大潜力。

5. 咨询变现

咨询变现基于创作者的专业知识和经验,为付费用户提供个性化咨询服务。买家主动联系,需求明确,成交率高。提供定制化解决方案,满足用户特定需求。基于创作者的专业形象和用户口碑建立信任关系。随着知识经济的发展,咨询服务的市场需求持续增长,特别是在财经、法律、心理咨询等领域,咨询变现成为创作者的重要收入来源。

(五) 提升用户活跃度

在短视频领域,用户活跃度是衡量平台或账号成功与否的关键指标之一。为了持续吸引用户参与、提升活跃度,短视频创作团队需采取多元化策略,以下是对原有策略思路的深化与拓展,结合数据与实例,旨在提供更具体、操作性强的建议。

1. 向用户征集话题,从被动接受到主动参与

通过向用户征集话题,不仅解决了内容创作的瓶颈问题,更重要的是这一行为能激发用户的参与感和归属感,让用户感受到自己是平台或账号的一部分。设立固定的"话题征集日",鼓励用户提交感兴趣的话题或创意,增加用户期待感。

2. 让用户生产内容,体现 UGC 模式的魅力

用户生成内容(UGC)是提升活跃度的有效手段,通过设定主题挑战、故事接龙等形式,鼓励用户创作并分享,形成内容共创的良性循环。建立用户作品展示区,设置点赞、评论、分享等互动功能,增加用户间的交流。UGC 模式下,用户活跃度可提升 30%~50%,同时用户生成的内容往往更能引起共鸣,促进内容传播。

3. 抛出有争议的话题,激发讨论,提升热度

利用争议性话题引发用户讨论,通过正、反两面的观点碰撞激发用户情绪,提高内容互动率。

紧跟社会热点、节日庆典等，提出具有争议性的讨论话题。

四、短视频的渠道推广

（一）优化发布渠道

在数字化时代，内容发布渠道的选择对于内容传播效果的影响至关重要。针对在线视频渠道、资讯顾客端、短视频渠道及社交平台四大类渠道，需要深入理解其特性、用户行为及推荐机制，以制定更为精准有效的发布策略。以下是对各类渠道的介绍，辅以相关数据支撑，旨在帮助内容创作者最大化传播效果。

1. 在线视频渠道：深耕内容质量，利用搜索与推荐机制

在线视频渠道如爱奇艺、优酷、腾讯视频等，拥有庞大的用户基础和成熟的视频生态系统。播放量主要依赖搜索排名和小编推荐，这意味着内容标题、关键词优化及内容质量成为关键。

2. 资讯客户端：利用算法推荐，精准触达目标用户

资讯客户端如今日头条、企鹅媒体平台、一点资讯等，依靠强大的算法推荐系统，根据用户兴趣推送内容。播放量主要由系统推荐决定，用户黏性高，内容需符合平台用户画像。

3. 短视频渠道：强化粉丝经济，提升用户黏性

短视频渠道如抖音、快手、美拍、秒拍等，粉丝数量对播放量影响显著。内容需简短、有趣、易传播，符合年轻用户群体的审美和观看习惯。

其优化策略包括：①定期与粉丝互动，举办粉丝活动，增强粉丝黏性。②紧跟潮流，不断创新内容形式，保持新鲜感。③利用其他渠道为短视频引流，扩大粉丝范围。根据行业数据，粉丝互动率提升20%，可使视频播放量增长30%~40%；创新内容，可使用户留存率提升15%~20%。

4. 社交平台，发挥传播优势，扩大影响力

社交平台如QQ公众传媒、QQ空间、微博、微信等，具有强大的社交属性和传播能力。内容易被用户分享、转发，形成病毒式传播效应。

其优化策略包括：①社交互动，利用话题、热点引发用户讨论和分享，提高内容传播速度。②与关键意见领袖（KOL）合作，利用其影响力扩大内容覆盖范围。③多媒体融合，结合图文、视频、直播多种形式，丰富内容呈现方式。行业数据显示，热点话题参与，可使内容曝光量提升5倍以上；KOL合作，可使内容传播范围扩大为原基础的3~5倍。

（二）调整发布内容

在短视频领域以内容为王，而内容的规划与调整须紧密跟随账号发展阶段及用户需求变化。以下是对不同阶段内容规划及标签与话题设置策略的介绍，结合数据与实例，旨在提供具有系统性、高效的内容优化方案。

1. 不同阶段的内容规划：精准定位，逐步升级

（1）账号前期：聚焦垂直，持续产出。在账号初期，粉丝基础薄弱，首要任务是建立品牌形象，明确内容定位。持续产出与账号定位高度一致的垂直内容，增强用户认知。

（2）账号上升期：技巧融合，热点加持。随着粉丝增长，内容需向技巧性、实用性倾斜，同时结合热点话题，提升内容吸引力。定期发布行业技巧、教程类视频，满足用户学习需求。紧跟时事热点，将热点元素融入内容，提高曝光率。设置问答、挑战等互动环节，提升用户参与度。

（3）账号后期：创意引领，专业深耕。当粉丝量达到一定规模时，内容需更加注重创意与专业深度，打造差异化竞争优势。探索新颖的内容形式，如 VR 体验、微电影等，提升内容新鲜感。邀请行业专家合作，推出系列专业课程或深度分析，增强权威性。与知名品牌合作，推出联名产品或活动，扩大影响力。行业数据显示，专业性强、创意独特的账号，用户留存率可提高至60%以上，远高于平均水平。

2. 设置标签和话题：精准定位，扩大影响

（1）数量与字数：科学规划，高效传达。标签个数控制在6~8个，每个标签以2~4字为宜，既保证信息覆盖，又避免冗余。研究显示，有合理标签配置的视频，平均曝光率可提高20%。

（2）关联度：精准匹配，提升相关性。标签必须与视频内容高度相关，确保用户通过标签能准确理解视频主题。可以使用关键词分析工具识别视频内容的核心词语，并作为标签候选。

（3）热点热词：紧跟趋势，提升曝光。结合当前热点事件、节日、流行语等，为视频添加相关标签，增加被推荐的机会。例如，某时尚账号在"双十一"期间，使用"双十一购物攻略""时尚好物推荐"等标签，使视频观看量较平时增长了3倍。

（4）目标用户：精准定位，提高转化。根据账号目标用户群体，设置符合其兴趣、需求的标签，提高内容触达率。例如，通过用户画像分析，精准定位标签的视频，用户点击率可提高至40%，有效促进粉丝增长和互动。通过精细化内容规划与标签设置，短视频账号能够精准定位目标用户，提升内容吸引力与曝光率，从而实现粉丝量的持续增长与品牌影响力的扩大。

案例精选

一、学习目标

通过本案例的学习：①理解短视频行业创业成功的关键目标；②掌握短视频红利与运营的方法的标码；③了解案例中的创新策略。

二、内容简介

"定格影视"工作室由温州商学院2022届毕业生刘俊志创办。该团队会聚青年学子，借力高校资源，专注创意影视制作，已与多家知名企业及单位达成合作，短短两年便创下近200万元营收佳绩。在业务上，工作室勇拓新域，积极探索直播、三维数字化等前沿项目，荣获温州市大学生创新创业典范称号，多次助力校园活动影像记录，赢得师生广泛赞誉。

三、短视频创业案例

刘俊志：新疆小伙留温创办"定格影视"

温州商学院南校区商业综合体的众创空间306室，数台宽阔的液晶显示屏映入眼帘。各种样

式、型号的镜头被整齐码在架子上，一股高科技气息扑面而来。门口的宣传栏给这 40 平方米左右的空间带来了青春活力。这间工作室叫"定格影视"，年营收近百万元。创办者刘俊志 2022 年毕业，员工大都是刚毕业的大学生和在校生。刘俊志是温州商学院国际学院 2022 届工商管理本科毕业生，来自新疆喀什，父母常年经商。他从小耳濡目染，高考填报志愿时便选择以创业教育为特色的温州商学院。

在校期间，他加入一个创业实践团队，凭借优异的专业知识和出色的表达能力，带领团队多次夺得月度销售冠军，并获得学校创业精英月度一等奖。他最大的爱好是摄影，在学校参加各类摄影活动时结识了一群志同道合的伙伴，于是决定将自己的兴趣变成未来的职业。2020 年底，在学校支持下，他牵头创办了"定格影视"工作室，入驻温州商学院创业空间，股权 100% 由学生持有。

图 15-1 刘俊志在工作室进行前期创作

工作室成立之后，他和伙伴们非常注重视频作品的质量（见图 15-1、图 15-2），依托学校传媒与设计艺术学院的师资力量，不断开发创意产品，成功吸引了一批优质稳定的顾客资源，其中不乏中国电信、平安银行、华夏银行等知名企业，温州大学城的几所高校及温州公安部门等单位。

图 15-2 刘俊志在熬夜进行视频剪辑

工作室成立不到两年时间,营业收入就已近200万元,这对一名刚毕业的大学生来说实属不易,但刘俊志却有着超出这个年龄的忧患意识。"我几乎每天都在思考项目的创新点,这个行业如果一成不变,早晚会陷入死局。"他说(见图15-3、图15-4)。工作室一直努力创作新项目,最近在搭建直播平台、招募主播,计划在新媒体平台打造新的IP,以及尝试摄影测绘,把一些现实内容做成三维数字等。

图15-3 刘俊志外出拍摄并寻找灵感

图15-4 刘俊志的室外拍摄团队

刘俊志在2022年被评为温州市第二届大学生创新创业典型人物。面对荣誉,他表示当老板没有想象中那么轻松:除了专注工作、专注作品,还要负责整个团队的衣食住行,而且随时准备着应对一些突发事件,基本上没有休息日可言。但是,他一路上"累却快乐着",收获了经验,锤炼了责任心,这是人生的宝贵财富。

作为学校的自主孵化项目,刘俊志饮水思源,积极回馈母校,经常协助拍摄校运会开幕式、迎新晚会、毕业晚会等活动,得到老师和同学们的称赞。

电子资源

短视频制作与运营

案例分析与讨论

刘俊志在短视频行业创业成功的因素有哪些?

参考文献

[1] 郑亚. 新媒体环境下短视频制作与传播研究[J]. 卫星电视与宽带多媒体,2024,21(16):58-60.

[2] 赵全美. SJ研学旅行公司短视频营销策略研究[D]. 山东师范大学,2024.

[3] 闫丽娜. 短视频教育课程教学创新探析[J]. 黑龙江社会科学,2024(2):134-139.

[4] 谭伟职."裂变传播"视境下短视频创作人才培养的实践探索——以广西艺术学院为例[J]. 新闻研究导刊,2024,15(4):10-12.

[5] 王友青,李红卫,张艺萌. 乡村振兴视域下的农产品直播电商模式及人才培养对策[J]. 陕西开放大学学报,2023,25(3):69-73.

[6] 高博. 短视频制作与传播中数字音乐版权侵权研究[D]. 吉林大学,2023.

[7] 林芸羽. 中职旅游类专业《旅游短视频制造》项目课程开发与实践研究[D]. 广西师范大学,2023.

[8] 闫涵玉,何丹青. 基于仿真秘书工作室的《新媒体素养与实务》教育实施报告[J]. 办公室业务,2023(10):105-106+112.

[9] 王若嘉. 新媒体时代气象短视频制作及传播运营探究[J]. 新闻研究导刊,2023,14(8):71-73.

[10] 张洋洋. 数字媒体艺术设计专业短视频制作课程教学设计研究[J]. 科技世界,2022(20):145-147.

[11] 江玉珍. 基于工作岗位与成果导向的课程教学设计与实践研究——以"商业摄影与视频制作"为例[J]. 现代职业教育,2022(21):61-63.

第十六章
数字直播营销

理论知识

一、数字经济

1996年，美国学者唐·泰普斯科特（Don Tapscott）在其著作《数字经济：网络智能时代的前景与风险》中首次提出了"数字经济"一词。所谓"数字经济"，是指依托数字化技术，在经济活动和价值创造过程中涉及的数字化信息的生成、传递、保存和应用。这一领域广泛涉及电子商务、数字支付、大数据分析、人工智能、物联网、区块链等多个方面。数字经济的崛起不仅重塑了传统行业的商业模式和运作机制，还为新兴业态的发展创造了条件。在这个经济体系中，不仅信息和数据成为核心资源，创新与技术的应用也成为推动经济向前发展的关键力量。数字经济作为继农业经济和工业经济之后的新一代经济形态，正逐渐成为全球经济的新引擎。它以数据资源为核心，依托现代信息网络，通过信息通信技术的深度融合与广泛应用，以及全要素的数字化转型，推动着经济形态向更高效、更公平的方向发展。数字经济的快速发展、广泛辐射和深远影响是历史上前所未有的，它正在引发生产方式、生活方式和治理方式的根本性变革，成为全球资源重组、经济结构重塑和竞争格局改变的关键驱动力。

根据数字经济的数字化发展程度，可以将其划分为三个阶段：信息数字化、产业数字化和数字化转型。数字经济当前正处于第三个阶段，这一阶段的特征是数字基础产业与其他产业的深度融合，加速了新技术的应用和新业态的涌现。在数字化转型的推动下，新的经济发展领域不断被开辟，数字经济的可持续性得到增强，其发展质量也得到了显著提升。

在未来十年，大数据、云计算、移动互联网等高新技术将进一步渗透到零售、制造、教育、医疗保健、文化等各个行业，推动这些行业的数字化升级。同时，新技术的不断涌现和交替，如量子计算、区块链和生物技术，预示着未来技术突破的潜力，这些技术的发展将为数字经济带来新的增长点和创新动力。

数字经济的发展不仅推动了传统产业的数字化转型，也为新兴产业的发展提供了广阔的空间。

在这一过程中，数据成为新的生产要素，与资本、劳动力、土地等传统要素并列，甚至在某些情况下，数据的价值超越了传统要素。数据的分析和应用能力成为企业竞争力的关键，也是国家竞争力的重要组成部分。

此外，数字经济的发展也带来了新的挑战，如数据安全、隐私保护、数字鸿沟等问题，这些问题的解决需要全球范围内的合作和治理。因此，数字经济的发展不仅是技术问题，也是社会问题，需要政策制定者、企业、学术界和公众共同参与，以确保数字经济的健康发展，实现全球经济的共赢。

根据《中国数字经济发展研究报告（2023年）》，我国数字经济在2022年实现了进一步量的合理增长。具体来看，2022年我国数字经济规模达到50.2万亿元，同比名义增长10.3%，这一增长率已连续11年显著高于同期GDP名义增速。数字经济在国内生产总值（GDP）中的占比达到了41.5%，这一比重相当于第二产业在国民经济中的占比，如图16-1所示。

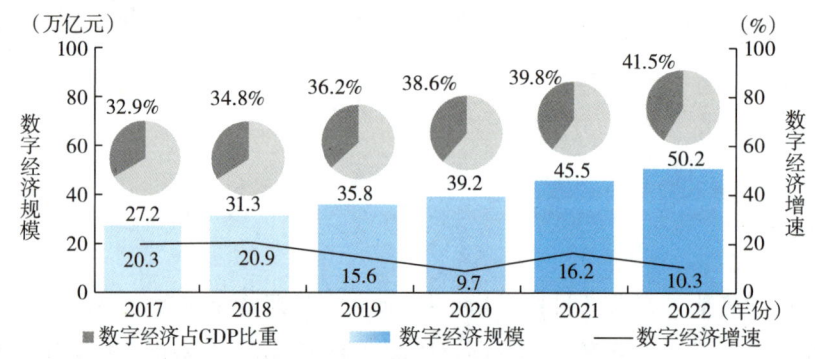

图16-1　2017—2022年我国数字经济发展情况

资料来源：《中国数字经济发展研究报告（2023年）》解读。

我国数字经济的全要素生产率也得到了进一步提升。从整体来看，2022年我国数字经济全要素生产率为1.75，相较2012年提升了0.09（见图16-2）。这一生产率水平和同比增幅都显著高于整体国民经济生产效率，对国民经济生产效率提升起到了重要支撑和拉动作用。从产业的角度来看，数字经济的全要素生产率在不同产业中表现各异。第一产业数字经济全要素生产率小幅上升，第二产业数字经济全要素生产率在过去十年中整体呈现先升后降态势，而第三产业数字经济全要素生产率则大幅提升，成为驱动数字经济全要素生产率增长的关键力量。

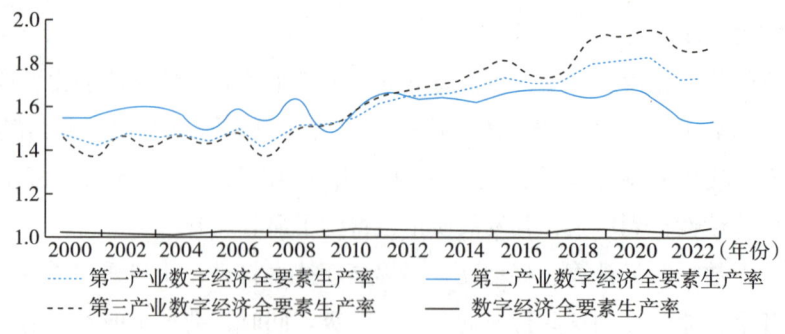

图16-2　2000—2022年我国数字经济全要素生产率变动趋势

资料来源：《中国数字经济发展研究报告（2023年）》解读。

数字经济及其核心产业分为5个大类、32个中类、156个小类，包括数字产品制造业、数字产品服务业、数字技术应用业、数字要素驱动业、数字化效率提升业等。2020 年，我国数字经济及其核心产业中数字技术应用业增加值最高，为 34658.2 亿元，占比达 43.52%。其次是数字产品制造业，增加值为 23774.0 亿元，占比 29.85%。此外，数字要素驱动业占比 22.28%，数字产品服务业占比 4.35%（见表 16-1）。

表 16-1　2012—2020 年模型预测的中国数字经济核心产业增加值

年份	数字产品制造业		数字产品服务业		数字技术应用业		数字要素驱动业	
	占比（%）	增速（%）	占比（%）	增速（%）	占比（%）	增速（%）	占比（%）	增速（%）
2012	43.65		5.15		32.95		18.25	
2013	41.80	5.53	5.27	12.81	34.41	15.07	18.52	11.82
2014	40.22	6.11	5.31	11.11	35.83	41.83	18.64	11.02
2015	39.28	6.08	5.27	7.83	36.27	9.97	19.18	11.79
2016	37.64	6.08	4.19	9.13	37.26	13.69	19.91	14.87
2017	35.60	6.23	5.09	9.98	39.21	18.21	20.10	13.37
2018	32.23	2.86	4.82	7.70	41.40	19.97	21.55	21.84
2019	30.99	5.70	4.72	7.59	43.07	14.33	21.22	8.23
2020	29.85	4.46	4.35	0.04	43.52	9.60	22.28	13.84

二、直播营销

数字经济时代背景下，直播营销成为受各行各业关注的重要板块。直播营销是一种结合直播技术和营销策略的新型网络推广方式，它利用视频直播平台，实现与观众的实时互动，以达到宣传、推广和销售产品或服务的目的。

直播营销是利用互联网直播平台进行实时视频互动的营销方式，它允许品牌或个人通过视频直播的形式，向在线观众展示产品、服务或内容，同时与观众进行实时互动和沟通。直播营销的核心在于创造一个互动性强、参与度高的购物或观赏环境，以增强用户体验、建立品牌信任、提升品牌形象，并最终推动产品销售或达成其他营销目标。

（1）直播营销的特点。

①实时性。直播内容是实时发生的，可以即时响应观众的反馈和互动。

②互动性。观众可以通过评论、弹幕、礼物等方式与主播互动，增加了参与感。

③视觉体验。通过视频直播，观众可以直观地看到产品展示和使用效果。

④灵活性。直播可以在任何时间、任何地点进行，不受地理位置限制。

⑤内容多样性。直播内容可以涵盖产品介绍、教学、娱乐等多个领域。

⑥数据分析。直播平台通常提供数据分析工具，帮助主播和品牌了解观众行为和偏好。

直播营销不仅用于销售产品，还可以用于品牌宣传、教育传播、事件直播等多种场景，是一种多元化的营销工具。

（2）直播营销作为一种新兴的营销手段，具有多方面的优势。它不仅能够通过展示专业知识和产品优势来增强品牌形象和受众信任，还能通过互动性提高用户的参与度和黏性，使顾客更加投入。直播的真实互动性为企业提供了直接了解受众需求的窗口，同时也能够吸引目标群体的注意

 创业小型课

力，刺激他们的购买欲望，从而提高销售转化率。此外，与传统的线下销售相比，直播带货模式能够有效降低营销成本，并且在建立品牌口碑、提升品牌知名度和美誉度方面发挥着重要作用。

（3）直播营销虽然具有显著的优势，但也存在一些劣势需要克服。首先，它对技术支持和专业知识有较高的要求，这可能成为小型企业的挑战；其次，直播需要持续输出高质量内容，这对内容生产能力较弱的企业来说是个难题。

此外，直播营销的策划和执行需要投入大量的时间和精力，这对资源有限的企业来说是一种负担。在直播过程中，产品细节可能展示不足，影响顾客对产品的准确感知。主播的形象和举止对直播效果影响巨大，尤其在高在线人数时难以满足每个人的要求。直播间的群体效应可能诱发顾客冲动消费，从而增加退货率。

另外，直播营销中顾客售后权益保障不足，如退换货政策不明确，可能影响顾客信任。最后，特别是在偏远地区，网络和物流基础设施的不完善限制了直播带货的发展潜力。

（4）创业者想要有效利用直播营销，首先，需要明确自己的直播内容和定位，确保内容具有独特性和吸引力以吸引目标观众。其次，通过构建社交媒体矩阵，如微博、抖音、快手等，发布预告和精彩片段，吸引粉丝关注并引导他们进入直播间。

在直播过程中，营造互动氛围，通过提问、投票、抽奖等方式提升用户黏性，并设置专属粉丝福利以增加忠诚度。此外，与其他主播或品牌合作联动，可以拓宽影响力并提升品牌价值。

数据分析对于直播创业至关重要，通过分析观众画像、观看时长、互动频率等数据，优化直播内容和推广策略，实现精准拉新。同时，设计吸引人的话术，规律弹出讲解弹窗和发放福袋，以稳定在线人气并加速销售转化。高效获取搜索流量，优化直播间封面图、视频标题等，增加搜索流量。

对于有分销体系的品牌，根据产品特性招募分销商开设直播，打造"店铺矩阵"。最后，实时分享冲榜进度和业绩榜单，制作社交热搜素材包，形成社交裂变。综合这些策略，创业者可以更有效地利用直播营销，提升品牌影响力和销售业绩。

案例精选

一、学习目标

通过本案例的学习和分析，了解直播营销的概念，以及数字经济和电子商务行业的发展趋势和未来方向；探索创业者在这个领域将会面临的挑战和机遇；增加直播营销和电子商务行业的专业知识，加深见解；深入了解创业者的思维模式、决策过程和成功经验；从实践案例中获得启发，以便更好地规划个人或团队的创业路线。

二、内容简介

本案例介绍了温州商学院（原温州大学城市学院）吕中侠校友的创业故事。吕中侠退伍后在大学期间进行创业活动，起初创办了托福、雅思培训机构，他利用温商的人际关系优势成功开展业务，但由于一些原因无法再经营下去。随后从事销售工作，通过自我学习和努力积累经验，着重团

队培训和销售技巧，带领团队开拓市场。随着数字经济时代的到来，他在接触抖音等直播平台后，抓住机遇创办了短视频账号，虽然遇到了许多困难阻碍，但通过努力和机缘巧合逐渐得以壮大，成为温州本土短视频领域综合营销解决方案的专家。他以实干为本，以电子商务为创业方向，在创业过程中注重兴趣的重要性，强调任务拆解和团队建设，通过将任务细化、流程清晰化，构建了高效的组织架构。吕中侠的实践理念在创业初期尤为突出，他鼓励创业者注重实践经验，并在任务分配和利益分配上注重公平和激励机制。他的创业经历为电子商务创业者提供了宝贵的启示，强调了实践、团队合作和兴趣的重要性。

三、直播营销创业案例

始于销售、兴于直播，争做电商领头羊

（一）创业者简介

2019年，吕中侠毕业于温州商学院，随后踏上了创业之路。他先后担任了温州诚迈文化传媒有限公司、温州鹿城区驴途电子商务经营部、浙江竹节太奇科技有限公司等多家公司的法定代表人，同时兼任了浙江华鹿网络科技有限公司、温州诚迈文化传媒有限公司、浙江竹节太奇科技有限公司等公司的股东和高管。

吕中侠在毕业后不久就展现出了出色的创业能力和领导才华，他在多家公司的管理层中发挥着重要作用，为公司的发展和壮大做出了重要贡献。他的成功经历充分展示了毕业生在创业领域的潜力和可能性，也为其他有志创业的年轻人树立了榜样。

（二）创业企业成长历程

1. 军旅与学习：求学之路

吕中侠在来温州商学院之前经历了一段军旅生涯。退伍后，他发现自己与现实生活脱节，许多方面跟不上社会的步伐，甚至被认为"慢半拍"。在这种境况下，他选择了创业。然而，他很快意识到，创业需要更多的知识和技能来支撑，因此他毅然决定回到学校，踏上新的求学之路。

刚来到学校时，吕中侠立即投身学习的海洋。无论是主持、比赛，还是电影、电视剧的拍摄，他都积极参与其中。他以一种脚踏实地的态度，积累经验和知识。

吕中侠的求学之路是一个不断进步、不断追求提升的过程。通过学习，他不仅补充了创业所需的技能，还拓宽了自己的视野。他展现了军旅背景下的坚韧与毅力，以及对学习的不懈追求。

在温州商学院，吕中侠不仅是一个学习者，更是一个积极的参与者和实践者。他以自己的行动诠释了军旅精神与学习精神的结合，为自己的未来奠定了坚实的基础。

2. 销售路上的自我提升：成长之旅

吕中侠在大二和大三的时候，开始了自己在销售行业的探索。他选择销售这一行业，是因为他相信销售工作能够磨炼人的意志和精神。他的第一份销售工作是在一家德国企业。

起初，吕中侠的底薪只有2500元，相比于销售总监的底薪（约为2万元），这并不是一个诱人的工资待遇。然而，对于吕中侠来说，最重要的是在这个过程中学习销售知识，因为他认为学到的知识和经验才是最宝贵的收获。

 创业小型课

吕中侠在这家企业迅速成长，很快就被委以重任，独自带领两三个人在上海、广州、浙江等地开展业务。他不仅拓展市场，还进行了大量的备调和调研工作，以确定产品适合的用户群体，这个过程耗费了大约一个半月的时间。值得一提的是，吕中侠在这个阶段的业绩远远超过了那些底薪比他高几倍的销售总监。这段经历成为他最宝贵的财富和自我提升的重要机会。

在企业只待了两三个月，吕中侠便选择了离职，这次离职并不是因为他对工资或者职位不满意，而是他更加注重个人的成长和发展，希望寻找更多的挑战和机遇。

3. 从零起步到成功经营：教培创业之路

2018 年，吕中侠发现了一个商机：温州商学院开设了名为 "4+1" 的精英班，针对雅思、托福等考试进行培训。这引发了他的思考，他意识到这一领域还有很大的发展空间，于是决定尝试开设同类型的补习班。幸运的是，他有一个志同道合的校友，同样对这个领域充满了兴趣。

他们准备开办班级时，主要依托了校内的人脉资源，并进行了宣传。创业初期，吕中侠运用了自己学习到的销售技巧，亲自在校门口发放传单。受益于他曾经的演讲经验和主持能力，他在公众场合表现得游刃有余，丝毫不感到紧张。然而，创业之路并非一帆风顺，他们也遇到了不少挑战，比如城管不允许他们在某些地方发放传单，甚至被强制驱离。

尽管经历了曲折和困难，但最终的结果却非常美好。他们成功地开设了两个小班，每个班级仅有 6 名学生，实现了小班教学的优势。这不仅提高了教学质量，也增加了学生与教师之间的互动机会。

4. 从企业家培训到担任上市企业 CEO：再就业之路

吕中侠通过参加多场企业家培训讲座积累了丰富的经验，到 2018 年下半年，他受聘于杭州一家上市企业，担任该地区的 CEO 职务。作为 CEO，他主要负责省、区、市、县的代理制度和招标文件项目。这段经历让他体验了一家企业从零到一的创业过程，而且这家公司的上市背景为他们的招标等活动提供了强大的支持，为吕中侠未来的再创业之路奠定了良好的基础。

5. 从企业家培训到抖音短视频：二次创业之路

2019 年，吕中侠接到一位教培学员的电话，询问他是否了解抖音，这个电话勾起了他对抖音的好奇心，激发了他对这个新兴平台的研究兴趣。

尽管当时吕中侠对抖音还不甚了解，但短短 7 天的时间，他就决定了离开公司，开始对抖音的深入探索。在此期间，他身体不适，甚至在杭州输了 7 天盐水都没有好转。这种情况让他感到杭州并不适合他，于是他回到了温州，决定自己创业，专注抖音平台。

2019 年初，他和两位合伙人一起创立了一家公司，开始在抖音平台上做短视频。就在他们刚刚搬进新公司的时候，新冠疫情席卷而来。吕中侠回忆，他们刚买好设备，开业没多久，疫情就来了。他们面临着前所未有的困境，但吕中侠和他的团队并没有气馁，而是想尽办法应对挑战。

尽管面临着艰难的局面，他们的团队依然保持着拼搏精神。吕中侠和他的两位合伙人在温州建立了他们企业的第一个抖音短视频账号，并成功吸引了超过 200 万的粉丝。这个账号成为他们起家的第一步，也是他们事业成功的关键。

这一机遇使得越来越多的企业认识了他们，并希望与他们合作。从此，吕中侠和他的团队开始了他们在抖音平台上的创业之旅。他们克服了种种困难，不断迭代自己的内容，最终成为抖音平台上备受瞩目的创作者之一。

(三) 创业经验分享

1. 创业抉择：创业精神的磨炼

创业之路充满了选择和不确定性，吕中侠的创业经历也充满了艰辛与挑战。他在选择创业方向时，并不清楚这个选择究竟是好是坏。以他们选择做抖音为例，起初他们并没有认识到这个平台的潜力，甚至觉得它很低端，只是抱着一种观望的态度。然而，随着时间的推移和对市场的观察，吕中侠逐渐发现了抖音平台的巨大商机。

创业初期，吕中侠面临着各种困难和挑战。对他印象最深刻的是，所有的顾客都是由他挨家挨户对接而来的。因为他们并没有丰富的资源，只能从零开始，一步步打拼。由于环境受限他只能拿着宣传单页，不厌其烦地拜访每一个潜在的顾客。然而，正是这种不懈的努力和出色的销售手段，使得他们的成功率非常高，几乎每拜访10家就能够成功拿下9家。

吕中侠的销售经历不仅锻炼了他的销售技巧，更锻炼了他的抗压能力。销售工作不仅是推销产品，更是处理各种挑战和面对压力的过程。在这个过程中，他不断被驱逐、被无视，正是这些经历让他的抗压能力得到了锻炼和提升。在温州有一句俗语："十个销售七个老板。"这句话既体现了销售工作的压力和挑战，也说明销售是锻炼人的良机。

在采访中，吕中侠表示，每个人在创业过程中都会面临选择和不确定性，但重要的是先去行动，而不是一味地空想。通过实践和经验积累，才能够更清晰地认识自己的能力和局限性，进而反思和提炼。创业过程中会遇到很多困难和挑战，关键是要勇于面对，不断地实践和调整，才能够走出一条属于自己的成功之路。

2. 创业乐事：创业途中的领导智慧

在吕中侠的创业过程中，发生了许多富有启发性的事情。有一次，他回到公司，发现销售人员都在办公室里，他好奇地问："今天为什么不出去啊？"销售人员纷纷回答："下雨了。"吕中侠心想，也许他们觉得家里有条件，不愿意冒雨外出。于是，他决定带着他们一起出去，不仅是为了锻炼销售能力，更是为了培养他们的意志力和不怕苦的精神。

吕中侠意识到，有些销售人员缺乏积极主动的态度，就带领他们到商场，提出每个人至少要完成与10个顾客交谈的指标。在此过程中，他发现虽然有些人愿意交谈，但方式不够专业；在与顾客沟通时，语言表达能力对于销售人员至关重要，但很多人缺乏这种能力。

对于吕中侠来说，他对自己想要创建的企业有着强烈的执念。他相信，想要成为什么样的人，就要做什么样的事情，这种执念具有强大的力量。他经常在面试时告诫应聘者，首先需要明确自己的职业规划，然后经历各种挑战，才能获得更大的成就。这种领导智慧激发了他的团队，让他们有更强的自我约束力和执行力。创业之路不仅是一段充满挑战和机遇的旅程，更是一次自我成长和团队培养的历练。通过不断地思考和实践，明确自己的目标和执念，才能走出一条属于自己的成功之路。

3. 创业心得：兴趣驱动、团队建设与目标设立的智慧

在创业的道路上，吕中侠积累了丰富的创业心得，其中包括兴趣驱动、团队建设和目标设立等方面的智慧。这些经验不仅指导他自己的创业之路，也为其他创业者提供了宝贵的启示。

首先，吕中侠强调兴趣在选择创业方向上的重要性。他认为，创业者应该选择自己感兴趣的行

业，才能够在创业的过程中保持动力和热情。他建议创业者在实践中体验不同行业，至少要有半年到一年的时间，经历后再决定自己是否在这个行业创业。因为没有工作经历的人，很难一开始就顺利地创业。

其次，他强调创业者需要花费自己最大的体力和精神去拼搏，而不是用金钱去试错。他认为，用金钱去试错是一种捷径，但前提是自己是否匹配这个行业。如果匹配的话，可以尝试；如果不匹配的话，就需要投入更多的精力和体力去完成这件事情。创业就是要将最艰苦的工作先做一遍，再教导他人如何去做。

再次，目标设立是创业过程中不可或缺的一部分。吕中侠指出，创业者的第一目标是赚钱，这是最直接的回报。第二个目标，则是明确为什么要做这个行业。他强调，在设立这两个目标的同时，创业者还要注重执行。过于关注赚钱可能导致挫折，因此需要更多地考虑为什么要做这个行业，以及如何去做。

最后，团队建设是创业过程中至关重要的一环。吕中侠认为，团队成员之间需要分工明确，并且在利益分配上要做好规划。他强调，不要因为利益而发生争执，要建立一个清晰的分配机制，并通过激励机制来激发团队成员的积极性。在团队组建的过程中，要明确每个人的角色和贡献，而不是纠结于人际关系。创业初期不要花费太多时间在股权分配等琐碎事务上，而应该简化流程，重点关注项目本身的推进。

吕中侠的创业心得为创业者提供了宝贵的指导：兴趣是创业的原动力，团队是创业成功的关键，目标是创业者前进的方向。在创业的道路上，只有不断地学习和实践，才能够走得更远。

4. 创业实干：组织架构的重要性与拆解思维

在创业的征途中，吕中侠深刻理解实干精神的核心价值。对他而言，实干不仅是投入工作，而且涉及如何将复杂的任务细化、拆解成可管理的部分。这样做不仅有助于提高团队的协作效率，还能确保每个成员都能明确自己的职责和目标，从而实现整个团队的高效运作。

吕中侠在组织架构的设置方面展现了独到的见解和实践。他认为，一个合理的组织架构应当能够促进信息流通、提高决策效率，并能够快速响应市场变化。在他的公司中，吕中侠推行了一种扁平化的管理结构，减少管理层级，以便更快地做出决策并实施。他强调，组织架构的设计应当围绕企业的核心业务和长期战略展开。因此，他将公司划分为几个关键的业务单元，每个单元都聚焦特定的市场领域或产品线，以确保专注和专业性。同时，这些业务单元之间保持紧密的协作关系，共享资源和知识，以促进创新和协同效应的产生。

吕中侠还特别注重团队成员的个人发展和职业规划。他鼓励团队成员设定个人目标，并与公司的整体目标相对应。通过定期的绩效评估和反馈机制，确保每个成员都能得到成长和提升的机会，同时也确保团队能够持续地吸引和保留人才。

在技术层面，吕中侠推动了数字化工具的应用，以支持团队的远程协作和项目管理。这些工具不仅提高了工作效率，还增强了团队成员之间的沟通和透明度。

总的来说，吕中侠的创业心得在于他对组织架构的深刻理解和精心设计。他通过优化组织架构，实现了团队的高效协作，促进了企业的快速发展。他的实践证明了，一个清晰、灵活且以目标为导向的组织架构对于创业成功至关重要。随着企业的成长和市场环境的变化，吕中侠也在不断调整和优化他的组织架构策略，以保持企业的竞争力和适应力。

吕中侠指出，实干不是一个人做所有的事情，而是将任务拆解，根据任务的不同进行分配和负责。这种拆解思维可以让任务更清晰、更有条理，提高团队的执行效率。吕中侠强调了团队建设的重要性。当企业规模逐渐扩大时，就需要建立一个合适的团队来共同承担任务。他提出了将任务和流程拆解至足够细化的程度，明确每个人的岗位职责，并将成本摊开来计算。通过这样的团队建设，可以让团队成员清晰地知道自己的工作内容和目标，从而更好地发挥个人能力和团队协作效应。吕中侠对于策划内容的重视也体现了他的实干理念。他强调策划内容的重要性，认为策划内容的匹配需要根据活动需求和规模确定，并且提出了"先干到死"的原则，即先让团队成员充分发挥自己的能力和潜力，再考虑团队的扩展和完善。

电子资源

数字直播营销

拓展延伸

温州电商直播基地是温州市响应数字经济发展趋势积极构建的新型电商平台。该基地旨在整合资源，打造电商直播生态圈，推动传统产业与新媒体的深度融合，促进温州本地产品的线上销售。

电商直播基地拥有先进的直播设备和专业的直播间，为商家提供了展示产品和互动交流的平台。基地内部设施包括供应链选品中心、明星秀场直播间、品牌直播间矩阵、网红打卡区，以及红人孵化与培训中心。这些设施不仅能满足商家的直播需求，还能为新入行的直播人才提供培训和发展空间。

1. 直播营销在温州已形成庞大的产业链

温州电商直播基地建于2020年，由市高教新区、瓯海区商务局等单位联合主办开业仪式。基地计划投资超过2亿元，总面积达到42000平方米，分两期建设。一期在2020年12月投运，已入驻合作商家300家；二期则在2021年6月投运。

2. 直播营销在温州当地的影响

温州电商直播产业园与温州科技职业学院合作共建温州电商直播产业学院，旨在培养更多电商人才。此外，基地还为温州大学生创新创业示范基地授牌，为大学生提供创业实践的机会。

温州电商直播基地的建立，极大地推动了温州本地产品的销售，尤其是轻工业产品，如鞋帽、眼镜、打火机等。该基地通过与阿里巴巴等电子商务平台合作，计划5~10年培养1万名直播带货网红主播，关联线上店铺1000家，组织供应链企业1000家，实现主营业务收入超100亿元的目标。

温州电商直播基地不仅关注经济效益，还积极承担社会责任。该基地提出文明养犬、规范诊疗行为、宠物诚信交易等社会倡议，致力于营造人宠和谐的友爱城市，推动行业健康发展。

 创业小型课

3. 温州直播营销未来展望

温州电商直播基地作为地区内电商直播领域的先行者，正计划通过一系列战略性举措进一步扩大影响力，吸引更多商家和直播人才的加入。该基地将依托先进的数字技术，如大数据、云计算、人工智能等，优化供应链管理、提升用户体验，并推动温州产品向全国乃至全球市场拓展。这不仅能够提升温州产品的品牌知名度和市场竞争力，还能为当地企业提供更多的商业机会和发展空间，从而为温州的经济发展注入新的活力。

温州电商直播基地的发展，是温州市数字经济发展的一个缩影，它展示了数字技术如何助力传统产业转型升级，以及如何通过创新的营销模式激发市场活力。该基地的成功案例为其他城市提供了宝贵的经验，特别是在如何构建有效的电商直播生态系统、培养专业人才，以及如何利用数字经济推动地方特色产品走向更广阔市场等方面。

随着数字经济的不断发展，温州电商直播基地有望迎来更加辉煌的未来。该基地将继续探索新的商业模式和技术应用，如虚拟现实（VR）和增强现实（AR）等，以提供沉浸式的购物体验。同时，基地也将加强与国内外电商平台的合作，拓宽销售渠道，提升温州产品的国际影响力。

此外，温州电商直播基地重视人才培养和引进，通过与高校、研究机构的合作，培养一批懂技术、善营销、会管理的复合型人才，为基地的长远发展提供人力资源保障。通过这些努力，温州电商直播基地不仅能够推动温州经济的数字化转型，还能为全国乃至全球的数字经济发展贡献力量，成为一个具有国际竞争力的电商直播中心。

案例分析与讨论

1. 在电子商务创业中，组建合适的团队至关重要。根据吕中侠的经验，如何有效地拆解任务、明确分工，并确保团队成员的协作和执行力？有哪些策略可以帮助创业者构建高效的团队？

2. 吕中侠提到实干创业的重要性，并强调了实践的必要性。在电子商务领域，创业者如何平衡理论学习与实践经验的获取？有哪些途径可以帮助创业者在实践中积累经验和提升能力？

3. 吕中侠强调了电子商务创业中团队分工明确和利益分配的重要性。对于创业初期的电子商务企业，如何合理设定利益分配机制，以平衡团队成员之间的利益关系，并激励团队成员的积极性和创造力？

参考文献

[1] 国家统计局. 数字经济及其核心产业统计分类（2021）[EB/OL]. (2021-05-14)[2022-10-04]. https://www.stats.gov.cn/sj/tjbz/gjtjbz/202302/t20230213_1902784.html.

[2] 中国信通院. 中国数字经济发展研究报告[EB/OL]. (2023-04-27)[2023-04-28]. https://dsj.hainan.gov.cn/zcfg/zybs/202305/t20230510 3413998.html1.

[3] 温州市商务局. 关于2021年度温州市新增电商产业（直播电商）基地和产业公共直播间评审结果的公示[EB/OL]. (2021-10-29)[2021-10-29]. https://ftec.wenzhou.gov.cn/art/2021/10/29art_1229207112_3994192.html.

第十七章

社群营销

理论知识

社群营销作为一种新兴的营销模式，其核心在于通过建立兴趣或目标一致的社群，增强品牌与用户间的互动和黏性。在数字经济时代，社群营销以提高用户参与感和品牌忠诚度、打破地域限制、降低营销成本、精准用户触达与长尾效应等优势，成为企业营销的新战场。

一、社群营销的定义与发展背景

（一）社群营销的定义

社群营销（Community Marketing）是一种基于建立特定兴趣或目标群体的社群，通过增强品牌与用户之间的互动和黏性，进一步提高品牌知名度和忠诚度的营销方式。不同于传统的产品推广和广告宣传，社群营销侧重通过"社群文化"的打造、情感连接的建立，以及用户价值的传递，提升用户的长期价值与品牌忠诚度。

社群营销通过组织线上和线下社群活动，提供具有高价值的内容、情感共鸣和专属福利，吸引用户参与并自发传播，借此扩大品牌影响力。在这一过程中，社群不再是简单的产品购买或销售的工具，而是一个持续互动、共同成长的生态系统。社群营销的核心在于"用户参与"——社群不仅是品牌和用户之间的桥梁，也是顾客之间的连接点，围绕共同的兴趣、需求或目标，形成一个具有较高凝聚力和忠诚度的群体。

（二）社群营销的历史沿革

社群营销的起源可以追溯到早期的论坛和邮件列表。在互联网初期，论坛是很多兴趣相投的人会聚的地方，讨论共同的兴趣、问题及相关产品。随着互联网的发展，社交媒体平台开始取代传统论坛，成为信息传播的主要平台。微信、微博等社交工具的普及让社群营销进入了新的时代。

进入移动互联网时代，社交媒体逐步成为人们日常生活的一部分。社群营销的模式也随着平台的发展而不断演变，从单纯的文本信息传播到多元化的内容创作和互动。短视频平台、直播平台的兴起，使社群营销的形式更加丰富，从文字、图片到音频、视频内容的传播，实现了更加生动、有趣的用户互动。

进入数字经济时代，社群营销的地位和作用受到了前所未有的重视。随着顾客购买行为向线上转移，社群营销不仅是品牌推广的辅助工具，更是品牌核心竞争力的重要组成部分。社群营销不再仅依靠传统的流量获取，而是通过精准的用户画像、智能化的数据分析和个性化的内容运营，在全球范围内打破地域限制，帮助品牌实现更广泛的市场覆盖。

（三）数字经济时代，社群营销的优势

1. 提高用户参与感和品牌忠诚度

社群营销的最大优势之一是，能够极大地提升用户的参与感和品牌忠诚度。通过将用户与品牌紧密地联系在一起，社群成为品牌与顾客之间的桥梁，顾客在社群中不仅能够获得有价值的信息，还能参与到品牌的发展与决策中，形成更强的情感连接。社群成员间的互动可以激发用户的自我表达、分享和共鸣，从而进一步增强用户对品牌的认同感和忠诚度。

2. 打破地域限制，降低营销成本

在传统的营销模式中，品牌要覆盖更广泛的市场，往往需要高昂的广告成本和大规模的分销渠道。社群营销则通过互联网打破地域限制，借助社交平台的全球传播特性，快速在全球范围内建立品牌影响力。尤其在跨境电商领域，通过社群营销，品牌可以迅速接触到全球各地的潜在顾客，降低传统营销的高成本，并且更加精准地服务目标顾客群体。

3. 精准用户触达与长尾效应

社群营销能够依托大数据技术实现精准的用户画像，帮助企业根据用户的兴趣、需求和购买习惯制定个性化的营销策略。通过社群内的互动和行为数据，企业可以精确识别潜在顾客群体，优化内容发布和产品推荐，减少营销资源的浪费。此外，社群营销还能帮助品牌实现长尾效应，即通过针对小众市场的深耕，挖掘长尾用户的潜力，为品牌带来稳定的长期收益。

二、社群营销的关键特性

（一）用户主导

在社群营销中，用户是核心驱动力。企业通过满足用户的需求、提供价值并鼓励参与来激发用户的互动，进而推动社群的成长。社群的活跃程度和品牌的忠诚度往往由用户的参与程度和对品牌的情感认同决定。因此，企业要不断优化社群运营，倾听用户的反馈，提供更多符合用户需求的产品或服务，同时鼓励用户自主发言和参与社群建设。

社群运营技巧。企业可以通过举办线上活动、设立奖励机制等方式，提高社群成员的参与感和互动性。例如，通过定期举办问答互动、投票活动或产品体验，激发用户的自发参与和讨论，从而推动品牌的传播与口碑建设。

（二）内容驱动

社群营销的成功离不开高质量的内容驱动。社群中的内容分为用户生成内容（UGC）和专业生成内容（PGC），两者结合能够在增强社群活跃度的同时，确保内容的专业性和价值。

（1）（用户生成内容）UGC。用户分享的产品体验、使用心得、评价和建议等内容，能够提升

社群的活跃度和信任度。UGC 具有高度的真实性和用户信任度，是社群中的重要内容来源。

（2）（专业生成内容）PGC。企业或专业人士生成的内容，包括行业分析、产品功能介绍、技术支持等，能够为用户提供深度价值，增强品牌在用户心中的权威性。

企业通过精心设计的内容策略，既能满足用户的情感需求，又能为他们提供实用信息，形成内容与社群互动的良性循环。

（三）长尾效应

社群营销能够通过长期深耕细分市场，帮助品牌挖掘长尾市场中的潜在用户。不同于传统的"大众市场"，长尾市场关注的是小众群体的需求，这些群体虽然人数较少，但由于需求的多样化，他们能够形成稳定的消费力。社群营销帮助品牌精准锁定这些小众群体，并根据其需求进行定制化服务。

应用场景。例如，在跨境电商平台，某些小众产品虽然市场容量不大，但通过社群的传播和用户的推荐，能够获得极高的关注度和销售量。这种模式有效避免了传统营销中"产品过度同质化"和"大众化营销"的弊端。

（四）数据赋能

社群营销离不开数据驱动的支持。通过社群内用户的行为数据，企业能够实时监控用户的活跃度、参与度、转化率等指标，帮助营销团队调整策略。数据赋能不仅帮助企业精准锁定目标用户，还能通过分析用户需求、偏好和痛点，进行个性化推荐和优化内容策略。

工具应用。在实际操作中，企业可以利用 CRM 系统、社交媒体分析工具等进行数据采集和分析。例如，通过分析社群成员的互动频率、购买行为等数据，企业可以优化产品推荐和营销活动的效果，提升社群的整体转化率。

三、社群营销模型

社群营销的成功实施，通常遵循一定的运营模型，即帮助企业从流量引入、用户互动到产品转化的全过程。

（一）建群（用户招募）

社群的建设通常从"用户招募"开始。通过精准的流量引入和用户筛选，企业能够快速聚集目标用户并为后续的运营打下基础。在这一阶段，企业需要通过多种渠道（如社交媒体广告、KOL 合作、活动推广等）吸引潜在用户，并为用户提供高价值的社群内容和福利，增强初始黏性。

（二）运营（内容与活动）

社群的运营是社群营销的核心，内容和活动是其主要手段。通过发布高质量的内容和定期举办互动活动，企业能够有效提升社群成员的活跃度和参与感。此外，社群内的互动也能够帮助企业更好地了解用户需求，并根据反馈调整营销策略。

（三）变现（产品与服务转化）

社群营销的最终目标是实现用户的转化。通过社群的互动和内容推送，企业能够引导用户购买产品或付费订阅服务。此外，通过社群成员的推荐和裂变，企业可以进一步扩大影响力，提升产品销售和品牌认知度。

案例精选

一、学习目标

通过对温州信必达国际贸易有限公司（以下简称信必达）社群营销案例的学习，能够深入理解社群营销的核心概念，并掌握如何在实际业务中有效应用这一策略；更好地理解社群营销的本质及其发展背景，尤其是在数字化转型中的作用；全面认识社群营销如何通过增强品牌与用户之间的互动和黏性，实现用户忠诚度和品牌认知度的提升。

通过本案例的学习，理解社群营销的关键特性，特别是用户主导和内容驱动的特征。在信必达的实践中，学习社群建设和内容运营是如何围绕用户需求展开的，掌握如何基于不同顾客群体的需求精准设计和推送内容。通过对多层级社群结构的分析，学会如何精准地划分和管理社群成员，实现个性化运营，并通过细化的社群活动和内容来提升用户的参与感和品牌的市场渗透率。

通过实施路径和模型的学习，掌握如何在实际操作中构建社群、运营内容及实现用户转化。通过信必达的案例学习，理解如何通过社群运营促进产品的销售，并将社群的力量转化为持续的业务增长。社群营销不再仅仅是一个单纯的传播工具，而是推动销售、建立品牌认知、增强顾客忠诚度的重要手段。

此外，通过学习如何在中小企业中实施社群营销，尤其是如何在资源有限的情况下，利用社群裂变和精准触达实现市场扩展与顾客关系的深化，我们可以更好地理解社群营销的实际应用。以信必达为例，它通过社群营销成功解决了传统外贸中的诸多问题，同时提供了提高顾客复购率的实际操作经验，为其他企业提供了可操作的指导和借鉴。

最后，通过本案例的学习，提升社群运营和用户管理能力。信必达通过OKKICRM等数字化工具的应用，精细化管理顾客，优化顾客关系，提供了如何高效管理顾客、提升顾客生命周期价值的具体示范。通过本案例的学习，掌握社群营销的基本理论和实操技能，提升社群运营能力，并能够在未来的工作中灵活运用这些知识，提高工作效率，推动企业的长期增长。

二、内容简介

本案例聚焦温州信必达国际贸易有限公司在传统外贸业务中遭遇市场挑战的背景下，如何通过社群营销实现业务转型和增长。信必达最初是一家专注轻型摩托车配件制造的传统企业，在长期依赖B2B外贸模式的基础上，逐渐面临市场需求下降、订单碎片化及顾客流失等问题。尤其在新冠疫情暴发后，全球线下销售渠道受限，传统外贸模式的效果逐渐减弱，信必达迫切需要寻找新的营销手段来应对这一局面。

为了在竞争激烈的市场中脱颖而出，信必达决定开展数字化转型，尝试通过社群营销来提升品牌的知名度、增加顾客黏性，并实现市场的多元化突破。社群营销作为一种新型的互动营销方式，不仅强调与顾客之间的互动和沟通，更注重通过精准的用户管理和内容运营，增强品牌与顾客之间的关系，推动销售增长。

信必达的社群营销战略主要围绕三个核心展开：多层级社群的构建、精准的内容与活动运营，以及数字化工具的赋能。首先，信必达通过社群细分，针对不同顾客群体（B端与C端）建立了多个社群，这些社群分别对应不同的用户需求和参与形式。例如，通过B端采购群和行业讨论群的建设，信必达能够为不同层次的顾客提供精准的信息推送与个性化服务。此外，信必达通过社群内的互动，收集到用户的反馈意见，为品牌的持续改进提供了宝贵的数据支持。

其次，信必达通过精细化的内容运营来增强社群成员的参与感与黏性。信必达定期推送高质量的产品应用案例、市场趋势报告及行业洞察，帮助用户提升对品牌的认知度和对产品的信任感。同时，信必达还通过举办行业先锋沙龙，邀请行业专家和顾客共同分享经验和技术，进一步促进了品牌的行业影响力和用户之间的社交互动。通过这些内容和活动，信必达不仅提高了社群的活跃度，也增强了社群成员对品牌的忠诚度。

最后，信必达通过技术赋能来优化社群运营效率。公司引入了OKKICRM等顾客关系管理工具，帮助销售团队实现对顾客的精细化管理。通过这一系统，信必达能够实时监测顾客的行为和需求变化，制定个性化的顾客跟进方案，优化产品推荐，从而提高顾客转化率和复购率。OKKICRM的引入使得信必达能够更加高效地进行顾客管理，避免了传统外贸模式中信息断层和跟进不及时的问题。

通过多层级社群的构建、精细化的内容运营和数字化工具的支持，信必达在短短一年的时间内成功实现了社群营销的转型。根据信必达的反馈，社群裂变效应显著，顾客数量增长了30%，复购率从原先的10%提升至25%。这些成绩表明，通过社群营销，信必达不仅成功突破了传统外贸的瓶颈，还提高了品牌的市场认知度和用户的黏性，为公司带来了持续的业务增长。

信必达的案例展示了社群营销在中小企业中的巨大潜力，尤其是在跨境电商和外贸转型中的应用。通过社群的建设，企业不仅能够增加品牌曝光度，还能够与用户建立更加紧密的联系，从而提升品牌忠诚度和用户终身价值。同时，信必达通过社群营销实践，也为其他传统企业提供了宝贵的经验，尤其是在如何使用数字化工具进行顾客管理、如何通过精细化运营提升顾客复购率等方面。

本案例不仅提供了社群营销的实际操作指南，还能够帮助理解社群营销在跨境电商中的关键作用。通过信必达的实践，可以学习如何根据不同的市场需求和用户特点，制定适合自己的社群营销策略，并学会如何通过数字化工具优化社群运营，提升企业的市场竞争力和顾客满意度。

三、社群营销案例

从汽配到社群——信必达的数字化转型之路

（一）背景与挑战：信必达的转型之路

1. 传统外贸的挑战如何破局

温州信必达国际贸易有限公司成立于1999年，最初专注摩托车配件的生产与外贸业务，依赖传统的B2B外贸模式，通过批发商和经销商渠道在全球市场上销售其产品。多年来，信必达通过强大的生产能力和稳定的供应链，在市场上占据了一席之地。然而，随着全球市场竞争的日益加剧，以及顾客需求的多样化，传统外贸模式的局限性开始显现。信必达面临的最大挑战之一，就是如何

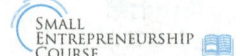

应对变化迅速的市场环境和多变的顾客需求。

传统外贸模式的核心是依赖大量订单的批量生产和大宗交易，这种模式在早期得到了较好的应用，但随着市场的变化，这种方式逐渐暴露出问题。首先，顾客的需求变得越来越个性化，传统的单一价格竞争和大宗批量采购模式不能满足不同顾客的定制化需求。随着全球市场的竞争加剧，单纯依靠价格竞争的策略也变得越来越不具备优势，尤其在制造成本逐渐上涨的背景下，价格优势逐渐消失。

与此同时，信息的不对称性加剧了这一问题。顾客需求的碎片化使得信必达很难根据市场变化快速做出反应。特别是在跨境电商蓬勃发展的今天，顾客不再仅仅关心价格，更多地开始关注产品的质量、品牌价值、售后服务等方面。信必达曾试图通过大量的线下展会和面向批发商的大宗交易来稳定市场，但随着市场逐步向线上转移，传统外贸模式显得越来越无法满足当今快速变化的商业需求。

此外，随着新冠疫情的暴发，全球物流体系遭遇前所未有的挑战，线下交易受到了极大限制。信必达的外贸订单变得零散，顾客流失率随之增加。传统的依赖大宗订单和线下交易的模式被全球疫情加速了转型的需求，信必达迅速意识到，只有尽快调整业务战略，转向数字化营销，才能有效应对不断变化的市场需求。

面对这些问题，信必达深刻认识到，传统外贸模式的局限性已经严重影响了企业的可持续发展。企业不仅需要创新产品，还需要创新营销模式。如何从一家依赖传统渠道和大宗批发的外贸企业，成功转型为一家能够灵活应对市场变化、满足顾客个性化需求的企业，成为信必达急需解决的问题。在此背景下，信必达决定打破传统的外贸模式，借助社群营销这一新兴工具寻求突破。

2. 社群营销的号角：信必达的新战场

社群营销作为一种具有高度互动性和针对性的营销方式，能够帮助品牌与用户建立更加紧密的联系，提升品牌的知名度与顾客的忠诚度。信必达希望通过社群营销，突破传统外贸的局限，拓宽营销渠道，同时解决顾客流失、订单碎片化等问题。

社群营销的最大优势在于互动性和精准性。传统的外贸营销主要依赖大宗交易和批发商渠道，而社群营销则能够直接与终端用户建立联系。通过社群，信必达能够与顾客建立长期的互动关系，及时了解顾客需求和反馈，精准满足顾客的个性化需求。在这一过程中，信必达能够通过社群平台向顾客推送产品更新、市场趋势、行业资讯等内容，从而增强品牌的权威性和顾客的信任感。

与传统的B2B营销模式不同，社群营销不再局限于单一的线下或线上交易，而是通过多层次的社群构建，满足不同顾客群体的需求。信必达通过构建社群，不仅能够为B端顾客提供精细化的服务，还能通过社群运营向C端顾客提供定制化的产品和服务，从而实现精准营销。通过建立多个社群，信必达能够根据不同顾客群体的需求，推送量身定制的内容，并通过持续互动来增强顾客的品牌忠诚度。

社群营销的引入，为信必达打开了新的赛场。通过社群平台，信必达能够直接与顾客进行交流，并根据顾客的反馈调整产品和服务。特别是在跨境电商快速发展的今天，信必达通过社群营销，不仅能够突破地域限制，还能够降低营销成本，提高顾客转化率。通过精准的用户触达，信必达能够更好地应对市场需求的碎片化问题，避免顾客流失，实现业务的持续增长。

信必达社群营销的成功实践，证明了社群营销在传统外贸企业转型中的巨大潜力。在全球化的背景下，社群营销为传统外贸企业打开了新的营销渠道，增强了品牌的市场竞争力。信必达通过社群营销实现了从传统外贸到跨境电商的成功转型，也为其他中小型企业提供了一个数字化转型的典范。

通过社群营销，信必达不仅能够增加品牌曝光度，还能通过顾客的自发传播扩展市场，从而提升销售额和市场份额。社群营销的成功实践，也为信必达后续的业务拓展、产品创新提供了持续的动力。

（二）策略与实践：信必达的社群营销秘籍

1. 社群营销秘籍：信必达的成功路径

信必达的社群营销策略围绕精准的社群构建、内容运营和技术赋能三个关键因素，旨在通过增强用户黏性和提升顾客忠诚度，驱动销售增长。信必达通过系统分析顾客需求并将其转化为定制化的服务，成功打破了传统外贸的局限，开启了数字化营销的新篇章。社群营销的实施不仅帮助信必达建立了强大的线上社群，还有效促进了企业品牌在全球市场中的扩展。

在过去的业务模式中，信必达主要依赖大宗交易和批发商渠道，面对市场需求多元化和竞争的加剧，这种传统的营销模式逐渐显得力不从心。而通过社群营销，信必达成功地从一家依赖批发的外贸企业，转型为能够灵活应对市场需求、注重顾客个性化需求的现代化企业。社群营销为信必达提供了长期与顾客互动、共同成长的平台，这不仅增强了品牌影响力，也有效地提升了顾客的忠诚度。

信必达的社群营销策略，经历了从精准顾客需求分析到提供个性化服务的过程，通过社群矩阵的构建、内容驱动的运营模式，以及技术赋能的全面支持，信必达在国内外市场的竞争力得到了显著提升。社群营销不再是简单的广告推送，而是通过深度的顾客关系管理与精准的内容创作，实现了品牌的长期发展。

2. 构建社群矩阵：精准分层与定制化运营

信必达的社群营销策略核心之一是构建多层次社群矩阵，以满足不同顾客的需求和期望。社群分层的精准性，使信必达能够针对不同类型的顾客群体提供更为个性化的服务与产品推荐，从而提升社群的活跃度和用户参与感。

信必达将顾客分为两个主要社群群体：B端采购群和行业讨论群。B端采购群主要聚集了信必达的批发商和经销商，这部分顾客通常具有较强的采购能力和较高的交易频率。为了服务这一群体，信必达在社群中定期推出大宗采购优惠、产品咨询和市场动态等内容，以满足其对高效、快捷服务的需求。通过精细化的管理，信必达确保了B端顾客能够在社群中获得快速响应和个性化的推荐，从而提高了顾客的采购效率和品牌忠诚度。

行业讨论群则是针对产品使用者、行业专家及技术人员的群体，信必达通过这一社群促进了深度的行业交流与知识分享。行业讨论群不仅是一个产品反馈平台，也是一个凝聚行业智慧、共享市场趋势的场所。信必达鼓励社群成员分享行业新闻、技术创新、产品使用案例等，帮助顾客保持对行业发展的敏锐洞察，同时也加强了品牌在行业中的权威性和影响力。

通过社群矩阵的精准分层，信必达不仅为顾客提供了定制化的服务，还大大增强了用户的品牌认同感和参与感。这一策略帮助信必达建立了更加稳固的顾客基础，并在激烈的市场竞争中脱颖而出。

3. B 端采购群：打造 VIP 顾客圈

在 B 端采购群的运营过程中，信必达高度关注核心企业顾客和大宗采购商的需求。针对这些高价值顾客，信必达提供了产品推荐、定制化采购咨询和定期优惠等专属服务，确保其能够享受到优质的个性化服务。这些高价值顾客是信必达销售额的重要来源，因此信必达通过精细化的顾客管理，建立了专属的 VIP 顾客圈。

通过在 B 端社群中实施一对一的顾客关怀和定期的互动活动，信必达增强了顾客的忠诚度和满意度。信必达定期组织专门的在线交流会，邀请 B 端顾客参与讨论产品改进、市场需求和行业趋势等话题。这些活动不仅帮助信必达及时了解市场需求的变化，还进一步巩固了品牌与顾客之间的紧密关系。

在 VIP 顾客圈中，信必达还引入积分奖励机制，根据顾客的采购量和参与度给予奖励，激励顾客的长期参与和高频次购买。通过这种精细化的运营方式，信必达成功提高了 B 端顾客的复购率和整体采购量。

4. 行业讨论群：促进行业思想交流

信必达的行业讨论群不仅是信息交流平台，更是思想碰撞的创新平台。在这个社群中，信必达鼓励成员分享行业动态、技术创新和产品应用案例等内容，促进技术人员、行业专家和终端用户之间的深度交流。这些讨论不仅提高了信必达品牌的行业影响力，还帮助公司迅速捕捉到市场需求变化和技术发展趋势，为产品创新和生产决策提供了有力支持。

通过与行业专家和顾客的互动，信必达能够更好地理解顾客的需求和痛点，并快速调整产品设计和营销策略。例如，信必达根据行业讨论群中的反馈，优化了某些配件的设计，使其更符合市场需求，成功提升了产品的市场竞争力。

行业讨论群还为信必达提供了独特的社交平台，帮助品牌与顾客建立起更紧密的联系。通过这种互动平台，信必达能够实时获取市场反馈，及时调整策略，从而提高顾客满意度和品牌忠诚度。

5. 内容与活动双轮驱动：信必达的互动魔法

信必达的社群营销不仅依赖顾客的被动参与，而且通过精心设计的内容和活动激发顾客的主动参与。信必达通过内容推送和社群活动的双轮驱动，提升了社群的活跃度和互动性。

在内容推送方面，信必达定期发布产品应用案例、市场趋势报告、行业资讯等，帮助顾客提升产品的认知度和信任度。与此同时，信必达还组织定期的线上互动活动，如"行业先锋沙龙"，为顾客提供交流思想、分享经验的平台。这些活动不仅激发了社群成员的参与热情，还帮助信必达建立了充满活力的顾客社区。

通过精细化的内容和活动设计，信必达成功提高了社群的活跃度和互动频率，进一步促进了品牌的传播和顾客的转化。社群成员不仅成为品牌的忠实支持者，还积极参与到产品推广和营销过程中，形成了品牌与顾客之间的良性循环。

6. 技术赋能：OKKICRM 助力社群管理

信必达通过引入 OKKICRM 等数字化工具，对社群进行智能化管理。这些工具帮助信必达实现了顾客分层、自动化跟进、数据分析等功能，大大提高了顾客转化率和复购率。OKKICRM 系统的引入，使信必达能够根据顾客的需求和行为数据进行精准的顾客跟进和产品推荐，从而提升顾客的满意度和忠诚度。

通过技术赋能，信必达不仅能够提高社群管理的效率，还能够实时获取顾客数据，为营销决策提供有力支持。系统的数据分析功能，使得信必达能够深入了解顾客的购买行为和偏好，从而制定个性化的营销方案，提高了营销效果。通过这些技术工具，信必达进一步提升了社群营销的效率和效果，成功打破了传统外贸模式的局限，迈向了更加灵活、智能的数字化营销时代。

（三）成果与启示：信必达的社群营销成绩单

1. 社群裂变：顾客增长的引擎

信必达通过实施社群营销，成功实现了社群裂变，顾客数量在短短一年内就增长了30%。社群裂变是信必达在社群营销过程中取得的重要成果之一，它帮助品牌扩大了市场覆盖率，提升了品牌的曝光度和知名度。在传统外贸模式中，信必达依靠批发商和经销商进行大宗交易，顾客流量来源有限。而社群营销的实施，使得信必达能够借助社群成员的自发传播，快速吸引更多的潜在顾客，形成顾客增长的"滚雪球"效应。

信必达在社群营销中的成功，离不开精准的社群分层与定制化服务。在B端社群中，信必达通过对企业顾客的精细化管理和定制化内容推送，提升了核心顾客的活跃度和参与感；在C端社群中，信必达通过定期发布产品应用案例、行业趋势和技术分享等内容，吸引了大量终端用户加入社群。这些社群成员不仅成为品牌的忠实支持者，还通过口碑传播和分享，引入更多新顾客。

社群成员的推荐和分享，不仅增加了信必达品牌的曝光度，还促进了品牌认知度的提升。通过在社群中建立用户自发传播机制，信必达成功实现了品牌与顾客之间的社群裂变，实现了低成本的顾客拓展。

此外，信必达还通过设置社群奖励机制，鼓励现有顾客推荐新顾客加入：每成功推荐一位新顾客，推荐者可以获得一定的奖励积分或优惠券。这不仅激励了现有顾客的参与热情，也加速了顾客基数的增长。

2. 复购率提升：忠诚度加速器

信必达在社群营销中最为显著的成效之一是顾客复购率的大幅提升。通过精细化的顾客管理和持续的互动活动，信必达将顾客复购率从原先的10%提高至25%。这一成效的取得，离不开信必达在社群运营中采取的精准化运营策略。

首先，信必达通过社群分层和个性化内容推送，确保每个顾客群体都能得到具有针对性的服务。例如，在B端顾客群体中，信必达通过分析顾客的采购历史和需求，定期为他们推送符合需求的产品信息和优惠活动；在C端顾客中，信必达通过持续的产品教育和市场趋势报告，增强了用户对品牌的认知和信任。

其次，信必达通过定期举办线上和线下的顾客互动活动，进一步增强了顾客的品牌忠诚度。例如，信必达每季度举办一次"行业先锋沙龙"，邀请社群内的核心顾客和行业专家共同探讨行业热点话题，分享最新的技术和产品趋势。这种活动不仅增强了顾客对信必达品牌的认同感，还提供了社交互动的平台，让顾客感受到与品牌的联系紧密。

除了内容和活动的驱动，信必达还通过CRM系统（如OKKICRM）精准分析顾客数据，优化顾客跟进策略。通过智能化的顾客关系管理,信必达能够实时监控顾客的购买行为,及时为潜在的回购顾客推送相应的产品或服务,避免了顾客流失的风险。

通过一系列的精细化管理和精准营销,信必达不仅提高了顾客的复购率,还进一步加强了品牌在市场中的竞争力和顾客的忠诚度。

3. 社群营销的启示:信必达的成功密钥

信必达的社群营销实践为中小企业的数字化转型提供了宝贵的经验。信必达通过精准的社群分层、个性化内容的推送和技术赋能,成功打破了传统外贸的瓶颈,实现了品牌的转型升级。这一成功经验不仅展示了社群营销的巨大潜力,也为其他企业提供了数字化转型的范本。

首先,信必达通过社群分层的策略,有效地针对不同顾客群体提供了定制化服务。无论是B端顾客,还是C端顾客,信必达都通过精准的社群管理,实现了顾客需求的精准触达。这种分层管理不仅提升了顾客的参与度,也让顾客感受到了品牌的关怀,增强了他们的忠诚度。

其次,信必达通过内容与活动的双轮驱动,成功提升了社群的活跃度和互动性。信必达通过定期发布产品应用案例、市场趋势报告及组织"行业先锋沙龙"等活动,增强了顾客对品牌的认同感和参与感。社群营销的成功实施,不仅帮助信必达拓宽了市场渠道,还提高了顾客的终身价值。

更重要的是,信必达通过OKKICRM等顾客管理工具,实现了社群运营的精细化和智能化。这些技术工具不仅帮助信必达实现了对顾客的精确管理,提高了营销效率,而且通过数据分析和顾客画像,为未来的营销决策提供了有力支持。技术赋能为信必达的社群营销提供了强大的支持,使其能够在竞争激烈的市场中脱颖而出。

信必达的成功经验表明,社群营销不仅是建立与顾客长期互动的有效途径,还是推动企业转型、提升市场竞争力的关键战略。通过社群营销,企业能够实现与顾客的深度连接,提升品牌认知度和顾客忠诚度,最终推动企业的长期可持续发展。

对其他中小企业而言,社群营销提供了新的成长路径。在传统营销手段难以突破的背景下,社群营销不仅为企业带来了新的市场机会,也为企业提供了精准触达顾客、降低营销成本的渠道。信必达的成功案例为中小企业提供了一个清晰的方向,展示了社群营销如何在传统外贸领域中发挥巨大作用,助力企业实现跨越式发展。

电子资源

社群营销

拓展延伸

温州作为中国民营经济的发源地之一,拥有独特的地域文化和商业环境,这为当地企业的发展提供了丰富的土壤。在全球化背景下,温州企业正在通过社群营销,借助地方文化和产业优势,实现品牌传播和市场拓展的双重突破。本文将探讨如何通过融合温州地域文化、商人网络和制造业特色，打造具有地方特色的社群营销模式，从而推动温州企业在新时代的发展。

1. 地域文化的魅力：瓯越文化与温州商人的精神

温州的瓯越文化深厚、历史悠久，温州商人敢闯敢拼、精明能干的精神，在商界也有着广泛影响。这些文化元素可以成为社群营销中的核心元素，增强品牌的文化认同感，提升顾客的情感共鸣。

温州商人遍布全球，建立了庞大的商业网络，尤其在东南亚、欧美等地，温州商人的影响力不容忽视。通过社群营销，温州企业能够利用这一全球网络，打破地域限制，加强与全球温州商人的联系，从而拓展国际市场。社群平台为温州企业提供了直接与顾客和商人互动的渠道，能够迅速提升品牌曝光度，推动产品的全球销售。

2. 温州制造：社群营销与产业升级的契机

温州在制造业，特别是在鞋类、服装、小商品等领域，具有较强的市场竞争力。然而，随着市场需求的变化和顾客对个性化产品需求的增加，传统的制造业面临着转型升级的挑战。社群营销为温州制造业的转型提供了新机遇。

首先，社群营销帮助温州企业更好地讲述品牌故事，提升品牌形象。通过社群平台，企业可以将其历史、工艺和产品价值传递给顾客，增加产品附加值，提升市场认可度。例如，温州的鞋类品牌通过社群活动，与顾客分享品牌的成长故事和工艺的独特性，从而增强品牌的差异化。

其次，社群营销使得企业能够直接与顾客对话，快速收集市场反馈信息，及时调整产品设计和生产策略。社群不仅是品牌与顾客互动的渠道，也是收集顾客需求、优化产品设计的重要工具。通过社群，温州企业能够准确把握市场动向，实现个性化定制与快速响应，进一步提升产品竞争力。

3. 未来展望：温州社群营销的发展趋势

随着温州企业逐步认识到社群营销的重要性，结合温州的地域特色和产业优势，社群营销在未来将呈现多元化和个性化的趋势。

（1）个性化定制服务。随着顾客对个性化产品需求的增长，温州企业可以利用社群营销提供定制化服务，满足顾客的特定需求。通过社群互动，企业能够更精准地了解顾客的偏好和需求，定制个性化产品和服务，提升顾客满意度。

（2）跨境电商的社群建设。温州商人遍布全球，温州企业可以借助社群营销建立跨境电商社群，拓展海外市场。通过线上社群和线下活动的结合，温州企业能够提高品牌知名度，吸引更多国际顾客。社群成为温州品牌走向全球的重要渠道。

（3）线上线下融合。温州的传统实体市场和线上社群的结合，将进一步推动社群营销的发展。通过线上平台的精准触达和线下门店的实体体验，企业能够为顾客提供更加便捷的购物体验。温州的制造企业可以通过社群与顾客进行实时互动，推动销售，提升顾客体验。

（4）社群电商的创新。温州制造业可以结合社群营销创新电商模式，例如，通过直播带货、短视频等形式推动产品销售。通过社群平台，企业不仅能够展示产品，还能与顾客进行即时互动，从而提高购买转化率。温州鞋类、服装等企业可以通过社群电商模式，提升品牌曝光度，扩大市场份额。

（5）数据安全与隐私保护。随着社群营销的深入发展，数据安全和隐私保护将成为温州企业需要重点关注的问题。企业必须采取有效措施，确保顾客的个人信息安全，建立用户信任，保障企业长期发展。

案例分析与讨论

1. 探讨信必达在面对传统外贸困境时，如何运用社群营销策略推动品牌转型，并通过精准的顾客触达、内容营销及跨境电商社群的构建，帮助公司适应市场变化与顾客需求，提升品牌影响力。

2. 信必达通过发布产品应用案例、行业报告等内容类型与用户需求的契合度，探讨如何通过定期的互动活动和内容创作，吸引用户参与，增强顾客黏性，并推动品牌忠诚度的提升。

3. 探讨信必达如何借助技术工具，如 OKKICRM 系统，优化社群管理、顾客关系与数据分析，从而提高营销效率，并在顾客转化率和复购率提升方面发挥关键作用，推动公司持续增长。

参考文献

[1] 朱琳. 社群电商对扩大内需的作用机理及提升策略[J]. 商业经济研究,2021(15):85-88.

[2] 李美仪. 消费升级背景下新零售社群营销的发展逻辑及策略[J]. 中国市场,2023(1):127-129.

第十八章
新物流与供应链

理论知识

一、物流概述

1. 物流的定义

物流是指为了满足顾客的需求，通过运输、保管、配送等方式，实现原材料、半成品、成品或相关信息由商品产地到商品消费地的计划、实施和管理的全过程。物流是一个控制原材料、制成品、产成品和信息的系统，从供应开始经各种中间环节的转让及拥有，最终到达顾客手中的实物运动，并以此实现组织的明确目标。

《中华人民共和国国家标准：物流术语（GB/T 18354－2021）》中的定义指出，物流是物品从供应地向接收地进行实体流动的过程，根据实际需要，将运输、储存、装卸、搬运、包装、流通加工、配送、信息处理等基本功能实施有机的结合。物流不仅是上述限定条件下的"物"和"流"的组合，更重要的是限定于军事、经济、社会条件下的组合，是从军事、经济、社会角度观察物的运输，以达到某种军事、经济、社会的要求。

2. 物流的特点

（1）地域跨度大。物流系统涉及的领域往往覆盖了多个地区，从供应商到最终顾客之间存在广泛的地域分布，需要有效地协调和组织。

（2）时间跨度大。物流活动不仅涉及原材料的采购，还包括生产、运输、仓储和配送等环节，这使得物流系统的时间跨度较大，需要合理规划和管理。

（3）动态性强。物流系统的稳定性较差，因为涉及的因素众多，包括市场需求、供应变化、交通状况等，这些因素都是动态变化的，需要灵活应对。

（4）复杂性高。物流系统是一个复杂的系统，包括多个子系统，如运输、仓储、配送等，这些子系统之间相互作用，增加了系统的复杂性。同时，物流系统的结构要素之间也存在"效益背反"现象，需要综合考虑才能实现整体优化。

（5）信息化程度高。随着信息技术的发展，物流系统的信息化程度不断提高，通过信息技术实现物流信息的实时更新和处理，提高了物流系统的效率和准确性。

（6）服务性。物流系统的主要目标是满足顾客需求，提供高效、快捷、安全的物流服务。因此，物流系统的设计和管理需要以顾客为中心，不断提高服务水平。

（7）环保性。随着人们对环境保护的重视，物流系统也逐渐强调环保性。在物流过程中，需要采取措施减少对环境的负面影响，如减少碳排放、节约能源等。

3. 物流对经济发展的重要意义

（1）促进资源优化配置。物流作为连接生产、分配、交换和消费的关键环节，能够高效地将资源从供应地转移到需求地。这有助于实现资源的优化配置，确保资源在最需要的地方得到最有效的利用。通过物流的顺畅运作，可以避免资源浪费和短缺，提高整体经济的效率。

（2）降低企业成本，提高竞争力。对于企业而言，高效的物流管理能够显著降低运输、仓储等成本，从而降低产品的总成本。这不仅可以提高企业的利润空间，还可以使企业在市场竞争中更具价格优势。同时，优化物流流程还可以提高顾客满意度，树立企业的品牌形象和增强市场竞争力。

（3）推动产业升级和结构调整。物流行业的发展往往伴随着新技术的引入和应用，如物联网、大数据、人工智能等。这些技术的应用不仅提升了物流行业的智能化和自动化水平，还推动了相关产业的升级和结构调整。例如，智能制造、电子商务等新兴产业的发展都离不开高效物流的支持。

（4）创造就业机会，缓解就业压力。物流行业是一个劳动密集型行业，涉及运输、仓储、装卸、搬运、包装、配送等多个环节，需要大量的劳动力。因此，物流行业的发展能够为社会创造大量的就业机会，有助于缓解就业压力，促进社会稳定。

（5）加强区域经济联系，促进区域协调发展。物流网络的建设和完善能够加强不同地区之间的经济联系和交流，促进区域间的资源互补和协同发展。这有助于打破地域限制，推动区域经济一体化进程，缩小地区差距，实现区域经济的均衡发展。

（6）提升国际贸易便利化水平。在全球化背景下，国际贸易成为推动经济发展的重要力量。物流作为国际贸易的重要组成部分，能够提升国际贸易的便利化水平，降低贸易成本，提高贸易效率。通过优化国际物流网络，可以加强国家间的经济联系和合作，推动全球经济的繁荣和发展。

（7）支撑新兴产业发展。随着科技的不断进步和新兴产业的崛起，如电子商务、智能制造、新能源等，物流成为这些新兴产业发展的重要支撑。高效的物流体系能够确保这些新兴产业的产品快速、准确地送达顾客手中，满足市场需求，推动新兴产业的快速发展。

4. 新物流的定义与特点

新物流是相对传统物流而言的，它深度应用互联网、物联网、人工智能、云计算等信息技术，并与传统物流的机械化、自动化、标准化相结合。新物流旨在满足用户的个性化需求，充分调动资源潜力，有效支持零售等商业创新，推动物流行业高效、绿色、安全运行。其主要特点如下：

（1）普适性。新物流广泛适用于不同规模的企业，能够提升物流效率和服务质量。在起步阶段，新物流可能更多地出现在一些具备实现条件的行业或企业的探索性实践中，但随着经验的积累和协作共享的加强，它将带动其他行业或企业实现物流产业的全方位智慧升级。

（2）动态性。新物流的形态与内涵始终处于变化发展之中。随着共享物流及信息共享的发展，尤其是供应链协同与物流整合的趋势不断上升，物流的产业形态也在动态变化中实现转型升级。

（3）系统性。新物流不仅是新技术的应用，还涉及技术、体制、组织、管理、运营等诸多层面，是一个复杂的物流系统。例如，在技术层面，各种传感器、RFID技术、GPS系统和自动化物流设备等实现物流的自动化、可视化与智能化；在体制层面，需要建立适应新物流发展的政策法规和行业标准；在组织层面，物流企业需要优化内部组织结构，提高运营效率；在管理层面，需要加强物流过程的精细化管理，提高服务质量；在运营层面，需要实现物流各环节的顺畅衔接，提高整体运营效益。

（4）渐进性。将我国物流全方位升级为新物流是一个长期的过程，需要物流界通力合作，逐步实现细分阶段的目标任务。这就像建造一座高楼，需要一砖一瓦地积累，没有一蹴而就的方法，更没有一劳永逸的手段。在这个过程中，可以从技术升级、装备升级、系统升级与管理升级等方面着手，逐步推动新物流的发展。

5. 新物流的发展趋势

随着科技的不断进步和市场需求的不断变化，新物流正朝着以下几个方向发展：

（1）同城即时配物流兴起。随着顾客对物流速度和服务质量的要求不断提高，同城即时配物流将迎来更大的发展机遇。

（2）仓储配送协同共享。通过整合仓储资源和配送网络，提高物流效率，降低成本。

（3）C端（Consumer，顾客）场景物流创新与线上和线下供应链融合。在C端场景物流创新方面，将更加注重个性化、定制化服务，满足顾客多样化的需求。此外，线上、线下供应链融合将进一步加深，物流企业将通过与电商平台、线下零售商等合作，实现全渠道物流配送，为顾客提供更加便捷的购物体验。

二、供应链概述

1. 供应链的定义

供应链是指生产及流通过程中，涉及将产品或服务提供给最终用户活动的上游与下游企业所形成的网链结构。这个结构围绕核心企业，从配套零件开始，经过中间产品的制造，最终由销售网络将产品送到顾客手中。供应链将供应商、制造商、分销商直到最终用户连成一个整体的功能网链结构。从更广泛的角度来看，供应链包含了供应商、制造商、仓储商、运输商、分销商、零售商及终端顾客等多个主体的系统。

2. 供应链的主要流程

供应链的主要流程包括计划、获得、存储、分销和服务等活动，这些活动确保了供应链各环节之间的协调和顺畅运作。

（1）计划。涉及市场需求预测、资源规划、产能规划等，确保供应链各环节能够满足市场需求。

（2）获得。涉及原材料的采购和获取，确保生产所需的原材料供应充足。

（3）存储。涉及产品的仓储管理，确保产品在存储过程中的安全和完好。

（4）分销。涉及将产品从制造商或分销商传递到最终用户或零售商手中的过程。

（5）服务。涉及提供售后服务、技术支持等，确保顾客满意度。

3. 供应链的主要特点

（1）复杂性。供应链由多个节点企业组成，每个节点企业都在供应链中扮演不同的角色，具有不同的流程和目标。

（2）动态性。供应链是一个动态的过程，涉及采购、生产、物流和销售等多个环节，需要不断适应市场变化和顾客需求。

（3）风险性。供应链中存在着各种风险，如供应商风险、物流风险、市场风险等，需要通过建立风险管理机制来应对。

（4）合作性。供应链上的各个节点企业之间需要建立紧密的合作关系，共同实现供应链的目标和价值。

（5）创新性。供应链需要不断创新以适应市场发展和顾客需求，提高供应链的竞争力和吸引力。

4. 供应链的重要性

供应链在现代经济中扮演着至关重要的角色，它对于企业的运营和市场竞争具有重要影响。

（1）降低成本。通过优化供应链管理，企业可以降低生产成本、运输成本和库存成本等，从而提高盈利能力。

（2）提高效率。高效的供应链管理可以缩短生产周期、提高生产效率和交付速度，从而满足顾客需求并提升顾客满意度。

（3）增强市场竞争力。通过优化供应链管理，企业可以提供更高质量的产品和服务，从而在市场竞争中脱颖而出。

（4）促进可持续发展。供应链管理还涉及环保和社会责任等方面，通过绿色供应链管理等措施，企业可以促进可持续发展并提升品牌形象。

5. 供应链管理的关键因素

（1）信息共享。加强供应链各节点企业之间的信息共享和沟通协作，提高供应链的透明度和协同效率。

（2）风险管理。通过建立完善的风险管理机制来应对供应链中的各种风险，确保供应链的稳定性和可靠性。

（3）技术创新。通过不断引入和应用新技术来提高供应链的智能化和自动化水平，如物联网、大数据、人工智能等。

（4）人才培养。加强供应链人才的培养和引进工作，提高供应链管理的专业水平和创新能力。

三、物流与供应链的关系

1. 物流是供应链的一部分

从整体结构上看，供应链包括从原材料采购到产品最终销售的全过程，而物流是这一过程中的重要环节，主要负责货物的运输、仓储和配送等。物流活动贯穿供应链的始终，是供应链顺畅运作的关键，二者相互依存、相互促进。

2. 物流为供应链提供了必要的支持

没有高效的物流系统，供应链中的货物就无法及时、准确地流动，从而影响整个供应链的效率和稳定性。同时，供应链的优化和升级也推动了物流的发展。随着供应链管理理念的不断提升，物流行业也在不断创新与发展，以适应供应链的需求。

3. 共同目标是提高效率和降低成本

物流和供应链的共同目标是通过优化流程、整合资源等方式，提高整体效率和降低成本。在实际操作中，物流管理和供应链管理往往紧密结合在一起，互相协调。

4. 物流在供应链中具有重要作用

（1）确保供应链的连续性和效率。物流确保了在从供应商到最终顾客的整个过程中，货物能够按时、准确、无损地流动。它是供应链中的"血管"，为整个系统输送着"养分"。通过优化运输、仓储和配送等环节，物流能够降低供应链的整体成本，提高响应速度和效率。

（2）降低成本。通过优化运输路线、选择合适的运输方式及合理规划仓储布局，企业可以显著减少运输和仓储成本。例如，集中配送可以降低单次运输的成本，而合理规划仓储空间则能减少库存积压和仓储费用。高效的物流管理有助于减少货物在运输和仓储过程中的损坏和变质，从而降低因质量问题产生的额外成本。

（3）提高响应速度和市场适应能力。快速的物流运作能够缩短订单处理周期，使企业能够更快地满足顾客需求。当市场需求发生变化时，高效的物流系统可以迅速调整货物的调配，从而增强企业对市场变化的适应能力。

及时准确的物流配送能够提高顾客满意度，增强企业的市场竞争力。其具体表现如下：

（1）促进供应链的协同合作。物流促进了供应商、制造商、分销商和物流服务提供商之间的紧密协作。通过信息共享和流程优化，物流提高了整条供应链的效率和效益。这种协同合作有助于减少信息不对称和沟通障碍，降低供应链的整体风险。

（2）提升产品质量和服务水平。良好的物流管理可以减少货物在运输和仓储过程中的损坏和变质，确保产品以良好的状态到达顾客手中。这不仅有助于提升产品质量，还有助于提升企业的服务水平和顾客满意度。

（3）支持供应链的优化和升级。随着供应链管理理念的不断提升和技术的不断进步，物流行业也在不断创新与发展。例如，数字化供应链的变革使得物流在产销协同、智能补调、网络等涉及产、供、销一体化方面发挥了越来越大的作用。这些创新不仅提升了物流的效率和准确性，还为供应链的优化和升级提供了有力支持。

新物流与供应链之间存在着密不可分的关系。新物流作为供应链体系中的关键一环，其持续发展与深刻变革，对整条供应链的性能优化与竞争力提升起到了至关重要的作用。与此同时，供应链的不断优化与升级也为新物流的蓬勃发展开辟了更为广阔的空间，为其创新提供了源源不断的动力与机遇。

5. 新物流与供应链的关系

首先，新物流通过引入先进的信息技术、自动化设备及智能化的管理系统，极大地提升了供应链的运作效率。这些新技术和新方法的应用，使得物流过程中的信息流、物流及资金流能够更加高效、准确地流转，从而减少供应链的响应时间，降低物流成本，并显著提升整体服务水平。例如，通过物联网技术，企业可以实现对货物的实时追踪与监控，确保货物在供应链中的每个环节都能够得到及时、有效的处理。

其次，新物流在增强供应链的韧性方面也发挥着重要的作用。面对日益复杂多变的市场环境和突发事件，新物流凭借高度的灵活性和强大的应变能力，能够迅速调整物流策略，重新配置资源，从而确保供应链的持续稳定运行。这种韧性不仅体现在对突发事件的快速响应上，更体现在对新市场趋势和顾客需求的敏锐捕捉与快速适应上。

最后，供应链的不断发展和变革也为新物流的创新提供了强大的推动力。随着市场竞争的加剧和顾客需求的多样化，供应链对于物流服务的需求也在不断变化和升级。这种变化不仅要求新物流在服务模式上创新，以满足供应链对于高效、便捷、个性化服务的需求，还要求新物流在技术手段上革新，以应对供应链中日益复杂的物流场景和挑战。例如，随着电商行业的蓬勃发展，顾客对于快速配送、货到付款、无理由退换货等服务的需求日益增加，这就促使新物流需要在配送模式、支付方式及售后服务等方面进行不断的创新与优化。

四、新物流技术与应用

1. 物联网技术在物流中的应用

（1）RFID（射频识别）技术。RFID技术是一种通过无线射频信号实现自动识别和数据传输的技术。其主要应用体现在以下几个方面：

①货物追踪与定位。RFID技术可以为每件货物贴上唯一的电子标签，实时监控货物的位置和状态，确保货物在运输过程中的精确定位和监控。

②库存管理。RFID技术能够实现库存的自动化管理，如出入库管理、库存盘点等，减少人力成本和管理成本。通过在仓库安装RFID读写器，可以实时监控货物的位置和状态，优化存储空间的利用，减少货物的丢失和损坏。

③自动化分拣与配送。在物流分拣中心，RFID技术与自动化分拣系统结合，实现了货物的快速、准确分拣，大大提高了分拣效率和准确性。

④冷链物流监控。结合温度传感器，RFID技术可以实时监控货物在运输过程中的温度变化，确保货物质量不受影响。

⑤防伪防盗。RFID标签具有防伪功能，能够有效防止商品被非法复制和盗窃。

（2）GPS（全球定位系统）定位与追踪。GPS是一种通过接收卫星信号实现高精度、高速度定位的技术。其主要应用体现在以下几个方面：

①车辆跟踪与定位。GPS技术可以实时监控物流运输车辆的位置、速度、路线等状态，提高运输效率，降低运营成本。

②路线规划。根据车辆位置、路况等信息，GPS技术可以规划最优行驶路线，降低空驶率。

③货物跟踪。通过GPS技术可以实时跟踪货物位置，提高货物配送效率。

④应急处理。在遇到突发情况时，企业可以通过GPS技术及时调度资源，处理突发事件。

（3）传感器与智能监控。传感器是一种能够检测物理量（如温度、湿度、压力等），并将其转换为可测量信号的装置。其主要应用体现在以下几个方面：

①货物状态监控。通过在货物上安装传感器，可以实时追踪货物的状态（如温度、湿度、震动等），确保货物在运输过程中的安全和质量。

②仓储环境监控。在仓储环境中安装温湿度传感器等，可以实时监测仓储环境的温度和湿度，为需要特定温湿度条件的货物提供适宜的存储环境。

③货架管理。通过在货架上安装传感器，可以监测货架上货物的存放情况和数量，实现智能化的货架管理。

④车辆管理。在物流车辆上安装传感器，可以实时监测车辆的位置、行驶状态和运输情况，提高物流运输的效率和安全性。

2. 大数据与物流数据分析

（1）数据采集与处理。数据采集是指从各种数据源收集数据的过程。数据处理则是对采集到的数据进行清洗、转换、整合等操作，以便后续分析。

①物流订单数据采集。收集物流订单的相关数据，如订单量、订单金额、订单来源等。

②运输数据采集。收集运输过程中的相关数据，如运输时间、运输距离、运输成本等。

③仓储数据采集。收集仓储环节的相关数据，如库存量、出入库频率、仓储成本等。

④数据清洗与整合。对采集到的数据进行清洗，去除重复、错误和无效数据，并将不同来源的数据进行整合，形成统一的数据集。

（2）数据挖掘与预测。数据挖掘是从大量数据中挖掘出隐藏模式、未知关系和相关性的过程。数据预测则是基于历史数据对未来趋势的预估。

①市场需求预测。通过分析历史订单数据，预测未来一段时间内的运输需求和运输路线的拥堵情况。

②运输路线优化。基于历史运输数据，分析不同路线的运输效率和成本，优化运输路线。

③库存管理优化。通过分析历史库存数据，预测未来库存需求，优化库存水平。

（3）数据可视化与决策支持。数据可视化是将数据以图形、图表等形式展示出来，以便更直观地理解数据。决策支持则是基于数据分析结果为企业决策提供依据。

①运输效率可视化。通过图表展示运输效率的变化趋势，帮助企业了解运输效率的提升空间。

②成本分析可视化。通过图表展示各环节的成本分布和变化趋势，帮助企业识别成本控制的重点。

③决策支持报告。基于数据分析结果，生成决策支持报告，为企业提供优化运输路线、调整库存策略等方面的建议。

3. 自动化与智能化设备在物流中的应用

（1）自动化仓储系统。自动化仓储系统是一种通过自动化设备和技术实现仓储作业自动化的系统。

①自动化货架。采用自动化货架系统，实现货物的自动存取和盘点。

②堆垛机与穿梭车。利用堆垛机和穿梭车等自动化设备，实现货物的自动搬运和堆垛。

③智能仓储管理系统。通过智能仓储管理系统对仓储作业进行调度和优化，提高仓储作业效率。

（2）智能分拣与包装设备。智能分拣与包装设备是指能够实现货物自动分拣和包装的智能化设备。

①智能分拣系统。采用图像识别、语音识别等技术，实现货物的自动分拣和归类。

②自动化包装设备。利用自动化包装设备，实现货物的自动包装和打标。

③智能包装材料选择。根据货物的特性和运输要求，智能选择适宜的包装材料，提高包装效率和安全性。

（3）无人驾驶与机器人配送。无人驾驶与机器人配送是指利用无人驾驶车辆和机器人等智能设备实现货物的自动配送。

①无人驾驶配送车。在特定区域内，利用无人驾驶配送车实现货物的自动配送。

②配送机器人。在末端配送环节，利用配送机器人实现货物的自动投递和取件。

③智能调度系统。通过智能调度系统对无人驾驶车辆和机器人进行调度和优化，提高配送效率和准确性。

五、绿色供应链和物流与可持续发展

1. 绿色供应链的核心理念

绿色供应链是将环保和资源节约的理念贯穿整个供应链过程，是上下游供应关系与环保相结合的表现。

（1）节能减排。通过优化供应链各环节，降低整体能耗，减少资源消耗和环境污染。

（2）环保可持续。在供应链管理中融入环境保护和可持续发展的理念，实现经济、社会、环境效益的协调统一。

（3）绿色作业与管理。从采购、生产、运输、仓储、销售等各个环节实施绿色作业和管理，推动供应链的绿色转型。

2. 绿色供应链和物流顶层规划为企业绿色发展提供指引，成就企业双碳愿景

越来越多的企业关注绿色发展战略规划并以此为指引，构建高质量绿色可持续发展行动纲领，成就企业双碳愿景，绿色供应链和物流顶层规划如图18-1所示。

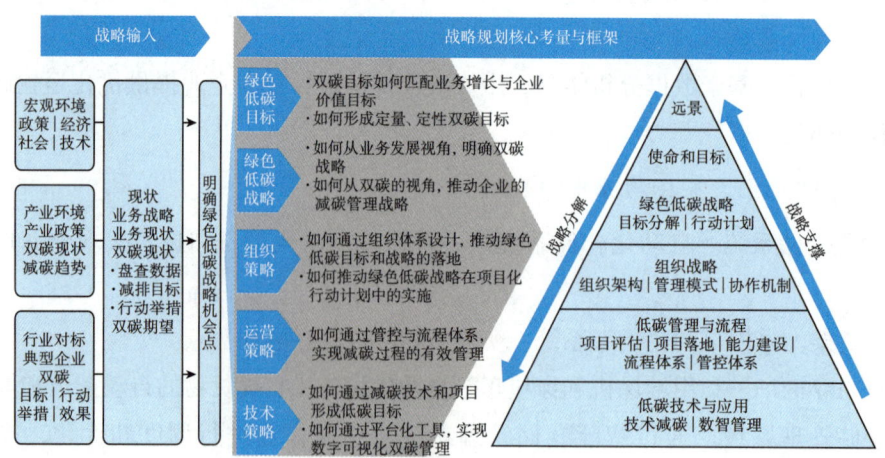

图18-1 绿色供应链和物流顶层规划

3. 绿色供应链的实践应用

（1）绿色采购。优先选择环保、节能的原材料和产品，推动供应商的绿色生产。

（2）绿色生产。采用先进的生产工艺和设备，减少能源消耗和环境污染，实现生产过程的绿色化。

（3）绿色运输。采用多式联运、集货或拼货运输、悬挂式运输等先进物流技术，提高运输效率，降低空驶率；同时，推广低碳燃料和新能源车辆，减少尾气排放和噪声污染。

（4）绿色包装。使用可降解、可循环利用的包装材料，减少包装废弃物对环境的影响。

（5）绿色仓储。通过优化仓库布局和库存管理，减少仓储过程中的能源消耗和碳排放。

4. 绿色物流与可持续发展的关系

（1）节能减排。通过优化运输路线、提高运输效率、采用清洁能源等措施，降低物流活动的能耗和排放。

（2）环保可持续。在物流活动中融入环境保护和可持续发展的理念，实现物流活动的绿色化、低碳化。

（3）绿色作业与管理。在运输、仓储、包装、装卸、流通加工等各个环节实施绿色作业和管理，推动物流行业的绿色转型。

（4）促进资源节约和环境保护。通过优化物流活动，减少资源消耗和环境污染，实现经济、社会、环境效益的协调统一。

（5）推动产业升级和转型。绿色物流的发展将推动物流行业的产业升级和转型，促进物流行业的绿色化、智能化、高效化发展。

（6）提升企业社会责任形象。企业通过实施绿色物流战略，积极履行社会责任，提升企业的社会形象和品牌价值。

案例精选

一、学习目标

通过本案例的学习和分析，进一步理解新物流与供应链对经济发展的重要作用，以及物流与供应链的发展趋势和未来方向；探索创业者在这个领域中将面临的挑战和机遇；增加对物流与供应链专业知识的理解；从实践案例中获得启发。

二、内容简介

菜鸟智慧物流园是一个典型的物流与供应链创新案例，它是菜鸟物流科技与乖宝宠物合作打造的工厂智慧园区项目，旨在通过智能化手段提升工厂的物流效率和管理水平，并具有很明显的创新性。①软硬件结合。菜鸟智慧园区通过提供车辆预约调度系统、门禁道闸系统、智能地磅系统、智能安全监控系统、访客管理系统，以及智慧地磅、场内物流运营平台等一系列软硬件产品，实现了工厂的智能化管理升级。②数据实时处理。系统能够实现毫秒级处理数据，并根据分析实时响应，大大提高了自动化程度和决策效率。③端到端数智化决策体系。菜鸟智慧园区以智慧园区系统的建设为起点，加速建设端到端的数智化决策体系，为工厂提供全面的数字化支持。

菜鸟智慧园区项目的成功实施为其他企业提供了可借鉴的经验和模式。未来，随着技术的不断进步和市场的不断变化，菜鸟将继续深化与制造业的合作，推动智慧物流技术的创新和应用，为更多企业提供智能化、高效化的物流解决方案。

三、物流创新案例

走进菜鸟武汉智慧物流园——一件快递的"奇幻漂流"

蓝色的AGV（带自主导航功能的机器人）在宽敞明亮的工厂中像小精灵一样穿梭，近30米高的堆垛机在如擎天柱般的立体存储仓内运转，经过智能系统自动规划存储位的商品在自动出库和入库，"走下"高速分拣机的装箱快递被智能分拨机器人送往指定区域装车……这充满科技感的一幕，正发生在湖北省武汉市菜鸟智慧物流园的自动化立库中。

传统物流仓储的基本作业流程包括订单处理、采购、入库、盘点、拣货、出货及配送等，菜鸟武汉智慧物流园提出了自己的解决方案——仓储自动化，用创新提高物流仓储的"智"量和质量。

近日，本报记者走进菜鸟武汉智慧物流园的自动化立库，跟随一件快递从订单处理到入库，再到出库的过程，见证它在这座充满科技感的智能仓库经历的一场"奇幻漂流"。

无人作业让仓储"行云流水"

2023年11月22日上午10时30分，当记者到达位于武汉市江夏区菜鸟智慧物流园的自动化立库时，工厂内正在忙着将新到的货物入库。穿上蓝色的工作服，在菜鸟集团江夏园区公共事务经理周撼威的带领下，记者走进这家智能仓库一探究竟。

只见工作人员卸下货物后，用叉车有条不紊地将打包好的货品摆上链式输送线；在录入商品特性后，蓝色的AGV机器人会将货物接驳到指定的工作站，然后由巨大的堆垛机送到30多米高的立库货架上。不同步骤之间无缝衔接，整个过程井然有序。

高效、快捷、安静、智能化，是记者对自动化立库现场作业的感受。在现场，除了日常运维设备的工程师，几乎看不到其他流水线工人。

为了深入了解智能化仓库的作业流程，在周撼威的建议下，记者当场在采用菜鸟物流仓储服务的电商平台下单，观看货品的出库流程。只听"叮"的一声，系统下单成功，配送地址选在北京。几乎同一时间，在菜鸟江夏智慧物流园的自动化立库，一条物流订单迅速生成。

智能堆垛机率先上场，在30多米高的空间内精准抓取，将订单内的多种货物依次取出；紧接着，等候在旁的AGV机器人沿着既定轨迹将货物稳稳运送至分拣台。坚果零食、薯片、洗面奶、洗衣液……货物备齐后，操作台的电脑上，系统已清晰显示专属包装方案：使用相应长宽的标准型号箱体，按照洗衣液、洗面奶、薯片、坚果零食的顺序依次放入。其中，洗衣液和洗面奶的瓶口需要用塑料膜缠绕。装箱完成后，工作人员还悉心地给箱中填充充气缓冲包。相比人工包装纯凭肉眼和经验判断、估算，菜鸟研发的装箱算法要"轻松"得多——就在订单生成的瞬间，AI（人工智能）通过商品大数据迅速地将货品与纸箱的长宽高和承重量进行匹配，并且计算出商品在箱子里如何摆放最节省包装，整个过程连1秒都不到。

"以前打包全靠经验，为避免中途换箱，影响操作效率，往往会优先挑选较大的纸箱，一定程度上会造成浪费。"打包员对记者说,有了这套智能切箱系统,箱型尺寸、货品摆放和防护方案一键生成,满箱率也大幅提升。说话间,打包完成,屏幕显示满箱率达到80%。打包员熟练地扯出"瘦身胶带",利落地打上"十字捆",贴上电子面单。几分钟后,包裹严实的纸箱从仓库出发,经由一道百米长的连廊,与传送带上的众多包裹一起,鱼贯跃入自动分拣线。上万平方米的分拨中心,信号灯闪烁,分拣设备高速运转。面单扫描、交叉分拣、自动集包……从隔壁仓库源源不断涌入的包裹在这里快速完成"队伍整编",循着面单上的"四段码",自动流转到相应的出口。最后被装车上路,从智能仓库出发,奔向全国各地的千家万户。

"亲,您的商品已出库。"在记者下单的商品装车瞬间,其手机上收到了这样一条物流提示。商品从入库到出库,整个过程行云流水、智能高效。

自动化立库成为标准配置

菜鸟武汉自动化立库整体布局由2座单体双层立库组成,占地面积共计29000平方米,东侧连接菜鸟速递分拨中心。库内主要由货架存储区、设备搬运区、生产作业区、交接暂存区构成,二楼搭建有3000平方米的钢平台,可支持多种类复杂业务的定制需求。

什么是自动化立库呢?周撼威告诉记者,自动化立库是一种现代化的仓储管理系统,通过自动化设备和先进的控制系统来提高仓库操作的效率和精度。它通常被用于大规模的仓储环境,如分销中心、物流中心和制造工厂等。自动化设备、立体货架、控制系统、自动化流程、数据采集与分析等是自动化立库的几个重要组成部分。

菜鸟自动化立库配备了一系列自动化设备,如自动堆垛机、输送带、输送机和AGV机器人等。这些设备能够执行货物的存储、检索和移动等任务,减少了人工操作的需求。此外,菜鸟自动化立库采用垂直存储的设计,以最大程度地利用垂直空间。货物通常被存储在高度可调的货架上,由自动堆垛机负责库内自动搬运,从而最大限度地提高存储容量。"自动堆垛机是一种被用于在仓库或物流中心自动化储存系统中进行货物存储和检索的机械设备。它主要被用于在垂直方向上移动和存储货物,以最大限度地利用垂直空间。"仓库自动化运维工程师刘业明对记者说,"我们的仓库有30多米高,相应的堆垛机也有近30米高"。

先进的控制系统是菜鸟自动化立库的核心。这些系统负责监控和协调仓库内的所有自动化设备,确保它们在高效和协同的状态下运行。控制系统还与仓库管理系统集成,以实现对库存、订单和运输等数据的全面管理。"存储位不是固定存储位,而是用算法计算后得出的结果。"刘业明说,"我们仓库的商品出入库采用先进先出和后进后出的原则,充分考虑商品的有效期并保证存储效率"。通过优化仓储流程,自动化立库从货物的到达、存储、检索到出库等环节均实现自动化。这有助于减少人为错误,提高操作速度和准确性。此外,自动化立库通过各种传感器和数据采集设备收集大量有关仓库运作的数据。这些数据可以被用于实时监控、性能分析和预测性维护,以确保系统的稳定和高效运行。如今,自动化立库已经成为智能仓储的标准配置。

通过引入自动化立库,企业可以实现更高的仓储效率、减少错误、提高库存精度,并且通常能够更好地适应快速变化的市场需求。以菜鸟为例,通过16层立体货架高密集存储立库与菜鸟自研AGV结合的柔性化作业,节省了无效的设备搬运和人员作业。依托菜鸟的数字化运营能力,库内设备在夜间自动对库存进行智能化重点管理(A)、常规管理(B)和一般管理(C)分类,提前将畅销品移至近出口存储位,缩短运作路径,可以提升库存货物的6倍上架效率和3倍下架效率。通过

系统实时分配更新货位,实现库存透明可视化,降低盘点难度,保障库存准确率达到 99.99% 以上。"运营团队结合业务进行柔性化作业,对比传统仓库人力资源效能提升超过 30%,商品进出转运效率及产能提升 50% 以上。同时企业与企业间交易(B2B)、企业与顾客间交易(B2C)业务的同库运作,满足了顾客全渠道一盘货销售场景。库内配套自动化分拣设备实现出库订单线路初分,且支持指定线路直发,助力全链路履约时效缩短 20%。"周撼威说。

基于以上多种优势,菜鸟武汉自动化立库具备了强大的吞吐能力,面对商业大促等物流需求密集的应用场景,仓内效率比传统仓库高 60% 以上,无须大幅增员即可实现日常 3 倍以上的产能。

自研技术助力智能仓储

智慧仓库的发展离不开自主知识产权技术的研发与应用。2014 年,"菜鸟"电子面单诞生,并逐渐取代了传统的纸质面单。小小的一张贴纸将地址信息化,让物流和仓储行业转向自动化成为可能。不只是电子面单,越来越多自主知识产权技术的运用帮助菜鸟在自动化物流和仓储之路上走得更远。为了对包裹进行快速识别,菜鸟研发了单件分离设备和高速交叉分拣机;为了实现机械控制识别、定位包裹,自动化仓库、AGV、托盘四向穿梭车等仓储自动化创新接连诞生。可以说,具有自主知识产权的数字科技技术对于菜鸟发展智能仓储起到了非常重要的作用。

首先,托盘四向穿梭车。托盘四向穿梭车是一款用于托盘类货物搬运的自动化设备,可在仓库内实现纵横四向行走,自动将货物移动到货架任意位置,是托盘类密集存储解决方案的新一代智能搬运设备。菜鸟托盘四向穿梭车硬件设计最高负载 1500 千克,使用了机械式顶举机构,可连续使用 20 万次。同时,它还具备快速充电续航能力,充电 12 分钟工作 4 小时;系统方面支持同层多车、换层协同、车辆全场通达。菜鸟物流科技全新的托盘四向穿梭车产品,可以被广泛应用于物流自动化仓与制造业线边库;可以被灵活地部署在楼库、异形库中,降低托盘立体库的投资门槛;多车协同、多深位存储,叠加菜鸟自有的算法调度能力,能有效提升密集存储解决方案的吞吐效率;同时结合 AGV 产品,可实现"上存下拣",开创托盘"存拣一体"的仓储自动化新模式。

其次,PLC 是以传统顺序控制器为基础,综合了计算机技术、微电子技术、自动控制技术、数字技术和通信网络技术而形成的新型通用工业自动控制装置。作为一种专门为在工业环境下应用而设计的数字运算操作电子系统,PLC 可控制各种类型的机械设备或生产过程。菜鸟集团副总裁丁宏伟告诉记者:"现在,菜鸟自研的 PLC 系列产品核心芯片已实现国产化,可保障产品的稳定性。目前,菜鸟自研的 PLC 整机已获欧盟 CE 认证,并在超 200 个自动化项目中稳定运行。"除了这些"看得见"的物流硬件,菜鸟还有不少肉眼难以觉察的物流"黑科技",包括物联网装置及 RFID 技术,可帮助顾客实现更佳的物流可视性、可控性及提升效率。现场,菜鸟工作人员用数字沙盘的形式向记者呈现了最新推出的 RFID 服装解决方案。传统的服装供应链管理通过条码扫描或人工盘点,不仅效率低,还容易出错,而菜鸟 RFID 服装解决方案可通过加装几乎看不见的成衣 RFID 标签,对包括实时收发、库存统计、防盗等整条服装供应链进行实时监督和管理。

最后,自动化控制系统也是菜鸟智能仓储得以有效运营的技术保障之一。被视为自动化设备"指挥部"的菜鸟 WCS 自动化控制系统,对于实现全场物流统一管理,提升物流自动化应用的效率及质量起到了积极作用。该系统兼容物流自动化主流产品,可以控制 20 多种类型的自动化设备。"基于自主研发的 MAPF 调度算法(用于解决多智能体路径规划问题的算法),菜鸟 WCS 系统还具备单仓 1000 台以上 AGV 调度的能力。相对传统相应算法,路径质量从 60% 提升到 98%。目前菜鸟

WCS系统已在100多个自动化项目落地。"丁宏伟说。

随着智能物流技术的快速发展，新设备、新模式引领并驱动物流和仓储产业不断进步。菜鸟通过自动化团队自主研发的硬件设施及管理系统，结合沉淀多年的立体仓库运营经验，在智能仓库的建设和运营上已日趋成熟。菜鸟立库广泛分布在华北、华中、华东等地，目前在全国已投入运营的自动化立体仓库数十座，为快消、美妆、医疗、健康、电器、家装、商超等多行业顾客提供了成熟的自动化立库解决方案。如今，菜鸟的智能仓储能力正在"外溢"。"比如乡村创新的智能产地仓，便是通过自动化能力帮助农民增收，也是智能仓储科技参与乡村振兴的实例，这是技术的普惠价值。"丁宏伟说。

资料来源：杨俊峰．人民日报（海外版）[N]．2023-12-12(5)．(有改动)。

电子资源

新物流与供应链

拓展延伸

1. 供应链管理与服务

供应链管理（Supply Chain Management，SCM）是指对从供应商到最终用户的整个产品流和服务流进行计划、协调、控制和优化的过程。它旨在提高供应链的效率和效益，满足顾客需求，同时降低运营成本。供应链管理的基本原则包括系统化、集成化、协同化、敏捷化和绿色化，具体方法则涉及需求预测、库存管理、采购管理、生产计划与控制、物流管理等。

有效的供应链管理能够确保产品按时、按质、按量地交付给顾客，从而提高顾客满意度。通过实时跟踪订单状态、优化库存水平、缩短交货周期、提供个性化服务等方式，企业可以显著提升顾客服务水平，增强顾客忠诚度。

2. 现代技术优化

现代技术如物联网、大数据、云计算、人工智能等在物流管理中发挥着重要作用。通过实时监控货物状态、优化运输路线、预测库存需求、自动化仓储作业等方式，企业可以显著提高物流效率，降低成本。

3. 供应链运作模式

推动式供应链（Push Supply Chain）以生产为中心，根据预测或计划进行生产和分销；拉动式供应链（Pull Supply Chain）则以顾客需求为中心，根据订单进行生产和分销；敏捷供应链（Agile Supply Chain）则强调供应链的灵活性和响应速度，能够快速适应市场变化；等等。不同类型的供应链运作模式适用于不同的行业和企业。例如，快速消费品行业可能更适合拉动式供应链；而制造业可能更倾向推动式供应链；敏捷供应链则适用于需要快速响应市场变化的企业，如高科技产品制造商。

4. 供应链发展趋势

物流与供应链管理未来的发展趋势包括智能化、绿色化、服务化、全球化等。智能化意味着利用先进的信息技术实现供应链的自动化和智能化；绿色化则关注供应链的环保和可持续性；服务化强调以顾客为中心，提供个性化的服务；全球化则要求供应链具备跨国运营和协作的能力。

5. 企业应对策略

供应链的发展趋势对企业的影响深远。企业不仅需要关注技术革新，积极引入智能化技术以提升供应链效率，同时也要注重环保和可持续性，推动绿色供应链的发展。此外，企业还需以顾客为中心，提供优质的服务，并具备全球视野，加强跨国合作与竞争。其应对策略还包括加强技术研发、优化供应链管理流程、提升服务质量、拓展国际市场等。

案例分析与讨论

1. 菜鸟武汉智慧物流园如何实现绿色物流，减少碳排放？
2. 自动化立库的数据采集与分析能力如何支持物流仓储的优化和预测性维护？
3. 菜鸟武汉智慧物流园的发展对物流行业的智能化转型有何启示？

参考文献

[1] 石淼,向洪玲. 供应链视角下发展智慧物流的多元策略研究：评《智慧物流与供应链管理》[J]. 商业经济研究,2023(21):F0002.

[2] 李敏. 浅析数字化时代的智慧物流与供应链管理变革[J]. 中国物流与采购,2024(11):182-183.

[3] Chen Y,Guo Y,et al. Research on the Coordination Mechanism of Value Cocreation of Innovation Ecosystems:Evidence from a Chinese Artificial Intelligence Enterprise[J]. Complexity,2021,20(2):12-16.

第十九章
和谐劳动关系塑造

理论知识

一、劳动关系概述

劳动关系是一个跨学科的话题，涵盖社会学、心理学、经济学和政治学等多个领域。其中，社会学家研究雇员的异化现象，心理学家探究工作满意度和激励因素，经济学家分析工资决定机制，政治学家则评估工会和管理层对政府政策和立法的影响。

"劳动关系"一词由英文 labor relations 翻译而来，是雇员（劳动者）与雇主（用人单位）之间在劳动过程中形成的社会经济关系的统称。雇员作为劳动力的提供者，也被称为劳工、工人、劳动者或受雇者。

现在，人们对劳动力（或称人力资源、人力资本）在现代经济发展和社会繁荣中所起的重要作用有了更深刻的认识：企业劳动关系和谐与否，直接关系到企业能否在复杂多变的产品市场中获得竞争优势。

（一）劳动关系的定义

劳动关系源于就业组织中的雇用行为，是组织管理的一个重要组成部分，专注研究和解决与雇用行为管理相关的问题。组织在追求资源高效利用的同时，必须面对雇主与员工之间利益平衡的挑战。有效的人力资源管理对于组织保持竞争力至关重要，建立良好劳动关系的核心在于认可和尊重劳资双方的法律权益。只有确保这一点，组织才能适应不断变化的竞争环境。稳健的劳动关系建立在信任的基础上，无论是雇主还是员工，其行为都应基于相互信任的原则。

劳动关系是管理方与劳动者个人及团体间因利益引发的合作、冲突、力量与权力关系的总和，受社会经济、技术、政策、法律及文化背景的影响。在这种经济、法律、社会、心理及政治交织的关系中，劳动者投入时间和专业知识为组织创造利益，以此换取个性化的经济与非经济回报。

劳动关系本质上是以劳动换取报酬的经济关系，但劳动力作为特殊商品，兼具人身和社会属性。劳动者在追求经济利益的同时，也期望从工作中获得尊严、满足和体面。因此，劳动关系也是社会关系，兼具平等性与隶属性、人身性与财产性。调整劳动关系应以加强和巩固伙伴关系为原则，追求双赢，从而促进劳动关系的良性发展。

（二）劳动关系主体

劳动关系主体指的是劳动力的所有者和使用者，具体为拥有劳动力的雇员（劳动者）与使用劳动力的雇主（用人单位）。劳动者被称为劳动主体，用人单位则被称为用人主体。不同国家和地区，哪些公民和社会组织能够成为劳动关系主体，通常由其相关的劳动法律规范明确和认可。

1. 雇员

雇员是指在就业组织中不具备基本经营决策权且从属于该权力的工作者，也被称为员工或劳动者，其涵盖所有通过体力或脑力劳动获取工资或报酬的人员。

在劳动关系中，雇员特指具备劳动权利和行为能力，受雇主雇用并在其管理下从事劳动，以获取工资收入的法定劳动者。具体含义包括：雇员是被雇主雇用的人员；在雇主的管理下从事劳动；以工资为主要劳动收入。有些国家的劳动法规定某种或某几种人员不属于雇员，如公务员、军事人员、农业工人、家庭佣人、企业的高层管理者。

2. 雇员团体

雇员团体是指由拥有共同利益、兴趣或目标的雇员组成的组织，包括工会、类似工会的雇员协会及专业职业协会等。工会作为雇员团体的主要形式，其核心目标是为成员争取利益和价值。我国已成为当今世界工会会员人数最多的国家。中华全国总工会作为统一的全国性群众团体成立于1925年，是各地方总工会和产业工会全国组织的领导机构。

3. 雇主

雇主是指拥有法律赋予的组织所有权（产权），在就业组织中拥有主要经营决策权的人或团体，也称为管理方或资方，是雇用他人工作并支付工资或报酬的法人或自然人。雇主包括雇用劳工的业主、经营负责人或代表业主处理劳动事务的人。在就业组织中，雇主处于管理方地位，拥有对员工的劳动请求权和指示命令权及决策权。在就业组织中，决策权力通常集中在一个或少数几个人手中，而其他管理层的权力则逐级递减，且每一级都需在上级的授权下行使。这表明管理方是分层的，权力分布不均衡且主要集中在上层。除最高层管理者外，其他管理者需同时服从上级并指导下级；低层管理者仅负责监督和分配任务，无权命令或奖惩下属，因此他们被视为雇员而非雇主。

4. 雇主组织

雇主协会作为雇主组织的主要形态，依托行业或贸易组织构建联系，通常不直接干预雇员与雇主之间具体的劳动关系事务。其核心职责包括与工会或其代表进行集体协商，在劳动争议解决流程中为成员提供援助，以及通过参与涉及劳动关系的政治选举和立法变革（修订劳动法）等渠道，间接地对劳动关系施加影响。

5. 政府

政府在劳动关系中扮演着四种关键角色：首先，政府是劳动关系立法的制定者，通过立法手段介入并影响劳动关系，为劳动关系的调整提供坚实的法律支撑和依据，切实保障劳动者的"劳动三权"，即结社权、集体交涉权和争议权；其次，政府是公共利益的捍卫者，通过监督、干预等方式推动劳动关系的和谐发展，确保相关政策、制度得以有效执行，为此政府建立了一套完善的执法与司法制度和程序，包括强化劳动监察、对违法行为实施严厉惩处，以及设立解决集体谈判和集体协议纠纷的司法机制和流程，包括加强劳动监察、对违法者实行严厉的惩罚，建立解决集体谈判和集体协议纠纷的司法制度和程序等；再次，政府作为公共部门的雇主，以雇主身份直接参与并影响劳动关系；最后，有效服务的提供者，重点是加强对劳资双方的培训，并为劳资双方的谈判提供高质量的信息服务和指导。

二、企业劳动关系和谐之道

劳动关系构成了生产关系的核心部分，是社会中最为基础且关键的关系之一。在我国，劳动关系和谐与否，直接关系到广大职工和企业的根本利益，同时也深刻影响着经济的发展和社会的和谐稳定。面对新的历史背景，积极构建具有中国特色的和谐劳动关系，不仅是加强和创新社会管理、提升民生保障水平的关键一环，也是建设社会主义和谐社会的重要基石，更是确保经济持续、健康发展的必要保障。

（一）和谐劳动关系的特征

（1）存在实质的工业和平，也就是没有停工、罢工、闭厂等争议行为。

（2）劳资双方能够相互接纳对方的需求，并据此形成运作机制。具体而言，公司不寻求破坏工会，而工会也会充分考虑公司的盈利状况。

（3）公司与工会均认同双方处于平等的关系中，这意味着劳资双方能够和平共处，相互公平对待。

（4）劳资关系的处理不以损害其他顾客或公众的利益为代价，即劳资关系的成效不应对社会公共利益造成负面影响。

除了劳动关系所处的环境背景外，劳资双方各自的态度及行为方式同样对劳动关系的和谐性起着至关重要的作用。虽然"不良"的劳动关系可能起因于误解、过往的错误行为或组织内部的分裂，但劳资双方利益上的差异本身并不必然导致形成"不良"的劳动关系。

（二）促进劳资和谐的基本原则与做法

劳资双方虽在目标、利益或观念上存在差异，但同时也致力于实现某些共同的目标和利益，这使得劳动关系中既包含冲突也包含合作。换言之，劳资双方既存在分歧，也有共通之处。

1. 基本原则

劳资和谐能否实现，关键在于双方如何管理彼此的分歧与共识。推动劳资和谐的基本原则在于尽量缩小分歧、扩大共识。劳资双方的主要分歧往往源于分配问题，即双方对于"各自应得多少"存在争议。资方注重成本控制与利润最大化，劳方则期望提升福利待遇和薪资水平。至于劳资双方的共同之处，通常产生于其共同面临的问题，这些问题必须通过双方的紧密合作才能解决。

2. 具体做法

（1）明确企业的核心价值观与经营理念。企业的核心价值观是经营成功的基本信念和判断标准。明确企业核心价值观，深化文化建设，让员工了解并认同。当企业价值观与员工个人价值观契合时，员工更易接受企业目标，产生主动性和归属感，从而为企业发展贡献力量。

（2）重视培训与发展促进个人成长。企业通过系统的培训和发展计划，为员工提供持续学习和成长的机会，助其提升专业技能和综合素质，满足岗位需求，提高工作效率，并增强自信心和成就感。这不仅激发员工的工作热情与创造力，还是提升员工归属感和忠诚度的重要途径，促使员工将个人成长与企业发展紧密结合，形成共同的价值观。

（3）促进员工职业规划落实。良好的员工关系管理能使企业管理者全面掌握员工信息，有助于从企业战略和员工职业发展角度出发，为员工制定合适的职业规划，推进其职业目标实现，同时助力企业获取效益，达成战略发展目标。

（4）组织丰富多彩的文体活动。企业可以组织企业文化讲座或分享会，深化员工对文化内涵的认识。部门可以举办户外拓展、趣味运动会等团队建设活动，加强员工之间的沟通协作。在重要节日或企业纪念日，组织特色庆祝活动，强化员工职业精神和归属感。

（5）关注员工个人需求和期待。人力资源部门应与各部门负责人协同，为员工制定个人发展规划，提供培训和学习资源。企业应建立奖励制度，表彰实践企业文化并取得成绩的员工，关注员工身体和心理健康。

（6）强化员工沟通，构建多元渠道。企业应强化与员工的有效沟通，构建多元化渠道，利用企业微信、钉钉等平台实现全天候沟通共享。同时，鼓励员工积极发表看法与建议，确保管理层及时了解并解决员工关注的问题，促进良好沟通。

（7）建立有效的意见反馈机制。企业可设置实体意见箱、网络在线反馈系统，便于员工随时发表意见。管理层需快速响应并反馈，在规定时间内给出方案或说明，确保员工意见得到及时处理。

案例精选

一、学习目标

通过深入学习和分析本案例，能够把握劳动关系的核心概念，明确和谐劳动关系的核心特征及其实现方式，并积极探索企业构建和谐劳动关系的有效路径。从生动的实践案例中获得宝贵的经验和启示，能以更加深入和细致的视角思考企业如何创建和谐的劳动关系。

二、内容简介

王钟瑞被 ZSN 公司的品牌文化吸引，加入该公司并担任商品专员。然而，他内向的性格限制了他的职业表现，两年后同期的同事纷纷晋升，他却还在原地踏步，不禁感到焦虑。转机出现在公司俱乐部活动中，他加入篮球俱乐部，通过运动找回自信，逐渐在职场上获得认可。在篮球俱乐部的日子里，王钟瑞不仅结识了志同道合的朋友，还凭借出色的表现成为篮球队主力。在公司运动会上，他带领团队展现了顽强拼搏的精神，赢得了大家的赞赏。这次经历让他深刻体会到公司年轻有活力、积极向上的企业文化，激发了他对工作和比赛的热情。王钟瑞运动会上出色的表现让他在公司脱颖而出，在部门选拔中，他被任命为商品一部负责人。他将篮球场上的拼搏精神带入商业战场，带领团队取得了优异成绩，赢得了广泛尊重。正当他筹备新岗位时，家庭责任与职业追求的冲突让他陷入艰难抉择。他给董事长写信诉说了自己的困难，公司经过调研决定推出"小候鸟计划"，为员工消除后顾之忧。在培训中，他结识了来自全国各地杰出的同事，与他们共同提升职业素养。经过努力，王钟瑞在城市经理选拔会上表现出色，荣获认证与徽章，成功获得城市经理岗位。他感激 ZSN 公司提供的成长平台，深刻体会到公司对他生活和事业上的关怀。和谐劳动关系不仅促进了王钟瑞的个人发展，也增强了他对公司的忠诚度和归属感。未来，他将继续努力，为企业的发展贡献力量。

三、和谐劳动关系案例

和谐劳动关系：企业与员工共同成长的桥梁

（一）创业企业公司

ZSN 公司总部坐落于"中国鞋都"温州，始创于 1998 年，经过多年的赶超发展，已成为中国领先的集时尚女鞋设计、研发、生产、零售及品牌管理于一体的现代化集团公司，旗下现有多个品牌，产品以时尚女鞋为主打，还包括男鞋、童鞋、箱包、配饰等。

ZSN 公司以"为时尚而创新"为使命，始终走在潮流前端，其产品畅销全国 32 个省、市、自治区和港澳特别行政区。旗下共有广州、上海、温州 3 大生产基地，现代化工业园区 210 余亩；在全国建立有 30 余个物流仓，全面覆盖各区域店铺，是中国时尚女鞋行业产销量最大的企业之一，连续多年位列中国时尚女鞋销售榜单前三名。ZSN 公司秉承"让想干事的人有机会，能干事的人有舞台，干成事的人有收获"的人才理念，构建有竞争力的薪酬体系、家人般的后勤保障系统、健全的能力培养体系和高回报的合伙人发展平台，将企业的发展和每位员工的发展紧密融合在一起。

（二）企业和谐劳动关系发展经历

1. 初入职场，满怀期待与探索

王钟瑞在一次偶然的机会看到了 ZSN 公司的校园招聘资讯，瞬间被该公司品牌文化所秉持的"正心、激情、合作、担当"理念触动。这些价值观与他个人的职业愿景不谋而合，激发了他强烈的共鸣。因此，他毫不犹豫地决定加入 ZSN 公司，担任商品专员，带着满腔的热情和对美好未来的无限憧憬，踏入了这个充满挑战与机遇的新工作环境。在这里，他准备充分施展自己的才华，为实现个人职业目标和公司发展贡献力量。

现实往往与理想存在差距，尽管王钟瑞拥有扎实的市场营销理论基础，但在实际工作中，他逐渐意识到自己的专业技能与销售岗位的需求并非完全契合，加之他内向的性格特点，在人际交往频繁的销售领域里，他难以迅速崭露头角。两年时光匆匆流逝，王钟瑞发现和自己同期入职的许多同事都获得了晋升，成为部门的中坚力量，而他却仍在原地踏步。这种对比让他感受到了前所未有的焦虑和压力，内心不禁对未来的职业发展充满了迷茫。

面对职场的重重挑战，王钟瑞不禁开始质疑自己的能力，甚至萌生了放弃这份工作的念头。他对未来的职业道路感到茫然，不知何去何从。在这个关键时刻，公司为了丰富员工的业余生活，推出了许多俱乐部活动，他决定加入公司的篮球俱乐部。他自幼深爱篮球运动，如今意外地成为释放工作压力、重拾个人信心，并在激烈的对抗中不断探索与肯定自我价值的新舞台。

2. 球场展风采，职场新征程

加入篮球俱乐部半年来，王钟瑞不仅结识了许多志同道合的朋友，还在篮球场上尽情挥洒汗水，凭借出色的表现迅速成为篮球队的主力队员。公司每年的"年轻向尚，快乐有young"职工运动会不仅是一场体育竞技的狂欢，更是团队精神与企业文化璀璨绽放的舞台。该运动会涵盖了羽毛球、乒乓球、台球、象棋、八字绳、拔河等多个项目，吸引了来自集团厂部、职能部门等11支代表队400余名运动员的热情参与。

王钟瑞对其中的"JBA"篮球争霸赛尤为重视。他为此做了充足的准备，决心要为自己所属的商品部赢得最高荣誉。在比赛中，他无论是发球、运球、传球，还是断球，都彰显了他精湛的篮球技艺和与队友间的默契配合。在赛场上，队员们展现出顽强拼搏、永不放弃的精神，他们以实际行动诠释了ZSN的铁军精神。整个赛场也被团结、拼搏、健康、向上的氛围所包围，每个人都在用自己的方式为这场体育盛会贡献着力量。

这次比赛对王钟瑞而言，不仅是一次体育竞技的经历，更是对企业文化的深刻体验。他真切地感受到了公司年轻有活力、积极向上的企业文化，更加坚定了他要将饱满的激情投入比赛与工作的决心，力求自我突破，成为团队核心。同时，他也更加坚定了要努力成为一名敢于拼搏、不屈不挠的"ZSN铁军"成员的信念。他在赛场上展现的卓越的领导力与团队精神，也让他逐渐在职场上赢得了同事们的认可。他深刻体会到，职场成功不仅依赖个人的专业知识，更重要的是人际沟通、协作能力，以及在团队中发挥的个人价值。篮球场上的经历如同一面明镜，映照出他在职场中的潜力和成长空间。

在日常工作与篮球训练中，王钟瑞与同事们的关系日益融洽。他开始主动与同事交流，分享自己的想法和经验，倾听他人的意见，开朗的态度让他在团队中的地位逐渐提升，同事们更加信任他，愿意与他合作。篮球俱乐部的团队活动改善了他的内向性格，他学会了在保持个性的同时融入集体，共同解决问题，赢得了同事的信任与尊重。

3. JBA"灌篮高手"，更是新零售铁军

在运动会上取得的成绩，让王钟瑞在公司内部名声大噪。不久之后，在一次部门内部的选拔中，他凭借深厚的专业知识和出色的人际交往能力，成功赢得了商品部总监的青睐。随着"双十一"购物狂欢节的临近，总监决定对王钟瑞委以重任，正式任命他为商品一部的负责人。对于公司给予的信任与重托，王钟瑞心怀感激，他决心要将自己在篮球场上展现出的斗志与毅力转化为商业战场上的不竭动力，全力以赴地投入到公司的"双十一"活动中，带领团队创造佳绩。

公司为了支持员工，准备了充足的食品，设置了各种目标激励措施，确保每个人都能在激情中奋斗，在奋战中找到快乐。"双十一"期间，王钟瑞和他的团队面临着前所未有的挑战，如订单量的激增、物流的压力、顾客需求的多样化等复杂情况。但王钟瑞和他的团队成员展现出了"铁军"的特质，他们从不抱怨，总是满腔热忱地投入销售工作中。王钟瑞的坚守与付出不仅诠释了"正心、激情、合作、担当"的企业核心价值观，更以他的实际行动鼓舞和激励着每位员工勇往直前、不懈奋斗。

经过"双十一"的严峻考验，王钟瑞的职场形象在同事们心中得到了显著提升。他不再局限于JBA赛场上"灌篮高手"的身份，而是成为新零售"铁军"中备受瞩目的一员。他的不懈努力和取

得的显著成就，不仅使他在公司内部的地位稳固，更赢得了广泛的尊重与认可。这一转变既是对他卓越工作能力的认可，也是对他个人价值及自我实现需求的深刻满足。

在职业发展的征途上，王钟瑞满怀壮志，努力朝着更高职位奋力前行。同时，他收到了参加公司为期半个月专业培训的通知，这对他来说，既是挑战也是机遇。

4. 董事长信箱，倾听职场心声

此时，王钟瑞遭遇了一个两难困境：公司组织的培训安排在1月初，他的女儿也即将迎来寒假。身为双职工家庭的一员，他陷入了忧虑之中，对如何妥善安排女儿的假期生活让他感到束手无策。经过深思熟虑后，王钟瑞决定给董事长写一封信，真诚地描述了自己在职业发展和家庭责任之间面临的困难，以及这种困境给他带来的压力和挑战。他坦诚地表达了自己对公司提供的培训机会的渴望，同时也提出了对女儿假期无人照顾的担忧。

董事长对王钟瑞的来信给予了高度的重视，他了解了信中反映的困难后，指示办公室制定切实可行的解决方案。办公室团队首先与王钟瑞进行了深入的沟通，全面了解他的具体需求与期望。其次，他们扩大了调研范围，对公司内部的类似问题进行了更为广泛的摸底调查。调研结果显示，王钟瑞所面临的问题在公司内部具有一定的普遍性，众多员工在追求职业发展的道路上都面临着家庭责任的压力。特别是在学校放假期间，如何妥善安排孩子，成为双职工家庭的一大难题。办公室将调研成果详尽汇报后，公司启动了旨在解决员工子女假期照料问题的"小候鸟计划"。

王钟瑞没有想到自己的信能引起公司的关注，作为一名普通员工，他深切地感受到被珍视与尊重的温暖，这种体验在他心中激起了难以言喻的感动与激励。

5. "小候鸟计划"，托稳职工心

随着寒假的到来，王钟瑞的女儿和许多"小候鸟"们纷纷抵达ZSN公司园区，与他们的父母团聚。公司特别设立的爱心托管班，不仅为孩子们提供了安全的学习环境，还精心聘请了经验丰富的专业教师团队，负责辅导孩子们的学业及开展一系列多姿多彩的兴趣课程。ZSN公司秉持"服务好每位孩子"的宗旨，以孩子们的需求为核心，精心安排了书法、绘画、手工、音乐、体育等一系列课程，旨在为他们打造既充满趣味又有教育意义的假期体验。

在ZSN公司的爱心托管班里，王钟瑞的女儿被诗歌课上优美的诗句深深吸引，同时还对歌唱课情有独钟。每天下午的游戏环节，更是她最期待的时光，尤其是趣味套圈游戏，给她留下了深刻的印象。许多员工和王钟瑞一样，都对公司的这一举措表示了感激："以往假期，孩子们在家总是看电视或玩电脑，我们作为家长也难以时刻监督。自从公司开设了托管班，不仅减轻了我们的压力，更为孩子们提供了集中学习的环境，让我们放心地投入工作中。"

ZSN公司"小候鸟计划"的实施，不仅使员工们不再为孩子的假期安排而分心，还确保了孩子们在寒假期间既能汲取新知，又能享受游戏乐趣。

6. 卓越培训助力人才发展

在这次培训中，王钟瑞有幸结识了来自全国各地的29位杰出同事，他们都怀揣着激情与梦想，准备开启一段令人难忘的成长之旅。此次培训经过精心策划与周密安排，旨在助力学员们实现认知层面的飞跃、角色定位的精准转变和职业素养的全面提升，引领他们跨越从基层管理岗位向中层管理岗位的关键阶梯。这次培训紧密围绕ZSN公司的"高目标、高压力、高赋能"人才理念，精心

设计了综合素质提升和专业技能深化两大类别课程；依据各岗位的实际需求，精心安排了11门专业且富有深度的课程。

在第一节课上，参与者们以自由开放的方式组成了若干小组，并通过自荐与民主投票的方式，选举产生了包括"班长""学习委员"在内的班委团队。王钟瑞凭借深厚的专业知识与卓越的沟通协调能力，顺利当选为"学习委员"。随后，各小组围绕组名、口号和队形等展开了激烈的讨论。每个小组都充分发挥创意才能，希望展现出自己团队的特色和风采。在沟通中，大家不仅迅速熟悉了彼此，更在共同策划与讨论中加深了相互间的理解与信任，激发了团队合作的潜能，每个成员都积极贡献自己的才智和热情，为团队的荣誉和目标共同努力。这样的互动不仅深化了他们对团队精神的认识，也为接下来的培训和未来的工作打下了坚实的基础。

本次培训受到了公司管理层的高度关注，ZSN公司董事长亲临现场并发表讲话。他深刻剖析了行业发展的新趋势，为在场的零售团队带来了极具前瞻性和启发性的战略指导，并向他们发出了振奋人心的号召，鼓励他们勇于追求更高的目标，敢于梦想、敢于行动，以实际成果展现ZSN公司零售团队勇攀高峰、不断超越自我的勇气和决心。王钟瑞在这次培训会上受益良多，也深受培训的鼓舞与启迪，决定向他的下一个职业目标"城市经理岗位"迈进，准备在新的职位上发挥更大的作用。

7. 能者携手，选拔绽放光彩

ZSN公司的城市经理选拔会不仅是对销售团队成员能力提升成效的一次全面考核，更是对公司构建科学人才晋升机制、打造坚实人才梯队战略成果的一次重要检验与展示。经过为期15天的密集培训，王钟瑞对自己的专业技能充满信心。他相信，只要能够稳定发挥出自己的真实水平，就能顺利通过这次严苛的认证考核，从而迈向职业生涯的更高台阶。

在这场备受瞩目的选拔会会议上，集团人力资源总监明确指出：在ZSN公司，人才不仅是最宝贵的资产，更是推动企业持续发展的核心动力。此次选拔会会聚华中大区的城市经理候选人，旨在通过公正的评审和认证机制，发掘并培养一批杰出的销售人才。这不仅是对每一位参与者个人能力与综合素质的高度认可，更是公司对优秀人才珍视与培养的郑重承诺。

王钟瑞与来自华中区域各城市的同事们共同参与了笔试、个人述职及无领导小组讨论在内的多维度考核。在这一过程中，他们不仅充分展现了专业素养、领导才能和团队协作精神，还体现了对公司文化和价值观的深刻理解。每位参与者都全力以赴，希望通过这次选拔会证明自己的实力和潜力。

王钟瑞在考核中表现优异，和其他12名优秀候选人在激烈的竞争中脱颖而出，荣获了认证证书与徽章，成功晋升为城市经理。这不仅是对他们卓越能力与不懈努力的高度赞誉，更承载着公司对他们在企业未来发展中担当关键角色、发挥引领作用的深切期望。随着选拔会的圆满结束，华中大区负责人向所有参与此次选拔会的员工表达了感谢之情，并向新晋升的城市经理们送上祝福。他特别指出，此次选拔会不仅是一次对员工个人能力与综合素质的全面检验与展示，更是对他们过往工作成绩的充分认可与未来发展潜力的高度期待。

王钟瑞深刻领会到ZSN公司所倡导的"价值观至上、持续成长、成就奋斗者"的企业经营理念，它为有抱负、有梦想的员工提供宽广的成长空间和展现才华的平台。在这样的企业文化熏陶下，每一位员工都能在追求个人职业梦想的同时，为企业的繁荣发展贡献自己的力量。

电子资源

和谐劳动关系

案例分析与讨论

1. ZSN 公司在推动劳资关系和谐方面采取了哪些具体措施？这些努力取得了哪些显著的成效？

2. ZSN 公司如何构建有效的员工沟通渠道？有效的沟通渠道对于促进企业内部劳动关系和谐会产生哪些积极影响？

3. ZSN 公司如何通过满足员工的自我实现需求，提升劳资关系的和谐度？

参考文献

[1] 王子豪. 企业人力资源管理在构建和谐劳动关系中的作用研究[J]. 商场现代化, 2024(20): 80-89.

[2] 蒲霖. 建筑企业员工激励制度与和谐劳动关系研究[J]. 市场周刊, 2024, 37(23): 179-182.

[3] 张松华. 建立和谐劳动关系与优化人力资源管理的研究[J]. 就业与保障, 2024(7): 187-189.

[4] 魏兰. "谈"出和谐劳动关系架起职企共赢"连心桥"[N]. 安阳日报, 2024-06-27(005).

第二十章 商业模式创新设计

理论知识

一、商业模式概述

1. 商业模式定义

商业模式（Business Model）是指企业通过核心业务活动、资源配置、价值创造、传递和捕获机制来实现盈利的方式。它是企业获取经济利益、维持长期竞争力的基本框架，通常涉及企业的目标顾客、价值主张、盈利模式、关键资源和活动、成本结构等方面。

2. 商业模式画布

商业模式画布（Business Model Canvas）是一种用于描述、设计、评估和改进商业模式的战略工具。它由亚历山大·奥斯特瓦德（Alexander Osterwalder）和伊夫·皮尼厄（Yves Pigneur）在《商业模式新生代》（Business Model Generation）一书中提出。商业模式画布通过四大视角：客户、提供物、基础设施和财务，以及九大模块：客户细分、价值主张、渠道通路、客户关系、核心资源、关键业务、重要伙伴、成本结构和收入来源，帮助企业全面理解其商业运作，如图20-1所示。

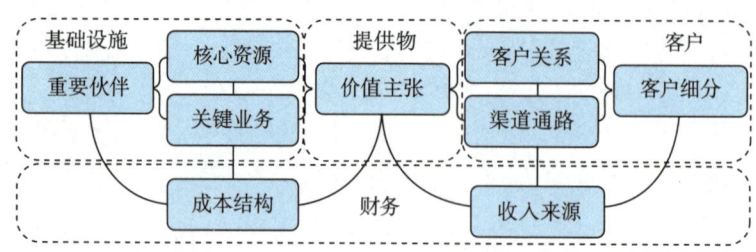

图20-1 商业模式画布

3. 商业模式画布的组成

（1）客户细分（Customer Segments）。明确企业服务的目标市场和顾客群体。

(2) 价值主张（Value Propositions）。定义企业提供给顾客的核心价值，解决顾客难题，满足顾客需求，提升顾客体验。

(3) 渠道通路（Channels）。描述企业如何与顾客沟通和交付产品。

(4) 客户关系（Customer Relationships）。建立与顾客的关系类型，考虑成本因素，整合到商业模式中，维护良好顾客关系。

(5) 核心资源（Key Resources）。企业运营所需的关键资源，包括有形资源、无形资源和技术资源。

(6) 关键业务（Key Activities）。企业为实现价值主张所必须进行的活动，如研发、生产、营销等。

(7) 重要伙伴（Key Partnerships）。企业的关键合作伙伴，包括供应商和合作伙伴，以及合作关系的动机。

(8) 成本结构（Cost Structure）。商业模式的财务方面，包括固定和可变成本。

(9) 收入来源（Revenue Streams）。企业的收入来源，包括不同的收入流和定价策略。

商业模式画布强调了元素间的相互作用，使企业能够灵活地适应市场变化，满足顾客需求，同时优化成本和收入。它不仅提供了共享语言和可视化表示，增强了团队成员之间的沟通和协作，还有助于识别和理解商业模式的所有组成部分，确保整体视角。通过商业模式画布，企业可以清晰地理解和描述其商业模式，进行创新和战略规划，促进内部协作和沟通，以及与外部利益相关者进行交流和合作。

二、商业模式创新

商业模式创新（Business Model Innovation）是指企业通过重新设计商业模式的核心要素，或是开发全新的商业模式，以适应市场变化、获取竞争优势、提升盈利能力或开辟新的市场空间。与产品或技术创新不同，商业模式创新侧重"如何做生意"的层面，可能涉及价值主张的改变、资源配置的调整、收入模型的创新等。

商业模式创新的驱动因素如下：

(1) 技术进步。新技术的出现为企业创造了全新的商业机会，如互联网、物联网、大数据等技术推动了共享经济和平台经济的快速发展。

(2) 市场变化。顾客需求的变化、竞争格局的调整及行业的成熟或转型，都是商业模式创新的催化剂。

(3) 政策环境。政府的政策导向和法规的变化也可能促使企业重新审视其商业模式。例如，苹果的"硬件+软件+服务"商业模式创新，将产品与生态系统相结合，创造了持续的顾客价值和收入来源。

三、商业模式创新的实施路径

(1) 识别机会和挑战。企业需要通过市场研究、趋势分析、竞争对手监控等方式，识别可能的创新机会。通过SWOT分析等工具，可以帮助企业评估当前商业模式的优势与不足。

(2) 设计新的商业模式。企业可以采用商业模式画布工具，重新设计商业模式的九大构成要素，构建一个具有创新性的商业模式框架。

（3）验证和试点。商业模式创新需要进行实际验证，通过小范围的试点或原型设计来测试新商业模式的可行性与效果。例如，滴滴推出打车功能时，最初在小范围内试验，然后逐步推广。

（4）规模化和落地执行。一旦验证了商业模式的可行性，企业就需要进行规模化运营并持续优化，确保商业模式能够长期适应市场需求并保持竞争力。

本章案例旨在帮助读者理解创新商业模式的内涵与外延，掌握推动商业模式创新的关键要素，并探索如何将创新理念有效地转化为实际的商业实践。通过学习，能够在复杂多变的商业环境中识别潜在的创新机会，创造新的商业价值，并提升企业的长期竞争力。

案例精选

一、学习目标

本案例旨在通过深入理解义乌市不辍网络科技工作室（以下简称不辍网络科技工作室或工作室）的创业精髓，全面掌握其商业模式构建与运营策略，为创业实践提供有效指导。本案例将精准剖析工作室如何基于市场痛点，设计个性化 DIY 电脑组装服务的价值主张，洞察其线上、线下协同的关键业务流程及创新营销方式。在学习过程中，注重理解其顾客细分策略，以明确目标顾客群体特征，有针对性地满足需求。同时，深入研究工作室如何整合技术团队、供应商、社交媒体等核心资源，构建多元盈利渠道及成本控制方法。最终，能够将所学运用到实际创业中，打造具有竞争力的商业模式，实现可持续发展，并在面对市场变化与竞争时，灵活调整策略，提升创业成功率。

二、内容简介

在当今数字化时代，计算机已成为人们生活和工作的必备品，顾客对于计算机的个性化需求日益增长。在此背景下，王宇航（温商 22 级创管学生）于 2023 年 3 月创立了不辍网络科技工作室，专注计算机组装领域。创业初期，王宇航凭借高中毕业后在电脑城积累的专业知识，敏锐察觉到市场供需失衡，毅然投身计算机行业。工作室从最初的仅他 1 人，逐步发展壮大，目前是拥有 8 人的团队。其组织架构涵盖组装部门与宣传部门：组装部门负责计算机的备货、装机、调试与发货，为同学提供兼职和学习技术的机会；宣传部门则通过抖音、小红书等平台进行视频和图文宣发，拓展顾客群体，顾客范围已从温州本地扩展至全国各地。

不辍网络科技工作室的商业模式独具特色，采用 O2O 模式，线上提供多样化配置与定制化服务，顾客可在线上平台 DIY 自己的计算机主机；线下凭借专业的组装团队，确保产品质量与交付速度。在营销方面，通过多渠道推广，包括自媒体运营、商业合作洽谈、校园推广等，提高品牌知名度与市场占有率。同时，工作室注重个性化定制服务，满足不同顾客群体（如游戏玩家、专业创作者、家庭用户、中小企业用户等）的特定需求。通过不懈努力，工作室已取得初步成果，如做到日均 2 单，月营业额达到 15 万元。未来，不辍网络科技工作室将继续秉持创新与服务理念，持续优化商业模式，拓展业务领域，致力于成为计算机组装行业的翘楚，为更多顾客提供优质的产品与服务，同时也为大学生创业提供了一个成功范例，激励更多年轻人勇于创新、积极创业。

三、商业模式创新创业案例

装上了"模式引擎"的"不辍"工作室

(一)创业者简介

1. 拒绝舒适区,在拼搏中寻找创业机会

高中毕业后,王宇航带着对模型拼装的热爱和对网络科技的向往,走出了浙江省义乌市上溪中学的校门。他没有选择享受暑假生活,而是决定先在本地电脑城积累实践经验,这个决定让他的大学轨迹有了不一样的开端。

在电脑城的工作经历中,王宇航学到了许多宝贵的技术知识:从基础的计算机组装开始,逐步掌握了硬件兼容性、系统安装与调试、故障排查等专业技术。他学会了如何识别各种硬件参数,包括CPU的型号、内存的频率、显卡的性能指标等,并能够根据顾客的需求,为他们推荐合适的电脑配置。此外,他还深入学习了计算机的散热系统设计、电源管理及外设的适配问题,成为一个全面的计算机技术专家。"千里之行,始于足下",王宇航是一个踏实肯干、能吃苦的青年创业者,这体现在他对待工作的每个细节上:他经常动手拆卸和组装计算机,即使在高强度的工作下,也从未有过懈怠。在繁忙的促销季,他连续工作数小时,甚至牺牲休息时间,只为确保顾客的订单能够及时完成,他的双手因长时间操作工具而生出老茧,但他从未有过怨言。在一次紧急维修任务中,王宇航连续工作了一个通宵,最终成功解决了顾客的电脑问题,这种敬业精神让他在电脑城获得了极高的评价。正是这种坚持不懈和勤奋努力,为王宇航日后的创业之路奠定了坚实的基础。

2. 加入创管专业,开启经营之路

2022年9月,王宇航如愿考上了温州商学院创业管理专业,他对自己未来的创业生涯充满了期待。在大一期间,王宇航全身心投入创业管理专业的学习中,他的课程表上排满了与创业紧密相关的课程。通过这些课程的学习,他开始理解创业不仅是一个想法的实现,更是一个涉及市场调研、产品开发、团队建设、资金筹集和风险管理等的复杂过程。这些课程为他提供了一个清晰的创业框架,让他在实际操作中能够更加得心应手。于是,他开始尝试将课堂上学到的理论知识应用到自己的创业实践中,不断调整和优化自己的商业计划,为他日后成功创办"不辍网络科技工作室"打下了坚实的基础。

后来,受华硕ASUS青年造浪营的邀请,王宇航前往上海华硕总部,开展了一段富有成效的参观与学习之旅(见图20-2)。其间,作为AI实习生的一员,他深入钻研了思维逻辑与团队管理的精髓,不仅将这些宝贵的知识内化于心,更外化于行,传授给了团队中的其他成员。

图20-2 王宇航在华硕ASUS青年造浪营

在实习期间，他帮助团队着手搭建新生社群，精心策划了招新品牌宣传和活动方案；在选拔新成员的过程中，他秉持着严谨的态度，从众多候选人中挑选出了一批具有潜力的优质成员，致力于将他们培养成团队的中坚力量。

创业的种子在王宇航心中悄然生根，得益于当时辅导员和专业教师的悉心培养，终于在2023年3月破土而出，他正式注册成立了不辍网络科技工作室。王宇航与同窗共同向众创空间的指导教师提出申请，成功入驻创业工作室。他们得到了创业管理系教师梁帅阳的指导，开始向自媒体领域拓展，其中包括小红书、抖音等平台。受到"商业模式设计与创新"等专业课程的启发，他们策划了经营模式，团队从最初的1人发展至目前的8人，主要分布在技术和营销两大部门。技术组装部门由3人组成，负责备货、装机、调试及发货工作，为周围同学提供了兼职机会和学习技术的平台；宣传部门由4人组成，负责抖音和小红书上的视频及图文宣传，以及顾客服务的前端工作，目前运营着5个抖音账号。正是由于团队对每位顾客的真诚态度，顾客群逐渐从温州本地扩展至全国各地，顾客规模持续扩大。目前，工作室日均成交量可达2单，月营业额达到15万元，初步实现了既定的发展目标。

（二）工作室商业模式分析

1. 营业范围

不辍网络科技工作室是一家专注计算机组装与相关技术服务的专业机构，拥有经验丰富、技术精湛的专业团队，凭借他们对计算机硬件的深入了解和对顾客需求的精准把握，致力于为每位计算机爱好者提供高品质、个性化的装机解决方案（见图20-3）。

图20-3　工作室全景图

其服务内容如下：

（1）产品组合（多样化配置+定制化服务）。工作室在进行产品组合时，会提供多种不同性能层次的计算机组件组合方案。比如，有面向普通办公需求的基础配置，包含主流的入门级CPU、适量内存和普通硬盘等；有针对游戏玩家的高性能配置，包含高端显卡、高频内存和大容量高速固态等，满足不同顾客对计算机性能的要求。另外，也会允许顾客根据自己的特殊需求挑选特定的CPU、主板、显卡等组件进行个性化组装，打造独一无二的计算机，比如特定的机箱外观、RGB灯光效果、超频需求等，提供定制化的组装方案和产品配置。

（2）产品质量（选用优质配件＋严格检测流程）。工作室在进行组装业务时，会格外重视配件的优质性，确保所采用的电脑配件均来自可靠的品牌和供应商，如英特尔、AMD的CPU，华硕、技嘉等的主板，影驰、七彩虹等的显卡等，以保证计算机整体的稳定性和耐用性，减小故障发生概率。另外，在组装完成后，将对每台计算机进行全面的性能检测，包括运行常规软件、进行压力测试等，在确保计算机各项指标符合标准后才交付给顾客。

（3）产品特色（重视外观设计＋提供增值服务）。在外观设计上，除了常规的机箱款式，工作室还引入一些具有特色的机箱，如带有酷炫灯光效果、独特造型等，吸引追求个性的年轻顾客，尤其对游戏玩家有较大吸引力。除了重视外观的设计，工作室还提供诸如免费的系统安装与优化、一定期限内的软件故障排除服务、赠送电脑清洁工具套装等增值服务，增加产品整体的附加值，让顾客感觉物超所值。

（4）产品包装（安全防护包装＋品牌宣传包装）。在产品包装上，工作室采用合适的包装材料，如厚实的泡沫、坚固的纸箱等，对计算机主机、显示器等部件进行妥善包装，防止在运输或搬运过程中因受到碰撞、挤压而损坏。另外，在包装上印有工作室的标志、名称、联系方式及一些特色服务宣传语等，在保护产品的同时起到一定的品牌推广作用。

（5）产品更新（紧跟潮流＋适时淘汰）。在产品更新上，工作室会及时了解计算机硬件行业的最新动态，引入最新推出的性能更好、功耗更低等优势明显的配件产品，满足追求新技术的顾客需求。对于性能已经明显落后、市场需求极少的配件，工作室也会逐步淘汰，避免积压库存。

2. 商业模式概述

在数字化时代的浪潮中，顾客的购买行为和偏好呈现出前所未有的多样性与个性化，特别是在计算机组装行业这一现象尤为显著。与此同时，顾客也面临着各种挑战：一方面，个性化需求难以得到充分满足；另一方面，配件价格的不透明及质量的参差不齐，使得选择一款既符合个性化又具有高性价比的计算机主机变得十分困难。针对上述市场痛点，不辍网络科技工作室（以下简称"不辍"）项目应运而生，以个性化的服务模式，致力于为顾客提供一站式的高质量、个性化及高性价比的计算机主机DIY组装服务。

"不辍"采用先进的线上到线下（Online to Offline，O2O）营销模式，成功连接了线上与线下的顾客，实现了高效、便捷且个性化的服务，让顾客享受到真正的无忧购物体验。

在线上环节，"不辍"开通了微信私域、小红书、抖音平台账号，允许顾客在线上平台DIY自己的计算机主机，从处理器、显卡、内存到个性化的外观装饰，每种配置和每个小细节都可以根据顾客的个人喜好与需求进行咨询和选择。

在线下环节，"不辍"有专业的组装团队。顾客在线上完成定制后，工作室便会根据顾客的要求进行精确组装并将组装完毕的计算机主机安全、迅速地送达顾客手中。此外，工作室还提供全面的售后服务，确保顾客在享受产品的同时，也能获得完善的技术支持和服务保障。从产品使用教程到故障维修，工作室的售后团队随时待命，确保顾客的权益得到最大程度的维护。

3. 商业模式画布

不辍网络科技工作室的商业模式画布如图20-4所示。

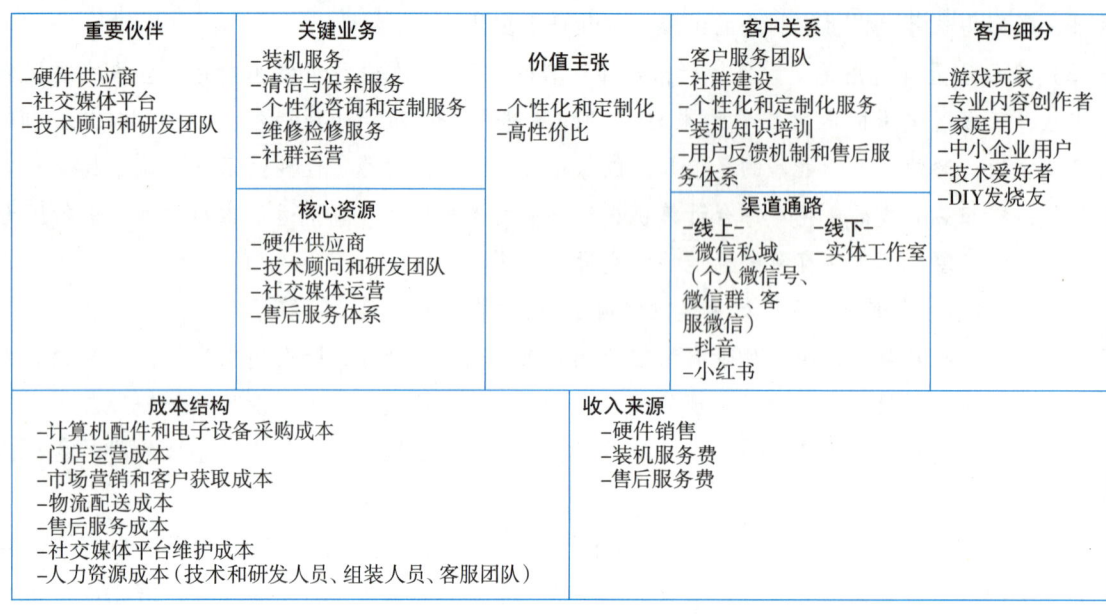

图20-4 "不辍"的商业模式画布

4. 工作室商业画布九要素

(1) 价值主张。针对上述市场痛点,"不辍"以个性化和定制化的服务模式,致力于为顾客提供一站式的高质量、个性化及高性价比的计算机主机DIY组装服务。工作室通过提供个性化、透明且高性价比的配件选择,专业性的组装技术,可靠的物流运输及完善的售后服务,让每位顾客都能组装出真正属于自己的,既有高品质又有高性价比的计算机主机,从而享受卓越的使用体验。这正是不辍网络科技工作室坚持并倾力打造的价值所在,也是其对每位顾客的承诺。

(2) 关键业务。

①装机服务。"不辍"团队由一群对计算机硬件充满热情的技术专家组成,他们不仅精通各种硬件的性能和兼容性,而且洞悉市场动态。工作室提供的DIY组装服务从了解顾客的具体需求开始,无论是对于追求极致游戏体验的玩家、需要处理高强度工作的专业人士,还是对美学有独到见解的设计爱好者,他们都能提供量身定制的解决方案。

创意与个性是"不辍"服务的灵魂。除了标准的颜色和样式选择,工作室还提供多种独特的装饰选项,包括定制水冷系统、个性化机箱照明及激光雕刻服务,让用户的计算机成为反映个人风格的艺术品。

"不辍"的电脑组装服务从线上咨询到线下组装,从物流配送到售后服务,都提供无缝且高效的服务体验。工作室的专业团队将通过详细的装配视频和清晰的语言沟通,确保用户明晰组装过程的每一步。除了满足远距离用户在线上了解计算机组装服务,工作室也十分欢迎其来到线下的实体门店,体验亲手组装为自己量身定制计算机的DIY服务。

②个性化咨询和定制服务。在个性化定制服务方面,"不辍"更是将定制化推向了新的高度。从处理器的型号选择到内存大小,从显卡的性能定位到存储空间,从散热系统的配置到机箱的外观设计,工作室都会提供广泛的选项供顾客选择,远距离顾客也可以轻松通过线上社交媒体平台进行选品和沟通。对于有特别需求的顾客,他们也会通过市场调研,寻找最合适的配件。对于那些对计

算机组装知识不太了解的顾客，工作室的技术专家会用通俗易懂的方式解释各种组件的作用，帮助顾客做出符合自身需求的选择。

"不辍"还提供了一系列增值服务，如水冷系统的安装、RGB灯效的同步、操作系统和软件的预装，以及优化的系统设置等，这些服务都可以根据顾客的需求定制，他们可以充分感受到个性化咨询和定制服务带来的专属的尊重和关怀。

③社交媒体运营。为了更高效地触达目标顾客群，"不辍"在微信、抖音、小红书等热门社交媒体平台上开通了官方账号和店铺，集个性化、互动性和教育性于一体，精心策划内容发布和互动活动，实现了线上获取订单、为顾客提供个性化和定制化服务的目标。工作室不仅展示产品与服务，还与顾客建立直接的沟通渠道。

在个性化方面，"不辍"利用社交媒体平台的强大数据分析工具，深入了解粉丝的行为模式和偏好，从而为他们提供更加精准的个性化服务。工作室也在平台上展示和分享个性化定制的吸睛作品和丰富案例，为潜在顾客提供参考依据。在这种模式下，顾客通过线上平台下单，并详细描述他们的特殊需求后，工作室的专业团队会根据其需求，精心挑选硬件进行个性化组装，确保每台主机都能满足顾客的独特需求。

在互动性方面，"不辍"在社交媒体上开通了社群，定期发布有关计算机硬件的资讯、组装技巧、行业动态及促销活动等，为顾客提供了交流的平台，并积极回应网友的组装想法和咨询问题。在这里，粉丝们可以相互分享使用心得、交流装机经验，共同成长。

在教育性方面，工作室经常在社交媒体上分享装机知识与培训内容，帮助顾客更好地了解电子产品。从基础的硬件知识、组装教程到高级的性能优化指导，网友和顾客可以随时按需学习。

通过打造个性化、互动性和教育性的社交媒体运营模式，"不辍"吸引了大量对组装感兴趣的粉丝，并逐步将他们转化为实际的顾客。

（3）核心资源。

①技术顾问和研发团队。工作室的技术人员精通硬件知识，了解最新的技术趋势，除了持续追踪最新的硬件发展动态外，工作室也与业界领先的硬件制造商保持紧密联系。这使得团队能够在第一时间获取最新配件，并将这些先进技术融入到产品中，为顾客提供最前沿的计算机组装方案。

在DIY组装方面，"不辍"的技术优势也十分显著。从选择配件、兼容性测试到精细的手工组装，每个环节都严格遵循高标准执行。工作室的技术人员对各种硬件的兼容性和性能优化有着深刻的理解，能够根据顾客的特定需求，提供最佳的配置建议和定制解决方案。

②硬件供应商。工作室的项目团队注重与优质的硬件供应商建立长期稳定的合作关系。这些供应商是"不辍"的核心资源之一，他们不仅拥有良好的市场声誉，而且在产品质量、技术创新和价格竞争力方面都处于行业领先地位。这些优质供应商提供的产品范围广泛，包括处理器、显卡、内存、存储设备、电源供应器及各种散热器，并且经过严格测试和认证，确保了它们的性能和可靠性能够满足，甚至超过顾客的期望。通过供应商的支持，"不辍"工作室能够源源不断地为顾客提供高质量、个性化和高性价比的计算机主机配件。

③售后服务体系。"不辍"不仅关注提供高质量的计算机主机配件和专业的组装技术，更致力于建立一个全面、可靠的售后服务网络。工作室的售后服务体系涵盖了从技术支持到硬件保修的一系列服务。一旦顾客收到他们定制的计算机主机，工作室的顾客服务团队就会主动跟进，确保顾客

对产品的安装和设置没有任何疑问。如果在使用过程中遇到任何技术问题或硬件故障，工作室的技术和组装团队就会快速响应，通过电话、社交媒体平台或远程桌面等多种方式为顾客解决问题。

工作室还提供有限期的硬件保修服务和退换货服务，确保顾客在购买产品后的一定期限内享受到无忧的使用体验。如果需要更换零件或维修，工作室承诺使用原厂配件，保证修复后的产品性能与全新产品无异。此外，工作室还提供扩展保修选项，让顾客可以根据自己的需求选择更适合的保障计划。

④社交媒体运营。"不辍"在微信私域、抖音、小红书等社交媒体平台上均有自己的官方账号和店铺，并通过账号运营获取大量的线上顾客。除了获取线上顾客外，工作室的社交媒体团队还通过精心策划内容，定期发布有关最新硬件趋势、组装技巧、产品评测及行业新闻等，帮助顾客或潜在顾客做出明智的购买决策，也为他们提供了学习和成长的平台。"不辍"也鼓励粉丝和网友在评论区交流心得，分享自己的DIY组装经验，从而形成互帮互助的社区氛围。

除了发布有价值的内容外，工作室还通过社交媒体举办各种线上活动，如在线问答、抽奖竞赛和用户故事征集等，加强社群建设，以此增加用户的参与度和品牌的互动性。这些活动不仅增强了用户之间的联系，也加深了他们对品牌的忠诚度。

（4）重要伙伴。

①硬件供应商。"不辍"与多家硬件供应商建立了紧密的合作关系，这些供应商为工作室提供了最新、最优质的计算机硬件组件，包括CPU、显卡、内存、硬盘、主板、电源等关键配件。他们不仅保证了产品的品质和性能，还及时提供了技术支持和售后服务。通过与硬件供应商的紧密合作，工作室能够确保每台主机都采用最先进的技术，满足顾客对高性能、高稳定性的需求。同时，工作室也会根据顾客的特殊需求，与供应商共同研究定制化的硬件解决方案，为顾客提供独一无二的装机体验。

②社交媒体平台。社交媒体平台是工作室获客的主要渠道，也是展示产品、提供服务、完成交易订单的主要场所。"不辍"开通了微信私域（个人微信号、客服团队微信号、微信视频号）、抖音、小红书等社交媒体平台账号和店铺，这些平台为工作室提供了广阔的宣传渠道和丰富的用户资源，使团队能够更精准地触达目标顾客群。通过社交媒体平台的推广活动，"不辍"能够展示产品特色和服务优势，吸引更多潜在顾客的关注。同时，社交媒体平台还为工作室提供了与顾客互动的平台，能够及时了解顾客的需求和反馈，不断优化产品和服务。此外，"不辍"还利用社交媒体平台开展社群营销，建立粉丝群体，增强品牌忠诚度和用户黏性。

③技术顾问和研发团队。为了确保项目的专业性和技术的领先性，工作室邀请了一支经验丰富的技术顾问团队和研发团队。他们具备深厚的专业知识和丰富的实践经验，为工作室提供全方位的技术支持和咨询服务，帮助解决项目中遇到的各种技术难题。

在产品开发和设计阶段，技术顾问和研发团队成员参与产品设计和方案制定，确保产品的创新性和实用性。在市场推广阶段，他们提供专业的技术解读和装机技巧，帮助顾客更好地了解和使用产品。此外，技术顾问和研发团队还定期对工作室的技术水平和服务质量进行评估，并提出改进建议，确保项目正常运营。

（5）顾客细分。

①游戏玩家是团队项目的首要顾客。这类顾客通常追求高性能的计算机主机配置，对处理器的

速度、显卡的性能及内存的容量有着更高的要求，同时也注重高颜值和个性化的主机配置，他们希望通过 DIY 组装，能够获得流畅运行最新游戏大作的电脑主机。因此，工作室为这部分顾客提供了包括高效散热系统、专业游戏键盘和鼠标等在内的个性化配件选择，使他们能够打造一个真正属于自己的游戏战场。

②专业内容创作者包括视频制作人、图形设计师、软件开发者等，他们需要计算机主机配置强大的处理能力来应对高负载的工作任务。"不辍"为这些顾客提供了高速的固态硬盘、专业图形卡和高分辨率显示器等配件，确保他们的创作过程更加流畅与高效。

③家庭用户对计算机的需求可能不像游戏玩家和专业内容创作者那样有明确的高性能追求，但他们同样需要可靠、易用和具有性价比的计算机主机。对于这部分顾客，"不辍"提供了从入门级到高端的多种配置方案，以满足不同家庭成员的使用需求，如日常办公、网上冲浪、观看视频等。

④中小企业用户通常需要批量采购办公计算机但预算有限，团队对其需求提供了成本效益高、稳定性强和经济实用的计算机配置方案，帮助这些企业实现办公自动化和提升工作效率的目标。

⑤技术爱好者和 DIY 发烧友喜欢自己动手组装和升级计算机，享受组装过程中的乐趣与成就感。团队为他们提供了最新的硬件产品信息、详尽的组装指导和专业的技术支持，帮助他们实现技术上的探索与创新。除此之外，团队也提供了线下 DIY 组装体验室服务，欢迎他们来到线下实体店体验，感受亲手组装计算机和设备的乐趣。

(6) 顾客关系。

①顾客服务团队。为了进一步维护长期顾客关系，工作室实施了一系列顾客关系管理策略。"不辍"通过设立专门的顾客服务团队，对顾客的需求进行快速响应，确保顾客在使用工作室的产品和服务过程中遇到的任何问题都能得到及时处理。工作室的顾客服务团队也会定期向顾客发送产品更新、特别优惠和定制服务等内容，使顾客感受到品牌的重视和关怀。

②社群建设。工作室深知社群的力量，因此通过线上和线下两种方式积极建设社群，将顾客和粉丝紧密地联系在一起。

在线上，"不辍"利用微信私域抖音和小红书等社交媒体平台，搭建起互动性强、信息共享的粉丝聚集地。在这里，粉丝们可以随时随地分享自己的使用心得、交流装机经验，实现共同成长。同时，工作室也会在社群中定期发布最新的产品信息、优惠活动及装机知识，让粉丝在第一时间掌握项目动态。

在线下，"不辍"不定期邀请顾客和粉丝来到工作室进行交流和探讨。在这里，他们可以近距离感受产品和技术，与技术团队面对面交流，提出宝贵的意见和建议。

这种线上和线下相结合的社群建设方式，不仅增强了顾客之间的互动交流，也加深了他们对工作室的认同感和归属感。

③个性化和定制化服务。工作室提供了个性化和定制化服务，让顾客可以根据自己的喜好和需求 DIY 组装计算机配件。通过线上平台，顾客可以轻松浏览各种硬件组件方案，了解其性能和特点，并根据自己的预算和需求选择。工作室的专业团队会根据顾客的需求安装，确保每一台主机都能完美契合顾客的使用场景。组装完成后，工作室将以快递的形式将主机送达顾客手中。这种个性化和定制化服务不仅满足了顾客的个性化需求，也让他们感受到了"不辍"的用心和专业。

④装机知识培训。为了帮助顾客更好地了解和使用产品，"不辍"注重装机知识的普及。在社

交媒体平台上,工作室定期发布装机知识、教程视频和使用技巧等内容,让顾客能够轻松掌握装机技能。同时,工作室还组织线上研讨会和直播活动,通过与顾客进行深度沟通和交流,让其能够深入了解行业动态和技术趋势。这种持续的知识输出和培训活动,不仅提升了顾客的装机技能和使用体验,也增强了他们对工作室的信任和依赖。通过构建一个学习型社群,团队与顾客之间建立了更加紧密的联系。

⑤用户反馈机制和售后服务体系。"不辍"非常重视用户的反馈和意见,因此建立了完善的用户反馈机制和售后服务体系。在社交媒体平台上,工作室设立了专门的反馈渠道,让用户可以随时对产品和服务提出建议和意见。工作室的客服团队会及时回应用户的反馈,解决他们在使用过程中遇到的问题。同时,团队还提供线上售后服务支持,让用户能够享受到便捷、高效的售后体验。通过不断收集和分析用户反馈数据,工作室能够及时发现产品和服务中的不足之处并改进。这种以用户为中心的反馈机制和售后服务体系,不仅提升了用户的满意度和忠诚度,也为团队赢得了良好的口碑和信誉。

(7)渠道通路。

①线上媒体宣传。"不辍"工作室的线上平台涵盖了多个热门社交媒体和电商平台,包括微信私域抖音、小红书等官方账号和店铺。这些平台不仅拥有庞大的用户基数和活跃的社交氛围,还能够提供精准的广告投放和数据分析服务,帮助团队更好地了解顾客需求和市场动态。

在微信私域中,工作室通过个人微信号与顾客建立一对一的沟通联系,深入了解他们的需求和喜好,为他们提供个性化的服务和建议。同时,工作室还利用微信群和客服微信搭建起互动性强、信息共享的顾客社群,他们可以随时随地分享自己的使用心得、交流装机经验,实现共同成长。这种紧密的顾客关系不仅增强了顾客对团队的信任和依赖,也带来了更多的口碑传播和潜在顾客。

在抖音平台上,"不辍"通过短视频的形式展示产品特色和服务优势,吸引更多潜在顾客的关注。项目团队注重内容的创意性和趣味性,将装机知识与生活场景相结合,让顾客在轻松愉快的氛围中了解产品。同时,"不辍"工作室还积极参与抖音的挑战赛和话题活动,提升品牌曝光度,扩大品牌影响力。

在小红书平台上,"不辍"更加注重内容的专业性和实用性。工作室发布详细的装机教程、产品评测和使用心得等内容,帮助顾客更好地了解和使用产品。同时,工作室还积极回应顾客的评论和问题,与他们进行互动交流,建立起良好的品牌形象和口碑。

②线下推广活动。除了线上平台外,"不辍"还在温州设立了实体工作室作为线下平台。这个工作室不仅是产品组装、研发和测试的重要场所,也是与顾客面对面交流的重要平台。在这里,顾客可以亲自体验最新的产品和技术,感受团队的专业和用心。

工作室环境整洁、设施齐全且富有科技感,配备了最新的计算机硬件和软件设备。顾客可以在这里参观团队研发流程、了解产品的制造工艺和品质控制标准。同时,工作室还为顾客提供了专业的装机演示和培训服务,让他们能够更加深入地了解产品和技术。

此外,工作室还定期举办各种交流和研讨活动,这些活动不仅为顾客提供了交流学习的平台,也让团队有机会与顾客进行更深入的互动和沟通。通过这些活动,工作室能够更好地了解顾客的需求和反馈,不断优化产品和服务。

(8)成本结构。

①计算机配件和电子设备采购成本。这是"不辍"项目成本结构中的主要部分,包括各种计算

机硬件如 CPU、内存、硬盘、显卡等的采购。由于工作室提供个性化的组装服务，需要根据顾客的需求选择不同规格和品牌的配件，因此这部分成本会随着市场需求和供应链价格的波动而变化。为了控制成本，"不辍"与多个优质供应商建立了长期合作关系，并通过批量采购获得更优惠的价格。

②门店运营成本。门店运营成本包括租金、水电费、装修和维护等费用。"不辍"依托温州商学院对创业项目的资助，减免了部分门店成本。当然，工作室为吸引顾客，时刻保持店面的整洁和现代化设计，需要定期更新展示的产品和技术。此外，工作室还需要支付项目成员的工资和培训费用，以确保他们能够提供优质的顾客服务。

③市场营销和顾客获取成本。在社交媒体平台上进行营销活动是吸引新顾客的重要手段。"不辍"工作室在微信、小红书和抖音上投放广告，制作吸引人的内容来提升曝光度。这些社交媒体活动虽然需要投入一定的广告费用和产生内容创作成本，但它们对于提高品牌知名度和吸引潜在顾客至关重要。

④物流配送成本。顾客下单后，工作室需要将组装好的计算机主机配送到他们手中。这涉及包装材料的成本、运输费用及安装费用。为了确保产品的安全送达，工作室选择了可靠的物流服务平台，并为顾客提供了多种配送选择，以满足不同顾客的需求和预算。

⑤售后服务成本。提供高质量的售后服务是"不辍"维护顾客关系的关键。这部分成本包括技术支持、维修服务及退换货处理。为了快速响应顾客的需求，工作室设立了专门的客服团队，并建立了完善的售后服务流程。虽然增加了工作室的运营成本，但它也建立了良好的口碑和顾客忠诚度。

⑥社交媒体平台维护成本。除了营销活动外，工作室还需要在社交媒体平台上与顾客保持互动，回答他们的问题，发布最新的产品信息和技术动态。这需要有专人负责内容的更新和管理，以及响应用户的反馈和评论。虽然这部分成本相对较低，但它对于建立品牌形象和提升用户参与度非常重要。

⑦人力资源成本。"不辍"工作室由一支专业的团队支持运营，包括技术人员负责研发和改进产品，组装人员负责实际的电脑组装工作，客服团队负责处理顾客的咨询和售后问题。为了吸引和保留优秀的人才，工作室需要提供有竞争力的薪酬和福利待遇，同时还要不断进行培训和实施发展计划以提升团队的专业能力。

（9）收入来源。

①硬件销售。硬件销售是工作室的重要收入来源。工作室提供各种高性能的计算机硬件产品，包括处理器、显卡、内存、存储设备、电源供应器等。为了提高销售额，工作室采取多种营销策略，如线上推广、线下展示和推进合作伙伴关系等。此外，工作室还提供定制化的解决方案，以满足特定行业或企业的需求。

②装机服务。工作室通过为顾客提供专业的计算机组装和配置服务来实现收入。"不辍"技术团队具备丰富的经验和专业知识，能够根据顾客的需求和预算，为其量身定制最合适的主机配置和系统。工作室使用最新的硬件组件和软件工具，确保计算机系统的高效运行和稳定性。装机完毕后，组装好的主机和配件会通过可靠的物流被安全、迅速地送达顾客手中。

③售后服务。工作室通过提供保修服务、维修服务、升级服务、清洁服务等，确保顾客的主机和系统能够持续稳定地运行。此外，工作室还将定期与顾客进行沟通，以改进产品和服务质量。通

过提供优质的服务和技术支持,团队赢得顾客的信任和忠诚度,从而增加项目的收入。

(三) 经验总结

王宇航的创业经历为创业者提供了宝贵的启示。他从高中毕业后的电脑城工作起步,不仅积累了丰富的技术经验,还锻炼了市场洞察力,发现了数码产品供需失衡的商机。这段经历表明,深入了解市场和积累专业知识是创业成功的重要基石。王宇航在大学期间的学习为他提供了清晰的创业框架,使他能够将理论知识应用于实践,不断优化商业计划。他创立的不辍网络科技工作室,通过O2O模式结合线上平台和线下服务,满足了顾客对个性化电脑组装的需求,体现了商业模式创新的重要性。此外,他充分利用国家和地方政策,有效降低了创业成本,这提醒创业者要善于利用政策资源。

王宇航的经历还强调了团队建设、顾客体验、风险管理和持续创新的重要性。他的成功在于对市场需求的敏锐把握、对顾客体验的重视,以及对技术和服务的不断创新。对于未来的创业者而言,王宇航的创业成功是一个鼓舞人心的例子,在创业过程中要保持热情、持续学习和创新,从而实现自己的商业目标,并在激烈的市场竞争中获得成功。

电子资源

商业模式创新设计

拓展延伸

在全球经济持续动荡和技术飞速发展的背景下,商业模式的创新能力已成为企业生存和发展的核心竞争力。今天的企业不仅要在产品和服务上进行创新,更需要在价值创造和商业运作的根本框架上进行深刻变革。这一转变的动力来自多方面的因素,包括全球化进程加速、科技的革命性突破、顾客行为的变化以及市场环境的不确定性。正因如此,商业模式设计创新不再是少数企业的试探性举措,而是所有企业,尤其是面向未来的企业必须面对和解决的挑战。

随着互联网、人工智能、大数据、云计算等技术的飞速发展,企业的商业模式已经被深刻改变。例如,滴滴打车的出现改变了全球出租车行业的格局。滴滴不仅提供了一个基于手机应用的便捷出行平台,而且通过创新的商业模式——让闲置私家车主成为司机,颠覆了传统出租车行业的运营方式。这一模式不仅提高了资源的利用效率,还通过算法和大数据优化了定价机制和出行体验,形成了完全不同于传统交通行业的商业生态系统;类似的例子还有爱彼迎(Airbnb),它将传统的住宿业商业模式进行了创新,从而让全球范围内的房主和旅行者之间实现了全新的互动。爱彼迎并不拥有大量的酒店或房产,而是通过一个平台,利用互联网技术,重新定义了人们对"住宿"的概念。爱彼迎的成功不仅是提供了一个平台,更是通过创新的商业模式弥补了顾客需求与资源供给之间的鸿沟。

许多成功的企业家和商业领袖深知，商业模式创新是未来成功的关键。埃隆·马斯克（Elon Musk）作为现代最具创新思维的企业家之一，他的公司如特斯拉、SpaceX 和 The Boring Company，均在不同领域实现了商业模式的颠覆。特斯拉的成功，不仅是因为其电动汽车的技术领先，更在于其重新定义了汽车产业的销售与服务模式——通过直接面向顾客的方式，而非依赖传统汽车经销商，构建了一个全新的、更加高效的销售网络。而 SpaceX 则以创新的商业模式，大幅降低了航天产业的成本，彻底改变了航天发射的商业化进程（见图 20-5）。

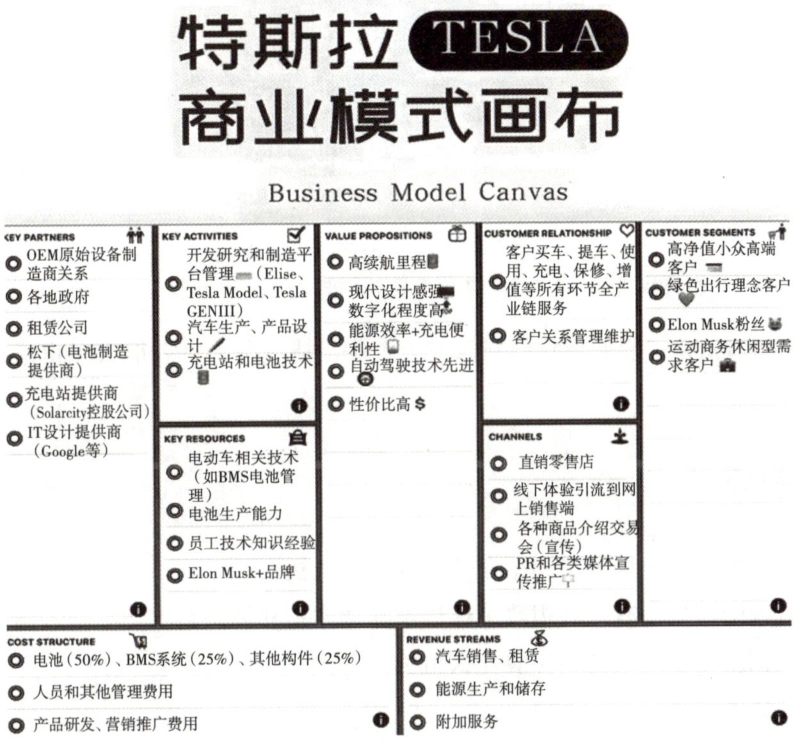

图 20-5 特斯拉商业模式画布

小米的创始人雷军，也是中国最具影响力的科技企业家之一，他的商业创新模式主要体现在"轻资产"运作和"互联网＋"的思维方式上。雷军提出"小米模式"，强调依靠互联网进行高效的市场营销和用户互动，以较低的成本实现较大的市场份额。雷军曾表示："做商业最重要的是如何利用互联网的优势，把产品从市场的需求端迅速传递到生产端，而小米的成功就在于，我们做到了这一点。"通过"硬件＋互联网＋生态链"的商业模式，小米打破了传统的消费电子产品销售方式，将互联网营销、用户参与、粉丝经济等要素结合，构建了一个闭环生态系统。通过不断创新，雷军成功地推动了小米从一家手机公司转型为一个综合性的科技生态平台（见图 20-6）。

此外，彼得·蒂尔（Peter Thiel）在其著作《从零到一》中强调，真正的创新不仅是技术上的突破，更多是商业模式的创新。正如他所言："在商业上，我们的目标应该是创造一个拥有独特市场地位的公司，而这种地位往往来自独特的商业模式，而非仅仅依赖现有的行业标准。"

商业模式创新不仅是对产品或服务的改进，更是对企业价值创造、交付和获取方式的重新设计。它要求企业在深刻理解自身资源和市场需求的基础上，挑战传统的思维框架，探索新的商业机会，并通过创新的方式满足顾客的需求，从而获得竞争优势。随着互联网技术的迅速发展，以及用

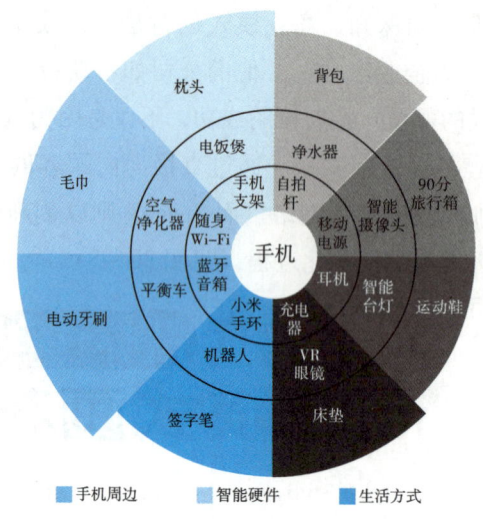

图 20-6　小米产品生态链

资料来源：《小米生态链战地笔记》，广发证券发展研究中心。

户需求的个性化和多元化，商业模式创新已成为企业保持竞争力、获取市场份额并实现盈利增长的重要途径。

案例分析与讨论

1. 如何将个人兴趣与市场需求相结合从而发现创业机会？
2. 在创业过程中，如何有效利用政策优势来降低成本和风险？
3. 商业模式创新在创业成功中扮演什么角色？

参考文献

[1] 迟考勋,王森强,闫菲. 商业模式设计、效应与创新——基于 2001—2022 年管理类和商业类 SSCI 期刊的文献分析[J]. 南大商学评论,2023(2):161-187.

[2] 韩倩倩,谢明磊. 理性定位视角下的商业模式研究：一个综述[J]. 齐鲁学刊,2020(5):109-121.

[3] Zelong, Wei, Dong, et al. The fit between technological innovation and business model design for firm growth: Evidence from China[J]. Social Science Electronic Publishing, 2014, 44(3):288-305.

[4] Teece D J. Business models, business strategy and innovation[J]. Long Range Planning, 2009, 43(2-3):172-194.

[5] Pagano R. Knowledge management and business model innovation[J]. European Journal of Information Systems, 2002, 11(4):296-297.

第二十一章 创业公司企业文化塑造

理论知识

一、企业文化概述

文化作为一个国家或民族的灵魂，是其历史、地理、风土人情、传统习俗、生活方式、文学艺术、行为规范、思维方式和价值观念的总和。它是人类在改造自然、社会和自身过程中的创造物，反映了一个群体在长期发展中形成的独特身份和特征。企业作为社会的细胞，同样在成长过程中也积累和塑造了独特的内部文化，这种文化不仅影响着企业的战略选择和发展轨迹，也深刻影响着员工的思想和行为模式。

企业文化的形成是一个复杂而动态的过程，它涉及企业内部的多个方面，包括但不限于企业的使命、愿景、价值观、工作方式、领导风格、员工关系等。这些元素相互作用，共同塑造了企业的文化氛围。企业文化的特殊性在于，它与企业的商业目标和运营实践紧密相关，其普遍性则体现在所有组织都需要通过文化来凝聚人心、激发潜能、引导行为。

企业文化的内涵丰富，它不仅包括企业的理念和价值观，还包括企业的行为规范和物质表现。理念层是企业文化的核心，包含企业的使命、愿景和核心价值观，是企业文化的灵魂。制度行为层则是企业文化的实践层面，通过规章制度、工作流程和行为准则等形式，将理念层的精神具体化，使之成为员工日常行为的指南。符号层则是企业文化的物质表现，包括企业的标志、工作环境、产品包装等。它们既是企业文化的外在展示，也是企业形象的重要组成部分。

二、企业文化建设

企业文化建设是一个系统工程，它需要企业领导者的高度重视和全员的共同参与。企业文化的建设不仅是制定一套口号或者标语，而且要将这些理念融入企业的日常工作中，使之成为员工行为的自然导向。这需要通过不断的教育、培训和实践，使企业文化深入人心，成为员工自觉遵守的行为准则。

企业文化的建设也是一个持续的过程，它需要随着企业的发展和外部环境的变化而不断调整和完善。企业领导者需要具备前瞻性，能够预见未来的趋势和挑战，及时调整企业文化内容，使之与企业的战略目标和市场环境相适应。同时，企业文化的建设也需要注重员工的参与和反馈，通过建立有效的沟通渠道，让员工参与到企业文化的建设和完善中，增强员工的归属感和认同感。

总之，企业文化是企业核心竞争力的重要组成部分，它对企业的发展和员工的行为有着深远的影响。一个健康、积极的企业文化能够激发员工的潜能，提高工作效率，增强企业的凝聚力和竞争力。因此，企业需要重视企业文化的建设，不断探索和实践，使之成为企业发展的有力支撑。

三、企业文化内容

企业文化不仅是一种抽象的概念，而且是企业多数成员共同遵循的最高目标、基本信念、价值标准和行为规范的具体体现。这种文化是理念形态文化、行为制度形态文化和物质形态文化的复合体，它涵盖了从企业的精神理念到日常行为规范，再到物质环境和产品服务的各个方面。

1. 理念形态文化

理念形态文化是企业文化的核心，包括企业的使命、愿景和核心价值观。这些理念是企业存在和发展的根本原因，是指导企业行为和决策的基石。理念形态文化通过企业的口号、标语、宣传材料等形式传播，成为员工共同的信念和追求。

2. 行为制度形态文化

行为制度形态文化是企业文化的实践层面，它通过企业的规章制度、工作流程、行为准则等具体形式，将理念形态文化转化为员工的具体行为。这些制度和规范不仅规范了员工的工作行为，也塑造了企业的工作氛围和团队精神。

3. 物质形态文化

物质形态文化是企业文化的外在表现，包括企业的物理环境、产品设计、服务方式等。这些物质层面的元素是企业文化的直观展示，它们不仅影响着员工的工作体验，也影响着顾客和公众对企业的认知。

四、企业文化理论

为了对企业文化进行深入的分析和研究，很多学者提出了企业文化的结构模型或理论。例如，美国学者迪尔和肯尼迪（Deal & Kennedy）认为，企业文化包括4个要素，即价值观、英雄人物、典礼仪式、文化网络；荷兰心理学家霍夫斯泰德（Geert Hofstede）提出了4层次模型，认为企业文化由内向外依次是价值观、礼仪活动、英雄人物、符号系统；美国麻省理工学院教授沙因认为，企业文化包括可观察到的人造物、公开认同的价值观、潜在的基本假设3个层次。另外，还有不少学者将企业文化分为两个层次，例如，有形文化和无形文化、外显文化和内隐文化、物质形式和观念形式。

为科学准确地描述企业文化的结构，本章把企业文化划分为三个层次，即理念层、制度行为层、符号层。

（1）理念层又称为观念层或者精神层，主要是指企业的领导者和成员共同信守的基本信念、价值标准、职业道德及精神风貌。理念层是企业文化的核心，是决定制度行为层和符号层的前提和关键。有无清晰的理念层，是衡量一个组织是否形成了自身文化的标志和标准。

（2）制度行为层是企业文化的中间层次，主要是指对企业及其成员的行为产生规范性、约束性影响的部分，它集中体现了企业文化的符号层和理念层对企业中个体行为和群体行为的要求。

（3）符号层也称为物质层或器物层，是企业文化在物质层次上的体现，也是企业化的表层部分。符号层是企业创造的物质文化，是形成企业文化的物质要素，是企业核心价值观的物质载体。

五、企业文化的功能

企业文化理论的提出，为解决管理领域中的一些传统难题提供了新的视角和方法，如团体目标与个人目标、管理者与被管理者之间存在的矛盾，往往因为缺乏共同的价值观和行为准则而难以调和。

（1）企业文化的导向功能可以帮助员工明确企业的目标和方向，使个人目标与企业目标相协调，从而减少冲突。

（2）约束功能则通过规章制度来规范员工行为，确保个人行为符合企业的整体利益。

（3）凝聚功能通过强化共同的价值观和目标，增强团队精神和协作能力，使员工感受到归属感和认同感。

（4）激励功能则通过认可和奖励那些符合企业文化的行为，激发员工的积极性和创造性。

（5）融合功能促进不同背景和文化的员工之间理解和协作，增强团队的多样性和包容性。

（6）辐射功能则是指企业文化对外部环境的影响，包括对顾客、供应商、合作伙伴乃至整个社会的影响，有助于塑造企业的品牌形象和社会责任感。

企业文化的这些功能不仅有助于解决企业内部矛盾，还能提升企业的外部竞争力。一个强大的企业文化能够吸引和保留人才，提高员工的工作满意度和忠诚度，从而降低员工流失率。同时，它还能够提高企业的决策效率和执行力，因为员工对企业目标和价值观有清晰的认识，能够更快地响应变化和执行战略。此外，企业文化还能够作为企业的一种非正式控制系统，补充正式的规章制度，使管理更加具有人性化和灵活性。总之，企业文化是企业成功的关键因素之一，它通过多种功能发挥着重要作用，对企业的长期发展和竞争力有着深远的影响。

六、企业文化革新

企业文化革新，就是根据企业发展需要和企业文化的内在规律，在对企业现实文化进行分析评价的基础上，设计制定目标企业文化，并有计划、有组织、有步骤地加以实施，进行企业文化要素的维护、强化、变革和更新，不断增强企业文化竞争力的过程。企业文化革新包括企业文化盘点、企业文化设计、企业文化实施三个步骤。企业文化现状的诊断与测量，是了解、控制、管理，甚至改变企业文化的基础工作，也是企业文化革新的关键环节。通过企业文化诊断，了解了企业的文化现状，结合对企业内外环境和企业战略的分析，就可以开展企业文化设计。企业文化设计应遵循历史性原则、社会性原则、个异性原则、一致性原则、前瞻性原则、可操作性原则。企业文化是一个有层次的体系，它的内部结构相对固定，所含内容却千差万别，体现出不同企业的鲜明个性，这也是企业文化的魅力所在。在企业文化的设计中，要有所侧重有所取舍，确保企业文化的理念层、制

度行为层和符号层三个层次的内在逻辑关系。

在完成企业文化设计之后，对企业文化管理与实施是企业文化革新的核心内容，主要可以分为7个部分：构建领导体制、设置组织机构、人员配置、计划、组织、考核和奖惩。在企业文化的实施阶段，领导体制是必不可少的。领导体制的作用主要是从思想、组织、氛围上为企业文化的变革进行充分的铺垫。具体来说，就是在思想上吹响文化变革的冲锋号，在组织上建立文化变革的团队，同时在企业中营造一个适合文化变革的组织氛围。建立强有力的领导体制，通过广泛宣传和有效培训，让企业内部的所有成员认识到变革的来临，引发组织成员的思考，才能使企业文化变革顺利进行。企业文化革新除领导体制建设外，还需要组织支持，包括建立传播网络、设立专项基金、营造文化氛围。企业文化革新需要有组织地实施，每一阶段都要适时调控，因此计划性的强弱是企业文化革新的关键。

案例精选

一、学习目标

企业文化是企业的精神支柱，同时也是企业综合实力的体现。企业文化虽然看不见、摸不着，但存在于员工行为和企业制度、外观符号中。本案例旨在通过介绍厚成人力资源集团企业文化建设相关事件发挥出企业文化对企业发展正向引导作用，促进学生对企业文化塑造与如何落地问题的深入思考；引导学生深刻思考创业公司如何进行企业文化塑造，以及理解四千精神引领的温州中小民营企业文化建设的力量。

二、内容简介

本案例通过对厚成创始人周董及厚成多个部门中层管理者的深入访谈记录，以厚成组织文化手册为基础，对厚成集团企业文化建设及落地过程进行描述，并从员工行为展现出企业文化对企业核心竞争力及卓越绩效的作用。并利用厚成集团独具特色的企业文化实施过程及效果，揭示中小微企业文化建设的思路与落地实施的方法。本案例通过厚成三名员工的"文化标杆"故事，引导学生分析企业文化落地的理论及具体方法，促进学生将理论和实践相结合进行分析。

三、案例内容

厚德载物，成人达己——厚成人力资源集团企业文化建设之路

厚成人力资源集团在十余年的民营企业人力资源服务实践基础上，逐渐形成了独具特色的"厚成文化"。

（一）企业文化内容

1. 理念层

（1）核心理念——厚德载物，成人达己。为了做好人才的工作，做人一定要"品德深厚"，做事一定要怀有"成人达己"之心，于是"厚德载物、成人达己"的初心便应运而生，这也是"厚

成"二字的来源。厚成创立之初就提出了"厚德载物，成人达己"的核心理念："厚德载物"是对厚成内部员工自身的要求，即用深厚的品德承载万物，要"做好人"；"成人达己"则是厚成对员工工作的要求，即在厚成所做的工作是帮助民营企业提升组织能力，成就了民企、成就了他人，相对地，也实现了员工的自身价值，是"做好事"。厚成集团、厚成员工与厚成所服务的民企、人才之间的关系皆是密不可分的。

（2）厚成使命——为中国民营企业持续成功而努力奋斗。从创办之初，厚成就把总部设在"民营企业的摇篮"——温州，一直聚焦民企、服务民企，为民营企业而生，为其创造价值而活，这就是厚成存在的意义。

（3）厚成愿景——有民企就有厚成。

①时间维度。只要民营企业存在，厚成的发展便会生生不息。

②空间维度。只要是民营企业聚集之地，厚成就立志开设分公司。

（4）厚成价值观。根据企业核心理念，厚成提炼了自己的价值观，作为员工的行为示范，包括对顾客、对团队和对个人三个维度。

①对顾客：顾客为天。在态度上，要求员工具备顾客思维，做到客是我非、非我即客、想客所想、急客所急；在对待顾客需求的速度上，做到反应迅速，能够快速响应、不叫则到、超前防范、向前一步；在对待顾客问题的专业上，拥有超值服务，能够主动给予、输出智慧、排忧解难、助力成长。

②对团队：坦诚担当、齐心拼搏。坦诚即坦率真诚、简单相信，背靠背迎敌、面对面取暖。商场如战场，当我们上场时，是完全把自己的命交给靠着背的战友。对待团队要坦率真诚，相信公司及上级的决策，有问题和疑虑要直接沟通不过夜。担当即对待工作有责任我扛、有困难我上、有能人我让；顾全大局、利他奉献；有功自下往上奖、有过自上往下罚。齐心即团队内部认知一致、目标一致、行动一致。拼搏即全力以赴、勇争第一，不达目标誓不罢休。

③对个人：厚道尽责、匠心自然、严谨强悍。厚道即忠诚可靠、正直实在、信守承诺；不出卖、不算计、不夸张、不欺骗。尽责即履行自己的岗位职责、完成下达的工作任务、实现既定的工作目标。匠心即心无旁骛、精益求精；长久静心地坚持、始终如一地专注；不浮躁、不纠结、不摇摆、不耍小聪明。自然即自动自发、主动积极，自我驱动、自律精进；不用督促、不用提醒、不用劝导。严谨即细致认真、滴水不漏，严密周全、环环相扣；反对粗假次，不犯低级错误、不重复犯同样的错误。强悍即迎难而上、迎强更强；勇猛好斗、攻坚排难；没有任何理由、没有任何借口，不畏惧、不退缩、不轻言放弃。

2. 制度行为层

在厚成，企业文化被解读为"文化理念+行动落地"。文谓之"文化理念"，是"务虚"；化谓之"行动落地"，是"务实"，因此只有文与化相结合，知行合一，方谓"文化"。为此，厚成开展多样化践行企业文化活动，做到文化活动周周有，理念入心日日深。例如，文化激励仪式、悟道分享仪式、业绩三红仪式。每周一的文化激励仪式中通过表扬好标杆、批评坏典型的方式，激励员工争先向上；每周三的悟道分享仪式则是把舞台交给每一位员工，让每个人都有机会上台分享工作中的所得所悟；每周六的三红仪式则是将目光聚焦业务，奖励在工作中获得阶段性胜利的员工，通过给员工戴红花、分红包、讲红话的方式，让员工实现物质和精神双丰收。

3. 符号层

企业标识是展示企业形象最直观的符号，企业文化建设要由内而外地反映出厚成文化特色，则需要企业核心理念、企业制度风俗与形象建设的系统性统一。为了设计出与厚成理念一脉相承的企业标识，在厚成成立之初便请了专业老师提供了独特的设计课。

厚成的标识源于中国《易经》中的"坤卦"，本意便为"厚德载物"，同时也与厚成传承中国传统文化相映射。此外，厚成的标识又将坤卦，延升为一实一虚的两个"丰"字，代表双丰收，寓意"成人达己"：既象征着物质与精神的丰收，也象征着顾客与厚成、人才与厚成、员工与厚成双丰收。在颜色上，厚成标识墙主体色调采用了中国红与丰收黄两种：中国红象征着"激情、向上、正能量"；丰收黄象征着"丰收、厚重、有价值"。这面与厚成理念相辅相成的标识墙设立在厚成集团总部的正门，每日提醒着员工重温厚成理念，如图21-1所示。

图21-1　厚成企业标识墙与文化长廊

（二）企业文化实施

公司有了文化理念，就要用实质的制度辅助理念落地，因此公司不仅在员工手册、规章制度的制定上彰显企业文化，更是开展各种文化仪式，找到符合企业文化理念的厚成人、厚成事进行表彰激励，通过每周的部门推荐将厚成文化理念鼓励的行为列举出来，并用身边人、身边事生动形象地传递给公司所有员工，帮助员工理解，激励员工模仿。厚成创业之初，厚成的核心团队主要由"85后""90后"构成，发展至今厚成的中层均由"90后"担任，是一家典型的由新生代组成的充满朝气的专业型公司。在学历结构上，公司员工均具有本科学历。作为一家知识型企业，一线员工尤为重要。近年来，随着新生代员工逐渐走上工作岗位，除带给企业新鲜的血液与创新的工作思路外，一些新生代员工由于群体特性容易出现群退、闪离的现象，而目前厚成正处于蓬勃发展的青春时期，留住员工是人力资源工作的头等重任。为提高新生代员工的获得感与归属感，厚成从企业文化与员工职业生涯规划两方面做出了积极尝试。不仅用每周的文化仪式帮助员工进行工作总结，获得成长，而且开发了自己的"福乐工程"，给新生代员工更多幸福感和归属感，并且运用制度化的方式将企业文化理念逐渐落地生根，如图21-2所示。

为给员工创造幸福工作氛围，增强企业归属感，厚成企业文化工作小组推出覆盖员工厚成职业生涯全流程的"福乐工程"，通过机制固化全力打造厚成"家文化"。员工在工作中是战友，生活中是家人，游玩中是伙伴。从帮助员工快速成长的"学习成长十大法"，到提高员工深度专业能力的"师徒帮带导师制"，从平衡工作与生活的休闲娱乐生日会、拓展游、庆丰宴，到农历春节给员工家长准备的"孝顺金"，即使员工因为各种原因离职，厚成也会为其准备"江湖再见"的"汪伦

图 21-2　厚成各项文化仪式剪影

情"一顿饭。

面对新生代员工，厚成运用"顺人性"的方法引导员工，提出"任务目标化，场景娱乐化，过程游戏化"的管理模式。一是在工作中可以好玩，但要有目标，即可以有自己的生活，但要有艺术地统筹兼顾。工作中可以有自己的兴趣爱好，但要有自己的工作规划和目标。公司会通过团队PK的形式，自我认领目标，进行团队或个人竞争。二是可以有个性但要有底线，即张扬个性不等于纪律散漫，追求自我不耽误践行使命。生活中可以随心所欲，但是对待顾客必须严谨职业，不能超过底线。三是可以自由但要有结果。工作中可以有自己的选择，但要对自己的选择负责；可以有自己的个性，但要有正向的作用发挥，所有的一切都基于"有结果"的前提。公司每月依据绩效目标给超额完成任务的员工提供带薪"任性假"。

作为学习型组织，厚成格外重视员工在工作和生活中的学习成长，在工作实践中不断将员工的成长总结为"学习成长十大法"。例如，在日常工作中开展的"早读、午诵、夜分享"，每日鼓励员工进行阅读与分享，不仅能够提高自身知识储备，也能帮助员工在工作中更好地赋能顾客及人才；对于如何将工作中的实践经验进行总结并留存传播，打造厚成智库，公司开展了员工工作的"日省、周悟、月小结"；除了来源于员工自身的学习感悟外，由于人力资源行业的特性，厚成员工在日常工作中最常打交道的就是"人"，与不同的人交流也会产生不一样的感悟，所以厚成鼓励员工写下"外出心得读后感"。除此之外，公司还给员工安排了丰富多彩的专业知识研讨，以及由公司创始人主持分享的"品茶悟道大讲堂"，给员工提供全方位的学习成长机会。

（三）企业文化作用

员工的行为是企业文化建设成效最好的镜子，通过系统性的文化建设，厚成集团的企业氛围发生根本性变化，员工形象与企业形象逐步统一，公司从整体到细节都呈现出鲜明的"厚成"文化特色。在厚成"合伙赛马"制（合伙人制度及分公司之间采用"赛马"的形式进行独立运营互相竞争）激励下，员工们争当合伙人的氛围越来越浓，员工高昂的斗志，拼搏的心态，积极进取、担当协作、奋进向上的精神面貌随处可见。企业文化作为厚成集团的精神灯塔，加上制度规范与企业风俗，以及公司内部随处可见的厚成形象与标识，新员工进入公司后很快就会有获得感与归属感，把公司当成自己的家，就连来到厚成参观交流的顾客、合作伙伴们在进入厚成公司内部时，也会受到厚成文化的感染与辐射。在厚成文化的熏陶下，员工的战斗力、凝聚力、学习力、表达力等都得到了极大提升，组织也充满了活力。

电子资源

创业公司企业文化塑造

案例分析与讨论

1. 厚成集团企业文化的内涵和特点是什么，在企业文化各个层次中是如何表现的？
2. 厚成集团的企业文化是如何落地的？
3. 面对复杂多变的环境，你认为创业公司未来还可以采取哪些措施来推动企业文化落地，发挥文化力量把企业做得更好？

参考文献

[1] 陈春花. 企业文化的改造与创新[J]. 北京大学学报(哲学社会科学版)，1999，36(3)：52-56.

[2] 张德，潘文君. 企业文化(第3版)[M]. 北京：清华大学出版社，2019.

[3] 刘刚，殷建瓴，刘静. 中国企业文化70年：实践发展与理论构建[J]. 经济管理，2019，41(10)：194-208.

[4] 赵曙明，裴宇晶. 企业文化研究脉络梳理与趋势展望[J]. 外国经济与管理，2011，33(10)：1-8+16.

第二十二章 创业公司财务基础

理论知识

一、资金与创业资金

（一）资金

1. 资金的含义

（1）资金是垫支于社会再生产过程，用于创造新价值，并增加社会剩余产品价值的媒介价值。

（2）资金是以货币表现，用来周转，满足创造社会物质财富需要的价值，它体现着以资料公有制为基础的社会主义生产关系。

（3）资金是被用于社会主义扩大再生产过程中的有价值的物资和货币。

（4）资金是国民经济中财产物资的货币表现。

2. 资金的投入

资金的投入指的是资金的取得，是资金运动的起点，投入企业的资金包括投资者投入的资金和债权人提供的资金，前者形成企业的所有者权益，后者属于债权人权益（形成企业的负债）。投入企业的资金在形成企业所有者权益和负债的同时形成企业的资产，即一部分形成流动资产，另一部分构成非流动资产。

3. 资金的循环与周转

资金的循环与周转是资金运动的主要组成部分，企业将资金运用于生产经营过程就形成了资金的循环与周转，其可分为供应过程、生产过程、销售过程三个阶段。

（1）供应过程是生产的准备过程。在供应过程中，随着采购活动的进行，企业的资金从货币资金形态转化为储备资金形态。

（2）生产过程既是产品的制造过程，又是资产的耗费过程。

在生产过程中，在产品完工之前，企业的资金从储备资金形态转化为生产资金形态；在产品完工后，企业的资金又由生产资金形态转化为成品资金形态。

（3）销售过程是产品价值的实现过程。在销售过程中，销售产品取得收入，企业的资金从成品资金形态又转化为货币资金形态。

由此可见，随着生产经营活动的进行，企业的资金从货币资金形态开始，依次经过供应过程、生产过程和销售过程三个阶段，分别表现为储备资金、生产资金、成品资金等不同的存在形态，最后又回到货币资金形态，这种运动过程被称为资金的循环。资金周而复始地不断循环，称为资金的周转。

4. 资金的退出

资金的退出指的是资金离开本企业退出资金的循环与周转过程，主要包括偿还各项债务、上交各项税金及向所有者分配利润等。流动资金的循环过程如图22-1所示。

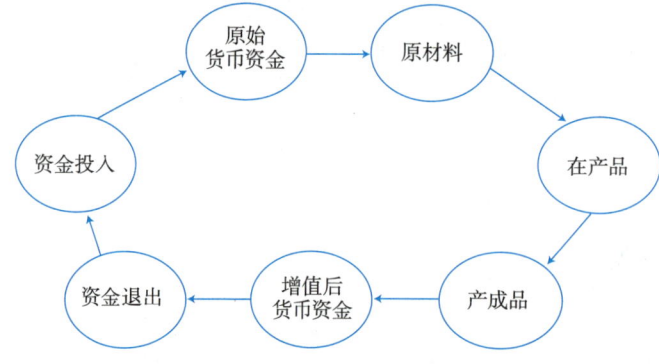

图22-1 资金循环过程

上述资金运动的三部分内容是相互支撑、相互制约的统一体。具体而言，没有资金的投入，就不会有资金的循环与周转；没有资金的循环与周转，就不会有债务的偿还、税金的上交和利润的分配等；没有资金的退出，就不会有新一轮资金的投入，也就不会有企业进一步的发展。

（二）创业资金

1. 创业资金定义

创业资金（Venture capital）是指创业者进行创业时，前期的资本投入，包括创业者能力提高的就业培训、租用场地、店铺租赁、店面装修、店面展示商品所需资金，以及数量不等的流动资金。

2. 资金来源方式

（1）自筹资金。这部分资金包括自己的储蓄或者向亲属朋友借贷所得资金。

（2）社会筹资。通过提供高价值的固定抵押物，向银行等金融机构贷款，或者通过熟人或网络向非正式金融机构借贷，后者比前者利率高，风险更大。

3. 银行借贷程序

（1）填写居民住房抵押申请书，并向银行提交下列证明材料：身份证、户口簿、婚姻证明、房本等质押物品所有权证件、银行流水单。

（2）银行对借款人的贷款申请、购房合同、协议及有关材料进行审查。

（3）借款人将抵押房产的房产证等与银行办理抵押登记手续。

（4）借贷双方担保人签订住房等抵押贷款合同并进行公证。

（5）贷款合同签订并公证后，银行对借贷人的存款和贷款通过转账划入相关账户内，贷款流程结束。

4. 其他借贷方式

除银行质押借贷外，还有很多中小型借贷公司可以提供无质押借贷。其手续简单、时间短，不过借贷利率高，如月息达1%，年息达10%；最高贷款时间为5年，利息从贷款本金里直接扣除，到期还本即可。目前，网上提供创业咨询、资金借贷的公司有很多。

5. 风险控制

创业具有一定的风险，把风险降到最低是每个创业者的追求。降低创业风险需要注意以下几方面：

（1）创业前需要对产业市场环境有综合性了解。

（2）创业就是创新的行业。

（3）创业必须做好长期作战准备。

（4）因小本而创业，如果误认为"本小利丰"，就容易入错行。

（5）因失业而创业，宜谋定而后动，计划性创业比被迫性创业的成功率高。

（6）乌托邦式创业，如果没有经验，就需要自我摸索，如果流于理论，则不切实际。

（7）创业角色冲突，领薪水转变为付薪水，如果角色冲突未及时调适，容易出现分工授权错位状况。

6. 国家资金扶持

根据国家相关创业资金扶持政策，可申请创业补助与信贷资金等。

（1）银行对贷款申请者的要求。

①年满18周岁，具有合法有效身份证明和贷款行所在地合法居住证明，有固定的住所或营业场所等。

②持有工商行政管理机关核发的营业执照及相关行业的经营许可证，从事正当的生产经营活动，有稳定的收入和还本付息的能力。

③借款人投资项目已有一定的自有资金。

④贷款用途符合国家有关法律和本行信贷政策规定，不允许用于股本权益性投资。

⑤在银行开立结算账户，营业收入经过银行结算。

（2）贷款申请者需提供的申请资料。

①借款人及配偶身份证件（包括居民身份证、户口簿或其他有效居住证原件）和婚姻状况证明。

②个人或家庭收入及财产状况等还款能力证明文件。

③营业执照及相关行业的经营许可证，贷款用途的相关协议、合同或其他资料。

④担保材料：抵押品或质押品的权属凭证和清单，有权处分人同意抵（质）押的证明等。

二、会计概述

（一）会计的定义

会计是以货币为主要计量单位，运用专门的方法，对企业、机关、事业单位和其他组织的经济活动进行连续、系统、全面的核算和监督，提供经济信息，并随着社会经济的日益发展，逐步开展预测、决策、控制和分析的一种经济管理活动。

（二）会计要素

会计要素是会计对象的具体表现，是构建财务报表的基本指标。企业的经济活动是以交易或事项的形式表现的，这些交易或事项所反映的经济活动多种多样，人们将其中内容相同的事项归类为资产、负债、所有者权益、收入、费用及利润等6个要素。

1. 资产

资产是指由企业过去经营交易或各种事项形成的、由企业拥有或控制的、预期会给企业带来经济利益的资源。资产是任何公司、机构和个人拥有的任何具有商业或交换价值的东西。

资产的分类有很多，如货币资金、存货、固定资产、无形资产等。

2. 负债

负债是指企业过去的交易或者各种事项形成的、预期会导致经济利益流出企业的现时义务，包括短期借款、应付职工薪酬、应付及预收款项、长期借款、长期应付款等。

3. 所有者权益

所有者权益是指企业资产扣除负债后由所有者享有的剩余权益，包括实收资本（或股本）、资本公积、盈余公积和未分配利润。

所有者权益包含所有者以其出资额的比例分享的企业利润，是企业投资人对企业净资产的所有权。

4. 收入

收入是指企业在日常活动中形成的、会导致所有者权益增加的、非所有者投入资本的经济利益的总流入，包括销售收入、提供劳务收入和让渡资产使用权收入等，但不包括为第三方或顾客代收的款项。

5. 费用

费用是企业生产经营过程中发生的各种耗费。企业直接为生产商品和提供劳务等发生的直接材料、直接人工和其他直接费用，直接计入生产经营成本；企业为生产商品和提供劳务等发生的各项间接费用，应当按一定标准分别计入生产经营成本。

6. 利润

利润是指企业在一定时期内生产经营的财务成果，包括营业利润、投资收益和营业外收支净额。

（三）会计等式

会计等式提示各会计要素之间的联系，是复式记账、试算平衡和编制会计报表的理论依据。

1. 反映资产负债表要素之间数量关系的等式

反映资产负债表要素之间数量关系的等式为：

资产 = 负债 + 所有者权益

假设晓红同学毕业后开办了一家奶茶店，用于经营的财产包括：设备一套，价值 50000 元，必需的耗材如塑料杯、纸质杯、瓷碗等用品 5000 元，周转用现金 5000 元。这些都是奶茶店的资产，共计 60000 元，可以从以下两方面看待这些资产：

（1）任何资产都是经济资源的一种存在形式，或表现为机器设备，或表现为现金、材料等。

（2）这些资产总是有一定来源的，比如投资者投入的：资产（60000）= 负债（0）+ 所有者权益（60000）。

2. 反映利润表要素之间数量关系的等式

反映利润表要素之间数量关系的等式为：

收入 − 费用 = 利润

假设奶茶店开业的第一个月，营业收入为 12000 元，费用共计 9000 元，则利润额为：

利润 = 收入（12000）− 费用（9000）= 3000（元）

三、会计核算方法

会计核算是会计方法中最基本、最主要的方法，是其他各种方法的基础。在社会再生产过程中会产生大量的经济信息，这些经济信息依照会计准则等规定进行确认、计量、记录、计算、分析、汇总、加工处理等，就会成为会计信息。这个信息转换的过程就是会计核算，它又包括了一系列具体的方法。

（一）设置科目和账户

设置科目和账户是对会计核算对象的具体内容进行分类核算和监督的一种专门方法。企业必须根据规定的会计科目开设账户，分别登记各项经济业务，以便取得经营管理所需要的各种核算指标，并随时加以分析、检查和监督。会计科目是对会计要素的具体内容进行分类核算的项目，是编制会计报表的基础。会计账户是根据会计科目设置的，具有一定格式和结构，用于分类核算会计要素增减变动情况及其结果的载体。

以下是常见的会计科目和账户及其分类：

（1）资产类。用于记录企业的资产状况，反映企业拥有的经济资源。

（2）负债类。用于记录企业对外债务的情况，反映企业承担的义务。

（3）共同类。通常用于反映企业的特殊交易和风险管理活动。

（4）所有者权益类。反映企业的所有者对企业净资产的要求权。

（5）成本类。用于记录企业在生产经营过程中发生的各种成本。

（6）损益类。用于记录企业的收入、费用和利润情况。

（二）复式记账

复式记账是对每一项经济业务，用相等的金额，同时通过两个或两个以上相互对应的账户进行全面登记的一种专门方法。任何一项经济活动都会引起资金的增减变动或财务收支的变动，采用复式记账,将每项经济业务至少在两个账户中相互对应地、平衡地登记,就可以全面地、相互联系地反映资金增减变化和财务收支变化情况,并掌握经济业务的来龙去脉。复式记账法包括收付记账法、增减记账法和借贷记账法,我国一般采用借贷记账法进行业务处理。

在借贷记账法下,每个账户都分为"借方"和"贷方"两个基本部分,用于记录账户的增加和减少金额。

(1) 资产类、成本类和费用类账户。这些账户的借方用于登记增加额,贷方用于登记减少额。例如,当企业购买原材料时,会借记"原材料"账户,表示原材料的增加;当企业支付工资时,会贷记"应付职工薪酬"账户(负债类账户),同时借记"管理费用"账户(费用类账户),表示费用的增加和负债的减少。

(2) 负债类、所有者权益类和收入类账户。这些账户的贷方用于登记增加额,借方用于登记减少额。例如,当企业向银行借款时,会贷记"短期借款"账户(负债类账户),表示负债的增加;当企业实现销售收入时,会借记"应收账款"账户(资产类账户,表示债权的增加,但同时也是收入的确认),同时贷记"主营业务收入"账户(收入类账户),表示收入的增加。

(三) 填制与审核凭证

企业根据会计制度对原始凭证进行严格审核,企业财务人员在审核无误的基础上,填制各种记账凭证。会计凭证是交易或事项的书面证明,是登记账簿的依据。会计核算要以会计凭证作为记账的依据。填制和审核会计凭证是为了审查经济业务是否合理合法,保证会计记录完整、真实和可靠而采用的一种专门方法。会计凭证分为原始凭证和记账凭证。

原始凭证填制时要注意以下几个方面:

(1) 记录要真实。原始凭证所填列的经济业务内容和数字必须真实可靠,符合实际情况,并确保凭证内容真实可靠。

(2) 内容要完整。原始凭证所要求填列的项目必须逐项填列齐全,不得遗漏和省略。具体包括年、月、日要按照填制原始凭证的实际日期填写;名称要齐全,不能简化;品名或用途要填写明确,不能含糊不清。

(3) 手续要完备。原始凭证必须签名或者盖章,自制的原始凭证应有经办人员和经办单位负责人的签名或盖章;从外单位取得的原始凭证,除某些特殊的外来原始凭证如火车票、汽车票外,必须盖有填制单位的公章或财务专用章。

(4) 书写要清楚、规范。原始凭证上的文字和数字要认真填写,字迹清楚,易于辨认。小写金额用阿拉伯数字逐个书写,不得连笔书写;大写金额用汉字书写,且大写金额与小写金额必须相符。

(5) 编号要连续。各种凭证要连续编号,以便考查。如果凭证已预先印定编号,在写坏作废时,应加盖"作废"戳记,并妥善保管,不得撕毁。

(6) 不得涂改、刮擦、挖补。原始凭证如有错误,应当由出具单位重开或更正,更正处应当加盖出具单位印章。原始凭证金额有错误的,应当由出具单位重开,不得在原始凭证上更正。

(7) 填制要及时。原始凭证应在经济业务发生或完成时及时填制,并按规定的程序和手续传递给有关部门,以便及时办理后续业务,进行会计审核和记账。

记账凭证填制时要注意以下几个方面：

（1）必须以审核无误的原始凭证作为依据。记账凭证必须附有经审核确认为真实、完整和合法的原始凭证。除结账和更正错账的记账凭证可以不附原始凭证外，其他记账凭证必须附有原始凭证。

（2）内容完整。记账凭证的内容必须具备：填制凭证的日期、所附原始凭证张数、填制凭证人员、稽核人员、记账人员、会计机构负责人、会计主管人员的签名或者盖章。收款和付款记账凭证还应当由出纳人员签名或者盖章。

（3）连续编号。记账凭证应连续编号，一笔经济业务需要填制两张以上记账凭证的，可以采用分数编号法编号。

（4）书写规范。记账凭证的书写应清楚、规范，字迹必须清晰、工整。阿拉伯数字应当一个一个地写，不得连笔写；汉字大写数字金额应用正楷或行书书写，不得用简化字代替。

（5）错误处理。如果记账凭证发生错误，应当重新填制。已经登记入账的记账凭证在当年内发现填写错误时，可以用红字填写一张与原内容相同的记账凭证，并用蓝字重新填制一张正确的记账凭证。如果只是金额错误，则可以将正确数字与错误数字之间的差额另编写一张调整的记账凭证。

（6）附原始凭证。除结账和更正错误的记账凭证可以不附原始凭证外，其他记账凭证必须附有原始凭证。如果一张原始凭证涉及几张记账凭证，则可以把原始凭证附在一张主要的记账凭证后面，并在其他记账凭证上注明附有该原始凭证的编号或复印件。

（7）其他要求。记账凭证填制完成后，如有空行，则应当自金额栏最后一笔金额数字下的空行处至合计数上的空行处划线注销。

（四）登记账簿

企业财务人员按照记账要求，根据会计凭证登记序时账簿、总分类账簿及各种明细账簿等。

登记账簿简称记账、过账，是指根据审核无误的会计凭证，在账簿上连续地、系统地、完整地记录交易或事项的一种专门方法。

登记账簿的基本要求如下：

（1）准确完整。登记会计账簿时，应当将会计凭证的日期、编号、业务内容摘要、金额和其他有关资料逐项记入账内，做到数字准确、摘要清楚、登记及时、字迹工整。

（2）注明记账符号。登记完毕后，要在记账凭证上签名或者盖章，并注明已经登账的符号，表示已经记账。

（3）文字和数字清晰。登记书写时，文字和数字必须整洁清晰、准确无误。不得使用同音异义字、怪字体，数字应写在金额栏内，不得越格错位。

（4）使用合适的墨水。正常记账应使用蓝黑墨水或碳素墨水，特殊情况可以使用红墨水，如冲销错误记录等。

（5）顺序连续登记。各种账簿按页次顺序连续登记，不得跳行、隔页。如果发生跳行、隔页，应当将空行、空页划线注销，或者注明"此行空白、此页空白"字样，并由记账人员签名或盖章。

（6）结出余额。凡需要结出余额的账户，结出余额后，应当在借或贷等栏内写明"借"或者"贷"等字样。没有余额的账户，应当在余额栏内用"0"表示。

（7）过次承前。每一账页登记完毕结转下页时，应当结出本页合计数及余额，并注明"过次页"和"承前页"字样。

（8）错误更正。如果发现差错，必须按规定方法更正，严禁刮、擦、挖、补，或使用化学药物清除字迹。根据差错的具体情况采用划线更正、红字更正、补充登记等方法。

（9）定期打印。实行会计电算化的单位，总账和明细账应当定期打印。

（五）成本计算

按照企业会计准则计算企业生产成本、制造费用及其他相关成本。成本计算是按一定的成本对象，对生产、经营过程中发生的成本、费用进行归类，以确定各对象的总成本和单位成本的一种专门方法。

（六）财产清查

企业为确保财产物资的安全，必须对企业资产进行定期或不定期的清理与检查。

财产清查是对各项财产物资进行实物盘点、账面核对，以及对各项往来款项进行查询、核对，以查明各种财产物资和资金实存数的一种专门方法，如图 22 - 2 所示。

图 22 - 2　财产清查

（七）编制会计报表

企业根据总分类账户及各种明细账簿等相关财务资料，编制企业资产负债表、企业利润表、企业现金流量表及其他附表等。

编制财务会计报表是定期总括地反映财务状况、经营成果、现金流量及费用成本等情况的一种专门方法。财务会计报表主要是以账簿记录为依据，经过加工整理产生的一套完整的指标体系的书面文件。

四、小微企业记账对策

（一）账簿登记

如果企业规模比较小，而且创业者自己具备会计方面的经验和技能，那么创业者可以自己记账；创业者也可以委托其他人负责账簿登记工作。

（二）指派助理会计

创业者如果聘用其他人记账，则其首要任务就是把全部或部分记账工作交给企业的员工。创业者有责任对承担记账工作的员工进行个别指导和培训，以改进记账工作。

（三）聘请全职会计

当企业发展到一定规模后，就应该聘请具有会计执业资格的人员担任专职会计，创业者可以把会计事务委托给专业人员，以提高记账水平。

（四）委托财务公司代理

企业将经济业务所发生的会计凭证交给具有代理记账资格的财务公司代理记账。其服务内容包括为企业准备利润表和资产负债表，以应付年度审计；为企业制作月度工资单；为企业进行每日销售情况分析；为企业提供存货控制分析报告；等等。企业只需向提供会计服务项目的单位支付一定的服务费。

（五）设立财务会计部门

如果企业规模进一步扩大，为适应业务发展需要，企业应该设立独立的财务会计机构，委任财务人员负责记录与保管企业所有会计资料，包括会计凭证、各种账簿及财务报表等。也可根据财务部门所要处理的信息量的大小购置财务软件，采用电算化处理会计实务。

五、会计岗位设置与工作职责

（一）会计机构

各企业、各单位应按照《中华人民共和国会计法》（以下简称《会计法》）的规定设置会计机构。会计机构是企业单位整个组织机构的组成部分，它与企业的供应部门、生产部门、销售部门一样，都是企业的一个职能部门。在现代企业中，财务核算与财务管理职能分离，财务机构的设置要取决于企业规模的大小和财务工作的繁简程度。规模较大的企业，在财务机构内的财务岗位设置较细，岗位较多。规模较小的企业，可以设置一个简单的财务机构，比如只有一名财务和一名出纳。不具备设置财务机构条件的企业，可委托经批准设立从事财务代理记账单位的中介机构进行代理记账。

（二）企业会计人员

设置企业财务部至少要有一名会计人员和一名出纳人员。财务部各个岗位之间应建立内部稽核制度，财务人员管"账"，出纳人员管"钱"，出纳人员不得兼任稽核、财务档案保管，以及收入、支出、费用、债权债务账目的登记工作。不具备财务从业资格的人员，不得参加财务专业技术资格考试或者评审、财务专业职务的聘任、申请取得财务人员荣誉证书。各单位不得任用不具备财务从业资格的人员从事财务工作。

（三）财务会计的职责

企业财务会计主要负责公司的凭证审核、账簿登记、纳税申报、会计档案保管工作。

（1）熟悉并掌握财务制度、会计制度和有关法规。遵守各项收费制度、费用开支范围和开支标准，保证专款专用。

（2）编制并严格执行部门预算，对执行中发现的问题提出建议和措施。

（3）按照会计制度审核记账凭证，做到凭证合法、内容真实、数据准确、手续完备；账目健全、及时记账算账、按时结账、如期报账、定期对账（包括核对现金）。保证所提供的会计信息合法、真实、准确、及时、完整。

（4）严格票据管理，保管和使用空白发票、收据要符合规范。票据领用要登记，收回要销号。

（5）妥善保管会计凭证、会计账簿、财务会计报表和其他会计资料，负责会计档案的整理和移交。

（6）及时清理往来款项，协助资产管理部门定期做好财产清查和核对工作，做到账实相符。

（7）遵守《中华人民共和国会计法》，维护财经纪律，执行财务制度，实行会计监督。负责对出纳、会计及其他有关财务人员的业务指导。

（8）对于主管部门和审计、财政、税务等部门依照法律和有关规定进行的监督，要如实提供会计凭证、会计账簿、财务会计报表和有关资料，不得拒绝、隐匿、谎报。

（9）会计调离本岗位时，要将会计凭证、会计账簿、财务会计报表、预算资料、印章、票据、有关文件、会计档案、债权债务和未了事项，向接办人移交清楚，并编制移交清册，办妥交接手续。

（10）遵守职业道德，做到廉洁奉公、坚持原则、实事求是、一丝不苟、热忱服务。

六、财务报表

（一）财务报表的含义

企业财务报表简称财务报表，是根据账簿上记录的资料，经过整理、归类、汇总等编制而成的，能反映企业某一特定时点的财务状况，以及一定时期的经营成果和现金流动情况的书面文件。

（二）编制财务报表的作用

（1）为企业的投资者进行投资决策时提供必要的信息资料。

（2）为企业的债权人提供有关企业债务偿还能力和支付能力的信息资料。

（3）为有关政府部门进行宏观调控、制定经济政策提供依据。

（4）为企业的经营者和员工对企业进行日常管理活动提供必要的信息资料。

（5）为其他报表的使用者提供财务参考信息。

（三）财务报表的分类

1. 按反映的内容分类

（1）资产负债表。企业资金处于静态状况时，表现为一定时点上的资产总值和权益总值（包括负债和所有者权益），体现了资金的使用和资金的来源两个方面。其中，资产各项目反映了资金的使用情况，负债和所有者权益各项目则反映了资金的来源情况。资产负债表较全面地提供了企业在某一特定日期的财务状况，包括企业所拥有的各种经济资源（资产）、企业所负担的债务（负债），以及企业所有者在企业里享有的权益（所有者权益）。

（2）利润表。利润表又称损益表，是反映企业在一定财务期间（如月度、季度、半年度或年度）生产经营成果的财务报表。它把企业一定期间的收入与同一期间相关的费用进行配比，计算出该特定期间的净利润（或净亏损）。

（3）现金流量表。现金流量表是反映企业在一定时期现金流入和现金流出动态状况的报表，其组成内容与资产负债表和损益表相一致。通过现金流量表，可以概括反映经营活动、投资活动和筹资活动对企业现金流入、流出的影响，对于评价企业的实现利润、财务状况及财务管理，要比传统的损益表能够提供更好的基础。

（4）其他各种附表。附表即从属报表，是指对主表中不能或难以详细反映的一些重要信息所做的补充说明的报表。现行的附表主要有：利润分配表和分部报表，是利润表的附表；应交增值税明细表和资产减值准备明细表，是资产负债表的附表。主表与有关附表之间存在勾稽关系，主表反映企业的主要财务状况、经营成果和现金流量，附表则对主表做进一步补充说明。

2. 按编报时间分类

财务报表按编报时间不同，可以分为月报表、季报表、年报表。

3. 按编制单位分类

财务报表按编制单位不同可分为基层报表、汇总报表、合并报表。

（四）编制财务报表前的基础工作

1. 结清账户

结账之前，企业对所有已经发生的收入、支出、债权、债务、应该摊销或预提的费用，以及其他已经发生并完成的经营活动和财务收支事项应已全部登记入账，在此基础上结算所有总账和明细账余额。

2. 对账

对各种账簿记录，在编表之前必须进行审查核对，做到账账相符、账证相符；对财产物资进行盘点清查，并进行相关账务处理，以求账实相符。

3. 试算平衡

根据账簿记录的余额，编制余额试算平衡表。

（五）简化的资产负债表的具体格式和内容

简化的资产负债表的具体格式和内容如表 22–1 所示。

表 22–1　简化的资产负债表

会企01表

编制单位：　　　　　　　　　　×年×月×日　　　　　　　　　　单位：元

资产	期末余额	年初余额	负债及所有者权益	期末余额	年初余额
流动资产			流动负债		
货币资金			短期借款		
应收账款			应付账款		
预付款项			预收款项		
其他应收款			应付职工薪酬		
存货			应缴税费		
一年内到期的非流动资产			合同负债		
其他流动资产			其他应付款		
流动资产合计			一年内到期的非流动负债		
非流动资产			其他流动负债		
固定资产			流动负债合计		
在建工程			非流动负债		
无形资产			长期借款		
其他非流动资产			其他非流动负债		
非流动资产合计			非流动负债合计		
			负债合计		
			所有者权益（或股东权益）		
			实收资本（或股本）		

续表

资产	期末余额	年初余额	负债及所有者权益	期末余额	年初余额
			资本公积		
			盈余公积		
			未分配利润		
			所有者权益（或股东权益）合计		
资产总计			负债和所有者权益（或股东权益）总计		

（六）简化的利润表的具体格式和内容

简化的利润表的具体格式和内容如表22-2所示。

表22-2　简化的利润表　　　　　　　　　　　　　　　　　　　　会企02表

编制单位：　　　　　　　　　×年×月×日　　　　　　　　　　　　单位：元

项目	本期金额	上期金额
一、营业收入		
减：营业成本		
税金及附加		
销售费用		
管理费用		
研发费用		
财务费用		
加：投资收益（损失以"-"号填列）		
二、营业利润（亏损以"-"号填列）		
加：营业外收入		
减：营业外支出		
三、利润总额（亏损总额以"-"号填列）		
减：所得税费用		
四、净利润（净亏损以"-"号填列）		

案例精选

一、学习目标

通过本案例的学习和分析，要掌握资产负债表的结构，识别初创公司典型的资产配置（如固定资产、无形资产）与负债特征（如短期借款、应付账款），要理解利润表的构成逻辑，分析初创企业主要收入来源与成本结构（如研发费用、销售费用占比），计算毛利率并评估盈利潜力。

二、内容简介

Z企业创办于2021年7月，是浙江省瑞安市的自然人独资有限责任公司。Z企业主营金属粉末喷涂加工，主要经营模块为来料加工。2023年产值为788万元。该公司经过3年的运营，目前已经拥有15名员工。

三、基础财务案例

表22-3和表22-4分别是Z企业2023年的资产负债表和利润表。

表22-3　Z企业资产负债表　　　　　　　　　　　　　　　会企01表

编制单位：Z企业　　　　　　　　2023年12月31日　　　　　　　　　　单位：元

资产	期末余额	年初余额	负债和所有者权益	期末余额	年初余额
流动资产			流动负债		
货币资金	780819.84	341564.63	短期借款	3980000.00	1200000.00
应收票据	1186000.00	20691.00	应付票据		
应收账款	7051377.65	4624429.80	应付账款	5965828.72	2959310.18
预付款项	2687320.29	780681.13	预收款项	1798758.00	1198835.00
其他应收款	-1305503.00	-1188000.00	应付职工薪酬	132671.00	153350.00
存货	124310.79	327723.53	应缴税费	-12046.36	57766.04
其中：原材料	6752.21		其他应付款		
在产品	117558.58	327723.53	其他流动负债		
库存商品			流动负债合计	11865211.36	5569261.22
周转材料			非流动负债		
其他流动资产			长期借款		
流动资产合计	10524325.57	4907090.09	其他非流动负债		
非流动资产			非流动负债合计		
长期债券投资			负债合计	11865211.36	5569261.22
长期股权投资			所有者权益（或股东权益）		
固定资产	2415259.06	1593989.02	实收资本（或股本）	700000.00	700000.00
在建工程	14734.51	14734.51	资本公积		
无形资产			盈余公积		
其他非流动资产			未分配利润	389107.78	246552.40
非流动资产合计	2429993.57	1608723.53	所有者权益（或股东权益）合计	1089107.78	946552.40
资产总计	12954319.14	6515813.62	负债和所有者权益（或股东权益）总计	12954319.14	6515813.62

表22-4　Z企业利润表　　　　　　　　　　　　　　　　　会企02表

编制单位：Z企业　　　　　　　　2023年12月31日　　　　　　　　　　单位：元

项目	行次	本期金额	上期金额
一、营业收入	1	7884307.52	6532600.44
减：营业成本	2	7174719.83	5945687.55
税金及附加	3	14191.43	6925.38
其中：消费税	4		

续表

项　　目	行次	本期金额	上期金额
城市维护建设税	5	4872.21	6102.38
资源税	6		
土地增值税	7		
城镇土地使用税、房产税、车船税、印花税	8		
教育费附加、矿产资源补偿费、排污费	9	6663.07	2615.30
销售费用	10	6725.66	66490.00
其中：商品维修费	11	6725.66	
广告费和业务宣传费	12		
管理费用	13	426910.14	308885.25
其中：开办费	14		
业务招待费	15	56433.70	8950.00
研究费用	16		
财务费用	17	106351.68	16414.97
其中：利息费用（收入以"-"号填列）	18	106351.68	16414.97
加：投资收益（损失以"-"号填列）	19		
二、营业利润（亏损以"-"号填列）	20	155408.78	188197.29
加：营业外收入	21		6000.00
其中：政府补助	22		6000.00
减：营业外支出	23		
其中：坏账损失	24		
无法收回的长期债券投资损失	25		
无法收回的长期股权投资损失	26		
自然灾害等不可抗力因素造成的损失	27		
税收滞纳金	28		
三、利润总额（亏损总额以"-"号填列）	29	155408.78	194197.29
减：所得税费用	30	12853.40	670.85
四、净利润（净亏损以"-"号填列）	31	142555.38	193526.44

电子资源

创业公司财务基础

拓展延伸

企业内部控制制度被划分为内部管理控制制度与内部会计控制制度两大类。内部管理控制制度是指那些对会计业务、会计记录和会计报表的可靠性没有直接影响的内部控制,如企业单位的内部人事管理、技术管理等;内部会计控制制度是指那些对会计业务、会计记录和会计报表的可靠性有直接影响的内部控制,如由无权经管现金和签发支票的第三者每月编制银行存款调节表。通过这种控制,可提高现金交易的会计业务、会计记录和会计报表的可靠性。企业单位制定内部控制制度的基本目的在于:保证组织机构经济活动的正常运转,保护企业资产的安全、完整与有效运用,提高经济核算(包括会计核算、统计核算和业务核算)的正确性与可靠性,推动与考核企业内部各项方针、政策的贯彻执行,评价企业的经济效益,提高企业经营管理水平。尤其需要指出的是,企业财务管理系统电算化已经普及,但计算机信息失控、破坏情况日趋严重,从而造成责任不明、相互推卸等问题,其关键在于计算机核算软件密码缺乏牵制性,常用的密码设置方法已不适应电算化会计信息系统的管理和发展,所以财务管理电算化应提高会计信息的保密程度,避免信息泄露以及对实体信息的破坏。内部控制贯穿企业经营管理活动的各个方面,只要企业存在经济活动和经营管理,就需要加强内部控制,建立相应的内部控制制度。

案例分析与讨论

1. 如何从表22-3中了解Z企业2023年12月31日的财务状况?
2. 如何从表22-4中了解Z企业在2023年1月1日至2023年12月31日期间的经营成果?
3. 谈谈企业财务报表的作用。

参考文献

[1] 巴林格. 创业管理:成功创建新企业(第5版)[M]. 薛红志,张帆,等,译. 北京:机械工业出版社,2015.

[2] 杨佳洁. 会计基础与实务[M]. 北京:人民邮电出版社,2022.

[3] 李肖鸣,朱建新,郑捷. 大学生创业基础[M]. 北京:清华大学出版社,2023.

第二十三章
创业企业税收筹划

理论知识

一、税收筹划概述

1. 税收筹划的定义

税收筹划不同于避税,其本质是一种积极的财务管理方法。它是在遵守税法、保障合法纳税的基础上,通过深入理解和运用国家税收政策,充分利用各类税收优惠,科学规划企业的经营、生产和投资活动,合理调整税务结构,优化税务成本,从而有效节省税费、实现递延纳税,并降低税务风险。

通过税收筹划,企业不仅能合法减少税款支出,还能优化纳税时间和方式,提高资金流动性和使用效率。降低税务成本后,企业可以将更多资源投入研发和市场推广等关键领域。此外,税收筹划为企业提供了可持续发展的财务支持,使其在各个发展阶段都能享受税收优惠。

2. 税收筹划规则

企业在进行税收筹划时,一般应遵循以下原则,以有效规避风险。

(1) 合法性原则。所有筹划方案必须严格遵循国家法律法规,确保符合法律要求,避免法律风险。

(2) 前瞻性原则。筹划方案应具备前瞻性,能够预见政策环境的变化并做出应对,确保企业长远利益。

(3) 整体性原则。应从企业整体利益出发,综合考虑企业的业务模式、资金状况和发展战略,进行全面筹划。

(4) 灵活性原则。筹划方案应具有灵活性,能灵活应对环境和政策变化,并及时调整筹划方案,以保持企业的竞争优势。

通过遵循上述原则,企业不仅可以有效降低税务风险,还能优化资源配置,支持可持续发展。

3. 税收筹划的作用

企业的税收筹划是一个涉及多维度、多层次的复杂且细致的过程，它不仅囊括了增值税、企业所得税、消费税等单一税种的筹划，还深入探讨了这些税种之间的相互联系和综合影响，及其在企业不同发展阶段的变化。具体而言，税收筹划从税种的角度出发，要求企业不仅要关注单一税种的合规申报与缴纳，还要洞察不同税种间的互动效应，实现整体税负的优化。

从企业发展的业务流程来看，税收筹划是一项贯穿企业全生命周期的战略活动，始于企业的投资设立阶段，覆盖生产经营的各个环节，并一直延续到企业的扩张发展时期。在这一过程中，税收筹划有助于企业在不同成长阶段实现税负的合理规划，从而支持企业的稳健增长和长期发展。

从筹划技术的角度来看，税收筹划采用了多种方法，包括但不限于税基筹划法、税率筹划法、税收优惠筹划法等。这些方法的运用需要企业根据自身的业务特点、财务状况和市场环境，灵活选择和调整，以实现税收成本的最优化。

二、创业企业税收筹划概述

初创公司在运营过程中，税务筹划是财务管理的重要组成部分。以下是初创公司需要关注的涉税税种：增值税是商品和劳务税类中的主要税种，适用于销售商品或提供劳务的企业；企业所得税针对所有盈利的企业，标准税率为25%；消费税则是对从事生产、委托加工和进口应税消费品而征收的税种，包括烟、酒、鞭炮、焰火、化妆品、成品油、贵重首饰及珠宝玉石等；个人所得税涉及公司向个人支付的各类收入，包括工资薪金、股东分红等，税率根据收入性质和金额不同，范围为3%~45%；除了上述主要税种外，初创公司还可能需要缴纳一些地方税费，如房产税、车船税、印花税、契税等财产、行为税类；根据公司的业务性质，还可能涉及城市维护建设税、车辆购置税等特定目的税类；如果初创公司的业务涉及资源开发，就需要缴纳资源税、土地增值税、城镇土地使用税等。

初创企业作为经济活力的新生力量，在面对复杂的税务环境时，必须综合考量各种税种，并结合企业的具体业务情况和财务状况，制定出合理的税务规划策略；随着税法的不断更新和企业业务的发展，定期评估和调整税务筹划方案，以确保其适应性和有效性。这不仅能有效减轻企业初创期的财务负担，缓解资金压力，而且对企业的长期发展和财务健康也具有深远的影响。

对于创业企业而言，税收筹划应以企业的发展脉络为主线，围绕企业成长的不同阶段和关键节点进行规划。例如，在企业设立初期，需重点挖掘如何利用国家对新创企业的各种税收优惠政策；在生产经营阶段，则关注如何通过合理安排成本和收入来优化税负；在企业扩张发展阶段，则是谋划如何通过并购重组等手段实现税收效益最大化。初创企业还应以税种筹划技术为辅助手段，结合企业实际情况，选择适合的筹划策略，如通过税基筹划来降低应纳税所得额，或通过税额筹划来利用税收抵免、减免等政策。

三、创业企业设立的税收筹划

投资人在创立企业之前，需要综合考量多种经济资源，如资金、技术等，并评估进入某行业的盈利水平和发展前景。税收不仅是企业运营中不可忽视的重要成本，更对企业财务健康有着显著影响。因此，企业在成立之初，甚至在规划阶段，就应该对税收进行深入了解和筹划。

 创业小型课

企业需要了解不同税种,包括增值税、企业所得税、个人所得税等,以及它们的税率和征收方式。了解这些基本信息有助于企业在财务规划中预测税收成本,从而更准确地制定预算和财务计划。增值税和消费税作为流转税的主要税种,在不同行业间的税率存在差异。增值税税率的高低直接影响企业的税负(见表23-1),而消费税作为一种列举类税种,仅对税法中明确列举的商品或服务征收,且一般在生产、委托加工和进口环节征收。虽然理论上流转税可以转嫁给他人负担,但实际上转嫁的程度和时间存在差异,这会影响企业的税收负担、现金流量及税后利润。

表23-1 不同行业一般纳税人增值税税率差异

增值税税率(%)	行业
13	适用于大多数工业产品和部分现代服务业
9	生活必需品、交通运输服务、邮政服务、基础电信服务等
6	金融服务、增值电信服务、现代服务业(除已列明适用9%税率的)
0	适用于出口货物及服务

企业在寻找投资方向时,应充分结合税收优惠政策进行考量。例如,软件产品可以享受增值税的超额即征即退优惠;农业及农产品加工企业可享受免税或低税率优惠;环保企业可获得所得税减免政策。初创企业应充分考虑这些税收政策,并结合自身的技术优势、市场定位和长期发展战略,选择最适合的行业或产业进行投资。

在确定企业设立地点时,除了考虑地区的基础设施、金融环境等外部因素外,还应该选择整体税收负担相对较低的地点,可以获得更大的税收利益。国家为促进某些地区的发展,出台了地区性的税收优惠条款,如国务院批准的"老、少、边、穷"地区、西部地区、东北老工业基地等,这些地区可享受企业所得税减免。许多城市也通过产业新区或工业园区等出台一系列涉及多个税种的返税政策以吸引投资者。因此,初创企业应综合分析地方政策、市场环境和基础设施条件,有助于企业在初期阶段获取更多优势,实现稳健发展。

此外,创业企业还根据自身规模、业务模式和长期发展目标选择最佳组织形式和纳税人身份,以优化税收筹划,实现合理合法的税负管理。有限责任公司、合伙企业和个人独资企业等不同的组织形式在税收待遇上存在显著差异。2000年1月1日起,我国对个人独资企业、合伙企业这类利润直接归属投资者的企业,比照个体工商户的生产、经营所得,适用5级超额累进税率,对企业利润征收个人所得税。有限责任公司、股份有限公司等公司制企业的利润则是缴纳企业所得税(除享受税收优惠的企业外,适用25%的税率),同时在其向个人投资者分配股息红利时,还需代扣投资者的个人所得税(税法规定适用个人所得税的股息、红利所得20%的比例税率),涉及双重纳税,而双重征税的综合税负率为40% [25% + (1-25%) ×20%]。不同的组织类型其利润对应的应纳税额将会有所不同,初创公司应大致估计公司未来的营收情况,进行测算分析,在进行组织形式抉择时予以综合考虑。

从增值税筹划角度来看,纳税人身份分为小规模纳税人和一般纳税人,小规模纳税人适用年销售额500万元以下的小企业,享受较低的税率(3%),根据政策在2027年12月31日前减按1%征收率;对月销售额不超过10万元(含本数)的增值税小规模纳税人,免征增值税。增值税小规模纳税人的应纳税额计算规则是销售额乘以征收率,且不允许抵扣进项税额。一般纳税人虽然面临较高的税率,但允许抵扣进项税额,其应纳税额等于销项税额(销售额乘以税率)减去可抵扣的进项

税额，不同企业的最终税负会有所差异。因此，企业需要比较在不同纳税人身份下，即一般纳税人与小规模纳税人对净利润的影响，以制定最优的税收筹划策略。在销售价格、货物成本和期间费用相同的前提下，企业可以依据增值税的无差别平衡点增值率和抵扣率来评估不同纳税人身份下的税负，从而选择最优的纳税人身份。

四、创业企业经营的税收筹划

创业企业在进入正式经营阶段后，纳税筹划成为提升成本效益的重要环节。企业可以通过合理安排收入确认时间、优化成本和费用分摊、充分利用税收优惠政策，以及合理利用关联交易等策略，实现有效的纳税筹划，从而降低税负并提高经济效益。企业可以通过调整收入确认的时间点，如推迟或提前确认收入，影响应纳税所得额的实现时间。例如，企业可以通过委托代销结算的方式，在收到代销单位的销货清单后确认销售额，以此达到递延纳税的效果。此外，企业可以运用会计政策筹划法，如分摊筹划法和会计估计筹划法，合理安排无形资产摊销、待摊费用摊销、固定资产折旧等，并对不确定因素进行合理估计，进而影响税收负担。企业还可以充分利用国家税收优惠政策，如研发费用加计扣除、固定资产加速折旧等。

随着企业规模的扩大，设立分支机构成为企业战略布局的重要一环。从税务筹划的角度来看，选择将分支机构设立为子公司还是分公司，对企业的税务影响是深远的。子公司作为独立的法人实体，拥有独立的财务和税务核算体系，能够独立承担民事责任，并在法律上被视为与总公司完全不同的实体，其成本、损失和所得全部独立核算，且可以单独享受税收优惠政策。而对于母公司从子公司分得的利润，如果母公司的所得税税率低于子公司，则已缴纳的所得税不予退还；若高于子公司的税率，则需按规定还原后并入企业收入总额计缴所得税。因此，子公司的设立地点选择应考虑能够享受税收优惠的地区。分公司不具有独立的法人资格，不能独立承担民事责任，其财务和税务通常与总公司合并处理，其成本、损失和所得需并入总公司纳税，因此分公司的盈亏状况会直接影响整个公司的税负。在公司成立初期，由于分支机构可能会经历一个先亏后盈的过程，从税收角度来看，可以先采用分公司形式，利用其亏损抵销总公司的所得，减少所得税。整体来看，企业在设立分支机构时，应综合考虑税收优惠政策、盈亏状况、地区税率等因素，选择最适合企业发展的纳税策略，以优化税负并支持企业的长期增长。

五、创业企业税收筹划风险管理

在创业企业进行税收筹划的过程中，风险管理是至关重要的一环。虽然纳税筹划能够减轻企业的税负，但若忽视了风险管理，可能引发合规问题和经济损失。创业企业在进行税收筹划时应注意以下几点：

1. 严格合规

确保所有税务方案遵循法律法规，防止违规操作。企业务必确保所有税务筹划方案严格遵守国家的税收法律法规，这是税务筹划的基石。企业应建立一套完善的内部控制机制，以监控税务筹划的合规性，并定期进行自我审计，确保税务申报的准确性和合法性。此外，企业应培养员工的合规意识，确保税务筹划过程中的每一步都遵循法律框架，防止因违规操作而受到法律制裁或造成财务损失。

2. 及时更新

密切关注政策变化,及时调整筹划方案以保持适应性。税法和政策是动态变化的,企业需要密切关注国家税务总局和地方税务局的最新公告,包括税收法规的变动、新的税收优惠政策的出台,以及其他可能影响企业税务状况的政策调整。及时调整筹划方案,确保税务筹划的连续性和有效性,避免因政策变化产生的税务风险。

3. 全局视角

税收筹划不应孤立进行,而应结合企业的整体业务模式和发展战略进行全面分析。这意味着税收筹划需要与企业的财务规划、业务扩展、市场定位和长期目标相结合。企业应从全局视角出发,评估不同税收筹划方案对企业整体战略的影响,确保税务筹划与企业的整体利益一致,并为企业的长期发展提供支持。

4. 专业咨询

鉴于税务筹划的复杂性,企业应邀请税务专家进行评估与指导以提升决策的准确性。税务专家可以提供专业的税务筹划建议,帮助企业识别潜在的税务风险,优化税务结构,并提供关于税收优惠政策的专业解读。通过专业咨询,企业可以提升决策的准确性,确保税务筹划方案的科学性和有效性,同时避免因缺乏专业知识导致的税务问题。

案例精选

一、学习目标

通过本案例的学习和分析,掌握税收筹划的基本概念,了解初创企业税收筹划的重要性及其特性;探索创业者在税务筹划方面将面临的挑战和机遇;增强对税收筹划专业知识和实际操作的理解;深入了解创业者在税收筹划中的思维模式、决策过程和成功经验;从实践案例中获得启示,以便更有效地规划个人或团队的税务筹划策略。通过学习,旨在提升对税收筹划的系统认识,学习如何合法合规地利用税收政策优化企业税负,增强企业竞争力。

二、税收筹划案例

案例一

赵辰翔的创业故事始于大学时期的一个小型创业团队,他们从食品零售业务开始,逐步扩展到食品加工和食品检测领域。他深知创业过程中的挑战与困难,因此成立了引力星创(温州)科技发展有限公司,致力于为大学生创业提供包括法律援助、政策分析、财务和金融支持等在内的全方位服务,在这些服务中,涉税指导占据了重要位置。赵辰翔在自己的创业旅程中,以及在为其他创业者提供帮助时,重点关注以下问题:如何在企业成立初期高效完成税务登记,确保企业运营过程中的财税合规性,以及在遵循法律法规的基础上,探索有效的税收筹划策略,以减轻企业的税收负担,提高资金流动性。这些问题的解决对于初创企业的成长至关重要,也是赵辰翔在创业服务中不断追求和完善的目标。

作为兼具创业者身份的咨询服务提供者，赵辰翔在政策敏感度和信息获取能力方面表现出色。尽管他的专业背景并非财务会计，但他通过大学期间的课程学习，积累了一些财税知识，他在发掘与自己创业公司紧密相关的财税政策方面的能力极为突出。例如，识别到税法政策规定，对月销售额10万元以下（或季度销售额30万元以下）的增值税小规模纳税人免征增值税，以及适用3%征收率的应税销售收入减按1%征收率征收增值税的阶段性优惠举措，赵辰翔所主导的几家公司大多选择成为增值税小规模纳税人。同时，考虑到公司的顾客和供应商大多数也是小规模纳税人，因此在发票的取得与开具方面，公司选择作为小规模纳税人进行操作将更为适宜。此外，在初创阶段，由于规模较小、盈收和利润均不高，基本满足税法政策规定的小型微利企业条件，进而享受企业所得税20%的优惠税率，且在2027年12月31日之前应纳税所得额减按25%计算，使得小微企业的企业所得税实际税率仅为5%，为企业组织形式选择有限责任公司提供了明确的方向。赵辰翔的这种筹划初体验，不仅体现了他对财税政策的深刻理解和应用能力，也展现了他在企业税务筹划方面的前瞻性和灵活性。通过合理利用国家提供的税收优惠政策，他的公司能够在创业初期减轻税负，将有限的资源更有效地投入业务发展和市场扩张中。

在探索创业方向上，他意识到农业的生产加工是国家税收优惠的大方向，而且是持之以恒优惠的方向，又为了响应乡村振兴的号召，他整合了自己手上的资源，在文成县政府的支持下，他与多位合伙人在2022年共同创立了文成博海食品有限公司（以下简称博海食品）。以文成的糯米山药加工为主业，并着力构建从种子到餐桌的糯米山药全产业链。为了进一步做深产业链，博海食品筹建了博海食品产业园，一期用地17亩，年加工糯米山药可达7000吨以上，全面达产后年产值预计超过3.5亿元。博海食品为增值税一般纳税人，其主业之一是为小规模农户提供批量加工服务，将新鲜的糯米山药加工成鲜切、速冻等多种形式的产品。该项业务属于增值税的农产品初加工，对应的增值税销项税率为9%。同时，博海食品以"企业+合作社+农户"的模式，通过牵头成立石岭农业专业合作社，连接了包括黄坦镇前巷村等5个村在内的200余户农户，统一提供低成本农资，推广先进种植技术，并建立农产品质量安全追溯体系。这使得公司购进的糯米山药原料可按照收购发票上的收购金额乘以9%的抵扣率计算可抵扣的进项税额（若购进的糯米山药原料用于生产糯米山药糕等13%税率的产品，则按照收购金额乘以10%的抵扣率计算）。最终，应缴纳的增值税税额为销项税额减去进项税额，实现整体税负较低。

研发活动是企业所得税税收优惠中的一项关键举措，对于博海食品而言，重视研发不仅是公司战略升级的重要一环，也是减轻企业税负的有效途径。公司投入大量资源于研发领域，致力于通过技术创新来推动产品和工艺的升级。公司与浙江大学文成大健康产业联合研究中心建立了紧密的合作关系，共同研发了专门解决糯米山药削皮难题的先进生产机械，这一创新不仅提高了生产效率，也改善了产品品质。此外，博海食品还积极着手研发采挖机械和定向套管栽培技术，这些技术的应用有望进一步提升糯米山药的种植效率和产量，增强公司在市场中的竞争力。这些研发费用的发生也会让博海食品在企业所得税方面有更大的节约空间。

赵辰翔说，当运用了税收筹划来配合公司的战略布局后，会发现国家不管是在创业方向，还是公司经营的方向上，都通过税收政策给予了一定的指引。他指出，那些享有税收优惠政策的领域，实际上为企业的健康发展指明了方向。

案例二

始创于1886年的项春和堂，历经6代人的坚守，传统绵延、创新不停，是温州民间酿酒家族的优秀传承载体之一。

项春和堂的产品线涵盖了酒曲和酒类产品，这些产品在税务处理上有所不同。酒曲作为酿酒的原料之一，其生产和销售主要涉及增值税、企业所得税及其他相关税费，酒曲的增值税税率为9%，企业所得税税率视其当年度是否满足小型微利企业而有所不同。若满足小型微利企业（指从事国家非限制和禁止行业，且同时符合年度应纳税所得额不超过300万元、从业人数不超过300人、资产总额不超过5000万元等三个条件的企业），则为减按25%计算应纳税所得额，按20%的税率缴纳企业所得税政策，实质税率仅为5%；若未满足，则其税率为标准税率25%。对于酒类产品，除了上述增值税和企业所得税外，还需要缴纳消费税。按照我国税法的规定，涉及白酒的20%的从价税加上每500克（或毫升）0.5元的从量税；黄酒、其他酒类产品按照10%的从价税率。

项春和堂通过精心的组织架构设计和业务布局，实现了旗下多家公司的协同运营，以优化税务结构并提高运营效率。目前，项春和堂旗下包括温州市米醴琼酒业有限公司、温州市项春和堂食品有限公司、温州项春和堂酒业有限公司，以及不熟酒业（温州）有限公司等企业，它们各自承担着不同的角色和职责。温州市米醴琼酒业有限公司和温州市项春和堂食品有限公司主要负责酒类产品及酒曲的生产工作，这两家公司凭借专业的生产技术和严格的质量控制，确保了项春和堂产品线的高品质和独特风味。与此同时，温州项春和堂酒业有限公司和不熟酒业（温州）有限公司则承担着产品销售和市场拓展的重要任务。这两家公司通过精准的市场定位和有效的营销策略，将项春和堂的优质酒类产品推向更广阔的市场，满足不同顾客的需求。

目前，项春和堂的税收筹划主要聚焦增值税、企业所得税和消费税三大税种，以实现税负优化和财务成本控制。项春和堂旗下四家公司均被归类为增值税一般纳税人，鉴于当前的销售规模，这些公司无法转换为小规模纳税人以享受较低的税率优惠。因此，在增值税筹划方面，项春和堂着重优化采购流程，确保所有符合条件的进项税额都能够及时、准确地得到抵扣。在企业所得税方面，项春和堂目前尚未实施具体的筹划措施或方案，公司遵循国家税法规定，及时、足额地缴纳企业所得税。

项春和堂在消费税筹划方面走过了一段从起步到成熟的探索之路，通过不懈的努力和持续的优化，最终塑造出了一套适应当前业务需求的税收筹划模式。在未进行税收筹划之前，项春和堂的酒类产品仅由温州市米醴琼酒业公司负责生产和销售，其零售价就是消费税的计税依据。按照我国的消费税政策，白酒的消费税率为20%，黄酒和其他酒类产品的消费税率为10%，这导致了企业承担较高的税负。通过对消费税政策的深入研究，项春和堂了解到消费税在酒类产品的征税政策是从生产到最终零售，实施的是单一环节征税，即在生产销售环节征收，而之后的批发、零售等流通环节不再征税。同时，随着直播销售模式的兴起，项春和堂总经理决定调整公司的运营结构，以优化税收筹划。在2023年设立了专门的销售公司，将生产制造环节保留在米醴琼酒业公司，而将销售环节转移到温州项春和堂酒业公司。项春和堂酒业公司在销售时仍按照之前的零售价对外销售，而米醴琼酒业公司则是按照低于零售价的价格批发。这一策略的实施，使得温州消费税的计税依据由原来的零售价转变为批发价，有效降低了消费税的税负。另外，根据税法规定，当产品连同包装物一起对外销售时,即便包装物本身不属于应税消费品,其价值也会被计入产品的销售价格中,从而成为消费税的计税依据。因此,米醴琼酒等一系列产品在更新包装后,包装成本的增加直接导致了消费税税负的提升。在成立销售公司后,项春和堂决定将酒类产品的精致包装物成本转由销售公司承担。这样,米醴琼酒业公司在批发销售时可以采用大桶简包的方式,从而降低了产品的批发价格。这一策略不仅减少了因包装成本增加带来的额外税负,而且通过分离包装成本和产品销售价格,有效降低了整体的消费税负担。

税收筹划是一项长期而复杂的工作,它不仅要求企业有持续的关注和规划,还涉及高度的专业性。对于项春和堂而言,未来税收筹划的首要原则是在确保合法、及时、足额纳税的基础上,紧跟税法的最新动态。为此,项春和堂将与税务机关保持紧密的沟通,积极获取官方的指导和帮助,同时定期向税务律师和会计师咨询,确保所有的税务筹划活动都在法律框架内进行,从而避免因违规操作而遭受不必要的处罚。

同时,项春和堂也将考虑环境税收政策的影响,如碳税等,通过规划企业的绿色生产和运营活动,有效减少环境税负。此外,项春和堂还将在其税收筹划中融入企业社会责任,如通过慈善捐赠等公益活动来获取税收减免、通过参与乡村振兴扶持农户等措施来获得税收优惠等,这样既贡献于社会,也优化了税务结构。

电子资源

创业公司税收筹划

案例分析与讨论

1. 讨论企业在税收筹划过程中应如何确保其筹划方案的合法性,并避免法律风险。
2. 分析企业如何识别和利用国家对特定行业和区域的税收优惠政策;并讨论这些政策对企业税收筹划的影响。
3. 讨论税收筹划如何支持企业的整体战略,并分析税收筹划在企业不同发展阶段的作用。

参考文献

[1]蔡昌. 新时代税收筹划方法论:普适方法与操作技术[J]. 财会月刊,2021(7):116-122.
[2]计金标. 税收筹划(第7版)[M]. 北京:中国人民大学出版社,2022.
[3]梁俊娇,王怡璞,王文静. 税收筹划(第11版)[M]. 北京:中国人民大学出版社,2023.

第二十四章
创业融资与投资

理论知识

一、创业融资动机

创业融资是指企业为了满足生产经营、战略发展、资本结构调整等需要，通过多种渠道和方式获取所需资金的财务活动。这一活动的核心在于如何平衡资金需求与融资成本，同时保障企业的可持续发展。融资动机作为推动企业资金筹措的内在驱动力，不仅影响融资行为的选择，还直接关系到企业运营与发展的成效。从本质上看，企业的融资目的可归纳为以下几个方面：

（一）创建企业

资金是企业开展生产经营活动的基石，充足的资金准备是企业创立的先决条件。根据我国相关法律法规，企业设立时必须具备法定资本金，其金额不得低于规定的最低限额。这一要求不仅保障了企业创立的合法性，也为企业后续运营提供了初始保障。

创业阶段的融资主要面临高风险与高不确定性，投资者对创业者的业务模式、核心团队及未来成长尤为关注。因此，创业者需要设计清晰的商业计划，并制定具备说服力的融资方案，以吸引天使投资、风险投资或其他形式的初始资本。

（二）发展与扩张

企业的成长离不开持续的资本投入，特别是对于处于成长期的企业而言，扩大生产规模、升级设备和研发新技术是提升市场竞争力的关键手段。通过融资获取更多资源，企业能够迅速占领市场份额，满足顾客不断变化的需求。

此外，发展融资的动机还包括进入新市场、收购潜在竞争者及实现业务多元化。这些战略性投资不仅可以增强企业的抗风险能力，还能带来长期的财务收益。需要注意的是，在扩张融资过程中，企业应充分评估资本使用效率和潜在回报，以避免盲目扩张带来的资源浪费和财务困境。

（三）偿还债务

在企业的成长与运营中，债务融资是常见的资金来源。虽然债务资本可以通过财务杠杆效应放大企业的收益率,但同时也为企业带来了财务风险。一方面,企业需要按时支付利息,以维持良好的信用记录;另一方面,到期债务的本金偿还压力可能对企业资金的流动性构成威胁。

当企业面临短期偿债能力不足的情况时,通常需要通过新的融资渠道(如发行债券或短期借款)来弥补资金缺口。然而,过度依赖债务融资可能导致负债率过高,从而增加企业的财务风险。因此,企业在选择融资方式时,应兼顾短期现金流需求与长期资本结构的稳健性。

(四)优化资本结构

企业的资本结构直接影响其财务健康程度和融资能力。资本结构的不合理,如过度依赖债务或权益资本比例过高,可能对企业的长期发展造成负面影响。例如,债务过多会增加利息负担,侵蚀企业利润,而权益资本过高可能导致股东回报率下降,降低资本市场吸引力。

为了应对这些挑战,企业通常通过调整融资方式(如发行新股、引入战略投资者或回购股份)来优化资本结构。在资本结构调整中,企业需要平衡成本、风险和收益的关系,以实现财务稳定性与增长潜力的统一。

二、创业的融资来源

创业融资来源可以从早期的私人和天使投资逐步过渡到成长阶段的战略合作与风险投资,最终迈向成熟阶段的私募、债务和公开市场融资。这些来源各具特点,企业需根据所处阶段和资金需求选择合适的方式,以实现持续增长与长期发展。

(一)早期阶段:信任为基,探索为本

在创业企业的萌芽阶段,资金来源主要集中在创业者个人、家庭及朋友等,这一阶段通常被称为"自筹资金期"。由于商业模式尚未验证,创业者不得不依赖于亲密关系的信任进行融资。创业者个人的储蓄、资产变现及个人信用贷款成为主要资金渠道,而家庭和朋友的投资,则更多地体现为情感支持和信任背书。这些资金规模虽小,却往往决定了企业能否迈出第一步。

在这一阶段,创业者面临的不仅是资金不足问题,还有如何有效利用有限资源的挑战。创业者需要展示强大的执行力和高度的责任心,通过初步产品或服务原型证明其商业潜力,为下一步融资打下基础。

(二)成长阶段:资源与资本的协同作用

1. 天使投资人

天使投资人是创业者在资金与资源上最早的外部支持者之一,他们不仅注重项目本身的潜力,更看重创业者的素质、愿景及团队能力。相比传统金融机构,天使投资人愿意承担更大的风险,并通过股权投资分享企业未来的成长收益。他们的投入通常伴随着指导、资源链接及行业洞察,从而帮助企业在市场中立足。

2. 政府支持

许多国家设立了专门的政府资助项目,向初创企业提供贷款、补助或税收优惠,这些支持特别适用于技术密集型行业或具有社会效益的创新项目。通过政府资金,企业不仅获得了发展所需的资本,更能凭借政府背书提升市场可信度。

3. 公司战略合作伙伴

在这一阶段，企业可能吸引到大型公司的战略投资，这种合作不仅是资本的注入，更是双方资源、市场和技术的深度整合。例如，大公司通过扶持初创企业布局新兴市场，初创企业则借助合作伙伴的资源快速扩展业务。这样的投资通常基于双赢战略，资金规模也往往比天使投资更为可观。

（三）稳定阶段：多元化的融资选择

企业在稳定阶段的融资需求通常涉及提升生产能力、进入新市场或提升品牌知名度，此时的融资方式更加多元化且专业化。

1. 风险投资基金

风险投资基金是此阶段的重要资本来源，它们专注挖掘具有高成长潜力的企业，为其提供较大规模的资金支持。相比天使投资，风险资本要求更高的商业计划执行力和市场验证能力。同时，风险投资基金不仅注重财务回报，还积极为企业提供战略咨询、市场开拓支持及管理团队搭建等增值服务。

2. 资产抵押贷款与商业信用

对于已有固定资产或稳定业务的企业，资产抵押贷款是一种经典且可行的融资方式。企业可以设备、库存或不动产作为抵押品，从银行或其他金融机构获取贷款。与此同时，供应商提供的商业信用（即赊销）也是一种有效的短期融资方式，它能够缓解企业资金周转的压力，尤其是在业务快速扩张的情况下。

3. 保理

保理是企业通过出售应收账款以换取即时现金流的一种融资方式，尤其适合现金回收周期较长但交易量大的企业。保理商不仅负责账款的收回，还能帮助企业规避因顾客违约带来的潜在风险。

4. 特许经营

特许经营是一种独特的融资和扩展模式，特别适用于易于标准化和复制的业务。企业通过吸引加盟商，不仅能够迅速进入新市场，还能降低自有资本投入的风险。这种模式既是融资工具，也是品牌扩展的有效手段。

（四）成熟阶段：资本市场的支持与拓展

企业步入成熟阶段后，融资方式更多的是与资本市场接轨，注重规模化、品牌化与长期可持续发展。

1. 私募股权与债务融资

私募股权融资通常针对具有高增长潜力但尚未上市的企业，投资者包括机构投资者、保险公司和高净值个人。这种融资方式不仅能提供大额资金，还能帮助企业整合资源、优化治理结构及提升市场竞争力。

债务融资则适用于现金流稳定、盈利能力较强的企业。通过向债券市场发行私募债，企业可以较低的融资成本获取长期资本支持。

2. 首次公开发行股票（IPO）

IPO 是企业成熟阶段的里程碑，它不仅是大规模融资的渠道，更是对企业商业模式和治理结构的全面背书。通过上市，企业能够吸引更广泛的投资者，同时提升品牌影响力和市场地位。然而，IPO 的成本和复杂性较高，企业需做好长期准备。

三、创业融资的相关理论

（一）产品生命周期理论

在企业创立初期，由于资本需求较小且资质有限，企业主要依赖内源融资，通常表现为创始人的原始资本投入和利润留存的循环使用。随着企业进入成长阶段，扩张所需资金迅速增加：一方面，新产品导入市场需要大量资金支持；另一方面，生产能力的提升也带来额外资金压力。这时，企业应以债务融资为主，辅以自有资金，通过间接融资方式满足需求。当企业进入成熟阶段后，产品市场趋于稳定，盈利能力显著提升，资金需求相对平稳，经营风险与财务风险也有所降低。在这一阶段，企业通常采用以股权融资为主、债务融资为辅，同时结合其他融资方式的多样化融资模式。

（二）优序融资理论

优序融资理论又称"啄食顺序理论"，由美国金融学家迈尔斯和智利学者迈勒夫于 1984 年提出。该理论基于信息不对称理论，并考虑到交易成本的存在，认为当公司为新项目融资时，会优先使用内部盈余，其次选择债券融资，最后才考虑股权融资。这一顺序遵循"内部融资优于外部债权融资，外部债权融资优于外部股权融资"的原则。

在 MM（米勒—莫迪利安尼模型）理论假设的信息对称和不存在破产成本的前提下，信息不对称可能使外部投资者对公司的实际类型和经营前景不了解，仅基于对公司价值的期望来定价。因此，若公司选择外部融资，尤其是增发股票，可能被视为负面信号，导致公司价值下降。相比之下，债券融资对公司价值的影响较小，因此公司应优先选择内部盈余进行融资，必要时则通过发行债券来补充资金。

（三）财务规划与预测模型

基于公司战略和市场环境，将近期发展计划落实到具体的财务预测中，是企业实现目标的重要步骤。财务预测不仅整合了经营管理的各个环节，还通过明确参数假设，将宏观的市场战略细化为可执行的计划，并从财务角度全面整合，勾勒出未来发展的清晰蓝图。此外，财务预测能有效评估企业的资金需求，通过计算外部融资需求量（EFN），即预计资产减去预计负债和股东权益，为企业提前安排融资提供科学依据。更重要的是，财务预测还可以帮助企业应对未来的不确定性，通过分析可能出现的乐观和悲观情境，提前制定资金预案，从而避免在市场竞争激烈时因资金短缺陷入困境，或因扩张过快而错失发展机会。这一过程不仅提升了企业的计划性和应变能力，也为战略目标的实现奠定了坚实的基础。

（四）资本结构与公司治理

企业的融资决策对其资本结构具有深远影响，而合理的资本结构不仅能有效提升企业和股东的价值，还能为其发展奠定稳固的基础。然而，对于创业企业而言，资本结构问题往往更加复杂。首先，在债务融资方面，尽管成熟企业能够利用债务的"双刃剑"特性从中获益，但是创业企业由于缺乏稳固的盈利基础，难以充分发挥债务的积极效应（如杠杆效应和税盾效应），反而更易遭遇负面影响，如财务困境或破产风险。其次，在股权融资方面，创业企业通常无法通过公募市场融资，而是以私募股权融资为主。这种融资方式虽为企业带来了宝贵的资源，但也伴随着高资本成本和严苛的融资条件，企业需在其中谨慎权衡得失。最后，创业融资的复杂性还体现在公司治理上。公司创始人、管理团队和不同轮次的投资者对企业发展具有重要贡献，但各自的利益诉求可能存在冲突。构建科学的治理结构，通过合理的激励机制和权力制衡体系实现协调与平衡，是确保创业融资成功的关键所在。这些因素共同决定了创业企业在资本结构设计中需要更加审慎和全面的考量。

四、创业投资

（一）创业投资的目的

从创业资金提供者的角度来看，创业投资主要由风险投资基金和私募股权资本构成，这些资本通常以基金形式运作，专注寻找具有高增长潜力的初创企业。作为专业的财务投资者，风险投资和私募股权资本的目标是在3~7年实现投资退出，并获得预期的高回报。为了实现这一目标，他们通常积极推动企业上市，以便通过公开市场实现资本回收。如果企业短期内尚不具备上市条件，投资者就倾向推动企业通过并购方式退出。此外，如果并购机会暂时缺乏，他们则希望通过持续推高公司的估值，在未来的融资轮次中提高所持股份的价值。这一系列策略旨在保障投资回报并促进公司持续发展。

（二）创业企业项目评估

在创业项目的早期阶段，由于缺乏顾客数据和财务报表等硬性指标，如何判断一个创意的价值就成为投资者关注的难点。这时，创业投资领域常用的4M项目评估模型提供了一种有效的判断框架。该模型认为，投资者评估一个项目的核心因素主要包括4个方面：目标市场、管理团队、商业模式，以及融资额与用途及退出机制。

其中，投资者通常最为关注两个关键因素：商业机会（即目标市场）和管理团队。商业机会指的是项目的市场前景，投资者往往选择那些具备巨大潜力的市场机会，而不仅仅是一个创意想法。所谓真实的目标市场机会，实际上就是一个可靠的商业模式。在评估商业机会时，首先要清楚地了解目标用户是谁，他们的痛点是什么。然后，基于这些痛点，结合市场定位和用户画像，以创新的方式满足他们的需求，并最终实现价值创造和利润获取，形成完整的商业闭环。

此外，一个成功的创业团队通常由4个关键角色组成：

（1）CEO（首席执行官）。作为团队的领导者，CEO需要具备绝对的话语权和控股地位，负责整体战略和团队协调。

（2）CTO（首席技术官）。技术负责人，负责将创意或设计转化为实际的产品。

（3）产品经理。负责产品的设计和架构，确保产品符合市场需求。

（4）行业专家。拥有深厚的行业经验，为团队提供宝贵的行业洞察，避免团队走弯路。

虽然这4种角色并不一定需要由4个人担任，某些团队成员可以身兼多职，但绝不能由一个人担任所有角色。个人创业项目往往面临精力分散、难以全面覆盖各个环节的风险，因此人们通常不投资完全由单个人主导的项目。理想的团队结构是有一个控股的主要股东，同时配有几位持有较少股份但担任核心创始人角色的股东，确保股权和决策上的合理制衡。这样的股权结构能够为团队带来长远的稳定和高效的运作。

（三）创业企业风险评估

在追求高回报的同时，风险投资基金作为经验丰富的投资者，对初创企业可能面临的各种风险有着清晰的认识。他们通常要求较高的风险溢价，并在融资合同中设置多种保护自身利益的条款。这些条款有助于保障基金的退出路径和投资回报，但创业企业在接受资金及其他资源支持时，也应警惕这些条款可能给企业长期发展带来的负面影响，如短期回报导向、估值泡沫的追求及对退出的急切可能削弱企业的可持续发展能力。因此，创业企业在与风险投资基金签订融资合约时，需格外谨慎，全面评估潜在的风险和收益。

创业企业所面临的风险主要分为两类：系统风险和非系统风险。前者是超出企业控制范围的外部环境风险，后者则是企业内部可以通过管理和决策加以控制的风险。这两类风险之间并非绝对分界，有时系统风险可以通过战略调整加以缓解，而非系统风险却可能因管理失误被放大。

1. 系统风险

（1）政治风险。随着全球化和信息化的推进，国际和国内政治局势的变化对企业发展影响深远。战争、政权更迭、政策变化等均有可能威胁项目收益。政治风险的不可预测性和不可避免性使其成为初创企业面临的重要外部挑战。

（2）市场风险。创业企业需面对产品供需波动、价格波动及市场竞争等带来的风险。这些市场因素会影响企业是否能按计划生产和销售，进而对收益造成冲击。市场风险涵盖需求风险、价格风险和竞争风险三个方面。

（3）金融风险。包括外汇风险和利率风险在内的金融风险，是创业企业难以控制的重要因素。汇率波动、利率上升和通货膨胀等可能影响融资成本及企业财务的稳定性。

（4）经营风险。全球化进一步增加了企业经营的不确定性。例如，传统以预算为基础的业绩目标常因外部环境变化而变得难以实现，从而给企业运营带来压力。

2. 非系统风险

（1）信用风险。信用风险是创业融资中的主要风险之一。资金出借方可能难以全面了解贷款方的资金状况、偿付能力及诚信程度，这增加了贷款方违约的可能性。此外，如果借款方未能按约履行合同义务，也会给融资方带来信用损失。

（2）完工风险。创业项目建设可能因资金不足、技术短缺或外部环境因素导致无法按预期完成，包括项目延期、超支，甚至停工。主要承担该风险的是项目承建商，其能力不足将直接影响项目的最终完成。

（3）运营风险。生产运营阶段的风险包括原材料供应不足、设备资源短缺及生产技术落后等问题。此外，创业者缺乏生产运营经验或管理水平不足，也会对企业的生产运行构成重大威胁。这类风险源自内部管理的不足，需通过系统的管理优化予以解决。

（四）创业企业的估值方法

在创业企业的股权融资过程中，估值是一个至关重要的环节。由于早期的创业企业普遍面临经营年限短、收入未达经济规模、现金流不稳定、会计数据和财报不规范等问题，传统的绝对估值法（如 DCF 模型）难以适用，因此这种情况下，估值往往依赖投资人丰富的经验和判断。然而，由于投资人与创业者的利益目标存在差异,估值的结果常常出现较大分歧,因此这种分歧不仅是双方协商的重要议题,也可能通过引入财务咨询公司进行中立评估和博弈。

在众多估值方法中,相对估值法因其易用性和广泛性,成为早期创业企业估值的主流选择。相对估值法通过与类似企业的比较,利用一些关键财务指标来评估企业的潜在价值。常用的相对估值方法包括市盈率法(P/E)、市净率法(P/B)、市销率法(P/S),见表24-1。根据企业的销售收入与市销率进行估值,特别适合尚未盈利但具有较高增长潜力的企业。

表24-1 相对估值法下不同估值法比较

市盈率模型	公式	目标企业股权价值=可比企业市盈率×目标企业净利润
	适用范围	市盈率模型最适合连续盈利的企业
	局限性	市盈率模型不能为净利润是负值的公司估值
市净率模型	公式	目标企业股权价值=可比企业市净率×目标企业净资产
	适用范围	传统行业,尤其是拥有大量资产、净资产为正值的传统行业企业,如石油、化工等重工行业
	局限性	固定资产很少的服务性企业和高科技企业,净资产与企业价值的关系不大,用市净率模型估值没有实际意义;少数企业的净资产是负值,市净率模型无法估值
市销率模型	公式	目标企业股权价值=可比企业市销率×目标企业营业收入
	适用范围	主要适用于销售成本率较低的服务类行业,或者销售成本率趋同的传统行业企业;适于净利润为负的公司估值

尽管相对估值法能够为创业企业提供一定的价值参考,但由于创业企业的早期特性,其估值更多地受到市场预期、商业模式创新、管理团队能力及行业发展前景等非财务因素的影响。因此,估值过程不仅是数字计算的过程,更是双方基于对企业未来潜力的信心和博弈的综合体现。创业者需在确保企业价值合理反映的同时,积极沟通和展示企业的核心竞争力,以争取投资人的认可和支持。

(五)风险投资基金的选择

风险投资基金的选择对创业企业至关重要,因为它不仅关系到企业的发展资金来源,还可能影响公司的战略方向和长远成长模式。通常风险投资基金以有限合伙制形式组成,其中大部分资本由有限合伙人(LP)提供,而普通合伙人(GP)负责基金的具体管理,包括项目筛选、与创业团队合作及实现投资回报等。

从创业者的角度看,在决定是否引入风险投资及选择哪一家风险投资基金时,可考虑以下关键因素:

(1)时机选择。引入风险投资的时机非常重要。创业者需要将项目发展到一定阶段,具备明确的增长潜力,才能让风险投资基金不仅提供资金,还能通过其资源和网络为企业带来更多附加价值。

(2)行业匹配。创业企业应选择专注自身行业领域的风险投资基金。这样的基金通常对行业趋势和市场动态有深入理解,并能够为企业提供更精准的战略指导和行业资源支持。

(3)地理偏好。许多风险投资基金倾向投资特定的地理区域,以便更好地与创业团队沟通和提供支持。因此,创业者在选择基金时,应关注其区域投资偏好,确保地理位置能够促进高效合作。

(4)投资目标与期限。风险投资基金追求高回报,通常通过股权或类似股权的投资方式实现。

与此同时，基金的有限生命期（通常为 10 年）对其投资周期和退出策略有一定约束。创业者应充分了解基金的投资期限和退出要求，以确保企业的成长目标与基金的回报预期相匹配。

在选择风险投资基金时，创业者不仅要关注其提供的资金支持，还应注重基金的行业专长、战略资源及合作方式，确保其能为企业的长期发展提供助力。与此同时，创业者还需明确自身的需求和目标，与基金在投资策略和发展愿景上达成共识，建立互信的合作关系。

案例精选

一、学习目标

本案例涉及"创业融资""商业模式"等概念，旨在帮助学生掌握不同融资方式的优缺点，了解融资决策流程，理解创业融资与商业模式、创新理念的关系。

二、内容简介

赵辰翔是温州商学院 2018 级工商管理专业学生，在校期间便展现出非凡的商业敏锐度，开始尝试食品零售生意。这段校园创业经历为他积累了宝贵的供应链资源和人脉网络，成为他深入食品加工领域的重要契机。短短几年间，他创立了引力星创（温州）科技发展有限公司等多家企业，成功将业务从食品零售和加工拓展到食品检测领域。

三、企业融资的案例

（一）创业项目的启动

2018 年，赵辰翔怀揣创业梦想来到被誉为"中国民营经济之都"的温州求学。在校期间，他组建了一支由 3 人组成的小型创业团队，从校园零食及日化用品销售起步进行创业试水。当时，社群营销和新零售的概念逐渐兴起，赵辰翔团队敏锐抓住机遇，巧妙结合小程序，成功开展校园社群营销。随着业务的稳步发展，团队逐渐壮大至 15 人，并最终成功入驻校园创业园区——温商众创空间，开启了专业孵化之路。

在校园创业中他积累了资源和人脉，于是赵辰翔带领团队进军食品加工领域。他联合 6 家工厂和 5 个农业基地，搭建了覆盖有机果蔬、肉制品及海产品的加工与销售链。凭借优质的产品和卓越的服务，公司迅速赢得业内顾客的广泛认可与高度评价。为进一步提升品牌影响力和市场份额，赵辰翔成功与温州知名品牌"瓯味坊"达成合作，并与大润发、世纪联华等多家知名连锁商超建立了合作关系，进一步巩固了企业的市场地位。

（二）初始资金的获取

创业企业融资难的问题由来已久，其根本原因在于企业规模较小、制度不完善及市场竞争力相对较弱等先天不足。这些因素使得创业企业在银行贷款等传统融资渠道中面临诸多限制，尤其是在规模扩张与产品创新的关键阶段，创业企业对资金的需求尤为迫切，融资瓶颈也愈加显著。

对赵辰翔而言，尽管他在初创阶段通过运营积累了一定的资金，但在企业扩张过程中，资金缺口问题依然不可避免。他认为，创业企业在融资方面确实存在挑战，但近年来，随着政府支持政策

的不断完善，对于经营规范、具有成长潜力的创业公司而言，融资难的问题正在逐步缓解。赵辰翔本人就是温州市政府创业补贴政策的受益者，2021年至2023年，他先后获得温州市合计90万元的创业担保贷款。根据温州市相关就业创业补贴政策，按时归还贷款本息的企业还可享受政府贴息返还，这有效减轻了创业企业初期的财务压力。

正是这笔关键性贷款的支持，赵辰翔得以按照计划顺利推进食品加工的研发投入，同时加速拓展食品销售渠道。他建议，初创企业的创业者应多关注政府关于创业的支持政策，因为相较于其他融资渠道，政府创业贷款不仅利息更低，而且财务负担较小，对处于发展起步阶段的创业企业而言，无疑是一个重要的助力。

（三）融资挑战与策略

在国家乡村振兴战略的号召下，赵辰翔敏锐地意识到，可以借助这一契机将自己在农产品加工领域积累的经验运用到更大的平台上。适逢文成县政府正在积极招商，进行当地特色农产品的推广，作为浙江省唯一实现糯米山药规模化种植的地区，文成县的糯米山药产业已成为当地经济的重要支柱之一。于是，他有了与几位农产品供应链上的商业合作伙伴共同创业的想法。

对于这家新创企业而言，无论是规模还是业务范围都超过了之前的创业项目，因此是否有稳定的中长期资金来源支持至关重要。在公司筹建阶段，赵辰翔和几位创始人与温州的多元化投资企业瑾瑜集团有限公司取得联系。瑾瑜集团涉足教育、金融、旅游等多个领域，双方在战略发展和经营理念上高度契合，很快达成合作意向。瑾瑜集团的资金注入，解决了新创企业的中长期资金需求问题，为企业的稳健发展奠定了重要基础。2022年，在多方合作的背景下，文成博海食品有限公司（以下简称博海食品）成立了。博海食品专注食品加工业务，并致力于构建从种植到加工，再到餐桌的糯米山药全产业链生态体系。

随着博海食品的资产规模逐步扩大，运营逐渐步入正轨，也吸引了众多银行主动接洽，表示愿意为企业提供贷款支持。对于经营良好的企业而言，适度负债不仅能够降低资本成本，还能有效利用财务杠杆作用，因此在博海食品的融资结构中，银行贷款的占比稳步提升。股权融资方面，几位创始人更倾向将企业利润优先用于再投资。这一策略不仅有助于提升企业的财务稳健性，还为企业提升竞争力储备了充足的"弹药"。

（四）融资后的发展

完成融资后，博海食品迅速整合资源，着力构建完善的产业链条。博海食品通过"企业＋合作社＋农户"的模式，牵头成立石岭农业专业合作社，连接黄坦镇前巷村等5个村的200余户农户。公司统一为农户提供低成本农资，推广先进种植技术，并建立农产品质量安全追溯体系。这种抱团发展模式不仅显著提升了糯米山药的种植质量，也增强了农户在市场中的议价能力，推动区域农业更高效、可持续地发展。

博海食品另一大资金流向是技术研发。目前，公司与浙江大学文成大健康产业联合研究中心合作，研发了解决糯米山药削皮难题的生产机械，并积极开发采挖机械和定向套管栽培技术。博海食品还建成了浙江省首条获得SC认证的糯米山药鲜切速冻生产线，采用VC抗氧化保鲜和表面热烫灭酶技术，将糯米山药的储存期延长至12～18个月，实现全年供应。这一技术创新不仅大幅提升了糯米山药的市场竞争力，还使其销售范围拓展至全国，打开了更广阔的市场空间。与此同时，公司瞄准预制菜领域，自主研发了山药流沙包，从原料处理到市场反馈全流程创新，成功提升了糯米山药的市场吸引力和附加值。

通过融资的助力，博海食品实现了跨越式发展，不仅带动了农户增收，还推动了整个产业链向精深加工和高附加值方向迈进。目前，公司正在打造的"共富工坊"为小规模农户提供批量加工服务，帮助其将鲜糯米山药加工为鲜切、速冻等多种形式的产品，推动从鲜食向精深加工的转型。通过这一创新，农户不仅获得了稳定的销售渠道，也能共享产业升级带来的经济红利，为乡村振兴注入新的活力。

（五）创业融资的经验

回顾自己的融资经历，赵辰翔认为，温州独特的民间金融生态对他的创业融资影响深远。温州的民间金融与创业企业有着紧密的共生关系，企业可以通过小额贷款公司、担保公司及社区银行等多层次中介机构获得资金支持。他本人则更多地依托社会关系，通过民间募股完成融资。

从企业的长远发展来看，赵辰翔认识到民间融资的偶然性和不稳定性使其难以成为长期依赖的资金来源，因此如今做出融资决策时，他和团队更加注重审慎性。每年在股东会上，他与几位合伙人都会深入讨论下一年度的项目融资计划，并与财务团队协作，选择更适合企业发展阶段的融资方式。

电子资源

创业融资与投资

随着市场竞争的加剧和融资环境的变化，创业投融资的方式也在不断创新与发展。近年来，众筹、战略融资、政府引导基金等新型融资方式逐渐走向前台。特别是在互联网和技术驱动的创业公司中，众筹已逐渐演变为一种独具特色的创新型融资模式。此外，政府支持政策也在积极推动创业融资环境的优化，诸如创业补贴、税收减免、创业担保贷款等政策，为初创企业提供资金支持和保障。

案例分析与讨论

1. 案例中的赵辰翔是如何选择合适的融资方式来平衡风险与成本的？初创企业应优先考虑哪些因素？
2. 案例中的赵辰翔是如何利用融资进行资源整合与技术创新的？
3. 案例中的创业者个人特质如何影响融资成功？

参考文献

[1] 邢欢. 温州中小企业"二次创业"的民间融资问题研究[J]. 商业会计,2013(3):74-76.

[2] 史密斯. 创业融资:战略、估值与交易结构[M]. 沈艺峰,覃家琦,等,译. 北京:北京大学出版社,2017.

[3] 木志荣,沈艺峰,肖珉,等. 高筑墙,广积粮:摩拜单车的创业融资策略[EB/OL]. [2018-10]. http://www.cmcc-dlut.cn/Cases/Detail/3436.

[4] 姚宏,罗天楠,杜欣."寻投资"还是"变藏品"?——龙眉茶业的创业融资决策[EB/OL]. [2019-09]. http://www.cmcc-dlut.cn/Cases/Detail/3910.